Autobiografia
Minha vida e minhas experiências com a verdade

MOHANDAS K. GANDHI

Autobiografia
Minha vida e minhas experiências com a verdade

Tradução
Humberto Mariotti
João Roberto Moris
Luciana Franco Piva
Marcos Fávero Florence de Barros
Regina Maria Gomes de Proença

Palas Athena

Título original: *An Autobiography*
Copyright © Navajivan Trust

Grafia segundo o Acordo Ortográfico da Língua Portuguesa, de 1990, que entrou em vigor no Brasil em 2009.

Edição de texto: *Humberto Mariotti, Lia Diskin*
Revisão e atualização ortográfica: *Lucia Benfatti*
Notas: *Lia Diskin*
Capa: *Jonas Gonçalves*
Editoração eletrônica: *Matheus Nerosky*

Catalogação na fonte do Departamento Nacional do Livro

G195a
    Gandhi, Mahatma, 1869-1948
        Autobiografia — minha vida e minhas experiências com a verdade / Mohandas K. Gandhi ; tradução Humberto Mariotti et al. - São Paulo : Palas Athena, 2014.

    1. Gandhi, Mahatma, 1869-1948. 2. Estadistas - Índia - Biografia - I. Título

CDD - 923.254

13ª edição, outubro de 2025.

Todos os direitos reservados e protegidos
pela Lei 9.610 de 19 de fevereiro de 1998.
É proibida a reprodução total ou parcial, por quaisquer meios,
sem a autorização prévia, por escrito, da editora.

Direitos adquiridos para a língua portuguesa, pela

PALAS ATHENA EDITORA

Fone: (11) 3050-6188
www.palasathena.org
editora@palasathena.org.br

PREFÁCIO À EDIÇÃO BRASILEIRA

"O Mahatma era o porta-voz da consciência da humanidade", com estas palavras o General George Marshall, Secretário de Estado dos Estados Unidos, retratou o sentimento de pesar do mundo todo quando da morte de Gandhi. E essas palavras, ditas há mais de cinquenta anos, continuam vigentes ainda hoje.

Nunca a humanidade clamou com tamanho fervor pela Paz e o fim da violência. Nunca a Paz teve o poder de congregar tantos e tão diferentes. Se de fato estamos no limiar de uma transformação da consciência coletiva, ela orbita nos anseios unânimes de Paz. Entretanto sabemos que é um caminho longo, do qual conhecemos apenas a direção assinalada por alguns poucos, que fizeram de suas vidas um compromisso incessantemente renovado com a Paz.

Entre esses poucos está Mohandas Karamchand Gandhi, talvez o mais original e inusitado líder político e espiritual do século 20, cuja trajetória inspirou muitas de nossas conquistas mais recentes, já acalentadas no seu próprio pensamento:

Valorização da mulher:
"Como já dei a entender antes, eu considero a mulher uma encarnação do *ahimsa* (não violência). *Ahimsa* significa amor sem fim, no qual se expressa também a capacidade ilimitada de suportar o sofrimento... Deixem a mulher estender esse amor para a humanidade inteira... A ela foi dado ensinar a paz ao mundo em conflito". *(Harijan,* 24.02.1940)

Interdependência:
"Se um único homem avança um passo na vida espiritual, a humanidade inteira ganha com isso. Em sentido contrário, a regressão de um só faz o mundo inteiro dar um passo atrás". *(Selections from Gandhi,* N. K. Bose, Navajivan, Ahmedabad, 1948, p. 17)

Resolução pacífica de conflitos:
"Pode garantir-se que um conflito foi solucionado segundo os princípios da não violência, se não deixa nenhum rancor entre os inimigos e os converte em amigos". *(Mahatma, Life of Mohandas K. Gandhi,* D. G. Tendulkar, Publications Division, vol. IV, p. 291)

Simplicidade voluntária:
"Todo aquele que tem coisas das quais não precisa é um ladrão". *(Speeches and Writings of Mahatma Gandhi,* G. A. Natesan, Madras, 1933, p. 384)

Diálogo inter-religioso:
"A tolerância nos dá um discernimento espiritual que está tão distante do fanatismo como o Polo Norte está do Sul. O verdadeiro conhecimento da religião derruba as barreiras entre uma fé e outra, e dá origem à tolerância. O cultivo da tolerância para com as demais crenças proporciona uma compreensão mais verdadeira da própria". *(Young India,* 02.10.1930)

Responsabilidade social:
"Uma pessoa que acumula bens materiais ou morais, deve-o somente à ajuda dos outros membros da sociedade. Assim sendo, terá ele o direito moral de usar o acumulado primordialmente para seu proveito pessoal? Não, ele não tem esse direito". *(Harijan,* 16.02.1947)

Contudo, as nossas conquistas não impediram o alastramento de velhas e novas barbáries: injustiça e exclusão social, xenofobias, colonialismo cultural, competição desenfreada, narcotização da vida e penhora do futuro... E, como se soubesse de tudo isso, ali vem novamente Gandhi, reposicionando o dedo acusador dirigido a outros: "Nós devemos ser a mudança que desejamos ver no mundo".

Lia Diskin
Outubro de 1999

ÍNDICE

Prefácio do tradutor da versão inglesa 15
Introdução 17

PARTE 1

1. Nascimento e família 23
2. Infância 25
3. Casamento precoce 27
4. Brincando de marido 29
5. No colégio 31
6. Uma tragédia 35
7. Uma tragédia (continuação) 37
8. Roubo e purificação 40
9. A morte de meu pai e minha dupla vergonha 42
10. Vislumbres religiosos 44
11. Preparativos para a Inglaterra 48
12. Excluído da casta 51
13. Enfim em Londres 53
14. Uma escolha verdadeira 56
15. Bancando o cavalheiro inglês 58
16. Mudanças 61
17. Experiências com alimentação 64
18. A timidez é meu escudo 67
19. A virulência da inverdade 70
20. Contato com as religiões 72
21. Nirbal ke bala Rama 75

22. Narayan Hemchandra 77
23. A grande exposição. 80
24. Aprovado... E agora? 82
25. Minha insegurança 84

PARTE 2

1. Raychandbhai 89
2. Como comecei a vida 92
3. A primeira causa 94
4. O primeiro choque 97
5. Preparativos para a África do Sul 100
6. Chegada a Natal 102
7. Algumas experiências 104
8. Rumo a Pretória 107
9. Mais desventuras. 111
10. O primeiro dia em Pretória 115
11. Contatos cristãos 118
12. Em busca de contato com os indianos 121
13. O que significa ser um cule 123
14. Preparativos para o processo 126
15. O fermento religioso 128
16. O homem põe e Deus dispõe 131
17. Instalado em Natal 133
18. O advogado de cor 137
19. O congresso indiano de Natal 140
20. Balasundaram. 143
21. O imposto de três libras 145
22. Estudo comparativo de religiões. 148
23. Dono de casa 150
24. A caminho de casa 153
25. Na Índia 155
26. Duas paixões 158
27. A reunião de Mumbai 161
28. Pune e Madras 163
29. "Volte logo". 165

PARTE 3

1. Rugidos da tempestade 171
2. A tempestade 173
3. O teste 176
4. A calmaria depois da tempestade 179
5. A educação das crianças 182
6. O espírito de serviço 184
7. *Brahmacharya* — I 186
8. *Brahmacharya* — II 189
9. Uma vida simples 192
10. A guerra dos bôeres 194
11. A reforma sanitária e a campanha contra a fome 196
12. De volta à Índia 198
13. Na Índia novamente 200
14. Auxiliar de escritório e moço de recados 203
15. No congresso 205
16. O *darbar* de Lorde Curzon 206
17. Um mês com Gokhale — I 208
18. Um mês com Gokhale — II 210
19. Um mês com Gokhale — III 212
20. Em Benares 214
21. Residir em Mumbai? 217
22. A fé posta à prova 220
23. De volta à África do Sul 222

PARTE 4

1. O trabalho do amor está perdido? 227
2. Autocratas da Ásia 229
3. Suportando o insulto 231
4. Espírito de sacrifício 232
5. Resultados da introspecção 234
6. Um sacrifício pelo vegetarianismo 236
7. Experiências com tratamento pela terra e pela água 238
8. Uma advertência 240
9. Uma rixa com o poder 242
10. Lembrança sagrada e penitência 244

11. Contatos europeus 246
12. Contatos europeus (continuação) 248
13. *Indian Opinion* 251
14. Bairros para cules ou guetos? 253
15. A peste negra - I 255
16. A peste negra - II 257
17. O bairro em chamas 259
18. A magia de um livro 261
19. A comunidade Phoenix 263
20. A primeira noite 264
21. Polak toma uma decisão 266
22. A quem Deus protege 268
23. Uma espiada no lar 271
24. A "Rebelião" Zulu 273
25. Exames de consciência 275
26. O nascimento do *Satyagraha* 278
27. Mais experimentos dietéticos 279
28. A coragem de Kasturbai 280
29. *Satyagraha* doméstico 283
30. Rumo ao autocontrole 285
31. Jejum 287
32. Como professor 289
33. Educação literária 291
34. Treinamento espiritual 293
35. Joio no trigo 295
36. O jejum como penitência 296
37. Encontrando Gokhale 298
38. Minha participação na guerra 299
39. Um dilema espiritual 301
40. *Satyagraha* em miniatura 303
41. A caridade de Gokhale 306
42. Tratamento de pleurisia 308
43. De volta a casa 310
44. Algumas reminiscências da advocacia 311
45. Uma fina artimanha? 313
46. Clientes transformados em colaboradores 315
47. Como um cliente foi salvo 316

PARTE 5

1. A primeira experiência 321
2. Com Gokhale em Pune...................................323
3. Seria isso uma ameaça?................................324
4. Shantiniketan 327
5. As aflições dos passageiros de terceira classe 330
6. Candidatura 331
7. Kumba Mela 333
8. Lakshman Jhula 336
9. A fundação do *Ashram* 339
10. Na bigorna 341
11. A abolição da imigração contratada 343
12. A mancha de anil 346
13. O amável homem de Bihar 349
14. Frente a frente com *ahimsa* 351
15. Acusação retirada 354
16. Métodos de trabalho 356
17. Companheiros..359
18. Penetrando nas vilas 361
19. Quando um governador é bom 363
20. Em contato com operários............................364
21. Uma olhadela no *ashram* 366
22. O jejum 368
23. O *satyagraha* de Kheda 371
24. "O ladrão de cebolas"................................373
25. O término do *satyagraha* de Kheda..................375
26. Paixão pela unidade 376
27. Campanha de recrutamento............................379
28. Às portas da morte 384
29. Os projetos de lei Rowlatt e meu dilema 388
30. Que espetáculo maravilhoso!..........................391
31. Aquela semana memorável! – I 393
32. Aquela semana memorável! – II.......................398
33. Um erro do tamanho do Himalaia 400
34. *Navajivan* e *Young India*..........................402
35. No Punjab..405
36. O Khilafat contra a proteção das vacas?..............407
37. O congresso de Amritsar..............................411

38. A entrada no congresso.................................414
39. O nascimento do *Khadi* 416
40. Finalmente encontrada!..............................418
41. Um diálogo instrutivo 420
42. A subida da maré 422
43. Em Nagpur..425

    Adeus..427
    Notas..429

PREFÁCIO DO TRADUTOR DA VERSÃO INGLESA

A primeira edição da autobiografia de Gandhi foi publicada em dois volumes: o primeiro em 1927 e o segundo em 1929. Foram impressas cinco edições do original, no idioma gujarate, com quase 50.000 livros vendidos. A primeira versão em inglês era muito cara para o leitor indiano médio, e esta agora em um único volume e a preço mais acessível, há muito se fazia necessária. A tradução inglesa original beneficiava-se da revisão do próprio Gandhi, enquanto que a presente versão conta com a meticulosa revisão de um amigo muito querido, ilustre intelectual inglês. Esse amigo aceitou revisar o texto sob a condição de que seu nome não fosse revelado de maneira alguma, decisão que respeito. É desnecessário dizer que sua atitude só reforçou minha gratidão por ele. Os capítulos 39 a 43 da Primeira Parte foram traduzidos por meu amigo Pyarelal durante minha ausência da cidade de Bardoli, à época do Inquérito Agrário, instaurado pelo Comitê Broomfield em 1928/29.

Mahadev Desai (1940)

INTRODUÇÃO

Há cerca de cinco anos, a pedido de colegas mais próximos, concordei em escrever minha autobiografia. Mal comecei a primeira página, conflitos eclodiram em Mumbai e obrigaram-me a interromper o trabalho. Os acontecimentos que viriam a seguir levaram-me à prisão em Yeravda. Um de meus companheiros de cela, o advogado *Sjt.*[1] Jeramdas, pediu-me que largasse tudo o que estava fazendo para escrever minha autobiografia. Disse-lhe que havia planejado um programa de estudos, e que não poderia pensar em mais nada até que o completasse. Caso cumprisse toda a pena em Yeravda, teria concluído a autobiografia, mas fui solto um ano antes do previsto. Swami Anand agora me pede insistentemente que a termine. Visto que meu livro sobre a história do *satyagraha*[2] na África do Sul está pronto, penso em publicar a autobiografia no periódico *Navajivan*. Swami Anand quer que a escreva em forma de livro, mas não tenho tempo. Posso somente terminar um capítulo por semana e, como tenho de escrever algo para o *Navajivan* toda semana, por que não minha autobiografia? Então, cá estou trabalhando neste projeto.

Mas um amigo religioso questionou-me a respeito:

— O que o leva a embarcar nessa aventura? — perguntou-me. — Escrever autobiografias é uma prática típica do Ocidente. Não conheço ninguém no Oriente que as tivesse escrito, com exceção dos que se ocidentalizaram. Além do mais, sobre o que escreveria? Suponha que amanhã o senhor rejeite os princípios que o orientam hoje, ou então que suas intenções presentes não sejam as mesmas no futuro. Não é provável que as pessoas que se espelham em sua palavra, escrita ou falada, se sintam desorientadas? Não acha que é melhor não escrever nada parecido neste momento?

A argumentação de meu amigo causou-me impacto. Não é minha intenção escrever propriamente uma autobiografia. Apenas desejo contar a história de minhas várias experiências com a verdade. Uma vez que minha vida está repleta delas, pode-se dizer que a história tomará a forma autobiográfica. Mas nada disso importa, contanto que cada página do livro relate apenas essas experiências. Embora possa parecer um autoelogio, acredito que um relato pessoal das minhas experiências será benéfico ao leitor. Minha atuação no campo político é do conhecimento de todos, não apenas na Índia, mas de certa maneira no mundo "civilizado". Não a considero de grande valor, e muito menos o título de *Mahatma*[3], que me foi concedido. Na verdade, o título causou-me muito sofrimento e não consigo lembrar um único momento em que tenha me agraciado. Contudo, acredito que terei imenso prazer em narrar minhas experiências no campo espiritual, que são do meu conhecimento, apenas, e de cuja força me nutro para conseguir trabalhar na política. Se sua natureza for verdadeiramente espiritual, não há espaço para o autoelogio. Elas apenas tornam-me mais humilde. Quanto mais reflito sobre o passado, mais minhas limitações se fazem presentes.

O que pretendo alcançar, o que na verdade venho tentando ansiosamente alcançar nos últimos trinta anos, é a autorrealização, encontrar-me frente a frente com Deus, atingir o *moksha*[4]. Minha vida e meu ser caminham em função desse objetivo. Tudo o que faço, falo e escrevo, todas as minhas incursões no campo político, têm essa finalidade. Como sempre acreditei que aquilo que é possível para mim é possível para todos, minhas experiências não acontecem às escondidas e sim abertamente, o que em nada diminui o seu valor espiritual. Há coisas a nosso respeito que só Deus e nós mesmos sabemos. São fatos que não revelamos a ninguém. Os que narrarei aqui não são dessa natureza. São acima de tudo vivências de natureza espiritual e também moral, pois a essência da religião é a moralidade.

Incluirei nesta história somente os aspectos da religião que possam ser compreendidos por todos, inclusive crianças e idosos. Creio que ao narrar minhas vivências com o espírito desprendido e humilde, as pessoas poderão encontrar subsídios para seguir seu caminho por meio das suas próprias trajetórias. Com isso, não estou absolutamente insinuando que minhas experiências sejam perfeitas. Dispenso-lhes a mesma importância que um cientista, cujos experimentos são conduzidos com rigor, intuição e minúcia, mas que jamais chega a um resultado absoluto e sempre mantém a cabeça aberta. Passei por vários estágios de introspecção, vasculhei meu interior e analisei cada aspecto psicológico das situações. Mesmo assim, estou longe de qualquer conclusão ou de ser infalível a respeito do que vivi.

Esses experimentos me parecem absolutamente corretos e por enquanto definitivos. Do contrário, não basearia minhas ações neles. No processo de aceitação ou rejeição de cada estágio de minhas experiências, tenho agido com responsabilidade. À medida que minhas ações satisfizerem razão e coração, irei, sem dúvida, manter-me fiel às minhas conclusões.

Se fosse discutir apenas princípios acadêmicos, certamente não estaria tentando escrever uma autobiografia. Como meu objetivo é fazer um relato das aplicações práticas desses princípios, dei-lhes o título de *A História de Minhas Experiências com a Verdade*. É claro que aqui estarão incluídos meus experimentos com a não violência, o celibato e outros princípios de conduta considerados distintos da verdade. Para mim, a verdade é um princípio soberano, que engloba vários outros. Ela não é apenas a autenticidade da palavra, mas também a do pensamento. Não é a verdade relativa de nossa percepção, mas a Absoluta, o Princípio Eterno, que é Deus. Há inúmeras definições de Deus, porque são inúmeras as Suas manifestações, que inundam meu ser de admiração e respeito e, ao mesmo tempo, me atordoam. Venero a Deus como sendo a Verdade Única.

Ainda não O encontrei, mas continuo a procurá-Lo. Sinto-me preparado para sacrificar o que tenho de mais valioso em função dessa busca. Se for necessário, espero estar pronto para oferecer até minha própria vida. Mas, enquanto não assimilar a Verdade Absoluta, devo ater-me à relativa, da forma como a concebo, para que me ilumine e proteja. Embora o caminho seja penoso e arriscado, para mim tem sido o mais fácil e rápido de seguir. Até mesmo meus desatinos, grandes como os Himalaias, parecem-me insignificantes, pois tenho me mantido resoluto no caminho. Esse caminho impediu-me de entrar em desespero e ajudou-me a ir de encontro à minha luz.

Nessa jornada, tive pequenos vislumbres da Verdade Absoluta, de Deus, e a cada dia cresce a minha convicção de que só Ele é real e tudo mais é irreal. Para os que se interessarem, exponho aqui como cresceu em mim essa convicção. Outra certeza inabalável é que o que é possível para mim o é até para uma criança, e tenho motivos para fazer tal afirmação. Os instrumentos de busca da verdade são ao mesmo tempo simples e complexos. Podem parecer impossíveis para uma pessoa orgulhosa, mas acessíveis a uma criança inocente. Aquele que busca a verdade deve, antes de tudo, ser tão humilde quanto o pó. O mundo pisa sobre o pó, mas quem persegue a verdade deve ser tão humilde que mesmo o pó poderia pisá-lo. Somente assim vislumbraremos a verdade. O diálogo entre Vasishtha e Vishvamitra ilustra maravilhosamente essa experiência, assim como os preceitos do cristianismo e do islamismo.

Se o que escrevo nestas páginas parecer vaidade aos olhos e sentimentos do leitor, minha busca deverá ser então questionada, e meus vislumbres terão sido apenas uma miragem. A verdade deve prevalecer sempre, mesmo que para isso centenas de pessoas tenham de morrer. Portanto, ao julgar as palavras de um simples mortal como eu, não deixem que a verdade se enfraqueça nem por um milésimo de segundo.

Rezo para que ninguém considere definitivas as opiniões deste livro. As experiências aqui descritas devem ser tomadas apenas como ilustrações pessoais, da mesma forma que todos os indivíduos trazem em si vivências próprias, segundo sua inclinação e capacidade. Espero que, nesse contexto, minhas ilustrações possam ser úteis. Não esconderei ou omitirei qualquer coisa que deva ser dita a meu respeito, mesmo as ruins. Pretendo revelar ao leitor todos os meus defeitos e erros. O propósito maior é narrar o que vivi à luz do *satyagraha* e não vangloriar-me dos meus feitos. Na minha autocrítica, tentarei ser tão duro quanto a verdade, que é o que espero dos outros. Avaliando-me sob este parâmetro, devo exclamar, juntamente com Surdas:

> Existirá um ser tão pérfido
> e desprezível quanto eu?
> De tão descrente de tudo,
> abandonei meu Criador!

É muito doloroso e torturante perceber-me tão distante do Criador, aquele que é meu Pai e governa cada sopro de minha vida. Sei muito bem que são os sentimentos primários que carrego dentro de mim que me mantêm tão afastado d'Ele. Mesmo assim, não consigo evitá-los.

Devo encerrar esta introdução por aqui. Minha história começa no próximo capítulo.

M. K. Gandhi
Ashram de Sabarmati
26 de novembro de 1925

PARTE 1

1. NASCIMENTO E FAMÍLIA

A família Gandhi pertence à casta *bania* [mercadores], cujos membros eram originalmente comerciantes. Nas últimas três gerações a partir do meu avô, contudo, tornaram-se primeiros-ministros em vários estados da península de Kathiwad, estado de Gujarate, na Índia. Uttamchand Gandhi, meu avô, também conhecido como Ota Gandhi, ao que tudo indica era um homem de princípios. Intrigas políticas obrigaram-no a deixar a cidade portuária de Porbandar, onde era *diwan*[1], e buscar refúgio em Junagadh, onde saudava o *Nawab*[2] com a mão esquerda. Quando alguém exigia uma explicação para tamanho desrespeito, ele dizia:

— Minha mão direita já está comprometida com Porbandar.

Ota Gandhi casou-se uma segunda vez, depois de enviuvar da primeira esposa, com quem teve quatro filhos. Com a segunda, teve dois. Durante minha infância, não percebia que os filhos de meu avô não eram todos da mesma mãe. O quinto irmão era Karamchand Gandhi, conhecido por Kaba Gandhi, e o sexto chamava-se Tulsidas Gandhi. Esses dois irmãos foram, sucessivamente, primeiros-ministros de Porbandar. Kaba Gandhi era meu pai e membro da Corte Rajastânica, hoje extinta, mas que na época era um órgão importante para a resolução de conflitos entre os chefes dos clãs e seus descendentes. Meu pai foi primeiro-ministro em Rajkot durante um período e, mais tarde, em Vankaner. Quando morreu, recebia aposentadoria pelo Estado de Rajkot.

Casou-se quatro vezes, enviuvando em todas elas. Teve duas filhas do seu primeiro casamento e duas do segundo. Sua última esposa, Putlibai, deu-lhe uma filha e três filhos, dos quais sou o caçula.

Meu pai adorava a família. Era fiel, corajoso, tinha bom coração, mas era temperamental. Devia entregar-se com certa facilidade aos prazeres da carne, pois se casou pela quarta vez quando tinha mais de quarenta anos. Contudo, era incorruptível e tornou-se conhecido por sua rígida imparcialidade em relação à família e às pessoas.

Sua lealdade ao Estado era famosa. Uma vez, um alto funcionário falou mal do *Saheb*[3] Thakore de Rajkot, chefe do meu pai, que ficou revoltado com os comentários. O funcionário exigiu que meu pai se retratasse, mas ele recusou-se e acabou detido por algumas horas. Ao perceber que Kaba Gandhi se mantinha irredutível, o funcionário determinou que fosse solto.

Meu pai nunca teve a ambição de ser rico e deixou-nos poucos bens materiais. Não era um homem instruído, mas era muito experiente. Provavelmente cursou até o fim do primário. Eram parcos os seus conhecimentos de história e geografia, mas sua profunda experiência nas questões práticas do cotidiano trouxe-lhe grande habilidade na resolução de problemas complexos e para lidar com centenas de pessoas. Também possuía pouca educação religiosa, mas costumava ir a templos e escutar sermões com frequência, como muitos hindus. Nos seus últimos anos de vida começou a ler a *Bhagavad-Gita*[4] com a supervisão de um amigo erudito brâmane, e recitava alguns versos em voz alta todos os dias.

Minha mãe deixou uma impressão marcante em minha memória: a de que era uma santa. Na verdade, era uma pessoa extremamente religiosa e não fazia uma refeição sem rezar. Uma de suas atividades diárias era frequentar o *haveli*[5]. Pelo que me recordo, nunca deixou de completar os *chaturmas*[6]. Fazia as promessas mais difíceis e as cumpria sem hesitar. A doença nunca era motivo para deixar de realizá-las. Lembro-me de uma vez em que, mesmo enferma, seguiu à risca os votos do *chandrayana*[7]. Jejuar dois ou três dias consecutivos não era nada para ela, e fazer somente uma refeição diária durante os *chaturmas* tornara-se um hábito.

Não contente, uma vez, durante um *chaturmas*, jejuou em dias alternados. Em outra, prometeu não comer senão em cada aparição do sol. Nesses dias, eu e meus irmãos pequenos ficávamos mirando o céu, esperando o sol surgir para avisá-la. Todos sabem que durante o pico da estação chuvosa o sol nem sempre aparece. Lembro-me de alguns dias em que, quando surgia repentinamente no céu, corríamos para chamá-la e ela saía para ver com seus próprios olhos. Quando chegava, o sol já havia sumido e ela ficava sem comer.

— Não importa — dizia com alegria no coração —, Deus não quer que eu coma hoje. — E voltava para seus afazeres.

Minha mãe tinha bom senso e era muito bem informada a respeito de política. As outras senhoras, esposas de políticos, admiravam sua inteligência. Eu a acompanhava sempre e tinha muito orgulho dela. Ainda me lembro das discussões acaloradas que ela travava com a mãe do *Saheb* Takhore.

Nasci na cidade de Porbandar, também conhecida por Sudamapuri, no dia 2 de outubro de 1869. Passei minha infância em Porbandar. Tenho poucas recordações da época escolar. Lembro como foi difícil aprender a tabuada. Tudo o que me recordo da escola é apenas de estar na companhia de outros garotos, importunando e enervando os professores, o que sugere que meu raciocínio deve ter sido um tanto lento, e minha memória bem fraca.

2. INFÂNCIA

Devia ter uns sete anos quando minha família mudou-se para Rajkot e meu pai tornou-se membro da Corte Rajastânica. Matricularam-me numa escola primária e lembro-me do nome de todos os meus professores. Assim como em Porbandar, não me recordo de nada especial do meu tempo de primário. Devo ter sido um aluno medíocre. Mais tarde, fiz o ensino fundamental numa escola suburbana e completei o ensino médio. Durante esse período, não me recordo de ter contado uma mentira sequer a meus professores ou colegas. Era bem tímido e evitava companhia. Os livros e estudos eram meus únicos companheiros. Minha rotina diária resumia-se em ir à escola e voltar correndo para casa assim que terminasse a aula. Corria literalmente, pois não suportava a ideia de falar com alguém, muito menos que zombassem de mim.

Há um incidente ocorrido durante um exame no meu primeiro ano de colégio que vale a pena relatar. O coordenador pedagógico da escola, o Sr. Giles, veio até à sala em visita de inspeção. Havia nos dado cinco palavras para escrever, como exercício de ortografia inglesa. Uma delas era "chaleira", que eu escrevera errado. O professor tentou avisar-me cutucando-me com a ponta da bota, mas eu não entendi que ele estava me dizendo para "colar" a palavra do companheiro ao lado. Pensei que estivesse nos vigiando. O resultado foi que todos os alunos escreveram as palavras corretamente, exceto eu, considerado estúpido.

O professor procurou alertar-me sobre minha estupidez, mas na verdade nunca consegui aprender a arte de "colar". Apesar de tudo, o respeito que nutria por ele nunca diminuiu. Eu era por natureza ingênuo quanto aos erros e defeitos dos mais velhos. Mais tarde, vim a saber de outras faltas cometidas por esse professor, mas minha admiração continuava a mesma, pois aprendera a obedecer aos mais velhos em vez de julgá-los.

Dois outros incidentes, ocorridos na mesma época, me marcaram para sempre. Em geral, detestava ler quaisquer livros que não fossem os didáticos. Fazia meus deveres diariamente, porque não gostava de ser advertido pelo professor, e também não queria trair sua confiança. Minhas lições muitas vezes eram feitas sem a devida atenção, mas sempre as entregava, para que o professor não me desse nenhuma leitura a mais para fazer em casa.

Um dia, porém, um livro comprado por meu pai chamou-me a atenção. Era *Shravana Pitribhakti Nataka*, uma peça a respeito da dedicação de Shravana a seus pais, que li com grande interesse. Nessa mesma época, apareceram em casa alguns artistas itinerantes, que me mostraram um quadro de Shravana carregando os pais cegos em tipoias amarradas aos ombros. O livro e o quadro deixaram-me impressionado. "Eis um exemplo para você", disse a mim mesmo. A expressão de dor dos pais no leito de morte de Shravana não me saiu mais da lembrança. A música entoada pelos artistas comoveu-me profundamente, e aprendi a tocá-la numa harmônica que meu pai me presenteara.

Ocorreu outro fato, também associado a uma peça de teatro. Nessa época, tive permissão de meu pai para assistir a uma peça intitulada *Harishchandra*, encenada por uma companhia de artistas. O espetáculo tocou-me profundamente. Não me cansava nunca de vê-lo, mas um temor me rondava: por quanto tempo mais meu pai me deixaria assisti-lo? Devo ter encenado *Harishchandra* no meu pensamento inúmeras vezes. "Por que todos não podem ser tão verdadeiros quanto Harishchandra?", perguntava-me a todo o instante.

Persistir na verdade e passar por todos os obstáculos pelos quais Harishchandra passara era o meu ideal. Acreditava piamente naquele homem, e só de pensar na sua história, começava a chorar. O meu bom senso hoje me leva a crer que Harishchandra talvez não fosse um personagem verdadeiro. Ainda assim, tanto ele como Shravana são verdades vívidas para mim, e tenho certeza que se fosse ler essas histórias de novo, ficaria igualmente emocionado.

3. CASAMENTO PRECOCE

Gostaria de não ter de escrever este capítulo, pois sei que a narrativa irá trazer-me muitas lembranças amargas. Contudo, não posso deixar de fazê-lo, se pretendo ser um devoto fiel da Verdade. É com muita tristeza que registro aqui o meu casamento aos 13 anos. Quando observo jovens dessa idade que estão sob meus cuidados e lembro do meu casamento, tenho vontade de dizer-lhes quanta sorte têm, e muitas vezes um sentimento de autopiedade me acomete. Não há argumentos que expliquem um casamento tão precoce.

Que não haja dúvida para o leitor: o meu foi um casamento e não um noivado. Na região de Kathiwad há dois rituais distintos — o casamento e a promessa. Esta é um acordo prévio e inviolável entre os pais do menino e da menina. A morte do menino não significa que a menina adquira os direitos de viúva. É simplesmente um acordo entre os pais, e as crianças não opinam a respeito. Muitas vezes, elas nem são informadas de que vão casar. No meu caso, fui prometido três vezes sem saber. Disseram-me que as duas meninas inicialmente escolhidas para mim haviam morrido, portanto imagino que tenha sido prometido três vezes. Recordo-me vagamente da terceira promessa ter ocorrido quando tinha sete anos. Neste capítulo, irei discorrer sobre o meu casamento, do qual me lembro perfeitamente.

Devo repetir que éramos três irmãos. O primogênito já estava casado. Os adultos resolveram casar a mim, meu irmão do meio, três anos mais velho que eu, e meu primo mais velho, todos no mesmo dia. Não houve preocupação com o nosso bem-estar e muito menos com a nossa vontade. Casar os três era meramente uma questão de conveniência dos pais e um modo mais econômico.

Casamento é um assunto complicado entre os hindus. Os pais da noiva e do noivo muitas vezes se arruínam financeiramente com as cerimônias. Vários meses são consumidos no preparo: da confecção das roupas à decoração e o preparo das comidas. Uma família compete com a outra para ver quem dará a recepção mais suntuosa. No dia do casamento, as mulheres cantam tão alto e gritam tanto que ficam roucas e até doentes, além de perturbar os vizinhos, que por sua vez suportam pacientemente o barulho, a confusão e a sujeira das festas, porque sabem que chegará o dia em que irão comportar-se da mesma maneira.

Minha família achava que seria melhor casar meu irmão, eu e meu primo juntos, pois assim gastariam menos e causariam mais sensação.

O dinheiro poderia ser gasto de uma só vez, e não em três cerimônias. Meu pai e meu tio eram de idade avançada, e seríamos os últimos filhos que deveriam casar-se. Provavelmente, seria o último momento sublime de suas vidas. O triplo casamento foi então marcado e, como disse, foram gastos muitos meses no arranjo da festa.

Os preparativos eram o aviso de que uma grande cerimônia de casamento estava para acontecer. A princípio, para mim, tudo significou apenas roupas novas, o rufar de tambores, grandes procissões, jantares suntuosos e uma nova amiguinha para brincar. Obviamente, o desejo carnal só veio mais tarde. Proponho aqui virar a página desse evento em minha vida, exceto por alguns detalhes dignos de serem registrados, sobre os quais voltarei a falar. Mas, mesmo esses detalhes têm muito pouco a ver com a proposta deste livro.

Meu irmão e eu fomos levados de Rajkot a Porbandar para a cerimônia. Há alguns pormenores divertidos dessa época, como por exemplo o de cobrirem meu corpo inteiro com pasta de cúrcuma. Mas vou omiti-los. Meu pai era um *diwan,* mas servia lealmente ao *Saheb* Takhore, que o considerava seu braço direito. Por ocasião da cerimônia, ele trabalhou com o *Saheb* em Rajkot até o último momento, e tinha pouco tempo para chegar a Porbandar, a 200 km, uma viagem de cinco dias de carroça. Para chegar mais rápido, o *Saheb* cedeu-lhe a sua carruagem.

A viagem foi feita em três dias. Durante o percurso, a carruagem capotou e meu pai feriu-se gravemente. Chegou a Porbandar coberto de ataduras. O acidente tirou o brilho da festa, mas a cerimônia teve de ser realizada assim mesmo, pois um casamento hindu com data marcada não pode jamais ser cancelado. Fiquei tão entretido com a festa que, na minha alegria infantil, esqueci-me da dor de ver meu pai ferido.

Era muito dedicado a meus pais, mas também cedia com facilidade às paixões. Viria a aprender mais tarde que a felicidade e o prazer deveriam ser sacrificados para servir a eles. Como um castigo pelos meus prazeres banais, aconteceu-me algo que ficará gravado para sempre em minha memória e que logo descreverei. Nishkulanand canta: "Renunciar aos objetos sem renunciar aos prazeres é algo passageiro, por mais que nos esforcemos em consegui-lo". Quando ouço ou entoo esse cântico, o incidente amargo e inesperado me vem à cabeça e enche-me de vergonha.

Meu pai participou ativamente da cerimônia de meu casamento, disfarçando a dor que sentia nos ferimentos causados pelo acidente. Até hoje, lembro-me do lugar em que se sentou e de como cuidou de cada detalhe da festa. Mal sonhava que viria a criticá-lo severamente por ter-me casado tão jovem. Para mim, tudo naquele dia parecia perfeito e agradável. Estava de certa forma ansioso para casar e, como tudo que meu pai fazia era louvável, sempre me recordo com carinho daqueles momentos.

Lembro-me até hoje de como estávamos sentados na cerimônia, como celebramos o *saptapadi*[8], e quando recém-casados colocamos o doce *kansar*[9] na boca um do outro e começamos a morar juntos. E também da primeira noite! Duas crianças inocentes atiradas, contra a sua vontade, no oceano da vida. Minha cunhada instruiu-me a respeito da primeira noite. Não tenho ideia de quem instruiu minha esposa. Nunca lhe perguntei a respeito e nem pretendo fazê-lo. Os prezados leitores podem imaginar como estávamos nervosos e totalmente envergonhados. Como conversar com ela e o que dizer? As instruções de minha cunhada não eram muito abrangentes, mas em certas ocasiões não é preciso que nos ensinem nada. De modo gradativo, eu e minha esposa começamos a conhecer-nos e a falar abertamente. Tínhamos a mesma idade, mas logo assumi a postura de marido autoritário.

4. BRINCANDO DE MARIDO

À época do meu casamento, vendiam uma pequena revista que discutia assuntos como amor conjugal, economia doméstica, casamento entre crianças etc. Sempre que me deparava com uma dessas publicações eu a lia avidamente, mas punha em prática o que me convinha, deixando de lado o que não gostava. A fidelidade eterna como dever maior do marido era constantemente destacada pela revista e me marcou muito. Além disso, a paixão pela verdade me era inerente, e mentir iria contra a minha natureza. Dessa forma, as chances de ser infiel em tão tenra idade eram mínimas.

Mas a lição a respeito de fidelidade teve consequências devastadoras. Pensava: "Se prometi ser fiel à minha esposa, ela também deve ser fiel a mim". Esse pensamento fixo fez de mim um marido extremamente ciumento. As obrigações de esposa converteram-se num direito meu de exigir fidelidade por parte dela, e apeguei-me desmedidamente a esse direito. Não tinha nenhuma razão para suspeitar de minha esposa, mas o ciúme é irracional. Passei a vigiar cada movimento seu, e ela não podia ir a lugar algum sem minha permissão, o que gerava grandes discussões entre nós.

Minhas restrições eram na verdade uma forma de aprisioná-la. Kasturbai não era o tipo de mulher que tolerasse tudo isso facilmente, e fazia questão de sair quando e para onde bem entendesse. Quanto mais a tolhia, mais liberdade ela queria ter e mais mal-humorado eu me tornava. Passamos então a não mais nos falar. Acho que Kasturbai se rebelava contra minhas restrições de uma forma bastante inocente. Como uma garota tão ingênua conseguia tolerar alguém que a impedia de frequentar o templo ou visitar amigas? Se tinha o direito de tolhê-la, não teria ela o direito de tolher-me também? Hoje consigo ver essas questões com clareza. Mas, naquela época tinha de fazer valer o meu papel e a autoridade de marido.

Que o leitor não pense que nossa vida era um rio de amarguras, pois minha austeridade era calcada no amor. Queria *tornar* Kasturbai uma esposa ideal. Minha ambição era *fazê-la* viver uma vida pura, aprender o que eu aprendera e identificar sua vida e pensamento comigo. Não sei se algum dia Kasturbai teve tamanha ambição, pois era analfabeta. Por natureza era simples, independente, perseverante e, ao menos comigo, reticente. Não se incomodava com sua ignorância e não me recordo de meus estudos a terem motivado a instruir-se. Concluo, portanto, que apenas eu era conduzido por aquela ambição. Minha paixão centrava-se em uma única mulher e ansiava por reciprocidade. Meu desejo não pode ser considerado de todo nocivo, pois havia verdadeiro amor de minha parte, mesmo que não fosse recíproco.

Era mesmo muito apaixonado por ela. Até na escola ficava pensando o tempo todo no momento em que nos encontraríamos à noite. A ideia de nos separarmos era insuportável. Costumava mantê-la acordada até tarde com minhas conversas triviais. Se não houvesse em mim o apego às obrigações de marido, acho que a paixão avassaladora que sentia por Kasturbai teria me consumido todo, e hoje já estaria morto ou condenado a uma existência pesarosa. A vida seguia seu curso, mas a mentira para mim era algo inominável. Creio que foi o meu compromisso com a verdade que muitas vezes me salvou de minhas próprias armadilhas.

Já mencionei que Kasturbai era analfabeta. Queria muito ensiná-la a ler, mas só encontrava tempo para o amor obsessivo que lhe dedicava. Acabei por convencê-la a estudar contra a sua vontade, no período noturno. Não ousava vê-la e muito menos dirigir-lhe a palavra na presença dos mais velhos. A região de Kathiwad mantinha, e mantém até hoje, um *purdah*[10] inútil e bárbaro. Dessa forma, as circunstâncias para o aprendizado de Kasturbai não eram as mais favoráveis, e confesso que todos os meus esforços de instruí-la em nossa juventude foram vãos.

Quando despertei de minha obsessão por ela, já havia seguido carreira na vida pública e já não tinha muito tempo disponível. Também não consegui fazê-la estudar com professores particulares. Hoje, Kasturbai escreve cartas com dificuldade e sabe ler um pouco do idioma gujarate. Se meu amor por ela não fosse tão ardente e libidinoso, tenho certeza que seria uma mulher instruída. Eu poderia tê-la ajudado a tomar gosto pelos estudos. Sei que nada é impossível quando o amor é puro.

Há outro acontecimento de minha vida que me salvou do amor obsessivo por minha esposa e que vale a pena contar. Já tive vários exemplos de que Deus salva aquele cuja motivação é pura. Além de casamento entre crianças, a sociedade hindu tem outro costume que, de certa maneira, reduz os males desse tipo de união: os pais não permitem que o casal de jovens permaneça junto por muito tempo. A criança-esposa passa a maior parte do tempo na casa dos pais. Em nosso caso, nos primeiros anos de casamento, com a idade de 13 até os 18, não passamos mais do que três anos juntos. Bastava ficarmos seis meses a sós, que os pais de Kasturbai vinham buscá-la, o que era irritante, mas acabou por salvar-nos.

Aos 18 anos, mudei-me para a Inglaterra, o que significou um longo e saudável período de separação para nós. Mesmo depois de minha volta, não ficávamos mais do que seis meses juntos, pois viajava muito entre Rajkot e Mumbai. Mais tarde, fui morar na África do Sul e me senti razoavelmente livre da paixão e do apetite sexual que me ligava a ela.

5. NO COLÉGIO

Já disse que quando me casei estava cursando o ensino médio. Meus dois irmãos e eu frequentávamos a mesma escola. O mais velho estava numa classe mais adiantada, e o que casou no mesmo dia em que eu estava uma série à frente. O casamento nos fez perder um ano escolar, mas para meu irmão o resultado foi ainda pior, pois ele abandonou os estudos. Quantos jovens ainda se perdem como ele! Somente na sociedade hindu o casamento e os estudos são realizados ao mesmo tempo.

Continuei a estudar, e era um aluno aplicado. Sempre tive a admiração de meus professores, que me davam notas boas e escreviam elogios no boletim escolar enviado a meus pais. Meus boletins sempre foram muito bons, e até ganhei prêmios por dedicação aos estudos. Na quinta e sexta séries recebi uma bolsa de estudos de 4 e 10 rúpias, respectivamente. Devo meu sucesso muito mais à sorte do que ao mérito pessoal, pois as bolsas de estudo não eram acessíveis a todos. Eram distribuídas aos alunos que pertenciam à Divisão Sorath de Kathiwad e, naquela época, não havia muitos garotos da Sorath numa classe de quarenta ou cinquenta alunos.

Lembro-me que não prezava muito a minha habilidade para os estudos. Ficava admirado cada vez que recebia um prêmio ou ganhava uma bolsa, mas preservava meu caráter de forma radical. A mais leve reprimenda era suficiente para arrancar lágrimas de meus olhos. Era insuportável quando um professor me repreendia, ou quando me achava merecedor de castigo.

Lembro-me uma vez de ter sido castigado fisicamente. Não me importei tanto com a dor física, mas com o seu significado. Chorei copiosamente. Outro incidente ocorreu quando estava na sétima série. Os alunos gostavam do diretor do colégio, Dorabji Edulji Gimi, que era disciplinador e metódico, mas um bom professor. As aulas de ginástica e críquete, que eu detestava, eram obrigatórias para os alunos das séries mais adiantadas. Nunca frequentara aulas de educação física antes, e uma das razões do meu distanciamento em relação aos esportes era a timidez. Na verdade eu era muito tolo, pois não conseguia ver os esportes como parte integrante da formação do indivíduo.

Hoje percebo que o treinamento físico é tão importante no currículo de uma pessoa quanto a instrução intelectual. Devo acrescentar, contudo, que não me considerava tão avesso à atividade física, pois ao ler sobre os benefícios que as caminhadas ao ar livre trazem ao corpo, comecei a andar todos os dias e o faço até hoje. Essas caminhadas muito me fortaleceram fisicamente.

Uma das razões de eu não gostar de ginástica era porque queria atender ao meu pai. Assim que terminava as aulas, voltava correndo para casa, ansioso para cuidar dele. As aulas obrigatórias de educação física atrapalhavam os cuidados que queria prestar-lhe. Assim, pedi ao Sr. Gimi que me dispensasse das aulas de ginástica, mas ele não me deu autorização. Houve um sábado em que tive de ir à educação física às 4 horas da tarde. Como não tinha relógio e o dia estava nublado, perdi a noção do tempo. Quando cheguei à escola, todos já haviam ido embora. No dia seguinte, ao verificar a lista de presença, o diretor notou que eu faltara e perguntou-me o porquê. Contei-lhe o que acontecera, mas ele não acreditou e obrigou-me a pagar uma pequena multa. Fora acusado de mentir e isso me deixou muito magoado. Como poderia provar minha inocência? Não havia como, e assim chorei angustiadamente. Cheguei à conclusão de que um homem que persegue a verdade deve ser também um homem cauteloso.

Foi a primeira e última vez em que me descuidei no colégio. Lembro-me que consegui perdão pela multa e recebi o dinheiro de volta. Por fim, tive permissão para não fazer educação física, pois meu pai escrevera uma carta ao diretor pedindo-lhe para dispensar-me das aulas.

Embora a ginástica não fosse o meu forte, havia outra área em que era ainda mais descuidado. Não sei de onde veio minha ideia de que uma boa caligrafia não era necessária para a formação profissional. Somente quando viajei, em especial durante minha estadia na África do Sul, dei-me conta da importância de uma boa caligrafia, ao ver a letra esmerada e o capricho com que os advogados e os alunos escreviam seus trabalhos. Senti-me envergonhado e lamentei minha displicência, uma vez que a caligrafia ruim era considerada um sinal de educação imperfeita. Tentei melhorar minha letra, mas era tarde demais. Que isso sirva de exemplo a todos os jovens, e que eles compreendam a importância de uma boa caligrafia para sua formação. Hoje sou da opinião que as crianças em idade escolar deveriam antes aprender a desenhar, para depois escrever. A criança pode, assim, aprender as letras do alfabeto enquanto desenha flores e pássaros, e formar uma caligrafia bem definida.

Há duas outras lembranças dos meus tempos de escola, que merecem registro. Como eu perdera um ano devido ao casamento, o professor deixou-me fazer o terceiro ano em apenas seis meses, um privilégio geralmente concedido a alunos muito aplicados. Depois de fazer um exame passei para o quarto ano, mas senti-me completamente perdido. Tinha muita dificuldade com a geometria, apesar de o professor ser muito bom. Para piorar, as aulas eram dadas em inglês, o que tornava tudo mais difícil.

Muitas vezes, sentia-me desmotivado e cheguei a pensar que estava sendo ambicioso demais por fazer duas séries em um ano. Mas, se desistisse naquele momento, não só ficaria desmoralizado, mas desmoralizaria também o professor que me recomendara por ser um aluno aplicado. Com medo do duplo constrangimento, aguentei firme e, com muito esforço, consegui chegar ao 13º teorema euclidiano, quando então a simplicidade da geometria tornou-se uma revelação para mim. Uma matéria que só exige o uso do pensamento racional não pode ser complicada, e assim comecei a gostar de geometria.

Tive muito mais dificuldade com o sânscrito. Na geometria não precisava decorar nada, mas achava que o sânscrito só poderia ser aprendido de cor. Também comecei a aprender essa matéria no quarto ano e, quando cheguei ao sexto, estava me sentindo totalmente perdido. O professor era um homem severo e exigia muito dos alunos. Havia certa rivalidade entre ele e o professor de língua persa. Este era menos severo e os alunos comentavam que o persa era muito mais fácil, e que o professor era melhor e mais atencioso. A "facilidade" me tentou e um dia sentei-me em sua classe. O mestre de sânscrito incomodou-se. Um dia, chamou-me de lado e disse:

— Você esqueceu que é filho de um pai *vaishnava*[11]? Não se interessa pela língua de sua própria religião? Se está com dificuldade, por que não me consulta? Quero ensinar-lhes o sânscrito da melhor forma possível. Se vocês se dedicarem, encontrarão muitas coisas interessantes nesse idioma. Não desanime com as aulas, dedique-se aos estudos desse idioma.

A maneira atenciosa pela qual se dirigiu a mim envergonhou-me. Não poderia ignorar o carinho que dispensara. Hoje sou muito grato ao professor Krishnashankar Pandya, porque se não houvesse aprendido um pouco de sânscrito teria dificuldade em me interessar por nossas escrituras sagradas. Na verdade, arrependo-me amargamente de não ter-me aprofundado mais nos estudos do idioma.

Acho que todos os jovens hindus de ambos os sexos deveriam saber bem o sânscrito. Penso que nos currículos escolares da Índia deve haver espaço para os idiomas hindi, sânscrito, persa, árabe e inglês, além, obviamente, da língua regional. Que essa longa lista não assuste ninguém. Se nossa educação fosse mais sistemática, e os alunos não tivessem de aprender as matérias em idiomas estrangeiros e sim no vernáculo, tenho certeza que o aprendizado de todas essas línguas seria muito agradável. O conhecimento do próprio idioma faz com que o aprendizado de outros seja relativamente fácil.

Na verdade, o hindi, o gujarate e o sânscrito podem ser considerados como uma única língua, e o persa e o árabe também. Embora o persa tenha raiz ariana e o árabe seja da família semítica, há uma proximidade entre as duas línguas, na medida em que o desenvolvimento de ambas está ligado à expansão do islamismo. Não considero o urdu como uma língua distinta, pois adota a gramática do hindi e o vocabulário contém muitas palavras de persa e árabe. Quem sabe falar urdu deveria aprender o persa e o árabe, assim como quem fala gujarate, hindi, bengali ou marata deveria aprender o sânscrito.

6. UMA TRAGÉDIA

Entre os amigos que tinha no colégio, em épocas diferentes, havia dois que podiam ser considerados íntimos. Uma dessas amizades não durou muito, embora não tenha jamais esquecido o meu amigo. Ele, no entanto, afastou-se por eu ter feito amizade com outra pessoa, cuja companhia considero uma tragédia em minha vida. Mas aproximei-me desse rapaz com o intuito de transformá-lo. Ele era originalmente amigo e colega de classe do meu irmão do meio e, apesar de conhecer-lhe as fraquezas, considerava-o um amigo leal. Minha mãe, meu irmão mais velho e minha esposa diziam que ele não era boa companhia para mim. Eu era orgulhoso demais para ouvir os conselhos de minha esposa, mas não me atrevia a ir contra a opinião de minha mãe e do meu irmão. Mesmo assim, retrucava:

— Sei que ele tem defeitos, mas vocês não conhecem suas qualidades. Não me desviará do bom caminho, pois sei que minha amizade tem como objetivo melhorá-lo. Tenho certeza de que se conseguir mudar sua maneira de ser, ele se tornará um homem maravilhoso. Por favor, não se preocupem.

Não acho que meus argumentos foram convincentes, mas aceitaram a explicação e deixaram-me em paz.

Porém, não tardei a perceber que havia feito um julgamento errôneo. Quem se propuser a mudar uma pessoa não pode ficar muito íntimo dela. A verdadeira amizade é uma identidade de almas, o que raramente encontramos neste mundo, pois só entre pessoas de natureza semelhante é possível haver amizade autêntica e duradoura. Não se muda ou se transforma um amigo, porque amigos reagem entre si. Acho que devemos evitar amizades exclusivas, porque o ser humano adere ao vício com muito mais facilidade do que à virtude. Aquele que deseja ser amigo de Deus deve permanecer só, ou então ser amigo de todo o mundo. Posso estar errado, mas meus esforços para cultivar amizades íntimas sempre fracassaram.

Mudanças de costume e uma onda "reformista" tomaram conta de Rajkot, na época em que fiz amizade com essa pessoa. Contou-me que muitos professores comiam carne e tomavam vinho às escondidas, e também falou de várias pessoas conhecidas em Rajkot que aderiram à carne, entre as quais alguns colegas do colégio. Fiquei surpreso e ao mesmo tempo aborrecido. Perguntei ao meu amigo a razão de tanta gente aderir à carne, e ele me explicou:

— Somos um povo fraco porque não comemos carne. Os ingleses nos dominam porque a comem. Veja como sou forte e bom corredor. É porque faço uma dieta à base de carne. As pessoas que a comem não têm espinhas no rosto e suas feridas cicatrizam logo. Nossos professores e as pessoas mais distintas da cidade não são tolos. Conhecem os benefícios da carne e você deveria comer também. Experimente e veja como fica mais forte.

Todo esse discurso não aconteceu em um único encontro. Fazia parte de um sistema de persuasão bastante sofisticado e, aos poucos, meu amigo ia tentando me convencer. Como meu irmão do meio já havia se convertido, dava respaldo às ideias desse amigo. Efetivamente eu parecia bem mais franzino perto dos dois, que eram fisicamente mais fortes e musculosos. O discurso do meu amigo me enfeitiçava, pois ele conseguia correr longas distâncias em pouco tempo, era exímio saltador e suportava muito bem os castigos corporais. Vivia exibindo seus dotes físicos e esportivos para mim.

As pessoas geralmente se impressionam fácil com as habilidades e dons dos quais carecem. Eu estava completamente fascinado, e queria ser como o meu amigo, pois mal conseguia correr ou saltar. Por que não poderia ser tão forte e atlético quanto ele? Além do mais, eu era um covarde. Tinha pavor de ladrões, fantasmas e cobras, e nem saía à noite de tanto medo da escuridão. Tampouco dormia no escuro porque ficava imaginando fantasmas vindo assombrar-me, ladrões invadindo a casa e cobras rastejando até minha cama.

Costumava dormir com a lamparina acesa. Como poderia falar desses medos à minha esposa, que já não era uma criança, estava no limiar da juventude e dormia a meu lado? Sentia-me envergonhado, pois sabia que ela era mais corajosa do que eu e não tinha medo de nada. Meu amigo sabia das minhas fraquezas e gabava-se de segurar cobras vivas com as mãos, desafiar ladrões e de não acreditar em fantasmas. Tudo isso, obviamente, porque comia carne.

Havia um verso, famoso entre os meus colegas de escola, de um poeta gujarate chamado Narmad:

> Veja esse cavalheiro inglês tão poderoso
> Que governa os frágeis indianos.
> É porque come carne
> Que tem dois metros de altura.

Sentia-me totalmente influenciado por isso tudo, e comecei a achar que comer carne era realmente benéfico, que me faria mais forte e menos tímido. Cheguei até a pensar que poderíamos dominar os ingleses, caso o país inteiro se tornasse carnívoro.

Marcamos um dia para que minha iniciação à carne acontecesse. Teria de ser às escondidas, pois a família Gandhi seguia a tradição *vaishnava*. Meus pais, principalmente, eram *vaishnavas* fervorosos e frequentavam o *haveli*. A família tinha até mesmo seus próprios templos. O jainismo era bastante forte no estado de Gujarate e sua influência podia ser sentida em todos os lugares e ocasiões.

Em nenhum outro grupo religioso ou lugar da Índia abominava-se tanto o consumo de carne como entre os jainistas e *vaishnavas* de Gujarate. Fui criado para respeitar as tradições e amava muito meus pais. Sabia que no momento em que descobrissem que comera carne, teriam um choque. Além disso, meu amor à verdade tornava-me mais cauteloso ainda. Sabia que teria de enganar meus pais para comer carne, mas estava obcecado pela ideia. Não se tratava de satisfazer apenas ao paladar, pois não conhecia o gosto desse alimento. Era uma questão de honra. Queria ser forte e destemido e que meus compatriotas o fossem também, para juntos derrotarmos os ingleses e tornarmos a Índia independente.

Nunca ouvira falar da palavra *swaraj*[12], mas sabia o significado da palavra liberdade. A ideia de "reforma" me cegara. Uma vez que conseguisse guardar segredo dos meus pais, achava que não estaria faltando com a verdade se omitisse o fato.

7. UMA TRAGÉDIA (CONTINUAÇÃO)

Chegara o grande dia de comer carne pela primeira vez na vida! É difícil descrever como estava me sentindo. De um lado, havia o idealismo com a "reforma" e a ansiedade de fazer algo de novo. Do outro, a vergonha de ter de me esconder como um ladrão para comer. Estava bastante dividido. Saímos à procura de um local ermo perto do rio e ali deparei pela primeira vez na vida com um pedaço de carne, que comi com pão fresco. Devo dizer que não gostei. A carne era de bode, estava muito dura e eu simplesmente não conseguia engoli-la. Passei mal e tive de parar. Minha noite foi horrível, e tive um pesadelo que me assombrava cada vez que pegava no sono: um bode ficava berrando dentro de mim e eu acordava assustado, com remorso. Aí lembrava-me que tinha um dever — comer carne — o que me acalmava.

Meu amigo não desistia facilmente. Preparava pratos variados e suntuosos à base de carne, e não mais jantávamos à beira do rio, mas em uma pensão do governo, que tinha um refeitório com mesas e cadeiras, que meu amigo arranjara com o chefe da cozinha. A insistência dele surtiu efeito. Aos poucos, comecei a tomar gosto pela carne de bode, e saboreava todos os pratos à base desse alimento que me eram servidos. Tais refeições aconteceram durante aproximadamente um ano. Nem sempre a pensão estava disponível, e também nem sempre me serviam pratos sofisticados, porque eram muito caros. Eu não tinha dinheiro para tais extravagâncias, mas meu amigo sempre arranjava um meio de oferecer-me esses jantares, pois estava determinado a converter-me à carne, ainda que as refeições não fossem frequentes.

Cada vez que me permitia esses banquetes, jantar em casa estava fora de cogitação. Minha mãe, naturalmente, me questionava a respeito da minha falta de apetite. Perguntava por que eu não queria comer. Eu dizia: "Estou sem fome hoje". Claro que inventar uma desculpa qualquer era torturante para mim, afinal estava mentindo, e mentindo para a minha mãe.

Sabia que se meus pais por acaso descobrissem que me tornara adepto da carne ficariam profundamente magoados. Essa ideia estava me corroendo por dentro e, como que para purgar a minha culpa, tomei uma decisão, repetida diversas vezes para mim mesmo: "É muito importante comer carne, mas é mais importante fazer a 'reforma' no país. Entretanto, mentir aos pais é pior do que não comer carne. Irei poupá-los, pois, da ideia de aderir à carne. Quando eles se forem e eu me sentir livre, eu a comerei abertamente. Mas até lá eu me absterei". Comuniquei ao meu amigo a minha decisão e nunca mais voltei a comer carne. Meus pais jamais desconfiaram de que dois de seus filhos foram carnívoros.

Execrei a carne pelo desejo puro e verdadeiro de não mentir aos meus pais, mas não abri mão da companhia do meu amigo. Minha missão de transformá-lo fora desastrosa e nem me dera conta disso. Essa pessoa quase me induziu a ser infiel à minha esposa, mas consegui safar-me a tempo. Uma vez, levou-me a um bordel. Deu-me todas as instruções necessárias e pagou a conta adiantado. Cheguei quase a pecar, mas Deus, em Sua infinita piedade, protegeu-me de mim mesmo. Fiquei quase cego e surdo naquele ambiente de vício. Ao sentar-me na cama com uma mulher, minha língua travou e não consegui mais falar. Ela perdeu a paciência e mostrou-me a porta, com grosseria e insultos. Senti minha masculinidade arranhada e quase me escondi de tanta vergonha.

Hoje, dou graças a Deus por ter-me salvo. Lembro-me de quatro incidentes similares em minha vida e, na maioria deles, foi a boa sorte e não o meu esforço pessoal, que me salvou no último momento. Do ponto de vista estritamente ético, essas situações devem ser consideradas como lapsos morais, porque o desejo carnal estava presente e a sensação era tão boa quanto o ato em si. Do ponto de vista comum, uma pessoa que é salva fisicamente de cometer um pecado está redimida, e foi nesse sentido que me redimi.

Escapar de determinadas situações é uma dádiva, tanto para a pessoa que se safa quanto para aqueles que estão à sua volta. Ao adquirir plena consciência de um acontecimento em sua vida, esse indivíduo dá graças à piedade Divina pelo fato de ter saído são e salvo. Todos nós acabamos sucumbindo às tentações, mesmo quando procuramos resistir a elas, mas sabemos que Deus sempre intercede e nos salva de nós mesmos. As circunstâncias em que isso ocorre, isto é, até que ponto uma pessoa é livre e até que ponto suas ações são frutos do acaso, ou seja, em que medida o livre-arbítrio desempenha um papel importante e até onde o destino entra em cena, são e serão sempre um mistério.

Todos esses acontecimentos não foram suficientes para abrir meus olhos em relação à companhia perniciosa desse amigo. Ainda teria de passar por muitas experiências amargas, até despertar para os erros dele. Como estou contando esta história em ordem cronológica, voltarei ao assunto mais tarde. Por ora, tenho outro relato a fazer a esse respeito.

Um dos motivos das desavenças com minha esposa era a companhia desse amigo. Eu era um marido dedicado, mas ciumento, e essa amizade atiçou mais ainda o meu ciúme e suspeitas em relação à minha mulher. Jamais consegui duvidar do meu amigo. E nunca me perdoarei pela dor que causara a Kasturbai, por confiar nas informações a seu respeito passadas por ele.

Somente uma esposa hindu aguentaria tamanho disparate, e é por isso que considero as mulheres a encarnação viva da tolerância. Um funcionário acusado injustamente de algo pode deixar o emprego, um filho na mesma situação pode abandonar a casa do pai, e um amigo pode terminar a amizade. A esposa, caso suspeite do marido, permanecerá calada, mas se o marido suspeitar da esposa será a sua ruína. Para onde iria ela? A esposa hindu não pode requerer legalmente o divórcio. A lei não a ampara, e jamais me perdoarei por ter levado minha mulher a esse tipo de desespero.

O cancro da desconfiança e do ciúme foi extirpado quando compreendi o *ahimsa*[13] e suas consequências. Consegui então vislumbrar a glória do *brahmacharya*[14], e percebi que a esposa não é escrava do marido, mas sim sua companheira e colaboradora, uma parceira de igual para igual na alegria e na tristeza, livre como o marido para escolher seu próprio caminho. Sempre que penso naqueles dias negros de desconfiança e ciúme, sou tomado por um sentimento de desprezo por minha estupidez e crueldade e, ao mesmo tempo, abomino a cega devoção a meu amigo.

8. ROUBO E PURIFICAÇÃO

Tenho ainda de falar sobre algumas de minhas falhas, que ocorreram antes e durante o período em que comi carne, isto é, antes de meu casamento e logo após. Eu e um parente começamos a fumar. Não porque achássemos prazeroso ou gostássemos do cheiro do cigarro, mas simplesmente porque os círculos de fumaça que formávamos com a boca eram interessantes. Meu tio era fumante, e sempre que o víamos fumando, tentávamos imitá-lo, mas não tínhamos dinheiro para comprar cigarros. Começamos então a catar as pontas que ele jogava fora, só que não produziam muita fumaça.

Decidimos furtar as moedas destinadas ao pagamento da empregada, para comprar cigarros indianos. O problema é que não tínhamos onde escondê-los, pois os adultos não poderiam pegar-nos fumando. Por algumas semanas, conseguimos comprar cigarros com as moedas roubadas. Mais tarde, disseram-nos que os talos de uma planta nativa davam um ótimo fumo, e assim passamos a fazer nossos próprios cigarros a partir deles.

Contudo, estávamos longe de nos contentar com coisas assim. Nossa ânsia por independência começou a nos incomodar, e o fato de não podermos fazer nada sem a permissão dos adultos tornou-se insuportável. Totalmente revoltados, resolvemos nos suicidar! Mas, como o faríamos? Onde obteríamos o veneno? Ouvimos dizer que as sementes da *dhatura* eram bastante venenosas, e acabamos encontrando essa planta num matagal de difícil acesso.

Achamos que a noite seria uma boa hora para o suicídio. Entramos no *Kedarji Mandir*, pusemos azeite na lamparina, tomamos o *darshan* e procuramos um cantinho mas, no último momento, não tivemos coragem. E se não morrêssemos instantaneamente? Não seria melhor aturar a falta de liberdade? Mesmo assim, engolimos umas duas ou três sementes. Na verdade não queríamos morrer, e decidimos ir ao *Ramji Mandir* para nos recompor e tirar da cabeça a ideia de suicídio.

Percebi que é mais fácil contemplar o suicídio do que cometê-lo. Hoje em dia, quando ouço dizer que alguém está pensando em se matar, não me comovo. Para nós, a ideia de suicídio levou-nos a parar de fumar pontas de cigarros e roubar moedas para comprá-los. Desde então, amadureci e nunca mais tive vontade de fumar. Considero esse hábito nojento, sujo e prejudicial à saúde. Não consigo entender porque tanta gente no mundo fuma. Viajar num vagão de trem cheio de fumantes é extremamente desagradável.

Senti-me muito mais culpado de outro roubo, que cometi alguns anos mais tarde, do que propriamente do furto das moedas. Tinha 12 ou 13 anos quando as furtei, mas tinha 15 quando roubei um pedaço de ouro do bracelete do meu irmão carnívoro, que contraíra uma dívida de 25 rúpias para adquiri-lo.

A culpa de ter roubado esse irmão foi maior do que podia suportar e resolvi nunca mais roubar de novo. Também decidi confessar o roubo a meu pai, mas não conseguia falar. Não tinha medo que ele me desse uma surra, pois não me lembro de meu pai ter levantado um dedo sequer contra nós. Temia a dor que o fato de ter roubado lhe causaria, mas achava que deveria correr o risco. Jamais me sentiria purificado se não confessasse a ele o que fizera. Resolvi contar-lhe tudo por carta e pedir-lhe perdão.

Escrevi a confissão num pedaço de papel, que entreguei pessoalmente. A carta descrevia não só o ato, mas também lhe pedia que me punisse. Terminei com uma súplica: que não se sentisse culpado pelo que eu havia feito. E acrescentei uma promessa: que eu nunca mais haveria de roubar. Tremia da cabeça aos pés quando entreguei a confissão. Meu pai estava de cama nesse dia. A cama era, na verdade, apenas uma tábua de madeira.

Coloquei-me a seu lado e, sentado, ele leu a carta com atenção. Várias lágrimas, que mais pareciam pequenas pérolas, escorreram-lhe pela face, molhando o papel. Por um instante, fechou os olhos como se meditasse, e depois rasgou a mensagem. Deitou-se novamente e pus-me a chorar, porque percebi que meu pai estava sofrendo. Se fosse um artista, poderia ainda hoje pintar um quadro dessa cena da forma como aconteceu, pois ainda está muito vívida em minha memória.

As pérolas de amor, saídas dos olhos de meu pai, purificaram-me o coração e expiaram meu pecado. Somente aqueles que experimentaram amor semelhante em suas vidas sabem o significado do que escrevo. Diz o verso: "Aquele que já foi atingido pela flecha do amor, conhece o seu poder". Essa experiência foi, para mim, uma verdadeira lição de *ahimsa*. Na época, sentia-a apenas como o amor de um pai por um filho, mas hoje percebo que foi *ahimsa* em sua forma mais pura, pois quando *ahimsa* contagia, transforma tudo o que toca e seu poder torna-se ilimitado.

Essa forma de perdão sublime não era comum em meu pai. Achei que ele ficaria aborrecido, que seria duro comigo e que iria se culpar pelo ocorrido, mas sua reação foi surpreendentemente tranquila, talvez pelo fato de que reconheci meu erro tão abertamente. Acredito que a forma mais pura de arrependimento acontece quando reconhecemos um erro, junto com a promessa de nunca mais repeti-lo — quando temos oportunidade de oferecer algo a alguém sem que essa pessoa esteja esperando ou pedindo. Sei que minha confissão fez com que meu pai se sentisse totalmente seguro em relação a mim e me amasse mais.

9. A MORTE DE MEU PAI E MINHA DUPLA VERGONHA

Falarei agora dos meus 16 anos. Como disse, meu pai estava de cama com uma fístula. Minha mãe, um velho empregado da casa e eu tomávamos conta dele. Eu o atendia como um enfermeiro, basicamente trocando os curativos e dando-lhe os remédios na hora certa. À noite, massageava suas pernas e só ia dormir quando me pedia, ou depois que ele adormecesse. Adorava cuidar do meu pai. Não me lembro de jamais ter recusado fazer algo por ele. Todo o tempo de que dispunha, depois de voltar da escola e fazer os deveres, era dedicado aos seus cuidados. Às vezes saía para uma caminhada quando ele permitia ou se sentia melhor.

Por essa época minha mulher estava grávida, algo que hoje vejo como uma dupla vergonha para mim, visto que não me continha como deveria, embora fosse um estudante. O desejo sexual por ela estava presente em todos os meus atos, tomava o lugar dos estudos e, pior ainda, impedia-me de realizar o meu dever maior: a dedicação aos meus pais, sendo Shravana o ideal de minha vida desde criança. Todas as noites, enquanto massageava as pernas de meu pai, estava com a cabeça voltada para o sexo, e isso numa época em que a religião, as ciências médicas e o bom senso coibiam as relações sexuais. Mas, terminada a massagem, sentia-me aliviado de minhas obrigações diárias e ficava ansioso para ir para o quarto dormir com minha esposa.

Meu pai piorava a cada dia. Médicos aiurvédicos tentaram todas as pomadas ao seu alcance, especialistas recomendaram vários tipos de emplastro e recorremos até mesmo a curandeiros, com seus remédios duvidosos. Um cirurgião inglês também foi consultado e, como último recurso, recomendou que meu pai fosse operado. Mas o médico da família não aprovou a ideia de um homem da idade do meu pai passar por uma operação. Como esse médico era competente e conhecido, sua opinião prevaleceu e desistimos da cirurgia, apesar de várias medicações terem sido compradas para esse fim.

Tenho a impressão de que se o médico da família tivesse autorizado a cirurgia meu pai teria sarado facilmente. O cirurgião que iria realizá-la era um profissional muito capaz de Mumbai. Mas Deus não quis assim e, quando a morte é iminente, quem sabe qual o melhor remédio? Meu pai retornou de Mumbai com toda a parafernália que seria usada na cirurgia, agora inútil. Perdera a esperança de viver mais tempo. Estava ficando cada vez mais fraco e começou a fazer suas necessidades na própria cama. Até o último momento insistia em levantar-se para ir ao banheiro, apesar da fraqueza. As regras dos *vaishnavas* em relação à higiene pessoal são implacáveis.

O asseio é sem dúvida essencial ao ser humano, mas a medicina ocidental provou que as necessidades de uma pessoa enferma, inclusive o banho, podem ser feitas na cama, observando as regras mais rígidas de asseio pessoal, sem causar desconforto ao paciente e mantendo o leito absolutamente impecável. Considero esse tipo de higiene em perfeito acordo com as leis dos *vaishnavas*. Mas naquela época o esforço de meu pai para levantar-se e caminhar até o banheiro enchera-me de admiração e respeito.

O que mais temia aconteceu afinal. Meu tio estava em Rajkot naquela noite e viera até a cidade porque soube que o estado de meu pai piorara. Eram muito unidos. Meu tio sentou-se perto de meu pai, sem arredar pé, e insistiu em dormir ao seu lado. Nunca poderia imaginar que aquela seria a noite fatídica. Eram mais ou menos 23 horas e eu estava fazendo a massagem em meu pai. Meu tio disse que continuaria a massageá-lo e que eu poderia ir para a cama. Minha esposa, pobrezinha, estava dormindo quando entrei no quarto, mas quem disse que eu a deixava dormir quando me deitava a seu lado? Cinco minutos depois, o empregado bateu à porta e me assustei.

— Levante-se, — disse ele — seu pai está muito mal.

Ele estava obviamente mal, portanto eu sabia o que "muito mal" significava naquele momento.

Pulei da cama e gritei:

— O que aconteceu? Diga-me.

— Ele se foi — respondeu o empregado.

Então tudo se acabara! Senti-me desesperado e envergonhado. Corri até o quarto de meu pai, lamentando o fato de ter-me separado dele em seus últimos momentos, tomado que estava por meu apetite sexual. Deveria ter continuado a massageá-lo, assim ele morreria em meus braços. Mas fora meu tio o privilegiado de servi-lo em seu último suspiro, de tão dedicado e unido a seu irmão que era. Meu pai pressentira a morte, pois pedira lápis e papel para escrever a seguinte mensagem: "Preparem os funerais". Em seguida arrancou o amuleto que usava no braço e o seu cordão de ouro e colocou-os de lado, para então partir. A vergonha a que me referi no capítulo anterior era a de meu insaciável desejo carnal até em uma hora crítica como a da morte de meu pai, quando deveria estar a seu lado. Esse episódio foi uma mancha na minha vida, que nunca fui capaz de superar ou esquecer. Embora minha dedicação aos pais não tivesse limites e fizesse tudo por eles, essa devoção sucumbira ao peso da minha luxúria, pois ao mesmo tempo em que os servia minha cabeça estava voltada para o sexo, e isso era imperdoável. Por isso sempre me considerei um marido fiel, mas libidinoso. Demorou muito para que me livrasse das amarras da luxúria, e passei por muito sofrimento até conseguir dominar meu desejo.

Antes de encerrar este capítulo a respeito de minha dupla vergonha, devo acrescentar que o pobre pingo de gente que minha esposa deu à luz não viveu mais que três ou quatro dias. Não se podia esperar outra coisa. Que esse exemplo possa ser útil a outros casais.

10. VISLUMBRES RELIGIOSOS

No meu tempo de escola, entre os 6 e os 16 anos, ensinaram-me tudo menos religião. Devo confessar que falhei em aproveitar melhor o que os professores me passaram. Mesmo assim aprendi muito com a prática do dia a dia. Usarei neste capítulo o termo "religião" no seu sentido mais amplo, isto é, como autorrealização ou autoconhecimento.

Como fui educado na religião *vaishnava,* frequentava o templo. Mas não gostava muito, pois fazia objeção à suntuosidade e pompa do lugar. Além do mais, havia um boato de que atos imorais eram praticados ali, o que me fez perder completamente o interesse. Achava que não tinha nada a ganhar frequentando o templo. Contudo, o que não aprendi lá aprendi com minha ama, a criada da família cujo carinho ainda guardo em meu coração. Já disse que tinha medo de fantasmas e assombrações. Rambha — era esse seu nome — dizia que se eu repetisse constantemente *Ramanama*[15] iria curar-me. Confiava mais nela do que no remédio que me dava, e então, quando ainda era bem menino, comecei a repetir o *Ramanama* para perder o medo das assombrações. Claro que não o fiz por muito tempo, mas as sementes plantadas em minha infância não foram em vão. Acho que é justamente por causa delas e da minha boa Rambha que o *Ramanama* é hoje um remédio infalível para mim.

Por essa época, um primo meu, devoto do *Ramayana*[16], conseguiu fazer com que eu e meu irmão do meio aprendêssemos o *Rama Raksha*[17]. Aprendemos o mantra de cor e o recitávamos todas as manhãs, depois do banho. Mantivemos essa prática enquanto vivemos em Porbandar, mas esquecemos o mantra assim que nos mudamos para Rajkot, pois não acreditávamos muito em sua força. Um dos motivos pelo qual costumava recitá-lo era que tinha orgulho em dizer *Rama Raksha* com a pronúncia correta.

O que mais me marcou no entanto, foi o fato de poder ler o *Ramayana* para meu pai. Durante sua doença ele às vezes ia a Porbandar e costumava ouvir trechos do *Ramayana,* lidos por um devoto de Rama, Ladha Maharaj de Bileshvar. Diziam que havia se curado da lepra sem o auxílio de medicamentos, apenas fazendo uma aplicação de folhas de *bilva*[18] às partes afetadas, depois das folhas terem sido ofertadas à imagem de Mahadeva no templo de Bileshvar, e também pela repetição constante do *Ramanama*. Sua fé, diziam, o curara, o que podia ou não ser verdade, mas acreditávamos nessa história.

É fato comprovado que quando Ladha Maharaj passou a ler o *Ramayana* curou-se completamente da lepra. Ele tinha uma voz melodiosa e entoava os *dohas* (versos dísticos) e *chopais* (quadras), deixando-se levar pela magia dos versos enquanto os explicava, de tal forma que os ouvintes ficavam totalmente absortos pela leitura. Devia ter uns 13 anos na época, e lembro-me que fiquei extasiado com as récitas, o que me levou a nutrir uma profunda devoção pelo *Ramayana*. Hoje considero o *Ramayana* de Tulsidas uma das grandes obras da literatura devocional hindu.

Alguns meses depois, voltamos para Rajkot, onde não havia leitura do *Ramayana*. Contudo, a *Bhagavad-Gita* era lida nos dias *Ekadashi*[19]. Às vezes eu comparecia às sessões de leitura, mas a pessoa que recitava os versos os lia sem muita inspiração. Hoje vejo a *Bhagavad* como um livro que evoca um grande fervor religioso. Eu o lera com interesse no idioma gujarate, mas quando ouvi trechos do original lidos pelo pândita Madan Mohan Malaviya, durante meus 21 dias de jejum, desejei que na minha infância tivesse tido oportunidade de acompanhar a leitura de um devoto tão apaixonado como ele, pois com certeza teria tomado gosto pelo livro desde pequeno. Acredito que as impressões da infância formam raízes profundas no caráter de uma pessoa, e o que lamento amargamente é não ter tido a sorte de escutar boas leituras quando era pequeno.

Foi em Rajkot contudo que desenvolvi grande tolerância para com todos os ramos do hinduísmo e religiões correlatas, pois meus pais nos levavam ao *haveli*, bem como aos templos de Shiva e Rama. Além disso muitos monges jainistas nos visitavam com frequência e abdicavam de seus costumes, aceitando comer com nossa família não jainista. Discutiam vários assuntos de cunho religioso e mundano com meu pai, que tinha também muitos amigos devotos do islamismo e zoroastrismo, e juntos falavam dos vários aspectos das religiões.

Meu pai sempre escutava as opiniões de amigos de crenças diferentes da dele com respeito e atenção. Eu estava sempre presente a esses encontros, pois cuidava dele, o que fez com que desenvolvesse tolerância por todas as religiões, menos o cristianismo. Tinha restrições a esse credo, e por um bom motivo: naquele tempo missionários cristãos costumavam postar-se em frente ao colégio, menosprezando os hindus e suas divindades.

Não suportava essas ofensas. Uma vez fiquei escutando o que eles diziam e foi o suficiente para nunca mais repetir a experiência. Na mesma época soubera de um hindu muito conhecido que se convertera ao cristianismo. Todos na cidade comentavam que ao se converter essa pessoa fora obrigada a comer carne, a ingerir bebidas alcoólicas, e que passou a vestir roupas europeias, inclusive a usar chapéu. Coisas assim me irritavam, pois achava que uma religião que obrigasse alguém a comer carne, tomar álcool e mudar sua indumentária era inqualificável. Também diziam que esse cristão convertido desonrara a religião de seus ancestrais, bem como seus costumes e país. Tudo isso me levou a desgostar do cristianismo.

O fato de ter-me tornado mais tolerante em relação às religiões não significava que tivesse uma crença verdadeira em Deus. Deparei-me nessa época com os textos do *Manusmriti*[20], que faziam parte da coleção de meu pai. A história da criação, entre outros relatos, não me impressionou. Pelo contrário, fez com que eu acentuasse minhas tendências ateístas. Eu tinha um primo, hoje ainda vivo, cuja inteligência admirava muito e a quem recorria para esclarecer minhas dúvidas. Entretanto ele nunca as esclarecia e me dizia:

— Quando você crescer resolverá todas essas questões por si mesmo. Não se deve perguntar coisas desse tipo na sua idade.

Quando meu primo falava assim eu me calava, mas não me conformava. Por exemplo, os capítulos referentes à dieta e hábitos alimentares no *Manusmriti* não pareciam corresponder à prática diária das pessoas, mas meu primo vinha com o mesmo discurso:

Quando você tiver o intelecto mais desenvolvido e mais leitura, será capaz de compreender.

De qualquer forma, o *Manusmriti* não me ensinava os princípios do *ahimsa*. Já lhes contei do período em que aderi à carne e o *Manusmriti* parecia concordar com a ideia. Também achava que era certo matar cobras, insetos e outros bichos. Lembro-me que matava formigas, aranhas e escorpiões como se fosse um dever. Uma coisa, entretanto, enraizou-se profundamente em mim: a convicção de que a moralidade é a base de tudo na vida e que a verdade lhe dá substância. A procura da verdade passou a ser então meu único objetivo e começou a crescer dentro de mim com tamanha intensidade que sentia meus horizontes se expandindo.

Havia um verso em gujarate que aprendi na escola e que arrebatou meu coração. A mensagem desse poema — o bem em retribuição ao mal — tornou-se o princípio que rege minha vida. É apaixonante e tem múltiplas possibilidades de leitura. Seguem-se as estrofes que considero maravilhosas:

> Quando te derem um copo d'água, oferece um prato de comida;
> Quando te derem um bom-dia sincero, curva-te com respeito e zelo;
> Quando te derem uma simples moeda, devolve com ouro;
> Se conquistares tua vida, não será uma vida contida.
> Os atos e palavras dos sábios só serão coerentes
> quando reconhecerem o trabalho dos que os servem.
> A verdadeira nobreza de um ser humano está na alegria
> de retribuir com o bem o mal que lhe causam.

11. PREPARATIVOS PARA A INGLATERRA

Em 1887 passei no exame de ingresso à universidade, que ocorria em dois grandes centros, Mumbai e Ahmedabad. A pobreza generalizada da Índia levava os alunos da região de Kathiwad a optar pelo centro mais próximo e mais barato, e a falta de recursos de minha família levou-me a escolher Ahmedabad, no estado de Gujarate, onde vivia. Foi minha primeira viagem sozinho, de Rajkot a um grande centro. Minha família mandou-me para a faculdade Samaldas em Bhavnagar, que era mais barata do que a de Mumbai. Senti-me completamente perdido, pois as matérias eram muito difíceis. Não conseguia acompanhar o curso, muito menos a explanação dos professores, e não era por culpa deles, já que eram considerados os melhores. Estava me sentindo muito despreparado e ao final do primeiro semestre voltei para casa de férias.

Mavji Dave era um brâmane muito sagaz e culto, amigo e conselheiro da família, que manteve contato conosco mesmo depois do falecimento de meu pai. Enquanto estava de férias ele nos fez uma visita e, em conversa com minha mãe e meu irmão mais velho, perguntou-lhes a respeito de meus estudos. Ao saber que estava cursando a faculdade Samaldas, disse:

— Os tempos mudaram. Que nenhum de vocês espere suceder à carreira do seu pai sem uma educação escolar apropriada. Agora que esse garoto está na faculdade vocês devem ajudá-lo a manter a tradição familiar. Serão necessários uns quatro ou cinco anos para ele se formar, e o diploma irá assegurar-lhe um salário de no máximo 60 rúpias, mas não um cargo elevado como *diwan*. Se o garoto optar por seguir a carreira de Direito, como meu filho, levará mais tempo ainda para completar os estudos e, quando se formar, haverá muitos advogados aspirando ao cargo de *diwan*. Por que não o enviam à Inglaterra? Meu filho Kevalram me diz que é muito fácil tornar-se advogado de primeira linha naquele país, e é possível completar o curso em três anos. As despesas não somarão mais de 4 ou 5 mil rúpias. Lembrem-se daquele advogado que estudou na Inglaterra, como está bem de vida? Se ele quisesse tornar-se *diwan,* conseguiria com facilidade. Portanto aconselho-os a mandar Mohandas para a Inglaterra ainda neste ano. Meu filho conhece muita gente naquele país e poderá recomendá-lo, o que facilitará sua vida.

Joshiji — assim chamávamos o velho Mavji Dave — dirigiu-se a mim e perguntou:

— Você não gostaria de estudar na Inglaterra?

O convite fora um alívio. Afinal eu estava enfrentando muitas dificuldades nos estudos. Aceitei na hora e falei que estava pronto para ir o quanto antes. Contudo não era tão fácil passar nos exames de admissão para Direito. Pensei em seguir a carreira médica, mas meu irmão me desanimou:

— Papai nunca gostou da carreira médica e disse que nós, *vaishnavas*, não deveríamos jamais envolver-nos com a dissecação de cadáveres. Ele queria que você fosse advogado.

Joshiji entrou na conversa e disse:

— Não me oponho à medicina, como seu pai, e nossos *Shastras*[21] também não são contra. Mas um diploma de médico não o habilitará a *diwan*, e gostaria muito que você se tornasse um deles, se possível, algo melhor. Só assim poderá se responsabilizar por sua numerosa família. Os tempos estão mudando muito rapidamente e as coisas estão ficando cada vez mais difíceis. Aconselho-o a seguir Direito e tornar-se advogado.

Joshiji virou-se para minha mãe e disse:

— Preciso ir. Pensem bem no que eu disse. A próxima vez que eu voltar aqui gostaria de saber como estão os preparativos para a viagem de Mohandas à Inglaterra. Se precisarem de algo avisem.

Joshiji se foi e comecei a construir meus castelos.

Meu irmão ficou com um peso sobre os ombros. Onde encontraria os recursos para enviar-me à Inglaterra? E seria aconselhável deixar um jovem como eu viajar ao exterior sozinho? Minha mãe também estava relutante e disse, como querendo que eu desistisse da ideia:

— O seu tio agora é o cabeça da família e devemos consultá-lo antes de qualquer coisa. Se ele concordar pensaremos no caso.

Meu irmão teve outra ideia.

— Temos certo prestígio junto à prefeitura de Porbandar, onde o Sr. Lely é o prefeito — disse. — Ele tem nossa família em alta estima e talvez possa indicá-lo para uma bolsa de estudos na Inglaterra.

Eu estava gostando muito de toda essa movimentação e aprontei-me para ir a Porbandar. Naquela época não havia trens e a viagem de carroça durava cinco dias. Como já disse, era um covarde, mas todos os meus medos desapareceram diante da vontade de estudar na Inglaterra, desejo que na verdade tornara-se uma obsessão. Aluguei uma carroça para ir até Dhoraji e de lá até Porbandar fui de camelo, para chegar mais rápido. Foi minha primeira viagem de camelo. Quando finalmente cheguei fui cumprimentar meu tio e contei-lhe toda a história. Ele pensou um pouco em minhas palavras e disse:

— Não sei ao certo se é possível permanecer na Inglaterra sem qualquer preconceito à nossa religião. Pelo que ouvi falar, tenho minhas dúvidas. Quando vejo esses advogados indianos pomposos não percebo diferença entre o estilo de vida deles e o dos europeus, pois não têm escrúpulos em relação aos alimentos que consomem, estão sempre com um charuto na boca e vestem-se despudoradamente como ingleses. Não creio que esses hábitos estejam de acordo com a tradição de nossa família. Participarei de uma peregrinação em breve e não me resta muito tempo de vida. Como posso lhe dar autorização para viajar à Inglaterra? Mas não atrapalharei seu caminho. A permissão de sua mãe é o que realmente interessa e se ela deixar que você viaje, vá com Deus! Diga a ela que não interferirei. Você tem minhas bênçãos.

— Não poderia esperar outra resposta do senhor — retruquei. — Agora vou tentar convencer minha mãe. Mas seria possível recomendar-me ao Sr. Lely?

— Não é preciso. O Sr. Lely é um bom homem. Marque um encontro com ele e diga-lhe quem é sua família. Com certeza irá ajudá-lo.

Não sei por que meu tio não quis dar-me uma carta de recomendação. Imagino que seja porque não queria envolver-se diretamente com a autorização de minha ida à Inglaterra, o que do seu ponto de vista seria contra nossos princípios religiosos.

Escrevi uma carta ao Sr. Lely, que me pediu para encontrá-lo em sua casa. Enquanto subia a escada viu-me e disse secamente:

— Diplome-se primeiro e depois conversamos. Não posso ajudá-lo neste momento — E saiu apressado.

Eu me preparara minuciosamente para esse encontro: ensaiara algumas frases para cumprimentá-lo com reverência e saudá-lo com ambas as mãos. De nada adiantou. Pensei então que poderia talvez vender algumas joias de minha esposa, e também que meu irmão mais velho, que era extremamente bondoso e me queria como a um filho, pudesse me ajudar.

Retornei a Rajkot e contei tudo o que acontecera à minha família. Consultei Joshiji e este sugeriu que eu tomasse dinheiro emprestado para viajar, caso necessário. Disse-lhe que minha esposa poderia dispor de algumas joias, que renderiam de 2 a 3 mil rúpias. Meu irmão propôs-se a ajudar-me financeiramente. Minha mãe no entanto ainda estava relutante e começou a fazer investigações sobre a Inglaterra. Disseram-lhe que alguns jovens se perdiam nesse país, que começavam a comer carne e tomar bebidas alcoólicas.

— O que você tem a me dizer a respeito disso? — perguntou-me. Respondi com outra pergunta:

— A senhora não confia em mim? Juro não comer carne ou beber álcool. Jamais mentiria para vocês. Acha que Joshiji me deixaria viajar se fosse correr algum perigo?

— Confio em você — tranquilizou-me ela. — Mas como posso ter certeza que nada lhe acontecerá num país distante? Estou muito confusa e não sei o que fazer. Consultarei o Swami Becharji.

O Swami Becharji era da casta *modh bania*[22], mas tornara-se monge jainista. Ele também aconselhava a família, como Joshiji, e veio em meu auxílio, dizendo:

— O nosso jovem fará três votos solenes e depois poderá viajar.

Jurei não tocar em bebidas alcoólicas, mulheres e carne. Feito isso, minha mãe concordou com a viagem. Meus amigos de colégio fizeram uma festa de despedida em minha honra. Um rapaz de Rajkot viajar à Inglaterra não era um acontecimento comum. Fiz um discurso de agradecimento e mal consegui balbuciar as palavras, pois estava tão emocionado que minha cabeça girava e meu corpo todo tremia. Com as bênçãos dos mais velhos, parti para Mumbai. Era a minha primeira viagem de Rajkot a essa cidade e meu irmão me acompanhou. Mas como sempre haveria muitas dificuldades a ser enfrentadas na cidade grande.

12. EXCLUÍDO DA CASTA

Com a aquiescência e bênção de minha mãe, segui feliz da vida para Mumbai, deixando para trás minha esposa com um bebê de poucos meses. Quando chegamos, alguns amigos de meu irmão disseram que o Oceano Índico era muito agitado durante os meses de junho e julho, e que seria aconselhável embarcar em novembro, já que aquela era a minha primeira viagem de navio. Além do mais um barco a vapor acabara de afundar durante uma tempestade e, quando soube do fato, meu irmão não me deixou partir imediatamente. Retornou a Rajkot e fiquei hospedado na casa de um amigo seu em Mumbai. Pediu a um cunhado que guardasse o dinheiro da minha viagem, e disse aos amigos que me ajudassem se eu precisasse de algo. Foi um longo tempo de espera e, enquanto aguardava, sonhava constantemente com a Inglaterra.

Durante esse período as pessoas da minha casta se sentiam incomodadas com minha viagem ao exterior. Nenhum membro da casta *modh bania* viajara à Inglaterra até então e, se me atrevia a fazê-lo, deveria ser questionado! Uma reunião foi convocada e me intimaram a comparecer. Juntei todas as forças e lá fui eu, destemido e confiante. O chefe da casta *(sheth)*, que era meu parente distante e fora amigo de meu pai, dirigiu-me a palavra:

— Na opinião da casta, a sua decisão de viajar à Inglaterra não é apropriada, pois nossa religião proíbe viagens ao exterior. Sabemos que não é possível viver naquele país sem comprometer os nossos princípios. Lá, a gente é obrigada a comer e beber como os europeus!

Respondi:

— Não penso que seja contra nossa religião viajar à Inglaterra, pois pretendo estudar e aprimorar minha carreira profissional. Dei minha palavra à minha mãe de abster-me das três coisas que vocês mais temem. Tenho certeza de que a promessa solene que fiz me manterá a salvo.

O *Sheth* continuou:

— Mas, você *não* conseguirá manter nossas práticas religiosas naquele país. Seu pai e eu éramos muito amigos, portanto escute o meu conselho.

— Sei que se apreciavam muito — retruquei, e o senhor é mais velho e mais sábio do que eu. Contudo sinto que não posso mudar minha decisão e o desejo de ir à Inglaterra. Consultamos um brâmane, muito culto e também amigo de meu pai, e ele não fez objeção alguma. Minha mãe e meu irmão também me deram permissão.

— Mas você contrariará as normas da casta? — indagou *Sheth*, impaciente.

— Sinto muito, a casta não tem o direito de interferir nessa questão — respondi bravamente.

Minha resposta irritou o *Sheth* de tal maneira que ele começou a insultar-me. Escutei impassível. Ele deu então o seu veredito:

— A partir de hoje esse rapaz não mais pertence à nossa casta. Quem ajudá-lo ou for ao porto vê-lo partir será punido com uma multa de uma rúpia e quatro centavos.

A sentença não me causou impacto algum e deixei o recinto calmamente. Mas fiquei preocupado sobre como o meu irmão iria encarar o fato. Felizmente ele me enviou uma carta dizendo que tinha sua permissão para viajar e que a decisão do *Sheth* não contava.

O incidente deixou-me mais ansioso ainda para embarcar. O que aconteceria se a pressão sobre o meu irmão se tornasse insuportável? E se algo imprevisto acontecesse? Estava muito preocupado com a situação, quando me disseram que um *vakil*[23] vindo de Junagadh viajaria à Inglaterra para prestar o exame de Direito, num navio que sairia no dia

4 de setembro. Consultei os amigos de meu irmão e eles concordaram que eu deveria aproveitar a oportunidade de viajar na companhia dessa pessoa. Não havia tempo a perder. Telegrafei ao meu irmão pedindo-lhe permissão e ele consentiu. Solicitei então ao meu cunhado que me desse o dinheiro da viagem, mas ele disse que se fosse contra a decisão do *Sheth*, seria expulso da casta.

Aflito, procurei um amigo da família e pedi que me emprestasse dinheiro para a passagem e despesas pessoais. Disse-lhe que meu irmão devolveria o empréstimo. Esse amigo não só me ajudou de bom grado, mas animou-me bastante. Fiquei-lhe muito agradecido. Com parte do dinheiro emprestado comprei imediatamente a passagem. Teria ainda de me equipar para a viagem. Um outro amigo que já viajara cedeu-me roupas e mantimentos. Não gostei de alguns dos trajes. A gravata, que mais tarde adoraria usar, pareceu-me na época detestável, e achei o paletó inadequado. Mas estava tão entusiasmado em ir para a Inglaterra, que a roupa era o que menos importava. Além do mais tinha mantimentos suficientes. Meus amigos reservaram-me a mesma cabine do *Sjt*. Tryambakrai Mazmudar, o *vakil* de Junagadh, a quem fui bem recomendado. Ele conhecia o mundo todo e era um homem experiente e maduro. Eu era apenas um rapazote de 18 anos sem nenhuma experiência. Finalmente no dia 4 de setembro zarpei de Mumbai rumo à Inglaterra.

13. ENFIM EM LONDRES

Não senti enjoo nenhuma vez durante a viagem, mas com o passar do tempo senti-me incomodado. Tinha vergonha até de falar com os ajudantes do navio. Além disso não estava acostumado ao idioma inglês e, com exceção do *Sjt*. Mazmudar, todos os passageiros da segunda classe eram ingleses. Portanto não conseguíamos comunicar-nos e mal entendia o que falavam quando se dirigiam a mim. Quando compreendia tinha dificuldades para responder, pois precisava primeiro construir mentalmente as frases em inglês antes de falar. Tampouco possuía muita prática em comer com garfo e faca, e não tinha coragem de perguntar quais pratos do cardápio não continham carne. Assim, não fazia minhas refeições no restaurante, mas na cabine, e comia principalmente doces e frutas que trouxera comigo. O *Sjt*. Mazmudar não tinha dificuldade em comunicar-se e falava com todo mundo. Circulava pelo navio, enquanto eu me escondia o dia inteiro e só saía quando o convés estava vazio.

O *Sjt.* me encorajava a conhecer os passageiros e conversar com eles. Dizia que advogados têm a língua comprida, e me contava suas experiências na área jurídica. Aconselhou-me a aproveitar todas as oportunidades para usar o inglês e a não ter medo de errar, pois isso era inevitável quando se fala uma língua estrangeira. Mas para mim era difícil vencer a timidez.

— Uma vez um passageiro inglês puxou assunto comigo. Era mais velho que eu, muito atencioso e fez-me uma série de perguntas: o que comia, o que fazia, para onde ia, porque era tão tímido etc. Sugeriu-me que comesse à mesa e ria da minha ojeriza à carne e, ao atravessarmos o Mar Vermelho, disse amistosamente:

— Você conseguiu não comer carne até agora, mas creio que terá de rever sua decisão quando entrarmos no Golfo da Biscaia. Faz tanto frio na Inglaterra que é difícil viver naquele país sem comer carne.

Respondi, surpreso:

— Mas me disseram que não é preciso comer carne para sobreviver na Inglaterra!

— Não falaram a verdade — disse ele. — Que eu saiba ninguém consegue viver naquele país sem carne. Dá para viver sem bebidas alcoólicas, mas sem carne acho muito difícil.

— Obrigado, senhor, pelo conselho, mas jurei à minha mãe não tocar em carne e cumprirei minha promessa. Se for impossível viver na Inglaterra sem comer carne, prefiro voltar à Índia.

O navio passou pelo Golfo de Biscaia, mas não senti necessidade de comer carne ou tomar bebida alcoólica para me aquecer. Antes de sair da Índia, pediram-me para juntar cartas de pessoas encontradas durante a viagem, atestando que me abstive de comer carne. Pedi ao meu novo amigo inglês que escrevesse uma nota, que guardei por algum tempo. Mais tarde percebi que uma carta assinada por uma pessoa que comia carne não teria validade alguma para mim. Se não confiassem em minha palavra, qual era a vantagem de um atestado?

Pelo que me lembro chegamos ao porto de Southampton, ao sul da Inglaterra, em um sábado. No navio usara um terno preto e havia guardado o branco, de flanela, presente de amigos, para a chegada, pois achava que roupas brancas ficariam bem para a ocasião. Mas eu era a única pessoa que estava de branco, pois o tempo não era propício. Deixara minhas malas com as chaves a cargo do agente da Grindlay & Cia., já que todos os passageiros do navio tinham feito o mesmo. Trazia comigo quatro cartas de apresentação: para o Dr. P.J. Mehta, para o *Sjt.*

Dalpatram Shukla, para o príncipe Ranjistinhji e para Dadabhai Naoroji. No navio alguém sugeriu o Hotel Victoria, em Londres, e o *Sjt.* Mazmudar e eu decidimos hospedar-nos nele. Estava me sentindo extremamente envergonhado de ser a única pessoa de branco e, quando nos informaram no hotel que teríamos de pegar nossas malas na transportadora no dia seguinte, um domingo, fiquei exasperado.

Como telegrafei ao Dr. Mehta de Southampton avisando que chegara, ele passou no hotel às 20 horas do sábado. Foi muito caloroso e sorriu ao ver-me de terno branco de flanela. Enquanto conversávamos passei a mão por acaso em seu chapéu, só para sentir a textura, mas o tecido ficou todo enrugado. O Dr. Mehta olhou-me enviesado, mas o estrago já fora feito. Esse incidente foi um aviso, minha primeira lição em etiqueta europeia, na qual o Dr. Mehta me iniciou de maneira bem humorada.

— Não mexa nas coisas dos outros — disse-me ele. — Não faça perguntas num primeiro contato, como fazemos na Índia. Não fale muito alto e nunca trate as pessoas por "Sir", pois só criados as chamam assim.

Disse também que era muito caro viver num hotel e sugeriu que nos hospedássemos numa casa de família, o que deixamos para decidir na segunda-feira.

O hotel era realmente muito caro para mim e o *Sjt.* Mazmudar. Havia no navio um indiano sindi que conhecia bem Londres. Ficara muito amigo do *Sjt.* e nos ajudou a encontrar uma pensão onde pudéssemos nos hospedar. Ao sairmos do hotel lembro-me de que fiquei chocado com as 3 libras esterlinas pagas pelas diárias. Apesar do preço exorbitante mal comera, pois quando pedia para trocar um prato de que não gostara por outro, cobravam pelos dois. Na verdade acabei comendo o resto da comida que trouxera de Mumbai.

Mesmo quando nos mudamos para a pensão que o amigo sindi havia recomendado, ainda estava me sentindo pouco à vontade em Londres, com saudades de casa e do meu país. O amor de minha mãe não me saía da cabeça, e à noite vinham-me lágrimas nos olhos e não conseguia pegar no sono. Era impossível conversar com alguém sobre o que estava sentindo e, mesmo que o fizesse, que diferença faria? Nada conseguia aliviar minha angústia. Tudo na Inglaterra era estranho: as pessoas, os costumes e até as casas. Sentia-me completamente despreparado em matéria de etiqueta, e tinha de ficar alerta para não cometer alguma gafe. Além disso havia o inconveniente de ser vegetariano, e os pratos que podia comer não tinham gosto algum. Encontrava-me portanto entre a cruz e a espada. Não suportava a Inglaterra e voltar à Índia estava fora de cogitação. Agora que havia chegado deveria ir até o fim dos três anos, dizia-me uma voz interna.

14. UMA ESCOLHA VERDADEIRA

O Dr. Mehta foi procurar-me no Hotel Victoria na segunda-feira e lhe deram o meu novo endereço, que deixara com a recepção. Por descuido meu peguei uma micose de pele durante a viagem, pois tomara banho com água do mar, que não retira completamente os resíduos do sabão. Como o uso do sabão para mim era um sinal de civilidade, ensaboava-me bastante, o que deixou minha pele toda oleosa e daí para a micose foi um passo. O Dr. Mehta recomendou-me que usasse vinagre, e quando o aplicava na pele infectada, chorava de dor. O médico não aprovou as condições de higiene do meu quarto e disse:

— Este lugar não serve para você. Além do estudo é importante que adquira experiência a respeito dos costumes e modo de vida deste país. Precisa se mudar para uma casa de família. Mas antes disso é necessário que passe por um período de aprendizagem com... Vou levá-lo até lá.

Aceitei a sugestão e mudei-me para o quarto de propriedade do seu amigo, que me recebeu muito bem. Tratava-me como a um irmão, iniciou-me nos costumes ingleses e ensinou-me o idioma inglês. A alimentação, no entanto, ainda era um problema. Não conseguia comer legumes cozidos sem sal ou condimentos, como era hábito na Inglaterra. A senhoria dos quartos não sabia o que preparar para mim. Tomava mingau de aveia no café da manhã, o que me sustentava, mas ficava com fome no almoço e jantar.

Esse amigo tentava fazer-me entender a necessidade de comer carne. Eu apenas respondia que fizera votos solenes, e ficava em silêncio. Junto com as refeições eram geralmente servidos espinafre, pão e geleia. Eu era um bom garfo e comia bastante, mas tinha vergonha de pedir mais de duas ou três fatias de pão, pois não me parecia polido. Para piorar, não era servido leite no almoço ou jantar. Cansado dessa situação, meu amigo esbravejou:

— Se você fosse meu irmão, eu já o teria mandado de volta. Qual o valor de um voto feito a uma mãe iletrada, que ignora as condições deste país? Isso não é promessa, é pura superstição, e sua obstinação não o levará a lugar algum. Você diz que comeu carne na Índia, mas o fez quando não era necessário. Agora, que é absolutamente essencial, recusa-se. Que calamidade!

Mas eu continuava reticente.

Todos os dias ele tentava me convencer, mas sempre recebia uma resposta negativa. Quanto mais argumentava, mais eu me tornava inflexível. Pedia a proteção divina em minhas preces. Não que tivesse ideia do que fosse Deus, mas atinha-me à fé no seu sentido mais puro: a que me fora plantada pela minha boa ama Rambha. Um dia meu amigo começou a ler *Theory of Utility [A Teoria da Utilidade]* de Jeremy Bentham para mim. A linguagem do livro era muito complicada, mas ele começou a explicar-me alguns trechos.

Eu disse:

— Minha fé me protege desses conceitos obscuros. Reconheço que talvez seja necessário comer carne, mas não posso quebrar minha promessa. Não discutirei essa questão com o senhor, pois com certeza seu argumento será mais convincente. Por favor, não pense que sou tolo ou teimoso. Aprecio seu amor por mim e sua tentativa de ajudar-me, mas um voto é um voto e vou manter minha palavra até o fim. Sinto muito.

O amigo olhou-me, surpreso. Fechou o livro e disse:

— Tudo bem. Não tocarei mais no assunto.

Fiquei aliviado. Nunca mais falamos sobre a questão, mas ele ainda se preocupava comigo. Quando fumava e bebia não me oferecia cigarros nem bebida, e queria que me abstivesse de ambos. Sua maior preocupação, no entanto, era a de que me sentisse fraco demais sem a carne e fosse incapaz de me adaptar à Inglaterra.

Meu aprendizado com esse amigo durou um mês. Como ele morava no subúrbio de Richmond, só era possível ir a Londres uma ou duas vezes por semana. O Dr. Mehta e o *Sjt.* Dalpatram Shukla decidiram então que o melhor seria hospedar-me numa casa de família. O *Sjt.* conhecia uma família anglo-indiana no bairro de West Kensington, disposta a acolher-me. A dona da residência era uma viúva que morava com suas duas filhas. Elas me queriam bem, mas eu também passava fome nessa casa, pois a comida era totalmente insossa. Todos os dias a senhora me perguntava se gostara da comida e eu dizia que estava boa. Era demasiadamente tímido para pedir mais das coisas que me agradavam. As filhas insistiam para que me servisse de mais pão, que aceitava com relutância. Mal sabiam elas que o que eu desejava mesmo era devorar o pão inteiro!

Mas aos poucos fui me acostumando à Inglaterra, apesar de meus estudos não terem começado. Passei a ler jornais, graças ao *Sjt.* Shukla. Nunca lera um jornal na Índia, mas desenvolvi o hábito da leitura de periódicos ingleses, tais como *Daily News, The Daily Telegraph* e *The*

Pall Mall Gazette. Não lia mais do que uma hora por dia e depois tinha tempo livre para sair. Comecei a procurar por um restaurante vegetariano, pois a senhora me dissera que havia alguns na cidade. Andava em média 20 quilômetros diariamente. Muitas vezes entrava num restaurante barato, comia muito pão, mas nunca me satisfazia. Encontrei finalmente um restaurante vegetariano na Rua Farringdon. Quando me deparei com o lugar senti-me como uma criança que ganha um brinquedo. Ao entrar notei que vendiam livros, expostos numa vitrine perto da porta. Havia um chamado *Plea for Vegetarianism [Apelo ao Vegetarianismo]*, cujo autor chamava-se Salt, que comprei por 1 xelim. Fui direto para o salão de jantar e fiz minha primeira refeição completa na Inglaterra. Deus ouvira minhas preces.

Devorei o livro de Salt inteiro e fiquei muito impressionado. Posso dizer que me tornei vegetariano por verdadeira convicção depois de ler essa obra. Abençoei o dia em que prometi solenemente à minha mãe não comer carne. Conseguira até então abster-me da carne em função da minha crença na verdade e dos votos que fizera, mas percebi que minha iniciativa não era verdadeira. Muitas vezes quis que os indianos se transformassem em carnívoros, e esperava um dia também comer carne abertamente, além de convencer outras pessoas a fazê-lo. Mas agora a opção em favor do vegetarianismo estava feita e era minha missão propagá-lo.

15. BANCANDO O CAVALHEIRO INGLÊS

Meu entusiasmo pelo vegetarianismo crescia dia a dia. O livro de Salt fizera-me mergulhar nas questões alimentares. Li compulsivamente todas as obras disponíveis sobre o assunto. Uma delas, *The Ethics of Diet [A Ética da Nutrição]*, de William Howard, era um "relato biográfico sobre a literatura da dieta humana da Antiguidade aos dias atuais". O livro destacava a ideia de que todos os filósofos e profetas, de Pitágoras a Jesus Cristo aos atuais, eram vegetarianos. Outro livro muito interessante era *The Perfect Way in Diet [O Caminho Perfeito para a Nutrição]* da Dra. Anna Kingsford. As pesquisas no campo da saúde desenvolvidas pelo Dr. Allison, que defendia um tratamento baseado na adoção de um programa alimentar para seus pacientes, também me foram muito úteis. Ele próprio era vegetariano e recomendava uma dieta à base de legumes e verduras a seus clientes. A leitura de todos esses livros me levou a adotar hábitos alimentares que se tornaram muito importantes ao longo de minha vida. A saúde foi uma área em que desenvolvi várias experiências de cunho pessoal. Mais tarde a religião tornou-se o objetivo maior.

Contudo meu amigo continuava se preocupando com o meu bem-estar. Seu afeto por mim levara-o a crer que, se continuasse insistindo em não comer carne, eu não só ficaria cada vez mais fraco, como teria problemas para me adaptar ao país e à sociedade inglesa. Ao saber do meu interesse por livros sobre vegetarianismo ele temia que eu ficasse obcecado pelo tema, que minha vida fosse perder-se em função das minhas experiências alimentares, e que eu me esquecesse do trabalho e me tornasse um fanático.

Tentou uma vez mais converter-me à carne. Um dia convidou-me ao teatro e, antes da peça, combinamos jantar no Restaurante Holborn, um lugar suntuoso como um palácio e o primeiro grande restaurante em que jantei desde o Hotel Victoria. Considerava a estadia naquele hotel uma experiência muito pouco útil, pois ainda duvidava da minha polidez. O amigo planejara levar-me para jantar nesse restaurante sofisticado, imaginando que minha simplicidade me impedisse de fazer perguntas. O restaurante estava cheio e havia muitas pessoas jantando próximo à nossa mesa.

A entrada foi uma sopa, mas como não me atrevia a perguntar do que era feita, resolvi chamar o garçom. Meu amigo viu o gesto que fiz com as mãos e perguntou-me do que se tratava. Vacilante, respondi que desejava saber se a sopa era apenas de legumes.

— Você tem muito pouco trato para uma sociedade refinada — vociferou ele. — Se não tem modos é melhor sair. Vá comer em outro restaurante e me espere lá fora.

Deliciado, saí. Havia um restaurante vegetariano próximo, mas estava fechado. Fiquei sem comer aquela noite. Fui com meu amigo ao teatro mas não trocamos uma palavra sequer a respeito do ocorrido. De minha parte também não havia nada a ser dito. Foi nossa última altercação, e nosso relacionamento não ficou nem um pouco abalado, pois sabia que havia muito afeto por trás de suas palavras e ações. Em função de nossas diferenças, minha admiração e respeito por ele eram cada vez maiores, mas achava que devia tranquilizá-lo. Disse-lhe que tentaria ser mais refinado e que compensaria meu vegetarianismo cultivando outros hábitos típicos de uma sociedade civilizada. Resolvi então partir para a missão quase impossível de tornar-me um cavalheiro inglês.

Para começar, as roupas que trouxera de Mumbai não estavam de acordo com a moda vigente na sociedade inglesa, e as substituí por outras que comprei em uma loja tipicamente britânica.

Comprei também um chapéu tipo cartola que custou 19 xelins, um preço exorbitante para a época. Não satisfeito, gastei mais 10 libras num terno feito pelos alfaiates de Bond Street, o centro da moda londrina. Além disso pedi ao meu bom e caridoso irmão que me enviasse uma corrente de ouro para o relógio. Também aprendi a arte de dar corretamente o nó na gravata. Na Índia, olhar-se no espelho era um luxo somente concedido aos que iam ao barbeiro. Em Londres, eu passava dez minutos diários frente a um espelho imenso, ajeitando a gravata e arrumando o cabelo segundo a moda. Meu cabelo não era nada macio, e todos os dias eu lutava com a escova para arrumá-lo. Cada vez que punha e tirava o chapéu, levava automaticamente a mão à cabeça com o mesmo propósito. Isso para não mencionar outro hábito "civilizado": passar de vez em quando a mão nos cabelos.

Como se tudo isso não bastasse comecei a ater-me a pequenos detalhes que me transformariam num perfeito cavalheiro inglês. Para tal, disseram-me que seria necessário ter aulas de dança, francês e oratória. O francês não só era o idioma falado no país vizinho, era a *língua franca do* continente europeu, e eu tinha a intenção de viajar por toda a Europa. Comecei a ter aulas particulares de dança e paguei 3 libras pelo curso semestral. Depois de seis aulas em três semanas não atingira a coordenação motora esperada, pois não conseguia acompanhar o ritmo do piano. Achava que seria impossível aprender a dançar. O que fazer, então?

Há a fábula do senhor recluso, que comprou um gato para afastar os ratos e uma vaca para dar leite ao gato. Depois, contratou um homem para cuidar da vaca e assim por diante. Minha ambição estava me transformando nesse senhor, ansioso que estava por adaptar-me ao mundo civilizado. Passei a ter aulas de violino, a fim de desenvolver o ouvido para a música ocidental. Gastei 3 libras na compra de um desses instrumentos e mais um pouco com as aulas. Busquei ainda outro professor para aulas de oratória e paguei-lhe um adiantamento de 21 xelins. Ele recomendou-me que comprasse o livro de Bell, *Standard Elocutionist [Manual do Orador]*, e comecei a treinar com um discurso do estadista inglês William Pitt.

Mas o Sr. Bell fez soar o sino de alarme em meus ouvidos e acordei. Despertei para o fato de que não passaria a vida inteira na Inglaterra. Que utilidade teria a oratória? E como a dança poderia me tornar um cavalheiro? Violino, poderia aprender na Índia. Ponderei então que viera à Inglaterra para estudar Direito e deveria aplicar-me nisso. Decidi preparar-me para os exames de admissão da Ordem dos Advogados da Inglaterra. Se no processo meu caráter fizesse de mim um cavalheiro, que assim fosse. Do contrário, poria essa ambição de lado.

Tomado por esses pensamentos escrevi uma carta ao professor de oratória pedindo para dispensar-me das aulas. Escrevi outra carta para o professor de dança e fui conversar pessoalmente com a professora de violino. Pedi-lhe que me ajudasse a vender por qualquer preço o instrumento que havia comprado. Ela foi muito compreensiva e decidi contar-lhe que descobrira que estava perseguindo um falso ideal. O estímulo dessa professora para que eu continuasse em meu caminho e fizesse as mudanças que achasse necessárias em minha vida foi muito importante.

O processo de querer me transformar num cavalheiro inglês durou aproximadamente três meses. A meticulosidade com que me vestia, no entanto, continuou por muitos anos. Mas finalmente comecei a estudar.

16. MUDANÇAS

Que ninguém pense que minhas experiências com a dança e outras atividades fizeram de mim um perdulário. O leitor há de concordar que até mesmo nos meus momentos mais críticos usei de bom senso. Durante o período descrito no capítulo anterior, gastava com moderação e mantinha um registro minucioso de todas as minhas despesas, inclusive as pequenas, tais como passagens de ônibus, selos e jornais. Tudo era cuidadosamente anotado e eu fazia a contabilidade todas as noites antes de dormir. Ainda hoje mantenho esse hábito e, embora administre orçamentos públicos apertados, jamais sobram dívidas e o saldo é sempre positivo. Que cada página dos meus livros de contabilidade sirva de lição aos mais novos. Que saibam dar valor a tudo o que entra e sai de seus bolsos, e como eu possam sentir-se gratificados.

À medida que minha vida se tornava mais disciplinada percebia a necessidade de economizar. Decidi então cortar as despesas pela metade. Minhas contas, por exemplo, demonstravam que estava gastando demais com transporte, pois muitas vezes convidava a família que me hospedava para jantar ou ia a festas. Nessas ocasiões, segundo a etiqueta, se um homem convidasse uma mulher para sair, era comum ele pagar a conta. Jantar fora também era um gasto semanal a mais. Tudo isso aumentava as despesas. Acreditava que esses gastos todos podiam ser cortados.

Resolvi então alugar um quarto por conta própria em vez de morar com uma família. Dependendo do trabalho que arranjava mudava de quarto como melhor me convinha, e ao mesmo tempo ganhava mais experiência. Escolhia os que não ficassem a mais de meia hora a pé do local de trabalho, e dessa forma economizava nas passagens. Até então, utilizava transporte público para qualquer lugar que fosse, e não tinha muito tempo para caminhar. Essa decisão permitiu-me economizar mais e andar aproximadamente 14 quilômetros todos os dias. Minhas longas caminhadas me ajudaram a não contrair praticamente nenhuma doença durante minha estadia na Inglaterra, e deram-me uma constituição mais vigorosa. Acabei por alugar um apartamento com quarto e sala. Esse foi o segundo estágio de moradia; o terceiro ainda estava por vir.

Todas essas mudanças me ajudaram a economizar dinheiro, mas ainda estava preocupado em como aproveitar melhor o meu tempo. Não seria necessário estudar muito para os exames de admissão à Ordem dos Advogados, portanto não me sentia pressionado nesse aspecto. Entretanto o idioma inglês era uma eterna preocupação. Ainda pensava nas palavras do Sr. Lely em Porbandar: "Diplome-se primeiro e depois conversamos". Achei que além do diploma de advogado devia habilitar-me em literatura também.

Consultei alguns amigos e solicitei informações sobre os cursos das universidades de Oxford e Cambridge. Descobri que teria de ficar na Inglaterra por mais tempo e gastar muito mais do que planejara inicialmente, se me matriculasse num desses cursos. Um amigo sugeriu-me que, se quisesse desafios, deveria tentar um dos cursos da Universidade de Londres, o que significaria muito estudo, mas seria uma forma de aperfeiçoar-me sem nenhuma despesa adicional. Achei a ideia muito boa, mas quando vi o programa do curso assustei-me. Latim e outra língua moderna eram disciplinas obrigatórias. Como conseguiria aprender latim? Meu amigo lembrou-me então que essa língua era muito importante para a carreira de advogado:

— O latim é fundamental para compreender os livros de Direito, e além do mais o exame de Direito Romano será totalmente nesse idioma. Um bom conhecimento do latim é também muito útil para dominar a língua inglesa.

Fui para casa decidido a aprender latim, custasse o que custasse. Como já começara a estudar o francês, imaginei que seria essa a língua moderna exigida. Principiei com aulas particulares de latim e francês, visto que os exames de admissão aconteciam a cada semestre, e só teria cinco meses para me preparar. Foi quase impossível aprender esses idiomas formalmente. O aspirante a cavalheiro inglês queria agora converter-se num aluno sério! Programava cada minuto do meu tempo, mas nem meu intelecto nem minha memória eram capazes de reter o latim, francês e outras disciplinas num período tão curto de tempo.

O resultado da prova de latim foi desastroso. Fiquei aborrecido, mas não desanimei. Tomara gosto por essa língua e achei que seria bom treinar um pouco mais o meu francês, portanto resolvi estudar mais um semestre e tentar os exames novamente. A química, que era meu tema em ciência, não me atraía por causa das experiências, mas poderia ter sido um campo profundamente interessante. Era uma das disciplinas obrigatórias na Índia, e por isso a escolhi para a Universidade de Londres. Desta vez, contudo, preferi o calor e a luz em vez da química. Dizia-se que era fácil, e de fato foi o que achei.

Com a nova tentativa de exame esforcei-me para simplificar minha vida ao máximo. Sentia que meu estilo de vida não era compatível com as posses de minha família. Pensava no meu irmão na Índia trabalhando para me sustentar financeiramente e esse pensamento me torturava. A maioria das pessoas que conhecia gastava de 8 a 15 libras por mês, e beneficiava-se de bolsa de estudos.

Tinha exemplos à minha volta de pessoas que viviam bem e modestamente. Também conhecia muitos estudantes sem recursos que viviam com mais simplicidade do que eu. Um deles alugava um quarto num cortiço por 2 xelins por semana e passava a pão e chocolate. Não desejava imitá-lo, mas achava que morando em um único quarto e fazendo minhas refeições em casa, poderia economizar umas 4 ou 5 libras por mês. Encontrei alguns livros com sugestões de como viver economicamente, aluguei um quarto único, investi num fogão e tomava o café da manhã em casa. Não demorava mais do que 20 minutos para fazer o mingau de aveia e esquentar a água para o chocolate da manhã. Almoçava fora e à noite comia pão com chocolate quente e gastava apenas 1,3 xelins por dia. Essa foi uma época em que, vivendo de forma frugal, sobrava-me bastante tempo para estudar e, assim, consegui passar nos exames.

Que o leitor não pense que minha vida tornou-se enfadonha e metódica demais. Muito pelo contrário, as mudanças harmonizaram o meu mundo interior com o exterior. Também era uma forma de viver de acordo com as posses de minha família. Minha vida passou a ser mais verdadeira, e minha alma estava radiante.

17. EXPERIÊNCIAS COM ALIMENTAÇÃO

Quanto mais buscava a mim, mais as necessidades de mudança interna e externa aumentavam. Antes mesmo de moderar meus gastos e modificar o meu estilo de vida, comecei a mudar meus hábitos alimentares. Os autores de livros sobre vegetarianismo que lera haviam examinado a fundo a questão da alimentação à base de carne, criticando seus aspectos religiosos, científicos, práticos e médicos. Sob o ponto de vista ético, concluíram que a superioridade do homem sobre os animais inferiores não significava que deveria matá-los, mas antes protegê-los, justamente por serem inferiores. Deveria existir cooperação entre as espécies, exatamente como ocorre entre os humanos.

Essas obras também trouxeram uma verdade à tona: que o ser humano não come por prazer, mas por uma questão de sobrevivência. Alguns autores que lera sugeriam a abstinência não apenas de carne, mas de produtos derivados do leite e ovos. Segundo pesquisas científicas, a estrutura física do homem indica que ele não foi preparado para ingerir alimentos cozidos e sim crus. Ao nascer ele toma leite materno e só se alimenta de sólidos depois da primeira dentição. Muitos autores da área médica também rejeitavam condimentos e temperos, além de comprovarem na prática que a alimentação vegetariana era mais econômica.

Todos esses argumentos causaram-me profundo impacto, e conheci muitos vegetarianos nos restaurantes que frequentava. Lia e assinava uma publicação semanal da Sociedade Vegetariana da Inglaterra, da qual me tornei sócio, e em pouco tempo participante da comissão executiva. Fiz contato com pessoas consideradas pilares do vegetarianismo no país, e comecei a fazer minhas próprias experiências com a alimentação.

Parei de comer os doces e condimentos que me mandavam da Índia. Com minha nova orientação de vida, a vontade de usar condimentos logo se dissipou e passei a adorar espinafre cozido, que no Hotel Richmond me havia parecido insípido, já que não adicionavam temperos. Essas experiências levaram-me a concluir que o verdadeiro gosto da comida não está na língua, mas na mente. A questão financeira era, no entanto, uma preocupação constante. Naquela época havia uma corrente na Inglaterra que considerava o consumo de chá e café prejudicial à saúde e defendia o chocolate. Como minha intenção era consumir somente alimentos que me sustentassem, parei de tomar chá e café e os substituí pelo chocolate. Nos restaurantes em que ia havia duas áreas separadas: uma era frequentada por pessoas abastadas, com um cardápio à la carte bastante variado, cada refeição custando em média 2 xelins; a outra servia jantares prontos, acompanhados de pão, que custavam 6 centavos. Como estava procurando economizar ao máximo, geralmente jantava nessa área.

Havia outras experiências alimentares acontecendo em minha vida, como por exemplo parar de comer alimentos ricos em amido, só passar a pão e frutas ou só comer queijo, leite e ovos, experiência essa que não durou mais de uma quinzena. Havia um entusiasta que pregava a ingestão de alimentos sem amido e defendia o consumo do ovo, dizendo que não era um derivado da carne. Aparentemente, o ovo não era prejudicial à saúde. Segui os conselhos dessa pessoa e passei a comer ovos, apesar dos meus votos. Foi um lapso de memória, pois ao consumir ovos estava na verdade comendo carne. Sabia que os votos que fizera à minha mãe incluíam não comê-los, e percebendo a importância da minha promessa, parei imediatamente.

Há um comentário que gostaria de fazer a esse respeito. Descobri que havia três definições para carne na Inglaterra. A primeira a definia como proveniente de aves e animais, e os vegetarianos que seguiam essa dieta não se alimentavam destes, mas sim de peixe e ovos. A segunda interpretava a carne como oriunda de qualquer criatura viva, e portanto peixe estava fora de cogitação, embora ovo fosse permitido. A terceira considerava carne tudo o que viesse de criaturas vivas e seus derivados, incluindo leite e ovos.

Se fosse seguir a primeira definição, não só poderia comer ovos, como peixes. No entanto respeitava a interpretação que minha mãe dava à carne, e como forma de manter minha promessa, não poderia comer ovos. Foi o que fiz, e no começo deparei com um desafio, pois descobri que muitos pratos nos restaurantes vegetarianos eram à base de ovo. Isso significava que, a menos que soubesse do que eram feitos os pratos, deveria descobrir por conta própria se continham ovo ou não, como era o caso de muitas sobremesas. Com o tempo passou a ser uma vantagem, pois simplifiquei mais ainda meus hábitos alimentares, embora tivesse de abdicar de muitos pratos de que gostava.

Sabia que essa dificuldade era passageira e que a observância dos votos que fizera na Índia me proporcionava um prazer interior muito mais saudável, sutil e permanente. O desafio maior contudo, ainda estava por vir, e dizia respeito ao outro voto que fizera à minha mãe. Quem ousa prejudicar aquele que Deus protege?

Gostaria de fazer algumas observações sobre a interpretação de votos e promessas solenes. A maneira como estas são interpretadas e efetivadas por muitas pessoas pelo mundo afora é causa de muita discórdia. Por mais clara e óbvia que seja uma promessa, muitas pessoas distorcem seu significado para acomodá-la a seus próprios interesses. Encontramos esse tipo de atitude em todas as classes sociais. O egoísmo leva as pessoas que fazem votos a enganar a si mesmas, aos que estão ao seu redor e a Deus.

Uma regra básica seria tomar uma promessa feita a alguém de modo honesto e literal. Outra seria aceitar a interpretação da parte menos favorecida. Nesse caso caberiam duas interpretações. Quando não se adota nenhum desses caminhos, o resultado é a disputa e a iniquidade, que têm suas raízes na mentira. Aquele que busca a verdade dentro de si não encontra obstáculos para seguir à risca os votos que fez, e assim sendo não há margem para interpretações errôneas. A interpretação que minha mãe dava à carne deveria ser, segundo a regra básica, a única verdade para mim, e não simplesmente o resultado de minhas experiências pessoais ou do meu orgulho em relação ao conhecimento adquirido.

Minhas experiências na Inglaterra foram sobre economia e higiene. Só despertei para os aspectos religiosos de minha vida quando viajei à África do Sul, onde tive experiências intensas, que narrarei em seguida. Contudo as sementes foram plantadas na Inglaterra. O entusiasmo de uma pessoa recém-convertida a uma crença é maior que o de uma pessoa que foi educada sob essa crença.

O vegetarianismo era algo novo na Inglaterra, e como vimos fiquei fascinado pela ideia. Quando cheguei a esse país era praticamente um adepto da carne, mas com o tempo tornei-me intelectualmente vegetariano. Com o zelo típico de um neófito, abri uma associação vegetariana no bairro de Bayswater, onde estava residindo em Londres. Convidei Sir Edwin Arnold, também morador do bairro, para ser vice-presidente e o Dr. Oldfield, que era editor da revista O *Vegetariano*, tornou-se presidente. Eu era o secretário-geral. A associação foi muito bem por um tempo, mas encerrou-se depois de alguns meses, pois como mudava de casa com frequência, deixei o bairro de Bayswater. Essa breve e modesta experiência trouxe-me um pouco de prática na organização e administração de instituições.

18. A TIMIDEZ É MEU ESCUDO

Fui eleito membro da comissão executiva da Sociedade Vegetariana da Inglaterra e participava de todas as reuniões, mas sentia-me envergonhado de expressar minhas opiniões em público. O Dr. Oldfield uma vez me disse:

— O senhor fala muito bem quando conversa comigo, mas por que nunca abre a boca nas reuniões da comissão? É como um zangão numa colmeia.

Gostei da analogia bem-humorada: as abelhas estão sempre ocupadas, enquanto o zangão não faz nada. Com certeza não era confortável para mim ficar em silêncio enquanto os outros membros do grupo expressavam suas opiniões. E mesmo sentindo-me tentado a falar, incomodava-me o fato de não saber me expressar. Todos pareciam estar mais bem informados do que eu, e na hora em que juntava coragem para falar, um outro assunto era iniciado. Foi assim por muito tempo.

Um dia uma questão séria veio à tona e achei que seria covardia abster-me, e mais ainda, prestar anuência com meu silêncio. O presidente da Sociedade era um puritano chamado Sr. Hills, proprietário da Siderúrgica do Vale do Tâmisa. A sobrevivência da Sociedade dependia exclusivamente de seu apoio financeiro, e muitos dos membros da comissão eram seus protegidos. O Dr. Allison, um conhecido vegetariano, também membro da comissão, era defensor do recém-criado movimento de controle da natalidade, e pregava seus métodos junto à classe trabalhadora. O Sr. Hills considerava esses métodos moralmente reprováveis e achava que o objetivo da Sociedade Vegetariana não era apenas a saúde e a alimentação, mas também a reforma moral. Segundo ele, um homem antipuritano como o Dr. Allison não deveria fazer parte da Sociedade e sua retirada do grupo foi posta em votação.

Fiquei totalmente envolvido pelo assunto. Considerava perigosa a visão do Dr. Allison em relação aos métodos artificiais de controle da natalidade, e o Sr. Hills, sendo um puritano, tinha todo o direito de questioná-la. Era grande o meu apreço pelo Sr. Hills e sua generosidade, mas não achava certo excluir um membro de uma sociedade vegetariana pelo simples fato de não concordar com a moral puritana como um dos objetivos da associação. Na verdade o Sr. Hills tomara a exclusão de antipuritanos do grupo como uma questão pessoal, não tendo nada a ver com o propósito declarado da Sociedade, que era a divulgação do vegetarianismo e não de um sistema moral. Pessoalmente, defendia que qualquer vegetariano, independente de seu conceito moral, poderia ser membro da Sociedade.

Outras pessoas da comissão concordavam comigo, mas senti-me na obrigação de dizer o que sentia. O problema era como fazê-lo, pois não tinha coragem de falar em público. Decidi escrever minhas opiniões e fui para a reunião com a carta no bolso. Não era capaz nem de ler meu próprio documento ao grupo, e o presidente da mesa pediu que alguém o lesse. O Dr. Allison perdeu a moção e, mesmo tendo sido derrotado, senti-me feliz de ter apoiado uma causa que considerava justa. Lembro-me vagamente que depois desse incidente desliguei-me da comissão.

Minha timidez me acompanhou durante toda a minha estadia na Inglaterra. Mesmo quando comparecia a reuniões sociais calava-me diante da presença de meia dúzia de pessoas ou mais. Um dia fui a Ventnor, na ilha inglesa de Wight, com o *Sjt.* Mazmudar e hospedamo-nos na casa de uma família vegetariana. O Sr. Howard, autor do livro *A Ética da Nutrição*, também estava na ilha. Quando nos encontramos pediu que fizéssemos uma palestra para promover o vegetarianismo. Certifiquei-me de que não haveria problemas em ler meu discurso, pois achava que seria mais fácil passar a mensagem de uma forma clara e coesa se fosse por escrito. Além do mais falar em público sem preparo estava fora de cogitação no meu caso. Escrevi minha mensagem e, ao levantar-me para ler, não consegui. Minha vista ficou embaçada e meu corpo todo tremia, embora o texto fosse curto. O *Sjt.* Mazmudar acabou lendo para mim. Sua palestra fora brilhante e recebera muitos aplausos. Fiquei triste e envergonhado pela incapacidade de ler meu próprio discurso.

Minha última tentativa de fazer uma apresentação pública na Inglaterra foi à véspera da minha partida. Dessa vez também, tudo o que consegui foi passar por ridículo. Convidara meus amigos para jantar no Restaurante Holborn, já mencionado. Pensei que se um jantar vegetariano pudesse ser servido num restaurante especializado, também poderia ser oferecido num restaurante não vegetariano. Conversei com o gerente do Holborn para que nos preparasse um jantar exclusivamente vegetariano. Meus amigos vegetarianos estavam ansiosos para passar pela experiência. Achava que, em geral, jantares eram ocasiões em que as pessoas se divertem e se descontraem, mas no Ocidente transformaram a ocasião em espetáculo, na medida em que é celebrada com grande ostentação, música e discursos. Portanto a festa que estava dando no restaurante era acompanhada desses aparatos e programei fazer um discurso.

Quando chegou a hora de levantar-me e dizer as palavras que havia ensaiado cuidadosamente, não consegui ir além da primeira sentença. Lera que o político inglês Joseph Addison, ao iniciar um discurso na Câmara dos Comuns repetiu "Eu concebo" três vezes, e quando não conseguiu mais continuar por timidez, um comediante se levantara na plateia dizendo: "Esse senhor concebeu três vezes mas não pariu nada". Pensei em fazer um discurso humorístico e incluir essa história como introdução. Comecei contando o caso e tive de parar. Minha memória falhara por completo, e ao tentar ser engraçado passara por ridículo. Disse, encabulado:

— Obrigado, senhores, por atenderem ao meu convite — e sentei-me.

Somente na África do Sul venci minha timidez, embora nunca a tenha superado por completo. Era-me impossível fazer um discurso de improviso, por exemplo. Também hesitava cada vez que tinha de enfrentar plateias desconhecidas, e sempre que podia evitava discursos em público. Até hoje não creio que conseguiria ou desejaria entreter um grupo de amigos numa festa. Entretanto devo dizer que embora a timidez me tivesse exposto a situações ridículas, não creio que tenha sido uma desvantagem na minha vida. Pelo contrário, acho que foi de grande valia.

O fato de vacilar ao discursar em público, a princípio um aborrecimento, traz-me agora um certo prazer, visto que me ensinou a ser econômico nas palavras. Aos poucos adquiri o hábito de restringir meus pensamentos, e posso afirmar que raramente uma palavra escapa de minha pena ou de minha boca, que não tenha sido ponderada. Dessa forma tenho me poupado de situações imprevistas, ou de perder meu tempo com palavras desnecessárias. A experiência ensina que o silêncio faz parte da disciplina espiritual daquele que busca a verdade. A tendência ao exagero, a suprimir ou adulterar a verdade, consciente ou inconscientemente, é uma fraqueza do ser humano, e o silêncio é necessário para que se possa superar esses momentos. Uma pessoa de poucas palavras raramente dirá algo impensado num discurso. Medirá antes cada palavra.

É comum encontrar pessoas impacientes para falar. O presidente de uma assembleia em geral recebe muitas solicitações da palavra. Quando a permissão é concedida o orador geralmente excede o tempo limite. Não se pode dizer que esse falatório todo seja benéfico ao mundo. Quanto desperdício de tempo! Minha timidez, na verdade, serviu-me de escudo e proteção, pois me fez crescer e auxiliou-me no discernimento da verdade.

19. A VIRULÊNCIA DA INVERDADE

Não havia muitos indianos estudando na Inglaterra há 40 anos. A maior parte era de homens sozinhos, embora alguns fossem casados. A vida acadêmica inglesa é incompatível com a de casado. Nos velhos e bons tempos, um estudante hindu era invariavelmente conhecido como *brahmachari*[24]. Hoje essa é uma prática em desuso, devido ao casamento entre crianças na Índia. Os jovens indianos que estudavam na Inglaterra sentiam vergonha de dizer que eram casados, pois o casamento entre crianças é estranho aos ingleses. Havia outro motivo pelo qual escondiam o fato. Caso as pessoas descobrissem o seu estado civil, seria impossível para eles sair ou namorar as garotas das famílias com quem viviam.

Os flertes ocorriam de maneira inocente, e muitas vezes os pais estimulavam esse tipo de ligação uma vez que o homem é livre para escolher sua parceira. Contudo o resultado é desastroso para os jovens indianos que chegam à Inglaterra e mantêm relacionamentos como esses, uma prática comum entre os ingleses da mesma idade. Vi muitos colegas indianos sucumbirem ao escolher uma vida de inverdades em troca de relacionamentos, para eles não recomendáveis por serem casados. No meu caso muitas vezes também quase cedi à tentação de passar por solteiro, embora tivesse esposa e filho. Mas a hipocrisia jamais me faria feliz. Ainda bem que minha reserva e a reticência me ajudaram a não afundar nessas situações comprometedoras, pois as garotas não se interessavam em conversar ou sair com um rapaz de poucas palavras.

Mas minha covardia estava no mesmo nível da minha timidez. Entre as famílias como a que me hospedei em Ventnor, era costume a filha levar os hóspedes para caminhadas. Um dia, a filha da proprietária da casa em que eu estava levou-me a umas montanhas lindas perto da cidade. Considero-me uma pessoa que anda rápido, mas minha anfitriã andava mais rápido ainda. Eu tentava acompanhar seu passo, enquanto ela seguia adiante falando sem parar. Simplesmente limitava-me a dizer "sim", "não" ou, no máximo, "que lindo!". A garota voava e eu só ficava imaginando quando voltaríamos para casa.

Chegamos finalmente ao topo de uma colina, mas sair de lá era o problema. Apesar de estar usando saltos altos, essa menina de 25 anos desceu a montanha como um azougue, enquanto eu lutava envergonhadamente para descer. Ela parava, olhava para trás e me perguntava se queria ajuda. Eu estava morrendo de medo. Com muita dificuldade, e às vezes me arrastando, consegui chegar ao sopé da colina. Quando a alcancei, ela riu alto dizendo "bravo!", e senti-me ainda mais envergonhado.

Mas Deus queria que eu me livrasse da virulência da inverdade e teria de aprender minha lição. No meu primeiro ano na Inglaterra, antes de visitar Ventnor, fui a Brighton, um famoso balneário no litoral. No hotel conheci uma senhora viúva de posses modestas. Os pratos do cardápio estavam descritos em francês, idioma que eu não dominava. Sentei à mesa com ela e, ao perceber que eu era estrangeiro, prontificou-se a ajudar:

— Você parece estar meio perdido. Não vai pedir nenhum prato?

Estava tentando decifrar o cardápio e prestes a perguntar ao garçom o que os pratos continham, quando ela veio em meu auxílio. Agradeci pela atenção e expliquei-lhe que estava tentando descobrir quais pratos eram vegetarianos.

— Vou lhe explicar o cardápio e mostrar o que você pode comer — disse ela.

Foi o começo de uma amizade que durou toda a minha estadia na Inglaterra e muito tempo depois. Essa senhora me deu o seu endereço em Londres e me convidava para jantar em sua casa todos os domingos. Havia ocasiões em que me ajudava a superar a timidez e apresentava-me a várias jovens, fazendo-me puxar conversa com elas.

Entre essas garotas, destacava-se uma que morava com ela. Muitas vezes eu e essa jovem ficávamos a sós. A princípio isso me constrangia, pois não sabia o que dizer. Com o tempo a companhia da jovem foi ficando interessante, perdi a timidez e aguardava os domingos com ansiedade para encontrá-la. A senhora mostrava-se satisfeita com nossos encontros e nos estimulava a ficar juntos. Parecia que tinha planos para nós e senti-me num dilema, uma vez que não lhe dissera que era casado e sua expectativa era grande. Pensei comigo: "Nunca é tarde para consertar as coisas. Se disser a verdade, irei poupar-me de mais dissabores". Assim, escrevi-lhe a seguinte carta:

> Desde que nos conhecemos em Brighton a senhora tem sido muito atenciosa comigo e me trata como um filho. Provavelmente acha que devo me casar, e creio ser por isso que me apresenta a tantas jovens. Para não complicar as coisas, devo ser direto e dizer-lhe que não tenho sido digno de seu carinho. Quando comecei a visitá-la em sua casa não lhe contei que era casado. Muitos jovens indianos que estudam na Inglaterra omitem esse fato, que é o meu caso. Casei-me quando era menino e tenho um filho. Envergonho-me de não ter-lhe

contado antes, mas fico feliz porque Deus me deu força e coragem para dizer a verdade agora. Por favor perdoe-me. Posso garantir-lhe que jamais passei dos limites com a jovem que mora com a senhora. Como não sabia que eu era casado, tentou carinhosamente aproximar-me dela. Para que a situação não piore é meu dever contar-lhe a verdade. Ao receber esta carta, se achar que não fui digno de sua hospitalidade, não se preocupe, não ficarei magoado caso se afaste de mim. Sinto-me em dívida de gratidão eterna por sua bondade e atenção. Se depois de tudo isso não me rejeitar e continuar a considerar-me merecedor de sua hospitalidade e carinho, não medirei esforços para merecê-los e ficarei muito feliz. Sua bondade será sempre uma bênção para mim.

Quero que o leitor saiba que não escrevi essa carta de uma vez só. Eu a escrevi e reescrevi várias vezes e, depois de pronta, é como se houvesse tirado um peso dos meus ombros. Recebi uma resposta logo em seguida:

Acabo de ler sua carta tão honesta. Ficamos muito felizes e rimos bastante da situação toda. A inverdade de que o senhor se diz culpado é perdoável. É muito bom que tenha nos posto a par da situação. Minhas portas ainda estão abertas. Esperamos ansiosamente por sua visita no próximo domingo e queremos saber de todos os detalhes do seu casamento precoce. Certamente riremos com sua história. Desnecessário afirmar que nossa amizade ainda é a mesma e não foi nem um pouco afetada por esse incidente.

Assim, senti-me livre da virulência da inverdade e a partir daí nunca deixei de falar sobre o meu estado civil quando necessário.

20. CONTATO COM AS RELIGIÕES

Ao final do meu segundo ano na Inglaterra conheci dois irmãos teosofistas, ambos solteiros. Falaram-me sobre a *Bhagavad-Gita*. Estavam lendo a tradução do poema, feita por Sir Edwin Arnold, *A Canção Celestial,* e pediram-me que lesse o original com eles. Envergonhei-me ao admitir que não lera o poema divino nem em sânscrito e nem em gujarate, mas disse-lhes que ficaria feliz em acompanhá-los na leitura com o original, embora meus conhecimentos de sânscrito fossem mínimos. Esperava ao menos entender o sentido do original para informar-lhes quando a tradução não fosse precisa. Comecei então a leitura da *Gita* com esses irmãos, e até hoje os versos do segundo capítulo me tocam profundamente:

> Do apego aos sentidos, nasce a atração;
> da atração, brota o desejo;
> o desejo gera uma paixão avassaladora
> e a paixão conduz à imprudência.
> Nesse momento, a memória, totalmente traída,
> abandona o seu propósito mais nobre,
> para então corroer a mente.
> E assim, o propósito, a mente e a pessoa se arruínam.

A leitura do livro causou-me tamanho impacto que hoje considero a *Bhagavad-Gita* como a obra que mais abrange o conhecimento da verdade. Nestes anos todos foi-me de extrema valia nos momentos de tristeza. Li quase todas as traduções inglesas do livro e considero a de Sir Edwin Arnold como a melhor, visto que é muito fiel ao texto original e nem parece uma tradução. Embora tenha lido a Gita com esses amigos, não posso dizer que a estudei a fundo naquela época. Somente anos mais tarde o livro tornou-se uma leitura diária para mim. Eles também me recomendaram que lesse *Luz da Ásia* de Edwin Arnold, de quem conhecia apenas *A Canção Celestial*. Acabei lendo a outra obra desse grande autor com mais interesse que os versos traduzidos da *Bhagavad-Gita*. *Luz da Ásia* é realmente um livro fascinante, difícil parar de ler.

Uma vez esses irmãos me levaram à Loja Blavatsky e apresentaram-me à Madame Blavatsky e à Sra. Besant, que acabara de se tornar membro da Sociedade Teosófica. Sua adesão havia sido seguida de muita polêmica e eu acompanhava a discussão com interesse. Meus amigos sugeriram que também me associasse, mas recusei:

— Sei muito pouco a respeito de minha própria religião, portanto não desejo fazer parte de nenhuma instituição religiosa.

A pedido dos irmãos, li *A Chave da Teosofia*, de Madame Blavatsky, livro que me motivou a conhecer outras obras do hinduísmo e desfez a imagem, fomentada por missionários, de que o hinduísmo estava repleto de superstições.

Nessa época conheci numa pensão vegetariana um cristão muito bondoso, que me falou a respeito de sua religião. Contei-lhe minhas experiências com os cristãos em Rajkot, e ele mostrou-se bastante aborrecido com a história. Disse:

— Sou vegetariano e não bebo. Muitos cristãos comem carne e bebem, não há dúvida. Contudo as Sagradas Escrituras não apoiam esses costumes e eu recomendo que você leia a Bíblia.

Aceitei a sugestão e ele me deu um exemplar repleto de mapas, citações e referências.

Quando comecei a ler, não conseguia ir além do Velho Testamento. Li o livro do Gênesis, mas os capítulos que vinham depois me davam sono. Continuei a ler mesmo arrastado e desinteressado, ao menos para dizer que lera. A primeira parte da Bíblia não fazia muito sentido para mim, e não gostei do Livro dos Números. No entanto tive uma impressão bem diferente do Novo Testamento, principalmente o Sermão da Montanha, que me falou diretamente ao coração. Tracei um paralelo com a *Gita*. Adorei os versos: "E assim vos digo, não cedei ao mal: se vos esbofeteiam, oferecei a outra face, e se vos tirarem a túnica, dai-lhes também o manto".

Essas palavras me remeteram diretamente aos versos de Shamal Bhatt citados anteriormente: "Quando te derem um copo d'água, oferece um prato de comida". Minha mente inquieta tentava relacionar os ensinamentos da *Gita* com o livro *Luz da Ásia*, e estes com o Sermão da Montanha. A renúncia era a forma mais nobre de religião e isto me fascinava.

Essas leituras abriram-me o apetite para outros livros, como por exemplo as biografias de mestres religiosos. Um amigo recomendou-me a obra do escritor escocês Thomas Carlyle, *Heroes and Hero-Worship [Os Heróis e sua Devoção]*. É muito interessante o capítulo em que descreve o herói como profeta, e aprendi sobre a grandeza, a bravura e a austeridade do Profeta. Não tinha tempo para me aprofundar no estudo das religiões, pois as leituras preparatórias para os exames me deixavam pouco tempo livre. Mesmo assim anotei mentalmente que deveria ler mais textos religiosos e me familiarizar com todos os principais credos.

Achava que era importante conhecer também um pouco do ateísmo. Os indianos residentes na Inglaterra conheciam as obras de Bradlaugh e seu chamado ateísmo. Li alguns livros a respeito, cujos nomes não recordo. Não foram significativos para mim, na medida em que já cruzara o deserto do ateísmo. A Sra. Besant, da Sociedade Teosófica, cujas ideias estavam na berlinda, e cujo livro *How I became a Theosophist [Como me Tornei Teosofista]* eu lera, passou do teísmo ao ateísmo, e esse fato reforçou minha aversão aos princípios ateístas.

Bradlaugh faleceu nessa época e seu corpo foi enterrado no cemitério de Woking. Compareci ao enterro e creio que todos os indianos de Londres estavam presentes, além de alguns religiosos que foram prestar-lhe as últimas homenagens. Quando saímos caminhando para a estação de trem, vimos um ateu fanático abordar um dos religiosos e presenciamos o seguinte diálogo:

— Acredita na existência de Deus? — perguntou ele.
— Sim — disse o religioso, em voz baixa.
— O senhor concorda que a Terra tem 44.000 km de diâmetro, não? — tornou o ateu, com certo sarcasmo.
— Claro — afirmou o religioso.
Diga-me então, qual é o tamanho do seu Deus e onde Ele se encontra.
— Ambos sabemos que Deus está em nosso coração — exclamou docemente o religioso.
— Ora, ora, não me trate como criança! — disse o ateu olhando para nós com um ar triunfante.

O religioso permaneceu em silêncio. Esse incidente aumentou ainda mais meu preconceito em relação ao ateísmo.

21. NIRBAL KE BALA RAMA[25]

Embora tenha adquirido um conhecimento razoável do hinduísmo e outras religiões, viria a aprender que apenas esse conhecimento não era suficiente para me ajudar nas adversidades. Ninguém sabe o que salva um homem em seus momentos mais críticos, nem de onde ele tira a sua força. Se for uma pessoa sem fé, provavelmente atribuirá o fato de ter-se salvo ao acaso. Se for uma pessoa de fé dirá que Deus a salvou, e provavelmente concluirá que seus estudos religiosos ou sua disciplina espiritual estão por trás do estado de graça em que se encontra.

Num momento de desespero porém, a pessoa não consegue discernir como ocorre esse resgate. Quem, orgulhoso de sua força espiritual, já não a viu humilhada até o pó? O conhecimento religioso, ao contrário da experiência em si, é apenas um grão de areia em momentos de adversidade. Foi na Inglaterra que descobri que o conhecimento religioso em si é fútil. Não sei como tinha me livrado de algumas situações-limite na minha vida até então. Mas na época a que vou me referir, aos 20 anos e num país estrangeiro, ganhara um pouco de experiência, como marido e pai.

Durante o último ano de minha estadia na Inglaterra, em 1890, houve uma Conferência Vegetariana em Portsmouth, à qual um amigo indiano e eu havíamos sido convidados. Portsmouth é uma cidade portuária, com uma concentração muito grande de marinheiros e estivadores. Havia várias casas com mulheres de reputação suspeita, mulheres e não prostitutas, mas sem muitos escrúpulos em relação à moral. Fomos colocados numa delas, mas o Comitê de Organização da Conferência não sabia do fato. Numa cidade como Portsmouth, era difícil saber quais casas eram hospedarias decentes para visitantes de passagem como nós.

Voltamos da Conferência à noite e, depois do jantar, sentamo-nos à mesa com a dona da casa para jogar bridge, um jogo de baralho típico na Inglaterra, até mesmo em casas de família. Os jogadores de bridge costumam brincar entre si, mas meu amigo e a dona da casa começaram a contar algumas piadas indecentes. Não sabia que ele era tão hábil no bridge. Fiquei interessado no jogo e juntei-me a eles. Quando estava para desistir e deixá-los jogar a sós, Deus manifestou-se por meio de um aviso abençoado que vinha de dentro mim: "Desde quando você abriga o demônio, meu rapaz? Afaste-se, rápido!". Sentindo-me envergonhado, agradeci ao meu amigo interno e lembrei-me dos votos que fizera à minha mãe. Saí correndo e entrei em meu quarto, arfando e tremendo, como uma presa que foge do caçador.

Lembro-me de que essa foi a primeira vez que fui tomado de luxúria por uma mulher que não minha esposa. Não consegui dormir a noite inteira, sobressaltado por todos os tipos de pensamento: Devo sair desta casa? Devo fugir? Onde estou? O que teria acontecido, se não fosse alertado? Usei meu bom senso e não apenas saí da casa, como deixei Portsmouth na noite seguinte. A Conferência continuaria por mais dois dias, e meu amigo permaneceu na cidade até o seu término.

Naquela época não conhecia a essência da religião e pouco sabia de Deus, menos ainda de como Ele atua em nós. Tinha uma vaga noção de que Deus me salvara na casa em Portsmouth e em todas as adversidades que enfrentara na vida. Hoje sei que a expressão "Deus me salvou" tem um significado profundo em minha existência, embora não a compreenda inteiramente. Só uma experiência mais rica poderá me ajudar a compreender essa expressão em sua totalidade. Em todas as provações, as de natureza espiritual, como advogado, na administração de instituições e na política, posso afirmar categoricamente que Deus me salvou. Quando não há mais esperança, quando nenhuma ajuda resolve e nada nos ampara, percebo que no último momento algo sempre nos salva. Não sei de onde vem essa força, mas não creio que a súplica, a oração e a fé sejam superstições. São atos mais verdadeiros do que comer, beber, andar e sentar.

Não é exagero afirmar que esses atos em si são o que há de mais verdadeiro na vida e todo o resto é falso. A devoção e a prece brotam do coração; não são superficiais ou mera retórica. Ao alcançarmos a pureza do coração, num momento em que ele está "vazio de tudo, exceto de amor", ao manter os sons vibrando no tom correto em nós, a prece se torna "doce música que se eleva aos céus". A prece não necessita de palavras, pois seus efeitos permanecem independentes de qualquer esforço dos sentidos. Não tenho a menor dúvida de que a prece é um método infalível de purificar o coração das paixões que nos consomem. Deve, no entanto, estar aliada à mais profunda humildade.

22. NARAYAN HEMCHANDRA

Foi mais ou menos nessa época que Narayan Hemchandra chegou à Inglaterra. Disseram-me que era escritor. Conhecemo-nos na casa da Srta. Manning, da Associação Nacional Indiana. Ela sabia de minha dificuldade em comunicar-me com as pessoas, pois quando ia à sua casa costumava sentar-me calado, e só falava quando me dirigiam a palavra. Apresentou-me a Narayan Hemchandra, que não falava inglês. A indumentária desse conterrâneo era no mínimo estranha. Usava calças desengonçadas, um paletó marrom sujo e amarrotado, como mandava o figurino parse, além de um gorro de lã com franjas. Tinha também uma barba comprida, não usava gravata e vestia camisa sem gola. Era magro e baixo, o rosto redondo marcado por cicatrizes de varíola e o nariz não era nem grande nem pequeno. Alisava constantemente a barba. Era fácil uma pessoa com uma aparência tão estranha destacar-se em lugares da moda.

— Ouvi falar muito a seu respeito. Li alguns de seus artigos e gostaria muito que o senhor viesse à minha casa — eu disse.

Narayan Hemchandra tinha uma voz rouca. Dirigiu-se a mim com um sorriso no rosto:

— Claro. Onde o senhor mora?

— Na Rua Store.

— Então somos vizinhos — disse ele. — Gostaria de aprender inglês. Será que o senhor poderia me ensinar?

— Com prazer. Farei o melhor possível para ensinar-lhe tudo o que sei. Se quiser, posso ir à sua casa.

— Não, prefiro ir à sua, e vou levar um livro de exercícios de tradução — replicou ele.

Logo nos tornamos amigos íntimos. Narayan Hemchandra não sabia muita gramática. "Cavalo" para ele era verbo e "correr" era substantivo. Lembro-me de situações muito engraçadas durante as aulas, mas ele não se importava com sua dificuldade na língua inglesa e também não se impressionou com meus parcos conhecimentos do idioma. Sua ignorância em relação à gramática não lhe era absolutamente motivo de vergonha. Uma vez disse-me com certa indiferença:

— Não sou instruído como o senhor e não tenho muito estudo, mas nunca precisei da gramática para expressar o que penso. O senhor sabe falar bengali? Eu sei pois já fui a Bengala. Fui eu quem traduziu as obras de Maharshi Devendranath Tagore para o idioma gujarate e pretendo traduzir os tesouros de muitas outras línguas para esse idioma. Minhas traduções nunca são literais e fico satisfeito em simplesmente captar o espírito da obra. As pessoas que têm bom conhecimento de línguas talvez façam um trabalho melhor que o meu no futuro. Mas por enquanto sinto-me feliz com o que consegui alcançar, mesmo não sabendo gramática. Conheço os idiomas marata, hindi, bengali e agora estou aprendendo inglês. Quero adquirir um vocabulário bem vasto, mas meus objetivos não terminam aí. Desejo ir à França e aprender francês. Disseram-me que há muitos livros publicados nesse idioma. Um dia irei também à Alemanha e, se possível, quero aprender alemão.

Narayan falava sem parar. Tinha grande avidez por idiomas e viagens a países estrangeiros.

Perguntei:

— Então o senhor pretende ir à América algum dia? A resposta foi pronta:

— Claro que sim. Como posso voltar à Índia sem conhecer o Novo Mundo?

— Mas onde arranjará dinheiro? — perguntei.

— Para que preciso de dinheiro? Não sou elegante como o senhor. Consigo viver com um mínimo de comida e roupas e, de resto, o que consigo com meus livros e com os amigos é suficiente. Sempre viajo de terceira classe, e quando for à América com certeza viajarei no convés do navio.

A simplicidade das palavras de Narayan era própria de sua personalidade e a franqueza com que falava era-lhe igualmente peculiar. Não havia um vestígio sequer de orgulho em sua atitude, com exceção do valor que dava aos seus dotes de escritor. Encontrávamo-nos diariamente e havia muitas semelhanças entre nossos pensamentos e ações. Éramos ambos vegetarianos e almoçávamos juntos com frequência.

Isso ocorreu na época em que eu vivia com 17 xelins por semana e preparava minhas próprias refeições. Às vezes eu comia no seu quarto e outras vezes ele almoçava no meu. Costumava cozinhar à moda inglesa, mas meu amigo só se satisfazia com a comida indiana e não passava sem o *dal* [espécie de lentilha rosada]. Eu preparava vários tipos de sopa de legumes, mas ele desprezava o meu gosto culinário. Uma vez conseguiu achar o *mung* [leguminosa da Índia], que preparou e do qual me trouxe um pouco. Achei uma delícia, e a partir daí começamos a trocar pratos e receitas. Eu levava minhas iguarias à sua casa e ele as trazia para a minha.

Nessa época o nome do cardeal Manning era muito comentado em Londres. A greve dos portuários londrinos terminara graças à iniciativa pessoal de John Burns e do cardeal Manning. Contei a Narayan da homenagem que Disraeli prestara à simplicidade do cardeal.

— Tenho de conhecer esse sábio — disse ele.

— O cardeal é um homem importante. Como pretende vê-lo? — perguntei.

— Tenho meus meios. Primeiro, gostaria que o senhor escrevesse uma carta a ele em meu nome. Diga-lhe que sou escritor e que gostaria de parabenizá-lo pessoalmente por suas obras humanitárias. Escreva também que devo levar o senhor como intérprete, pois não falo inglês.

Escrevi a carta. Três dias depois chegou a resposta do cardeal Manning marcando um horário para o encontro. No dia da visita usei meu único terno de etiqueta. Narayan estava vestido como sempre, com o mesmo paletó e calças. Quando ia caçoar dele virou-se para mim em tom jocoso:

— Vocês, civilizados, são todos covardes. Os grandes homens não julgam as pessoas pela aparência, veem apenas o coração.

Entramos na mansão do cardeal e assim que nos sentamos, um senhor idoso e esbelto apareceu e nos estendeu a mão. Narayan Hemchandra saudou-o deste modo:

— Não desejo tornar o seu tempo. Ouvi falar muito do senhor e achei que devia agradecer-lhe pessoalmente pela sua excelente atuação na greve dos portuários. Tenho o hábito de visitar as pessoas sábias do mundo, e é por esse motivo que venho incomodá-lo.

Eis como traduzi o que Narayan falou em gujarate. O cardeal respondeu:

— Fico muito feliz por ter vindo. Espero que sua estadia em Londres seja agradável e que o senhor faça muitas amizades neste país. Deus o abençoe.

Despediu-se e saiu.

Um dia Narayan apareceu em casa vestindo uma camisa e um *dhoti*[26]. A proprietária da casa onde morava, que não o conhecia, abriu a porta e correu assustada.

— Há um louco aí perguntando pelo senhor — disse ela.

Fui atender e fiquei chocado quando vi Narayan vestido daquele jeito. Ele, no entanto, não achou nada estranho e limitou-se a sorrir. Perguntei:

— As crianças não zombaram de você?

— Bem, elas correram atrás de mim, mas não lhes dei atenção e me deixaram em paz — respondeu tranquilamente.

Depois de alguns meses em Londres, Narayan foi a Paris. Aprendeu francês e começou a traduzir livros para o gujarate. Meu conhecimento de francês era suficiente para revisar as traduções que ele me pedia para ler. Na verdade não eram traduções, mas versões do que estava escrito. Algum tempo depois ele conseguiu finalmente viajar para os Estados Unidos. Foi muito difícil obter uma passagem para seguir no convés do navio. Chegando àquele país Narayan foi processado "por vestir indumentária imprópria", pois saíra outra vez à rua usando camisa e *dhoti*. Lembro-me de ele ter escrito dizendo que fora absolvido.

23. A GRANDE EXPOSIÇÃO

Em 1890 houve a Grande Exposição de Paris. Eu lera sobre os preparativos para o evento, e como tinha muita vontade de conhecer a capital francesa resolvi juntar as duas coisas e viajei para lá. A atração principal do evento era a inauguração da Torre Eiffel, estrutura de 300 metros toda em ferro. Havia muitas coisas para ver, mas a torre atraía maior interesse, visto que muita gente duvidava que uma estrutura daquele porte pudesse ser erguida com segurança.

Aluguei um quarto e permaneci em Paris sete dias. Encontrei um restaurante vegetariano na cidade e fiz uma viagem bem econômica. Andei muito a pé e visitei vários lugares, com o auxílio do mapa e de um guia da exposição. Lembro-me muito pouco do evento, exceto que foi majestoso e nele havia uma grande variedade de coisas para ver. Devo ter subido a Torre Eiffel umas duas ou três vezes. Havia um restaurante na primeira plataforma. Entrei e esbanjei 7 xelins em uma refeição, só pelo prazer de almoçar nas alturas.

Lembro-me muito bem das igrejas antigas de Paris. A grandiosidade e a paz desses lugares sagrados são inesquecíveis. A imponente Igreja de Notre Dame e a suntuosa decoração interna, com suas lindas esculturas, são de tirar o fôlego. Achava que quem gastou tanto para construir uma catedral tão divina só podia ter o amor de Deus em seu coração.

Lera muito a respeito da moda e da frivolidade de Paris, o que era evidente em cada esquina, mas as igrejas formavam um espetáculo à parte. Era só entrar num desses templos que esquecia o burburinho do lado de fora. Percebia que a atitude das pessoas mudava, via a dignidade com que se comportavam e o respeito ao se ajoelharem diante da imagem da Virgem Maria. O sentimento de que a reverência e as preces não são meras superstições cresceu dentro mim desde que presenciei aquelas almas devotas prostrando-se diante da Virgem. Não estavam venerando apenas uma estátua de mármore. Havia uma verdadeira devoção no gesto, e percebi que estavam reverenciando a divindade que a imagem representava. Aquele ato de veneração era uma forma patente de aproximação à glória de Deus.

Gostaria de falar um pouco mais sobre a Torre Eiffel. Não sei qual a utilidade dessa estrutura hoje, mas na época li que sua construção fora tão criticada quanto elogiada. Tolstoi foi um dos principais críticos, dizendo que a torre era um monumento à insensatez do ser humano e não à sua sabedoria. Alegava que o fumo era o pior dos tóxicos, a ponto de um indivíduo viciado em tabaco estar mais propenso a cometer crimes do que um alcoólatra. Segundo o escritor russo, o álcool podia levar o homem à loucura, mas o fumo embaçava seu intelecto e o afastava da realidade. Dizia que a Torre Eiffel era criação de pessoas que estavam sob a influência do tabaco e que a estrutura não era absolutamente uma obra de arte. Efetivamente, não se pode dizer que a torre contribuiu para embelezar a exposição. As pessoas compareceram em massa para admirá-la e apreciar a paisagem do alto, apenas pela novidade e imponência da construção.

A estrutura tornou-se o brinquedo da exposição. Na medida em que somos infantis, os brinquedos nos atraem e a torre demonstrou o fato de que somos todos crianças atraídas por bugigangas. Talvez seja essa a utilidade da Torre Eiffel.

24. APROVADO... E AGORA?

Até agora evitei falar a respeito do motivo pelo qual viajei à Inglaterra, isto é, tornar-me advogado pela Ordem dos Advogados daquele país. Havia dois pré-requisitos para que um candidato se tornasse advogado da Ordem. Primeiro precisaria completar os seis semestres, isto é, três anos de estudo para prestar o exame. Segundo, ser aprovado. Contudo o curso envolvia jantares, em média 24 a cada semestre, e o comparecimento a pelo menos seis deles era obrigatório. Não se tratava apenas de ir ao restaurante: havia registro de presença e a chamada ocorria durante a refeição.

Em geral os alunos comiam e bebiam à vontade. Havia uma carta de vinhos. Um jantar custava em média de duas a três rúpias, o que era razoável se considerarmos que uma pessoa gastaria a mesma quantia apenas em vinho, caso jantasse num hotel. Mas visto que não somos "civilizados", para nós indianos era surpreendente que a bebida custasse mais do que uma refeição inteira. Quando me dei conta disso fiquei chocado e me perguntei como as pessoas tinham a coragem de gastar tanto dinheiro em bebidas. Mais tarde entendi a razão. Geralmente não comia nada naqueles jantares a não ser pão, batata cozida e repolho. No princípio não comia nem isso, pois não apreciava o gosto, mas depois fui me acostumando e acabei me arriscando a pedir outros pratos.

As refeições servidas aos decanos eram geralmente melhores do que as trazidas aos alunos. Em nome do vegetarianismo, eu e um estudante parse do grupo, também vegetariano, solicitamos que nos fossem servidas as mesmas refeições vegetarianas dos decanos. Obtivemos autorização e passamos a nos servir dos legumes e frutas da mesa deles. Cada grupo de quatro alunos tinha direito a duas garrafas de vinho, e como eu não bebia as pessoas disputavam quem iria formar grupo comigo, assim seriam duas garrafas para três alunos.

Havia também uma "noite especial" na qual outras bebidas como champanhe, vinho do Porto e licor eram servidas. Nessas ocasiões minha presença também era exigida e disputada pelos grupos. Não conseguia entender — e ainda não entendo — como jantares desse tipo poderiam qualificar melhor os alunos para os exames da Ordem. Soube que a princípio somente algumas pessoas eram convocadas a essas refeições. Portanto havia oportunidade de troca efetiva de experiências entre os alunos e decanos, e se faziam até discursos. Essas ocasiões constituíam oportunidades para passar conhecimento do mundo aos alunos de forma polida e refinada, além de aperfeiçoar-lhes o dom da oratória. Na minha época isso não foi possível visto que os decanos sentavam-se numa mesa separada. Eu percebia que a Ordem dos Advogados da Inglaterra perdera sua razão de ser como instituição, mas a sociedade inglesa conservadora insistia em mantê-la daquela forma.

O programa curricular da Ordem tornara-se fácil demais e os advogados formados pela instituição eram jocosamente chamados de "advogados de jantares". Sabia-se que o exame não tinha praticamente valor. Na minha época eram dois: o de Direito Romano e o de Direito Comum. Livros especialmente preparados eram fornecidos aos alunos, mas estes raramente os liam. As provas podiam ser realizadas em etapas. Soube de pessoas que passaram no exame de Direito Romano sem estudar, apenas olhando rapidamente os pontos principais.

Para o exame de Direito Comum havia pessoas que se preparavam em apenas dois ou três meses. As questões eram relativamente fáceis e os examinadores complacentes. O índice de aprovação nos testes de Direito Romano era de 95 a 99% e no exame final de 75% ou mais. As provas eram realizadas quatro vezes ao ano. Nada que pudesse ser considerado difícil.

Quanto a mim, consegui fazer tudo de uma só vez. Senti que poderia ler todos os textos. Seria desonestidade, pensava eu, não lê-los. Investira muito dinheiro nos livros. Decidi ler as obras de Direito Romano em latim, língua que aprendera durante os meus primeiros anos de estadia em Londres, e que muito me ajudara. Essas leituras todas também não foram em vão, principalmente durante o tempo que passei na África do Sul, onde prevalecia o direito romano-holandês.

A leitura de Justiniano, por exemplo, me ajudou muito na compreensão das leis sul-africanas. Demorei quase nove meses para estudar os volumes de Direito Comum da Inglaterra. A obra imensa mas interessante de Broom, *Common Law [Direito Comum]*, tomou-me muito tempo, mas valeu a pena. O livro *Equity [Equidade]*, de Snell, interessou-me, mas era difícil de entender. A obra em que muitos dos processos judiciais se baseavam, *Leading Cases [Causas Orientadoras]*, de White e Tudor, era curiosíssima e muito instrutiva.

Outros textos que li com grande interesse foram o livro de Williams e Edward, *Real Property [Direito Imobiliário]*, que mais parecia um romance, e o livro de Goodeve, *Personal Property [Propriedade Privada]*. Outro livro que lembro bem de ter lido com o mesmo entusiasmo no meu retorno à Índia foi a obra de Mayne intitulada *Hindu Law*

[Direito Hindu]. Não falarei sobre livros indianos de Direito, pois não me parece adequado.

Fui aprovado nos exames da Ordem dos Advogados da Inglaterra no dia 10 de junho de 1891 e registrei-me no Tribunal Superior no dia 11. No dia seguinte retornei à Índia. Apesar de ter-me dedicado aos estudos estava me sentindo extremamente inseguro e temeroso em relação às minhas qualificações como advogado. Escreverei mais sobre minha insegurança no próximo capítulo.

25. MINHA INSEGURANÇA

Foi fácil passar no exame da Ordem dos Advogados da Inglaterra. O difícil era exercer a profissão. Lera tudo sobre leis, inclusive o livro *Legal Maxims [Máximas Jurídicas],* mas não sabia aplicá-las na prática. *Sic utere tuo alienum non laedas* (use seus bens de forma a não danificar os do próximo) era uma dessas máximas, mas eu me sentia perdido sobre como empregá-la para o benefício de meus clientes. Estudara todos os casos jurídicos a respeito dessa máxima e mesmo assim não me sentia confiante para pô-la em ação.

Ademais, não aprendera nada sobre as leis da Índia. Não tinha a mínima ideia como funcionavam as leis hindus ou maometanas e nem mesmo sabia como fazer uma petição. Estava completamente desorientado. Ouvira falar do advogado indiano Sir Pherozeshah Mehta, considerado um ás dos tribunais. Ficava imaginando como essa pessoa conseguira aprender a arte do Direito na Inglaterra. Achava que jamais viria a ter a mesma sagacidade e perspicácia desse advogado e tinha sérias dúvidas sobre se seria capaz de ganhar a vida com essa profissão.

Enquanto me preparava para o exame, sentia-me dividido e ansioso e discuti minhas dificuldades com alguns colegas de escola. Um deles sugeriu que eu procurasse Dadabhai Naoroji, advogado e professor experiente, que poderia dar-me alguns conselhos. Mencionei nos capítulos anteriores que, quando cheguei à Inglaterra, trouxera uma carta de apresentação para Dadabhai. Como não o havia procurado logo ao chegar, achava que naquele momento não deveria incomodar um homem tão importante. Contentava-me em ouvir suas magníficas palestras num canto do auditório e, depois de encher meus olhos e ouvidos, retirava-me em silêncio.

Para aproximar-se dos alunos esse senhor havia fundado uma associação, cujas reuniões eu costumava frequentar. Ficava admirado com a presteza e atenção com que Dadabhai tratava os alunos e o respeito que estes lhe tinham. Juntei toda a coragem de que dispunha para entregar-lhe a carta de apresentação e ele simplesmente me disse:

— Venha me consultar sempre que quiser, estarei à disposição.

Só que nunca me vali de sua oferta, pois não achava certo incomodá-lo sem que houvesse extrema necessidade. Portanto, não acatei a sugestão de meu amigo de procurar Dadabhai para trocar ideias. Outro amigo sugeriu-me que procurasse o Sr. Frederick Pincutt, simpatizante do Partido Conservador, cujo apreço por alunos indianos era genuíno e desprendido. Muitos se aconselhavam com esse professor e resolvi marcar um horário com ele. Jamais me esquecerei da nossa reunião. O Sr. Pincutt cumprimentou-me como se fosse um amigo e riu de meu pessimismo em relação à carreira de advogado.

— O senhor acha que todos têm de ser um Pherozeshah Mehta? — perguntou ele. — Advogados como Pherozeshah e Badruddins são raros, mas tenha certeza de que não é preciso nenhuma qualificação excepcional para tornar-se um bom advogado. Basta ser honesto e dedicado, que seu futuro estará garantido. Os casos jurídicos, em geral, não são complicados. Gostaria de saber que livros o senhor já leu.

Quando mencionei a pequena bibliografia que fez parte dos meus estudos, notei que o professor ficou ligeiramente desapontado. Em seguida, a expressão no seu rosto mudou e com um largo sorriso ele disse:

— Sei qual é o seu problema. O senhor leu pouco e não conhece nada do mundo, condição *essencial* para ser um bom *vakil*. Não conhece nem a história da Índia. Um *vakil* deve conhecer a natureza humana e saber distinguir o caráter de um homem em seus olhos. Além do mais, é importante que todos os indianos conheçam bem a história de seu país, o que nada tem a ver com a prática do Direito. Pelo que vejo, o senhor não leu a história do Motim de 1857, contada por Kaye e Malleson. Vá e compre esse livro, bem como os de Lavater e Shemmelpennick sobre fisiognomonia, para entender um pouco da natureza humana.

Fiquei muito grato a esse venerável professor. Enquanto conversávamos, todos os meus medos se dissiparam, mas depois do nosso encontro voltei a me preocupar. "Conhecer um homem pela expressão de seu rosto" era uma questão que me assombrava. Acabei comprando somente o livro de Lavater, porque o de Shemmelpennick estava esgotado. Achei a obra de Lavater mais complicada ainda que *Equidade*, de Snell, e pouco interessante. Estudei a fisiognomonia de Shakespeare, mas não consegui descobrir nenhum Shakespeare andando pelas ruas de Londres.

O livro de Lavater não me acrescentou nada, e os conselhos do Sr. Pincutt não me ajudaram diretamente, mas a atenção com que me tratou foi marcante. Até hoje me lembro de seu sorriso largo e aberto ao me dirigir a palavra. Concordei com ele de que não era essencial ter a perspicácia, a memória e a habilidade de Pherozeshah Mehta para ser um bom advogado. Honestidade e dedicação seriam suficientes e, como essas virtudes faziam parte de meu caráter, senti-me mais seguro. Não pude ler os volumes de Kaye e Malleson na Inglaterra, mas fiz questão de lê-los durante a minha estadia na África do Sul.

Assim, apenas com um fio de esperança, misturado à minha insegurança e um certo desespero, o navio *S.S. Assam,* no qual viajara, atracou em Mumbai. O mar estava revolto e cheguei ao cais do porto em um bote.

PARTE 2

1. RAYCHANDBHAI

No último capítulo eu disse que o mar estava agitado no porto de Mumbai, algo não incomum no Mar da Arábia em junho e julho. O mar se mostrara encapelado durante todo o trajeto desde o Golfo de Aden. Quase todos os passageiros estavam enjoados; apenas eu estava em perfeita forma, e permanecia no convés para observar as ondas tempestuosas e apreciar o modo como quebravam. No café da manhã haveria apenas uma ou duas pessoas ao meu lado, tomando o seu mingau de aveia em pratos cuidadosamente mantidos no colo para que não derramassem.

Para mim, a tempestade externa era símbolo da tempestade interna. Contudo, se a primeira não me perturbava, não poderia dizer o mesmo da última. Havia o problema da casta, que estava prestes a ser confrontado. Já estava ciente de minha impotência ao começar a exercer a profissão. E assim, na qualidade de reformador, cobrava de mim mesmo o melhor modo de iniciar certas mudanças. Mas, mal podia imaginar o que me aguardava.

Meu irmão mais velho viera me receber no porto e já travara conhecimento com o Dr. Mehta e seu irmão. Como o Dr. Mehta houvesse insistido em hospedar-me em sua casa, fomos para lá. Desse modo, a relação começara na Inglaterra, continuara na Índia e amadurecera na forma de uma amizade permanente entre as duas famílias.

Eu estava ansioso para ver minha mãe, mas não sabia que ela já não vivia e, portanto, não poderia me receber em seu seio. Naquele momento recebi as más notícias e procedi à ablução de costume. Meu irmão não me comunicara a sua morte, que havia ocorrido durante a minha permanência na Inglaterra. Quisera poupar-me do golpe em uma terra estrangeira. Mesmo assim, o choque não foi menos duro. Entretanto, não devo repisá-lo. Minha dor, porém, foi ainda maior que a causada pela morte do meu pai. Grande parte de minhas esperanças mais acalentadas foi abalada, mas lembro-me de que não me entreguei a qualquer expressão exagerada de pesar. Fui até mesmo capaz de conter as lágrimas e continuar a vida como se nada houvesse acontecido.

O Dr. Mehta me apresentou a vários amigos. Um deles era o seu irmão, Shri Revashankar Jagjivan, com quem a partir dali eu iria construir uma amizade para toda a vida. Mas a apresentação que mais me marcou foi a do poeta Raychand, ou Rajchandra, genro de um irmão mais velho do Dr. Mehta e sócio de uma joalheria, administrada em nome de Revashankar Jagjivan. Ele não passava dos 25 anos na época, mas ao encontrá-lo pela primeira vez convenci-me de que era um homem de grande caráter e saber. Era também conhecido como um *Shatavadhani* (aquele que tem a faculdade de lembrar-se ou fazer várias coisas ao mesmo tempo), e o Dr. Mehta me pediu que testasse alguns dos prodígios de sua memória. Esgotei meu vocabulário de todas as línguas europeias que conhecia e pedi ao poeta que repetisse as palavras. Ele o fez precisamente na mesma ordem em que eu as havia dito. Senti inveja de sua capacidade, mas sem me submeter ao seu fascínio. Só mais tarde surgiria algo que haveria de me impressionar: seu amplo conhecimento das Escrituras, seu caráter imaculado e sua ardente paixão pela autorrealização. Depois, percebi que esta constituía o único objetivo de sua vida. As seguintes linhas de Muktanand estavam sempre em seus lábios e gravadas nas tábuas de seu coração:

> Só devo pensar em mim mesmo como abençoado quando
> O vir em cada um de meus atos cotidianos;
> Ele é, na verdade, o fio que conduz a vida de Muktanand.

Os negócios de Raychandbhai chegavam às centenas de milhões de rúpias. Este comerciante era um grande conhecedor de pérolas e diamantes. Nenhum problema comercial intricado lhe era suficientemente difícil. Mas isto não era o centro de sua vida. Seu maior desejo era um dia ver Deus face a face. Entre os objetos invariavelmente encontrados em sua mesa de trabalho estavam livros religiosos e o seu diário. Tão logo terminava com os negócios, abria um desses livros.

Muitos de seus escritos publicados consistem em reproduções desse diário. Uma pessoa que, logo após fechar grandes negócios, passava a escrever sobre as coisas ocultas do espírito, não poderia ser apenas um homem de negócios, mas um consumado buscador da Verdade. E eu o vi assim, absorvido em buscas piedosas em meio aos afazeres comerciais, não uma nem duas vezes, mas com muita frequência. Jamais o vi perder o equilíbrio. Não havia nenhuma transação nem laço de interesse que o prendesse a mim, mas mesmo assim eu apreciava a nossa estreita ligação. Na época eu não passava de um advogado sem causas, e apesar disso sempre que nos encontrávamos Raychandbhai me incluía em sérias conversações religiosas. Naquele tempo eu ainda tateava e não podia ser considerado alguém com quaisquer interesses em discussões sobre religião. Mas achava essas conversas cativantes. Já tentei conhecer líderes de várias fés e devo dizer que ninguém jamais me impressionou tanto quanto Raychandbhai. Suas palavras atingiram meu coração. Seu intelecto me mobilizava tanto quanto sua seriedade; eu tinha a profunda convicção de que se dependesse dele jamais me desencaminharia e seria sempre o confidente de seus pensamentos mais recônditos. Em meus momentos de crise espiritual tinha-o como um refúgio.

No entanto, a despeito de vê-lo dessa maneira eu não o entronizava em meu coração como um guru. Esse trono tem permanecido vago e minha busca continua.

Acredito na teoria hinduísta do guru e em sua importância para a realização espiritual. Penso que há muito de verdade na doutrina de que a sabedoria é impossível sem um guru. Um mestre imperfeito pode ser tolerável nos assuntos mundanos, mas não nos espirituais. Apenas um perfeito *gnani*[1] merece ser entronizado como guru. Deve, portanto, existir um incessante empenho em busca da perfeição, para que cada pessoa possa conseguir o guru que merece. O empenho infinito pela perfeição é um direito de cada um. É a sua própria recompensa. O resto está nas mãos de Deus.

Assim, embora eu não pudesse colocar Raychandbhai no trono de meu coração como guru, veremos que ele foi em muitas ocasiões um guia e assistente. Três homens modernos deixaram uma marca indelével em minha vida e me cativaram: Raychandbhai por seu vivo contato; Tolstoi, por seu livro *The Kingdom of God is Within You [O Reino de Deus Está Dentro de Você]*; e Ruskin, por seu *Unto this Last [Até o Último]*. Voltarei a falar sobre cada uma destas pessoas no momento oportuno.

2. COMO COMECEI A VIDA

Meu irmão mais velho depositara grandes esperanças em mim. Abrigava desejos de riqueza, nome e fama. Tinha um grande coração e era generoso até o limite da fraqueza. Tudo isso aliado à sua natureza simples havia-lhe granjeado muitos amigos e, por meio deles, esperava conseguir algumas causas para mim. Concluíra também que eu teria um escritório movimentado e com esse pressuposto permitira que as despesas domésticas se tornassem muito pesadas. Além do mais não deixara pedra sobre pedra ao preparar a área para minhas atividades profissionais.

Em minha casta, a tempestade em relação à minha viagem ao estrangeiro ainda fermentava e a dividira em dois campos, um dos quais me readmitira de imediato enquanto o outro estava inclinado a me deixar de fora. Para agradar ao primeiro meu irmão me levou a Nashik antes de ir para Rajkot, fez com que eu me banhasse no rio sagrado e, ao chegar a Rajkot, ofereceu um jantar à casta. Não gostei nada disso. Entretanto seu amor por mim era ilimitado e minha devoção para com ele era da mesma proporção. Assim, agi mecanicamente como ele queria, fazendo de sua vontade uma lei e o problema da minha readmissão à casta ficou praticamente resolvido.

Jamais tentei buscar readmissão ao grupo que me havia excluído. Também não me ressentia em relação a seus líderes. Alguns deles me viam com desagrado, mas evitei escrupulosamente ferir seus sentimentos. Respeitei as regras da casta sobre excomunhão. Segundo essas regras, ninguém de minhas relações, inclusive meu sogro e minha sogra e mesmo minha irmã e meu cunhado, poderiam hospedar-me: eu não poderia tomar nem mesmo um copo d'água em suas casas. Em segredo minha família estava preparada para burlar a proibição, mas isso ia contra a minha crença arraigada de não fazer em segredo nada que não pudesse ser feito em público.

O resultado de minha conduta escrupulosa foi que jamais fui perturbado pelo clã; não experimentei nada além de afeto e generosidade por parte do grupo que ainda me via como um excomungado. Até mesmo me ajudaram em meu trabalho sem jamais esperar que eu fizesse algo por eles. Estou convencido de que todos esses bons resultados ocorreram por causa de minha não resistência. Se tivesse forçado minha readmissão na casta, se houvesse tentado dividi-la ainda mais, se tivesse provocado os seus membros, seguramente teriam retaliado;

e então, em vez de ter-me livrado da tempestade, eu teria, ao voltar da Inglaterra, me metido em um redemoinho, e talvez descambado para a dissimulação.

Minhas relações com minha esposa ainda não eram as que eu desejava. Minha estadia na Inglaterra não me curara do ciúme. Continuei com minhas suspeitas e melindres em relação a qualquer coisa, e por isso meus desejos mais acalentados permaneciam insatisfeitos. Havia decidido que minha esposa deveria aprender a ler e escrever; e que eu a ajudaria em seus estudos, mas minha luxúria falou mais alto e ela teve de sofrer por causa dessa minha fraqueza. Uma vez cheguei ao ponto de mandá-la para a casa de seu pai e só concordei em recebê-la de volta depois de torná-la completamente infeliz. Mais tarde percebi que tudo isso era pura insensatez de minha parte.

Eu havia planejado uma reforma educacional para crianças. Meu irmão tinha filhos, e o meu filho, que eu deixara em casa para ir à Inglaterra, era agora um menino de quase quatro anos. Desejava ensinar a esses pequenos alguns exercícios físicos, fortalecê-los e também orientá-los pessoalmente. Nesse particular contava com o apoio do meu irmão e fui mais ou menos bem-sucedido em meus esforços. Gostava muito da companhia de crianças, e o hábito de brincar e gracejar com elas permanece comigo até hoje. Desde essa época acredito que teria sido um bom pedagogo.

A necessidade de uma "reforma" alimentar era óbvia. O chá e o café já tinham o seu lugar em nossa casa. Meu irmão achava que era necessário manter certa atmosfera inglesa quando eu voltasse, e assim louças e utensílios que só apareciam em ocasiões especiais estavam agora em uso diário. Minha "reforma" deu o toque final. Introduzi mingau de aveia e o chocolate, que deveria substituir o chá e o café, mas que na verdade somou-se aos dois. Botinas e sapatos já existiam. Completei a europeização com roupas londrinas.

Dessa forma as despesas aumentaram. Novidades eram acrescentadas todos os dias. Conseguimos amarrar um elefante branco em nossa porta. No entanto, como encontrar o dinheiro para alimentá-lo? Começar a advogar em Rajkot teria sido certamente ridículo. Eu nem mesmo tinha o conhecimento de um *vakil* qualificado, e mesmo assim esperava ganhar dez vezes mais! Nenhum cliente seria bobo o bastante para me contratar. Mesmo que conseguisse arranjar clientes, deveria eu somar arrogância e mentira à minha ignorância, aumentando assim os débitos que já tinha com o mundo?

Amigos me aconselharam a ir a Mumbai por algum tempo para ganhar experiência no Tribunal Superior, estudar as leis indianas e tentar conseguir algumas causas. Aceitei a sugestão e fui.

Lá chegando montei uma casa com um cozinheiro tão incompetente quanto eu. Era um brâmane. Não o tratava como um empregado, mas como um membro da família. Ele jogava água sobre seu corpo mas jamais se lavava. Seu *dhoti* era sujo como o seu cordão sagrado e ele era completamente ignorante em relação às tradições sagradas. Mas como arranjar um cozinheiro melhor?

— Bem, Ravishankar (esse era o seu nome) — dizia eu — você pode não saber cozinhar mas certamente deve conhecer o seu *sandhya*[2].

— Mas que *sandhya*, senhor! O arado é o nosso *sandhya* e a enxada o nosso ritual diário. Esse é o tipo de brâmane que sou. Tenho de viver da caridade. Do contrário, a lavoura me espera.

Assim, tive de ser o professor de Ravishankar. Tempo era o que não me faltava. Comecei a fazer metade do trabalho de cozinha e introduzi experimentos de culinária vegetariana. Investi em um fogão e, com Ravishankar, comecei a tocar o dia a dia da cozinha. Não tinha escrúpulos sobre a relação entre empregado e patrão, ele também acabou não tendo, e assim prosseguimos alegremente. Havia apenas um obstáculo. Ravishankar havia jurado permanecer sujo e isso valia também para a comida!

Mas para mim foi impossível ficar em Mumbai por mais de quatro ou cinco meses, pois não havia ganhos com que equilibrar as despesas sempre crescentes.

Foi assim que comecei a vida. Conclui que a profissão de advogado era um mau negócio — muita conversa e pouca vantagem. E me sentia esmagado pela responsabilidade.

3. A PRIMEIRA CAUSA

Enquanto estava em Mumbai, comecei por um lado meus estudos das leis indianas e, por outro, meus experimentos em dietética, aos quais se juntou Virchand Gandhi, um amigo. Meu irmão fazia o melhor que podia para conseguir-me causas.

O estudo das leis indianas era tedioso. Não consegui progredir no Código de Processo Civil. O mesmo porém não aconteceu com a Lei das Provas. Virchand estava estudando para o exame de procurador e me contava todo o tipo de histórias sobre advogados e *vakils*. "A habilidade de Sir Pherozeshah", dizia ele, "está em seu profundo conhecimento do Código. Ele sabe a Lei das Provas de cor e conhece todos os casos da trigésima segunda seção. O maravilhoso poder de argumentação de Badruddin Tyabji aterroriza os juízes".

As histórias sobre esses gigantes me deixavam paralisado.

— Não é incomum — acrescentava ele — que um advogado vegete durante cinco ou sete anos. Foi por isso que me inscrevi para o exame de procurador. Devemos nos considerar sortudos se conseguirmos nos virar por conta própria em três anos.

As despesas aumentavam a cada mês. Ter na porta uma placa de advogado, enquanto dentro de casa ainda me preparava para a profissão, era algo impossível para mim. Por isso não podia dar atenção exclusiva aos estudos. Desenvolvi algum gosto pela Lei das Provas e li o Direito Hindu, de Mayne, com profundo interesse, mas não tinha coragem de defender uma causa. Sentia-me totalmente desamparado, como uma noiva que chega pela primeira vez à casa de seu sogro!

Nessa época aceitei a causa de um certo Mamibai. Era um caso de menor importância.

— Terá de pagar uma comissão ao intermediário — disseram-me. Recusei energicamente.

— Mas mesmo o grande criminalista, o Dr. Fulano de Tal, que ganha 4.000 rúpias por mês paga comissão!

— Não preciso imitá-lo — respondi. — Eu me contento com 300 rúpias por mês. Meu pai não ganhava mais do que isso.

— Mas esse tempo já passou. As despesas em Mumbai subiram assustadoramente. Encare isso como um negócio, disse-me Virchand.

Fiquei irredutível. Não paguei nenhuma comissão mas consegui a causa de Mamibai assim mesmo. Era um caso fácil. Cobrei 30 rúpias de honorários. Na verdade o trabalho não deveria durar mais que um dia.

Essa foi minha estreia no Tribunal de Pequenas Causas. Como defensor deveria submeter as testemunhas do queixoso a um contrainterrogatório. Levantei-me, mas minha vista escureceu. Minha cabeça girava e eu sentia que todo o tribunal fazia o mesmo. Não podia imaginar o que perguntar. O juiz deve ter rido e os *vakils* sem dúvida apreciaram o espetáculo. Mas eu nada via. Sentei-me e disse ao agente que não poderia me encarregar da causa, que seria melhor entrar em contato com o Sr. Patel e que eu devolveria de imediato meus honorários. De fato, o Sr.

Patel foi contratado por 51 rúpias. Para ele, naturalmente, o caso era uma brincadeira de criança.

Corri para fora do tribunal, sem saber se meu cliente havia ganho ou perdido a causa, mas estava envergonhado de mim mesmo e decidi não aceitar mais trabalhos até ter coragem de conduzi-los. Na verdade não iria entrar outra vez num tribunal até chegar à África do Sul. Não houve nada de virtuoso em minha decisão. Simplesmente havia feito da necessidade uma virtude. Não haveria ninguém tolo o bastante para confiar-me uma causa só para perdê-la!

Mas outra causa esperava por mim em Mumbai. Era uma petição a ser redigida. Um pobre muçulmano tivera sua terra confiscada em Porbandar. Aproximou-se de mim como se eu fosse um filho ilustre de um ilustre pai. Seu caso parecia inconsistente, mas concordei em redigir-lhe uma petição. O custo da impressão caberia a ele. Redigi e li o texto para amigos. Eles aprovaram e aquilo fez com que me sentisse confiante de que estava suficientemente qualificado para esse tipo de trabalho, o que era verdadeiro.

Meu negócio poderia ter florescido, desde que redigisse petições sem cobrar honorários. Mas isso não faria o moinho girar. Desse modo, pensei que poderia trabalhar como professor. Meu conhecimento de inglês era suficiente e eu achava que gostaria de ensinar essa língua a futuros bacharéis. Assim poderia pelo menos fazer face às despesas. Deparei com um anúncio no jornal: "Precisa-se de um professor de inglês para uma hora diária de aula. Salário: 75 rúpias". O anúncio vinha de uma famosa escola de ensino médio. Candidatei-me e fui chamado para a entrevista e cheguei bem animado. Entretanto quando o diretor descobriu que eu não tinha diploma, lamentou e fui recusado.

— Mas fui aprovado nos exames em Londres, tendo o latim como segunda língua — argumentei.

— É verdade, mas queremos alguém com diploma — o diretor retrucou.

Não havia nada a fazer. Torci as mãos em desespero. Meu irmão também ficou muito aborrecido. Chegamos à conclusão de que de nada adiantava ficar mais tempo em Mumbai. Eu deveria me instalar em Rajkot onde ele, também um pequeno advogado, poderia me conseguir algum trabalho redigindo petições e memoriais. Como já tínhamos uma casa em Rajkot, o fechamento da casa em Mumbai significaria considerável economia. Gostei da sugestão. E assim meu pequeno escritório foi encerrado depois de uma estada de seis meses nessa cidade.

Enquanto estive em Mumbai costumava frequentar o Tribunal Superior, mas não posso dizer que aprendi alguma coisa lá. Não tinha conhecimento suficiente para aprender muito. Não conseguia acompanhar os casos e acabava cochilando. Outros me acompanhavam, o que diminuía a minha vergonha. Depois de algum tempo perdi até o pudor: achava que ficava bem dormir no tribunal.

Se a atual geração também tiver seus advogados sem causas, como eu em Mumbai, gostaria de recomendar-lhes uma prática diária: caminhar. Embora vivesse no bairro de Girgaum, quase nunca andava de carruagem ou de bonde. Tinha como norma caminhar até o Tribunal Superior, o que levava uns bons 45 minutos e, é claro, eu voltava para casa invariavelmente a pé. Havia me habituado ao calor do sol. Essas caminhadas de ida e volta me economizaram uma quantia substancial em dinheiro e, enquanto muitos de meus amigos em Mumbai costumavam adoecer, não me lembro de ter ficado doente uma única vez. Mesmo quando comecei a ganhar dinheiro mantive a prática de caminhar de ida e volta ao escritório, e ainda hoje colho os benefícios dessa prática.

4. O PRIMEIRO CHOQUE

Desapontado, deixei Mumbai e fui para Rajkot, onde montei meu próprio escritório. Ia razoavelmente bem. A redação de petições e memoriais me rendia, em média, 300 rúpias por mês. Devia esse trabalho mais a recomendações do que à minha habilidade, visto que o sócio de meu irmão tinha uma sólida clientela. Todas as petições que eram, de fato ou na sua opinião, muito importantes, ele encaminhava para grandes advogados. A meu cargo ficavam as petições a serem redigidas em nome de seus clientes pobres.

Devo confessar que agora eu tinha mudado de ideia em relação ao princípio de não dar comissões, que tão escrupulosamente havia observado em Mumbai. Fora informado de que nos dois casos as condições eram diferentes: enquanto em Mumbai as comissões tinham de ser pagas a intermediários, aqui caberiam aos *vakils* que traziam as causas. Além disso em Rajkot, como em Mumbai, todos os advogados sem exceção pagavam uma porcentagem de seus honorários em forma de comissão. O argumento do meu irmão era irrefutável.

— Observe — dizia ele — que sou sócio de outro *vakil*. Estarei sempre inclinado a mandar para você todas as causas com as quais possa lidar e, caso recuse pagar comissão a meu sócio, certamente irá me atrapalhar. Como temos um escritório juntos, seus pagamentos irão para um caixa único, do qual eu automaticamente tenho uma parte. Mas e quanto a meu sócio? Supondo que ele entregue a mesma causa a outro advogado, certamente receberá a comissão desse advogado.

Esses argumentos me convenceram e senti que se quisesse exercer a profissão de advogado não poderia levar meu princípio muito ao pé da letra nesses casos. Eis como argumentei comigo mesmo ou, para falar bem claro, como me autoenganei. Contudo devo acrescentar que não me lembro de ter pago comissão em nenhum outro caso.

Embora eu tenha conseguido equilibrar o orçamento, por essa época levei o primeiro choque da minha vida. Ouvira falar de como agiam os oficiais britânicos, mas jamais havia encontrado um deles face a face.

Meu irmão fora secretário e conselheiro de Ranasaheb de Porbandar antes que este subisse ao *gadi* [trono]; naquele tempo, pendia sobre a cabeça do meu irmão a acusação de ter dado orientação errada quando ocupava o cargo. O assunto chegara ao Agente Político, que tinha preconceito contra ele. Ocorre que eu havia conhecido esse oficial na Inglaterra e posso dizer que tinha sido muito amável comigo. Meu irmão achou que eu poderia me valer dessa amizade e que, falando bem a seu respeito, seria capaz de demovê-lo de suas prevenções. Não gostei nada da ideia. Eu não deveria — assim pensava — tentar tirar vantagem de um conhecimento casual que tinha feito na Inglaterra. Se meu irmão realmente errara, de que adiantaria minha recomendação? Se ele fosse inocente deveria, no momento oportuno, entrar com uma petição e, confiante em sua inocência, enfrentar o resultado. Mas ele não gostou da minha sugestão.

— Você não conhece Kathiwad — disse-me meu irmão —, e tampouco ainda conhece o mundo. Aqui só vale a influência. Não fica bem para você, um irmão, esquivar-se de seu dever quando pode claramente interceder em meu favor junto a um funcionário que conhece.

Não pude recusar-me e contra minha vontade fui até o oficial. Sabia que não tinha direito de aproximar-me dele, e estava inteiramente consciente de que estava comprometendo a minha autoestima. Mas pedi uma audiência e a consegui. Lembrei-o de nossas antigas relações, mas logo vi que Kathiwad não era a Inglaterra; percebi que um oficial em férias não era o mesmo que estar em exercício. O Agente Político recordou-se de nossas relações, mas a lembrança pareceu endurecê-lo.

— É claro que senhor não veio aqui para abusar do nosso conhecimento, não é? — era o que ele parecia estar dizendo por meio daquela rigidez e o que aparentemente estava escrito em sua testa. Nem por isso deixei de explicar-lhe o meu caso. O *sahib*[3] estava impaciente:

— Seu irmão gosta de fazer intrigas — disse ele. — Não quero ouvir mais nada. Não tenho tempo. Se seu irmão tem algo a dizer, que entre com um requerimento pelas vias adequadas.

Sua resposta era contundente, mas talvez merecida. Mas o egoísmo é cego. Continuei com minha história. O *sahib* levantou-se e disse:

— Saia.

— Por favor, ouça até o fim — pedi.

Isto o enraiveceu ainda mais. Chamou o seu empregado e ordenou-lhe que me mostrasse a porta. Eu ainda hesitava quando o auxiliar entrou. Como eu não saía, pôs as mãos em meus ombros e me empurrou para fora da sala.

O *sahib* saiu junto com seu auxiliar e fui embora, espumando de raiva. No mesmo instante escrevi e enviei-lhe um bilhete, que dizia: "O senhor me insultou. Agrediu-me por meio de seu empregado. Se não pedir desculpas, serei obrigado a processá-lo".

A resposta veio rápida, por intermédio do *sowar*[4]: "O senhor foi grosseiro comigo. Pedi-lhe que saísse e negou-se. Não tive outra alternativa a não ser ordenar ao meu ajudante que lhe mostrasse a porta. Mesmo depois que ele lhe pediu que deixasse o escritório, não o fez. Por isso teve de usar a força necessária para obrigá-lo a sair. Faça o que achar melhor".

Com essa resposta no bolso cheguei em casa amuado e contei ao meu irmão o que havia acontecido. Ele ficou triste, mas não sabia o que fazer para me consolar. Consultou seus amigos *vakils*, porque eu não sabia como proceder para processar o *sahib*. Naquela ocasião Sir Pherozeshah Mehta estava em Rajkot, vindo de Mumbai para tratar de uma causa. Mas como poderia um advogado novato como eu ousar ir vê-lo? Fiz chegar às suas mãos a documentação sobre o meu caso, por meio do *vakil* que o havia contratado, e pedi-lhe ajuda.

— Diga a Gandhi — falou ele — que essas coisas fazem parte da experiência cotidiana de muitos *vakils* e advogados. Ele acaba de chegar da Inglaterra e ainda está com o sangue quente. Não conhece os oficiais britânicos. Se quiser ganhar alguma coisa e dar-se bem aqui, deve rasgar o bilhete e engolir o insulto. Processar o *sahib* não o levará a nada; pelo contrário, pode arruiná-lo. Diga-lhe que ainda precisa conhecer a vida.

O conselho me pareceu amargo como um veneno, mas tive que engoli-lo. Engoli também o insulto, mas não sem proveito. "Nunca mais me colocarei em uma posição falsa assim, jamais tentarei explorar dessa maneira uma amizade", disse para mim mesmo. Desde então nunca infringi essa determinação. Esse choque mudou a trajetória da minha vida.

5. PREPARATIVOS PARA A ÁFRICA DO SUL

Sem dúvida eu fizera mal em ter ido ver aquele oficial. Entretanto, sua impaciência e sua arrogância não foram proporcionais ao meu erro. Não justificavam a expulsão. Eu teria tomado no máximo cinco minutos mais do seu tempo. No entanto ele não tolerara o simples fato de eu ter-lhe falado. Poderia educadamente ter pedido para que eu saísse, mas estava desmesuradamente intoxicado pelo poder. Mais tarde fiquei sabendo que a paciência não era uma de suas virtudes. Costumava insultar os visitantes. Qualquer coisinha o deixava fora de si.

Acontece que meu trabalho me levava a atuar em sua jurisdição. Estava além de minhas forças reconciliar-me com ele. Não queria cortejá-lo. Na verdade, uma vez tendo ameaçado processá-lo, estava inconformado por não ter levado a ação adiante.

Nesse meio tempo comecei a aprender algo a respeito das mesquinharias políticas da Índia. Por ser uma aglomeração de pequenos estados, era natural que Kathiwad fosse pródigo em políticos. Intrigas pelo poder entre os estados, e também entre os funcionários, faziam parte da ordem do dia. Os príncipes estavam sempre à mercê dos outros e prontos para dar ouvidos a bajuladores. Mesmo o auxiliar do *sahib* tinha de ser adulado; e o *shirastedar*[5] do *sahib* era mais poderoso do que seu amo, já que era seus olhos, ouvidos e seu intérprete. A vontade do *shirastedar* era lei, e sua renda era considerada maior que a do patrão. Talvez houvesse algum exagero nisso, mas ele certamente tinha um padrão de vida superior ao salário que recebia.

Essa atmosfera me parecia venenosa e permanecer incólume era um constante problema para mim. Estava deprimido e meu irmão percebia isso com clareza. Ambos sentíamos que o único meio de livrar-me dessa rede de intrigas seria achar outro emprego. Entretanto, sem intrigas, um cargo público ou uma magistratura eram impensáveis. Além disso a discussão com o *sahib* me impedia de exercer a profissão.

Naquela época Porbandar estava sob controle administrativo e encontrei algum trabalho fazendo expedientes para conseguir mais poderes ao príncipe. Tive também de entrar em contato com o Administrador para falar do pesado *vighoti* [arrendamento de terras] cobrado dos aborígenes *[mers]*. Embora fosse indiano esse funcionário era, em minha opinião, muito mais arrogante do que o *sahib*. Era competente mas não conhecia o suficiente sobre arrendamento de terras. Consegui um pouco mais de poder para o príncipe, porém quase nenhum alívio para os arrendatários. Fiquei chocado ao perceber que o caso nem mesmo havia sido considerado com atenção.

Assim, mesmo com essa missão sentia-me desapontado. Achava que não estava sendo feita justiça aos meus clientes, mas não tinha como ganhar a causa. Quando muito poderia ter apelado ao Agente Político ou ao Governador, que poderiam recusar o recurso dizendo "não interfiro nesse assunto". Se houvesse regras ou normas para orientar as decisões já seria alguma coisa, mas a lei era a vontade do *sahib*. Eu estava exasperado.

Nesse ínterim uma firma de *memans*[6] de Porbandar escreveu a meu irmão fazendo a seguinte proposta: "Temos uma questão na África do Sul. Nossa empresa é grande e temos um processo importante em tramitação. Reivindicamos 40.000 libras. A causa vem se arrastando há anos. Contratamos os serviços dos melhores *vakils* e advogados. Se mandar o seu irmão para lá poderá ser conveniente para ele. Seria capaz de instruir nossos advogados melhor do que nós. E com a vantagem de conhecer uma nova parte do mundo e travar novas relações".

Discutimos a proposta. Para mim não estava claro se deveria simplesmente instruir os advogados ou comparecer ao tribunal. Mas senti-me tentado a ir.

Meu irmão me apresentou ao falecido *Sheth*[7] Abdul Karim Jhaveri, um dos sócios de Dada Abdulla & Cia., a empresa em questão.

— Não será um trabalho difícil — assegurou-me ele. — Temos amigos europeus poderosos que o senhor conhecerá. Poderá ser útil em nosso estabelecimento. Grande parte da nossa correspondência é em inglês e poderá ajudar nessa parte também. E é claro que sua hospedagem será por conta da firma e não haverá outras despesas.

— Por quanto tempo precisarão dos meus serviços? — perguntei.
— E quanto irei ganhar?

— Por não mais de um ano. Receberá uma passagem de ida e volta em primeira classe e 105 libras livres de despesas.

Não queriam que eu fosse para lá como advogado, mas como funcionário da empresa. No entanto eu queria sair da Índia de qualquer maneira. Havia também a tentadora oportunidade de conhecer um novo país e ter novas experiências. Além disso poderia enviar as 105 libras para o meu irmão e ajudar nas despesas da casa. Sem discutir mais aceitei a oferta e preparei-me para viajar à África do Sul.

6. CHEGADA A NATAL

Ao partir para a África do Sul não senti o mesmo dilaceramento separador que experimentei quando viajei à Inglaterra. Minha mãe não existia mais. Adquirira algum conhecimento do mundo e de viagens ao estrangeiro, e as idas e vindas entre Rajkot e Mumbai já não eram nada de extraordinário.

Dessa vez minha única pena foi separar-me de minha mulher. Havíamos tido outro filho desde a minha volta da Inglaterra. Nosso amor ainda não podia ser considerado livre de luxúria, mas estava ficando cada vez mais puro. Desde o meu retorno da Europa pouco tínhamos vivido juntos; e como havia me tornado seu professor, mesmo de modo medíocre, e a ajudava a fazer certas mudanças, sentíamos a necessidade de estar mais próximos, mesmo que apenas para continuar essas mudanças. Contudo a atração pela África do Sul tornou a separação suportável.

— Estaremos juntos outra vez dentro de um ano — disse a ela, à guisa de consolo, ao partir de Rajkot para Mumbai.

Em Mumbai deveria pegar minha passagem com o agente da Dada Abdulla & Cia. Se não embarcasse logo poderia ficar retido na cidade.

— Fizemos o melhor possível — disse-me o agente — para comprar-lhe uma passagem de primeira classe. Mas não conseguimos; a menos que esteja preparado para viajar no convés. Providenciaremos para que faça as refeições com os passageiros da primeira classe.

Aquele era o tempo em que eu viajava na primeira classe. Como poderia um advogado viajar num convés? Recusei a oferta. Suspeitei da sinceridade do agente, porque não podia acreditar que uma passagem de primeira classe não estivesse disponível. Com a concordância dele eu mesmo fui verificar um beliche. Subi a bordo e procurei o capitão, que me disse com franqueza:

— Em geral não temos tanto movimento. Mas o Governador Geral de Moçambique vai viajar neste navio e todos os lugares estão reservados.

— O senhor não pode me encaixar em algum lugar? — perguntei. Ele me olhou da cabeça aos pés e sorriu:

— Só há um jeito — falou. — Há uma cama extra em minha cabine, que geralmente não está à disposição dos passageiros. Cedo-a ao senhor.

Agradeci e fui até o agente para comprar a passagem. E assim, em abril de 1893, embarquei cheio de entusiasmo para tentar minha sorte na África do Sul.

A primeira escala foi Lamu, no Quênia, onde chegamos aproximadamente 13 dias depois. A essa altura o capitão e eu nos havíamos tornado grandes amigos. Ele adorava jogar xadrez, mas como era ainda novato queria um parceiro mais fraco e por isto me convidou. Ouvira falar muito desse jogo, mas nunca tinha jogado. Os jogadores costumavam dizer que o xadrez proporcionava um amplo campo para o exercício da inteligência. O capitão ofereceu-se para me ensinar e achou que eu era um bom aluno porque tinha uma paciência sem limites. E perdia todas as partidas, o que o tornou ainda mais ansioso para ensinar-me. Eu gostava de jogar, mas esse prazer não durou mais do que a viagem e meu conhecimento não ultrapassou os movimentos das peças.

Em Lamu, o navio permaneceria ancorado três ou quatro horas e desci para ver o porto. O capitão também foi à terra, mas me avisou que as águas do porto eram traiçoeiras e que eu deveria voltar a tempo.

Era um lugar muito pequeno. Fui ao correio e tive o prazer de ver que lá havia funcionários indianos e conversei com eles. Vi também africanos e tentei familiarizar-me com seu modo de vida, que muito me interessava. Tudo isso levou algum tempo.

Havia alguns passageiros de convés com os quais eu travara conhecimento, e que tinham descido para cozinhar em terra e fazer uma refeição tranquila. Encontrei-os quando se preparavam para voltar ao navio, de modo que tomamos juntos o mesmo bote. A maré estava alta no porto e nosso escaler estava sobrecarregado. O mar estava tão agitado que foi impossível manter o barquinho no mesmo plano da escada do navio: ele chegava quase a tocá-la, mas logo era afastado pela correnteza. O primeiro apito para a partida do navio já havia soado. Eu estava preocupado. Da ponte o capitão observava a nossa lamentável situação. Ordenou que o navio esperasse mais cinco minutos. Havia outro bote nas imediações, que um amigo alugara para mim por 10 rúpias. Passei para este bote. A escada já tinha sido recolhida. Foi necessário que me içassem por meio de uma corda e o navio partiu de imediato. Os outros passageiros foram deixados para trás. Então pude dar valor ao aviso do capitão.

Depois de Lamu as escalas foram os portos de Mombaça e Zanzibar. Nesse último porto a parada foi longa — oito ou dez dias —, e em seguida trocamos de navio.

O capitão gostava muito de mim, mas essa afeição acabou tomando um rumo indesejável. Ele convidou um amigo inglês e a mim a acompanhá-lo em um passeio, e embarcamos em seu bote para ir à terra. Eu não tinha a menor noção do objetivo da excursão. E o capitão pouco sabia do quanto eu era ignorante nesses assuntos. Fomos levados por um aliciador a uma casa onde havia negras. Mostraram a cada um de nós um quarto e entramos neles. Simplesmente fiquei lá, parado e mudo de vergonha. Só Deus sabe o que a pobre mulher pensou de mim. Quando o capitão me chamou, saí como tinha entrado. Ele percebeu minha inocência. A princípio me senti ainda mais envergonhado, mas como não podia pensar naquilo a não ser com horror, a vergonha desapareceu e agradeci a Deus por não ter sentido nenhuma emoção ao ver aquela mulher. Minha fraqueza me causava desgosto e me lamentava por não ter tido coragem de recusar a entrar naquele quarto. Foi o terceiro teste desse tipo em minha vida. Muitos jovens, em princípio inocentes, devem ter-se deixado levar pelo pecado por um falso sentimento de vergonha. Não me vanglorio por ter escapado incólume. Teria méritos se me recusasse a entrar naquele quarto. Devo agradecer a Deus por me ter salvo. O incidente aumentou a minha fé em Deus e me ensinou, até certo ponto, a afastar toda falsa vergonha.

Como devêssemos permanecer nesse porto uma semana, aluguei um quarto na cidade e conheci muitos lugares perambulando pelas vizinhanças. Malabar já nos dá uma boa ideia da luxuriante vegetação de Zanzibar. Fiquei pasmo diante das gigantescas árvores e com o tamanho das frutas.

Nossa próxima escala foi Moçambique e chegamos a Natal, na África do Sul, no fim de maio.

7. ALGUMAS EXPERIÊNCIAS

O porto de Natal em Durban, na África do Sul, também é conhecido como Porto Natal. O *Sheth* Abdulla lá estava para me receber. Enquanto o navio atracava no cais, eu observava as pessoas que vinham a bordo para encontrar os amigos e percebi que os indianos não eram tratados com respeito. Não pude deixar de notar uma espécie de desdém na maneira como os que conheciam o *Sheth* Abdulla o tratavam, e isso me chocou. Os que olhavam para mim o faziam com certa curiosidade. Minhas roupas me distinguiam dos outros indianos. Eu usava casaca e turbante, uma imitação do *pugree*[8] de Bengala.

Fui levado até a sede da empresa e lá me mostraram o quarto que havia sido reservado para mim, ao lado do ocupado pelo *Sheth* Abdulla. Eu não o entendia nem ele a mim. Leu os papéis que seu irmão lhe havia mandado por meu intermédio e pareceu ainda mais perplexo. Achava que lhe tinham enviado um elefante branco. Minha maneira de trajar e viver pareciam-lhe dispendiosos como a dos europeus. Não havia nenhuma tarefa específica que me pudesse ser atribuída. O processo continuava a tramitar na capital Pretória e não fazia sentido mandar-me para lá de imediato. Além disso, até que ponto ele podia confiar em minha capacidade e honestidade? Não estaria em Pretória para me observar. As pessoas da parte contrária estavam lá e, de qualquer forma, *Sheth* Abdulla sabia que eu poderia ser indevidamente influenciado. Mais ainda, se não me fosse confiada nenhuma tarefa relacionada à causa, que outro trabalho eu poderia fazer que não pudesse ser mais bem desempenhado por seus funcionários? Estes poderiam ser advertidos, se errassem. E o que aconteceria se eu errasse? Dessa forma, se não pudessem me dar tarefas relacionadas ao processo, eu ficaria inativo.

O *Sheth* Abdulla era praticamente iletrado, mas tinha muita experiência. Possuía inteligência aguda e sabia disso. Pela prática aprendera inglês suficiente para conversar e tratar de seus negócios, seja ao lidar com gerentes de banco, seja com comerciantes europeus, seja para explicar sua causa aos advogados. Os indianos o estimavam muito. Sua empresa era, se não a maior, ao menos uma das maiores firmas indianas na região. Com todas essas vantagens ele tinha uma desvantagem — era desconfiado por natureza.

Tinha orgulho de ser muçulmano e adorava dissertar sobre filosofia islâmica. Mesmo sem saber árabe conhecia bem o *Alcorão* e a literatura islâmica em geral. Guardava vários exemplos e citações e os tinha sempre à mão. O contato com ele me deu um conhecimento prático do Islã. Quando nos tornamos mais próximos, travamos longas discussões sobre temas religiosos.

No segundo ou terceiro dia depois de minha chegada, ele me levou ao tribunal de Durban, onde me apresentou a várias pessoas e fez-me sentar ao lado de seu advogado. O magistrado ficou me olhando e por fim pediu-me que tirasse o turbante. Recusei-me e saí.

Ali também haveria algumas lutas reservadas para mim.

O *Sheth* Abdulla explicou-me porque alguns indianos eram instados a tirar seus turbantes. Disse que os que usavam trajes muçulmanos poderiam conservá-los, mas os demais indianos deveriam tirá-los ao entrar no tribunal.

Preciso entrar em detalhes para tornar compreensível essa sutileza. Ao longo daqueles dois ou três dias percebi que os indianos estavam divididos em grupos diferentes. Um grupo era o dos comerciantes muçulmanos, que se autodenominavam "árabes". Outro era o dos hindus, além dos auxiliares parses, ambos empregados. Os funcionários hindus não tinham identidade definida e por isso procuravam misturar-se com os "árabes". Os parses chamavam a si próprios de "persas". Essas três classes tinham relações sociais entre si. Entretanto o grupo mais importante era o composto de tâmeis, telugus e indianos do norte, trabalhadores livres ou contratados. Estes correspondiam aos que tinham vindo para Natal com contratos de cinco anos e se tornaram conhecidos como *girmitiyas* (de *girmit,* corruptela do termo inglês *agreement* = contrato ou convênio). As outras três categorias só tinham com eles relações comerciais. Os ingleses os chamavam de cules, e como a maioria dos indianos pertencia à classe dos trabalhadores manuais, todos eram chamados de cules ou *samis. Sami é* um sufixo tâmil que ocorre em muitos nomes próprios, e nada mais é do que o *swami,* que em sânscrito significa patrão ou mestre. Portanto sempre que um indiano se ressentisse ao ser chamado de *sami,* e tivesse bastante agudeza de espírito, poderia tentar retribuir o cumprimento dessa forma: "Pode me chamar de *sami,* mas não se esqueça de que essa palavra significa 'patrão'. E eu não sou seu patrão!" Alguns ingleses se retraíam com esse tipo de resposta, mas outros se encolerizavam, xingavam os indianos e, se houvesse oportunidade, chegavam a agredi-los, porque para eles *sami* não passava de uma expressão de desprezo. Dar-lhe o significado de "patrão" equivalia a um insulto para os ingleses.

Por tudo isso, tornei-me conhecido como um "advogado cule". Os comerciantes eram conhecidos do mesmo modo. O significado original da palavra foi esquecido e tornou-se uma forma comum de designar a todos os indianos. Os comerciantes muçulmanos se ressentiam com isso e diziam: "Não sou cule, sou árabe", ou, "sou comerciante", e os ingleses, quando bem educados, desculpavam-se.

Desta forma, usar turbante tinha sua importância. Ser obrigado a retirar o turbante de indiano equivalia a admitir um insulto. Assim concluí que seria melhor dizer adeus a essa peça indiana e comecei a usar um chapéu inglês, o que poderia me livrar de afrontas e dessa desagradável controvérsia.

No entanto o *Sheth* Abdulla desaprovou a ideia e disse:

— Se fizer algo dessa espécie, o efeito poderá ser muito ruim. Comprometerá os que insistem em usar turbantes indianos. Além disso essa peça lhe cai bem. Se usar um chapéu inglês será confundido com um garçom.

Havia sabedoria prática, patriotismo e um pouco de estreiteza de visão nesse conselho. A sabedoria era evidente e ele não teria insistido sobre o turbante a não ser por patriotismo; a alusão desdenhosa a garçons traía uma espécie de visão tacanha. Havia três categorias de trabalhadores indianos contratados — hindus, muçulmanos e cristãos. Estes últimos eram os descendentes de trabalhadores sob contrato que tinham se convertido ao cristianismo. Mesmo em 1893 eram em grande número. Usavam roupas inglesas e a maioria ganhava a vida como garçons em hotéis. As críticas do *Sheth* Abdulla ao chapéu inglês referiam-se a eles. Era considerado degradante servir como garçom em hotéis. Ainda hoje muitos pensam assim.

De um modo geral gostei do conselho do *Sheth* Abdulla. Escrevi à imprensa sobre o incidente e defendi meu direito de usar turbante no tribunal. O assunto foi muito discutido nos jornais, que me descreviam como um "visitante indesejável". Desse modo o ocorrido me proporcionou uma inesperada publicidade na África do Sul poucos dias depois de minha chegada. Alguns me apoiavam, outros criticavam energicamente minha temeridade.

Meu turbante me acompanhou até praticamente o fim de minha permanência na África do Sul. Quando e por que deixei de usar qualquer coisa na cabeça nesse país, é o que veremos adiante.

8. RUMO A PRETÓRIA

Não tardei a entrar em contato com os indianos cristãos de Durban. O intérprete do tribunal, o Sr. Paul, era católico apostólico romano. Travei conhecimento com ele e também com o falecido Sr. Subhan Godfrey, na época professor da Missão Protestante e pai do Sr. James Godfrey que, na qualidade de membro da Delegação Sul-Africana, visitou a Índia em

1924. Conheci também na mesma ocasião o finado parse Rustomji e o igualmente falecido *Adamji*[9] Miyakhan. Todos esses amigos, que até então só se viam para tratar de negócios, acabaram entrando em relacionamentos muito próximos, como veremos à frente.

Enquanto ampliava meu círculo de relações a empresa recebeu uma carta de seu advogado, avisando ao *Sheth* Abdulla de que deveria preparar-se para o julgamento e ir pessoalmente a Pretória ou enviar um representante.

Sheth Abdulla me deu a carta para ler e perguntou-me se gostaria de ir.

— Só poderei responder depois que me explicar a causa — respondi. — No momento, não sei o que terei de fazer lá.

Diante disso ele pediu a seus funcionários que me explicassem tudo.

Assim que comecei a me inteirar do processo, senti que deveria começar do zero. Durante os poucos dias que ficara em Zanzibar havia estado no tribunal para ver como os advogados trabalhavam. Um advogado parse estava inquirindo uma testemunha e fazia-lhe perguntas sobre créditos e débitos em livros contábeis. Tudo isso era grego para mim. Nem na escola nem durante a estada na Inglaterra eu havia aprendido contabilidade. E a causa pela qual viera à África do Sul referia-se principalmente a esse tipo de contas. Só um especialista poderia entendê-lo e explicá-lo. O funcionário encarregado de me dar explicações continuou a falar sobre débitos e créditos e eu me sentia cada vez mais confuso. Não sabia nem o que era uma "Nota P.". Não achei a palavra no dicionário. Revelei minha ignorância e aprendi com ele que "Nota P." queria dizer "nota promissória". Comprei um livro de contabilidade e comecei a estudá-lo, o que me tornou mais confiante. Acabei entendendo a causa. Percebi que o *Sheth* Abdulla, que não sabia contabilidade, tinha tanto conhecimento prático que era capaz de resolver com rapidez alguns dos aspectos mais complicados do assunto. Disse-lhe que estava pronto para ir a Pretória.

— Onde pretende ficar? — perguntou ele.

— Onde o senhor quiser — respondi.

— Então vou escrever ao nosso advogado. Ele providenciará sua hospedagem. Escreverei também para alguns amigos *memans,* mas não o aconselho a ficar com eles. A parte adversária tem muita influência em Pretória. Se um deles conseguir ler nossa correspondência particular poderemos sofrer muitos prejuízos. Quanto mais evitar intimidades com eles melhor para nós.

— Ficarei onde seu advogado me puser ou encontrarei acomodações independentes. Peço-lhe que não se preocupe. Ninguém saberá nada sobre o que for confidencial entre nós. No entanto quero travar conhecimento com pessoas da outra parte. Gostaria de me tornar amigo deles. Se possível tentarei resolver o caso amigavelmente. Afinal de contas o *Sheth* Tyeb é seu parente.

De fato o *Sheth* Tyeb Haji Khan Muhammad era parente próximo do *Sheth* Abdulla.

Percebi que a menção de um provável acordo o deixou um tanto inquieto. Mas já estava em Durban há seis ou sete dias e nos conhecíamos e entendíamos. Eu já não era um "elefante branco".

— S...sim, percebo — disse ele. — Não poderia haver nada melhor do que um acordo fora dos tribunais. Mas somos todos parentes e conhecemos uns aos outros muito bem. O *Sheth* Tyeb não é homem de ceder com facilidade e fazer acordo. Ao menor descuido de nossa parte ele pode nos extorquir toda espécie de coisas e por fim nos derrotar. Assim, pense duas vezes antes de fazer alguma coisa.

— Não se preocupe com isso — eu disse. — Não preciso falar a esse respeito com o *Sheth Tyeb* ou com qualquer outra pessoa. Apenas vou sugerir um acordo, o que nos pouparia de litígios desnecessários.

E assim deixei Durban, sete dias depois de lá ter chegado. Reservaram-me um lugar na primeira classe. Era costume pagar cinco xelins a mais, caso quisesse cobertores. *Sheth* Abdulla insistiu para que eu alugasse um cobertor, mas por teimosia e orgulho, além da intenção de economizar essa quantia, recusei. Ele avisou:

— Olhe, isto aqui não é a Índia. Graças a Deus ganhamos o suficiente para ter uma reserva. Por favor não se prive de nada que lhe for necessário.

Agradeci e pedi-lhe que não se preocupasse.

O trem chegou a Maritzburg, a capital de Natal, por volta das nove da noite. Nessa estação o costume era fornecer cobertores aos passageiros. Um funcionário da estrada de ferro veio e me perguntou se queria um.

— Não — respondi —, trouxe um comigo.

Ele se foi. Em seguida surgiu um passageiro que me olhou da cabeça aos pés e viu que eu era um "homem de cor". Isso o perturbou e o fez sair. Voltou com um ou dois funcionários. Ficaram todos em silêncio, mas surgiu mais um empregado, que se aproximou de mim e disse:

— Venha comigo. Seu lugar é na terceira classe.

— Mas eu tenho um bilhete de primeira — protestei.
— Isso não importa — retrucou ele. — Já lhe disse que tem de ir para a terceira classe.
— E eu lhe digo que me permitiram viajar neste compartimento em Durban. Vou ficar aqui.
— Não, não vai — disse o funcionário. — Você deve deixar este compartimento agora ou chamo a polícia para retirá-lo à força.
— Pois faça isso. Eu me recuso a sair voluntariamente.

Veio o policial. Pegou-me pelo braço e me pôs para fora. O mesmo foi feito com minha bagagem. Recusei-me a ir para outro vagão e o trem partiu sem mim. Sentei-me na sala de espera com minha maleta e deixei o resto das bagagens do lado de fora. Os funcionários da estrada de ferro se encarregariam delas.

Era inverno e essa estação do ano nas regiões mais altas da África do Sul é terrivelmente fria. Maritzburg situava-se a grande altitude e o frio era cortante. Meu sobretudo estava na bagagem, mas não ousei pedi-la para não ser mais uma vez insultado, de modo que permaneci sentado e tiritando de frio. Não havia luz na sala. Por volta da meia-noite entrou um passageiro, que talvez quisesse falar comigo. Mas eu não estava para conversas.

Comecei a pensar no que fazer. Deveria lutar por meus direitos? Voltar para a Índia quando a causa terminasse? Seria covardia voltar para lá sem ter cumprido minha obrigação. Os constrangimentos a que eu estava sendo submetido eram superficiais — apenas um sintoma da profunda doença que é o preconceito racial. Eu deveria tentar, se possível, erradicar a enfermidade e sofrer as injustiças dela decorrentes. Só deveria procurar reparar erros na medida em que fosse necessário para a remoção desse preconceito.

Dessa maneira decidi tomar o primeiro trem que passasse em direção a Pretória.

Na manhã seguinte mandei um longo telegrama ao diretor geral da estrada de ferro. Informei também ao *Sheth* Abdulla, que imediatamente foi ver esse diretor, que justificou a conduta de seus funcionários, mas acrescentou que já havia instruído o chefe da estação que providenciasse para que eu concluísse a viagem sem ser incomodado. O *Sheth* Abdulla telegrafou aos comerciantes indianos de Maritzburg e a amigos em outros lugares, para que me recebessem e cuidassem de mim. Os comerciantes vieram me receber na estação e tentaram reconfortar-me, contando suas próprias experiências desagradáveis e explicando que o que acontecera comigo não era incomum. Disseram também que indianos que viajassem na primeira e segunda classe deveriam prever problemas com os funcionários da estrada de ferro e com os passageiros brancos. Passei o dia ouvindo essas tristes narrativas. O trem noturno chegou e nele havia um beliche reservado para mim. Desta vez aluguei em Maritzburg o cobertor que havia recusado em Durban. O trem me levaria a Charlestown.

9. MAIS DESVENTURAS

O trem chegou a Charlestown de manhã. Naquela época não existia estrada de ferro entre essa cidade e Joanesburgo, mas apenas uma diligência que parava em Standerton e lá pernoitava. Eu tinha uma passagem para a diligência, que não fora cancelada pela interrupção da viagem em Maritzburg; além disso *Sheth* Abdulla havia telegrafado ao agente em Charlestown.

Mas o agente estava apenas procurando um pretexto para livrar-se de mim e, dessa forma, quando descobriu que eu era estrangeiro, disse:

— Sua passagem foi cancelada.

Dei-lhe a resposta adequada. Por trás do que ele dissera, a verdadeira razão não era falta de lugar, mas bem outra. Os passageiros tinham de ser acomodados na diligência, mas como eu era visto como um cule e tinha aparência de estrangeiro, seria melhor, segundo o "chefe" (o branco responsável pela diligência), que eu não me sentasse com os passageiros brancos. Havia assentos em ambas as laterais. A regra era que o "chefe" ocupasse um deles. Mas nesse dia ele sentou-se do lado de dentro e me deu o seu lugar. Eu sabia que aquilo era uma tremenda injustiça, uma afronta e um insulto, mas achei melhor engolir calado. Não podia forçar minha entrada no veículo, e se tivesse protestado eles teriam ido embora sem mim. Isso significaria a perda de mais um dia, e só Deus sabe o que poderia acontecer no próximo. Então contive a raiva e, prudentemente, sentei-me ao lado do cocheiro.

A diligência chegou a Pardekoph por volta das 3 horas. O "chefe" então quis sentar-se em meu lugar, porque queria fumar e talvez tomar um pouco de ar. Recebeu do cocheiro um pano sujo, abriu-o sobre o estribo e, voltando-se a mim, falou:

— *Sami,* agora você senta aqui. Quero ir junto do cocheiro.

O insulto foi mais do que eu podia suportar. Tremendo e com medo, respondi:

— Foi o senhor quem me colocou aqui, quando deveria ter me sentado lá dentro. Tolerei o insulto. Agora que está com vontade de fumar e sentar-se aqui fora, quer que eu me sente a seus pés. Não vou fazer isso, mas quero passar para o lado de dentro.

Enquanto me esforçava para dizer essas palavras, o homem pulou sobre mim e começou a me dar bofetadas. Pegou-me pelo braço e tentou arrancar-me do lugar. Agarrei-me à diligência e decidi ficar ali, mesmo correndo o risco de ter os ossos de meus pulsos quebrados. Os passageiros testemunhavam a cena — o homem me xingando, puxando e batendo. Eu não reagia. Ele era forte e eu fraco. Alguns passageiros se apiedaram e gritaram:

— Deixe-o em paz. Não bata nele. Ele não tem culpa. Está com a razão. Se não pode ficar aí, deixe que venha sentar-se conosco.

— Nem pensar — gritou o homem.

Ele pareceu ter perdido um pouco de sua prepotência e parou de bater em mim. Soltou meu braço, xingou-me um pouco mais e, pedindo ao empregado hotentote que estava sentado do outro lado da diligência que viesse para o estribo, ocupou-lhe o lugar.

Os passageiros retomaram seus lugares, o apito soou e a diligência partiu. Com o coração disparado, eu me perguntava se chegaria vivo ao meu destino. De vez em quando o homem me lançava olhares irados. Apontando-me o dedo, rosnou:

— Cuidado. Assim que chegarmos a Standerton vou mostrar quem sou.

Emudecido, eu pedia a Deus que me ajudasse.

Era noite quando chegamos a Standerton e dei um suspiro de alívio quando vi alguns rostos indianos. Assim que desci esses amigos me disseram:

— Estamos aqui para recebê-lo e levá-lo para a loja do *Sheth* Isa. Recebemos um telegrama de Dada Abdulla.

Muito contente, fui com eles ao estabelecimento do *Sheth* Isa Haji Sumar. Ele e seus funcionários sentaram-se à minha volta. Contei-lhes o que havia acontecido. Entristecidos com a história eles me consolaram contando suas próprias experiências.

Eu estava decidido a informar o agente da Companhia de Diligências sobre o ocorrido. Escrevi-lhe uma carta narrando o que se passara e chamando sua atenção para as ameaças feitas pelo funcionário. Pedi também garantias de poder viajar junto com os outros passageiros quando a diligência retomasse caminho na manhã seguinte. Ele me respondeu do seguinte modo: "A partir de Standerton temos uma diligência maior e conduzida por outros funcionários. Aquele homem de quem se queixou não estará aqui amanhã e o senhor terá um lugar com os demais passageiros". Isso me deixou um pouco mais aliviado. Não tinha, é claro, nenhuma intenção de processar o agressor e as coisas ficaram por isso mesmo.

Na manhã seguinte um funcionário do *Sheth* Isa acompanhou-me à diligência. Deram-me um bom lugar e cheguei em segurança a Joanesburgo naquela mesma noite.

Standerton é um povoado e Joanesburgo uma grande cidade. O *Sheth* Abdulla telegrafara também para Joanesburgo e recebi o nome e o endereço da firma de Muhammad Kasam Kamruddin. Um empregado da empresa viera receber-me, mas não o vi nem ele me reconheceu. Assim, decidi ir para um hotel. Sabia o nome de vários. Tomei um táxi e pedi para ser levado ao Grand National. Fui até o gerente e pedi um quarto. Ele me olhou por um instante e disse com polidez:

— Lamento, mas estamos lotados.

E indicou-me a saída.

Pedi então ao cocheiro que me levasse à loja de Muhammad Kasam Kamruddin. Lá chegando encontrei o *Sheth* Abdul Gani, que me recebeu cordialmente.

Deu uma gargalhada quando lhe contei o que acontecera no hotel:

— Como espera ser admitido em um hotel?

— Por que não? — perguntei.

— Depois de mais alguns dias aqui você vai saber. Só nós mesmos para viver em uma terra como esta, porque para ganhar dinheiro não nos importamos em engolir insultos.

Assim, *Sheth* Abdul começou a me contar a história das dificuldades dos indianos na África do Sul.

Ficaremos sabendo mais sobre o *Sheth* Abdul Gani ao longo deste relato.

— Esta terra não é para homens como o senhor — continuou ele. — Agora ouça. Você deve ir a Pretória amanhã e terá de viajar de terceira classe. As condições na Província do Transval são piores do que em Natal. Aqui nunca se vendem passagens de primeira e segunda classe a indianos.

— Pode ser que não tenham se esforçado o suficiente para conseguir isso.

— Temos feito protestos, mas confesso que nossos próprios homens não têm vontade de viajar na primeira ou segunda.

Pedi o regulamento da Companhia Ferroviária e o li. Encontrei uma brecha. A linguagem das antigas leis da Província do Transval não era muito precisa e muito menos daquele regulamento.

Disse ao *Sheth:*

— Quero viajar de primeira classe. Se não for possível prefiro tomar um táxi até Pretória. São apenas 60 quilômetros.

Ele chamou minha atenção para o tempo e dinheiro adicionais que isso significaria, mas concordou com minha proposta de viajar na primeira classe. Em seguida enviamos uma mensagem ao chefe da estação. Nela mencionei que era advogado e que sempre tinha viajado de primeira. Afirmava também que precisava chegar a Pretória o mais cedo possível, e que não havia tempo para esperar a resposta: eu iria recebê-la pessoalmente na estação, onde esperava receber minha passagem de primeira classe. É claro que por trás da intenção de receber pessoalmente a resposta havia um propósito. Eu achava que se ela viesse por escrito seria certamente negativa, em especial porque o chefe da estação deveria ter seu próprio conceito de advogado cule. Eu apareceria portanto vestindo impecáveis trajes ingleses e talvez o convencesse a emitir a passagem. Assim, fui para a estação de sobrecasaca e gravata, pus um soberano sobre o balcão do guichê e pedi o bilhete.

— Foi o senhor quem mandou aquela mensagem? — perguntou ele.

— Sim, fui eu. Agradeceria muito se me vendesse a passagem. Preciso chegar ainda hoje a Pretória. Ele sorriu e, movido pela piedade, disse:

— Não sou do Transval. Sou holandês. Compreendo os seus sentimentos e sou solidário. Quero vender-lhe a passagem, mas com uma condição: se o guarda lhe pedir para passar para a terceira classe não quero ser envolvido no problema. Com isso quero dizer que o senhor não irá processar a Companhia. Desejo-lhe uma viagem sem incidentes. Vejo que é um cavalheiro.

Com essas palavras ele me entregou a passagem. Agradeci e dei-lhe as necessárias garantias de que respeitaria as suas condições.

O *Sheth* Abdul Gani viera despedir-se de mim na estação. O incidente o surpreendeu agradavelmente, mas ele me advertiu:

— Tomara que chegue bem a Pretória. Receio que o guarda não o deixará em paz na primeira classe e, mesmo que isso não aconteça, os passageiros o perturbarão.

Ocupei meu lugar em um compartimento da primeira classe e o trem partiu. Ao chegar a Germiston o guarda veio examinar as passagens. Furioso por me ver ali fez sinal para que eu fosse para a terceira classe. Mostrei-lhe minha passagem.

— Isso não interessa — disse ele. — Pegue suas coisas e vá para a terceira classe.

Havia apenas um passageiro inglês no compartimento, que repreendeu o guarda:

— Por que perturba o cavalheiro? Não está vendo que ele tem uma passagem de primeira classe? Não tenho a mínima objeção a que ele viaje comigo. E voltando-se a mim disse: — Fique à vontade.

O guarda resmungou:

— Se o senhor quer viajar com um cule, fazer o quê?

Cheguei a Pretória por volta das 8 horas.

10. O PRIMEIRO DIA EM PRETÓRIA

Esperava que alguém enviado pelo advogado de Dada Abdulla viesse me receber na estação. Sabia que nenhum indiano estaria lá me esperando, pois prometera não me hospedar na casa de nenhum deles. Mas o advogado não havia enviado ninguém. Depois compreendi que era domingo, e assim ele não poderia enviar alguém sem inconvenientes. Fiquei preocupado e me perguntava para onde devia ir, pois temia que nenhum hotel me aceitasse.

Em 1893 a estação de Pretória era bastante diferente da de 1914. As luzes eram fracas e os passageiros escassos. Deixei que todos descessem do trem para que, logo que o coletor de passagens ficasse livre, eu pudesse entregar-lhe a minha e perguntar se poderia me indicar um pequeno hotel ou qualquer outro lugar onde pudesse ir; do contrário teria de passar a noite na estação. Devo confessar que era difícil perguntar, porque tinha medo de ser insultado.

A estação logo ficou vazia. Dei a passagem ao homem e fiz minhas perguntas. Ele respondeu cortesmente, mas percebi que não poderia ajudar muito. Mas um negro americano, que estava por perto, entrou na conversa.

— Vejo — disse ele — que o senhor é estrangeiro e não tem amigos aqui. Se vier comigo posso levá-lo a um pequeno hotel cujo proprietário é americano e conheço bem. Acho que ele o aceitará.

Tinha minhas dúvidas sobre o oferecimento, mas agradeci e aceitei a sugestão. Ele me levou para o Johnston's Family Hotel. Chamou o Sr. Johnston de lado, que concordou em me acomodar por uma noite, desde que jantasse no quarto.

— Garanto-lhe — disse-me ele — que não tenho preconceito de cor. Mas minha clientela é toda europeia e, se permitir que o senhor use o restaurante, os hóspedes poderão ofender-se e até ir embora.

— Muito obrigado — falei — por hospedar-me mesmo por uma noite. Já estou mais ou menos familiarizado com os costumes daqui e entendo a sua dificuldade. Não me importo de jantar no quarto. Espero poder me instalar em algum outro lugar amanhã.

Fui levado a um quarto onde me sentei e fiquei sozinho, esperando pelo jantar. O hotel não estava cheio e imaginei que o camareiro chegaria logo. Em vez disso, quem apareceu foi o Sr. Johnston:

— Estou envergonhado por ter-lhe pedido para jantar aqui. Conversei com os outros hóspedes e perguntei-lhes se eles se importariam se o senhor fizesse sua refeição no restaurante do hotel. Eles disseram que não fariam objeção. Disseram também que o senhor poderia ficar aqui o tempo que quisesses. Portanto, por favor, venha para a sala de jantar, se quiser, e fique o tempo que desejar.

Agradeci outra vez, fui para o restaurante e jantei, muito satisfeito.

Na manhã seguinte procurei o advogado, Sr. A.W. Baker. O *Sheth* Abdulla me havia falado dele, de modo que a recepção cordial que tive não me surpreendeu. Recebeu-me calorosamente e pediu informações. Expliquei tudo a meu respeito.

— Não temos trabalho aqui para o senhor como advogado — disse ele. — Já contratamos os melhores. A causa é longa e complicada. Não usarei seus serviços, a não ser se precisarmos de informações. O senhor será o interlocutor com meu cliente, de modo que tudo o que eu quiser saber dele será por seu intermédio, o que certamente será uma vantagem. Ainda não lhe consegui acomodações. Achei que era melhor vê-lo antes de tratar disso. Aqui existe um terrível preconceito de cor e portanto não é fácil encontrar hospedagem no seu caso. Mas conheço uma pobre mulher cujo marido é padeiro. Acho que ela o acolherá para aumentar a sua renda. Vamos à casa dela.

Levou-me então a essa casa. Conversou com a mulher em particular e ela concordou em me aceitar como pensionista por 35 xelins semanais.

Além de advogado, o Sr. Baker era um vigoroso pregador. Ainda está vivo, mas deixou a advocacia e agora se dedica inteiramente ao trabalho missionário. Está bem de vida e ainda se corresponde comigo. Em suas cartas repete sempre os mesmos temas. Reafirma a excelência do cristianismo a partir de vários pontos de vista e sustenta que é impossível encontrar a paz eterna, a menos que aceitemos Jesus como o único filho de Deus e salvador da humanidade.

Desde a nossa primeira conversa ele quis saber de minhas convicções religiosas.

— Sou hindu de nascimento — falei. — Mas não conheço muito sobre o hinduísmo e menos ainda a respeito de outras religiões. Na verdade não sei onde estou, nem qual deveria ser minha crença. Pretendo estudar cuidadosamente minha própria religião e, na medida do possível, outras religiões.

O Sr. Baker ficou satisfeito ao ouvir isso e respondeu:

— Sou um dos diretores da Missão Geral na África do Sul. Construí uma igreja às minhas custas e nela prego com regularidade. Não tenho nenhum preconceito de cor. Tenho colaboradores e encontramo-nos por alguns minutos todos os dias, às 13 horas, para rezar pela paz e pela luz. Ficaria contente se o senhor se juntasse a nós. Eu o apresentarei a meus companheiros, que tenho certeza ficarão felizes por conhecê-lo, e ouso dizer que o senhor também gostará da companhia deles. Além disso lhe darei alguns livros religiosos para ler, se bem que o livro dos livros é a Bíblia, que recomendo em especial.

Agradeci ao Sr. Baker e concordei em comparecer às preces das 13 horas sempre que possível.

— Então vou esperá-lo aqui amanhã e iremos orar juntos — acrescentou ele, e nos despedimos.

Até aquele momento não tivera tempo para refletir sobre a nossa conversa.

Fui até o hotel do Sr. Johnston, paguei a conta e levei minha bagagem para meu novo alojamento, onde almocei. A senhoria era uma boa mulher e cozinhara uma refeição vegetariana para mim. Não tardei a me sentir em casa com aquela família.

Em seguida fui ver o amigo para quem tinha uma carta de recomendação de Dada Abdulla. Por meio dele fiquei sabendo mais sobre os constrangimentos sofridos pelos indianos na África do Sul. Insistiu para que eu ficasse em sua casa. Agradeci e contei que já havia me acomodado. Ele insistiu para que eu não hesitasse, caso precisasse de alguma coisa.

Já havia escurecido. Voltei para casa, fui para meu quarto, deitei e pus-me a refletir. Não havia, de imediato, trabalho para mim. Informei o *Sheth* Abdulla desse fato. O que significava o interesse do Sr. Baker por mim? O que eu tinha a ganhar com seus colaboradores religiosos? Até que ponto deveria avançar no estudo do cristianismo? Como arranjar livros sobre o hinduísmo? Como compreender o cristianismo de uma perspectiva adequada, sem conhecer minha própria religião? Pude chegar apenas a uma conclusão: deveria fazer um estudo objetivo de tudo o que me caísse às mãos e deixar que Deus me guiasse; não deveria pensar em abraçar outra religião, até que houvesse compreendido inteiramente o hinduísmo.

11. CONTATOS CRISTÃOS

No dia seguinte, às 13 horas, fui à reunião de orações do Sr. Baker. Lá, fui apresentado às Srtas. Harris e Gabb, ao Sr. Coates e outros. Todos se ajoelharam para rezar e fiz o mesmo. As preces eram súplicas a Deus por várias coisas, segundo o desejo de cada pessoa. Em geral pedia-se que o dia transcorresse em paz ou que Deus abrisse as portas dos corações das pessoas.

Foi acrescentada uma prece por meu bem-estar: "Senhor, mostrai o caminho ao novo irmão que está entre nós. Dai-lhe a paz que nos destes. Que o Senhor Jesus Cristo, que nos salvou, o salve também. É o que pedimos, em nome de Jesus". Não havia hinos nem outro tipo de música durante as preces. Depois das súplicas por algo especial, dispersamo-nos e cada um foi almoçar, pois já era hora. As orações não duravam mais do que cinco minutos.

As Srtas. Harris e Gabb eram solteironas idosas. O Sr. Coates era quacre. As duas senhoras moravam juntas e me convidaram a tomar chá com elas todos os domingos às 4 horas.

Quando nos encontrávamos para orar aos domingos eu costumava dar ao Sr. Coates o meu diário religioso da semana e discutia com ele os livros que havia deixado comigo. As senhoras contavam suas experiências e falavam sobre a paz que tinham encontrado.

O Sr. Coates era um jovem decidido e convicto. Saíamos para passear e ele me levava à casa de outros amigos cristãos.

À medida que aumentava nossa intimidade, ele começou a me dar livros de sua escolha. Lotava-me de livros, por assim dizer. De boa fé concordei em lê-los e, à medida que o fazia, nós os discutíamos.

E assim li um grande número de obras cristãs durante o ano de 1893. Não me lembro do nome de todos os livros, mas havia o *Commentary [Comentário]*, do Dr. Parker, do City Temple; *Many Infallible Proofs [Muitas Provas Infalíveis]*, de Pearson, e a *Analogy [Analogia]*, de Butler. Certos trechos me eram incompreensíveis. De outros, gostei ou não. *Muitas Provas Infalíveis* falava em favor da religião da Bíblia, segundo o entendimento do autor. Esse livro não teve nenhum impacto sobre mim. O *Comentário,* de Parker, era moralmente estimulante, mas não poderia ajudar em nada a quem não tivesse fé na essência das crenças cristãs. A *Analogia,* de Butler, me impressionou por ser uma obra profunda e difícil, que deveria ser lida quatro ou cinco vezes para ser inteiramente compreendida. Pareceu-me ter sido escrita com a finalidade de converter ateus ao teísmo. Os argumentos que continha sobre a existência de Deus eram desnecessários, porque eu já havia passado do estágio da descrença; mas a argumentação que pretendia provar que Jesus era a única encarnação divina e o mediador entre Deus e os homens não me mobilizou.

No entanto o Sr. Coates não era homem de aceitar facilmente a derrota. Gostava muito de mim. Um dia viu no meu pescoço o colar de contas de manjericão sagrado. Pensou que era uma superstição e ficou penalizado:

— Essa crendice não lhe fica bem. Deixe que eu quebre esse colar.
— Não, não vou permitir. É um presente sagrado da minha mãe.
— Mas acredita mesmo nisso?
— Não conheço o seu significado. Não acho que vá me acontecer algo de mau se não o usar. Mas não posso, sem uma razão convincente, abrir mão de um colar que minha mãe pôs em meu pescoço com amor, e com a convicção de que seria bom para mim. Quando ele se quebrar espontaneamente, não penso em ter um novo. Mas agora ele não pode ser desfeito.

O Sr. Coates não conseguia entender meus argumentos, porque não tinha relação com minha religião. Ele não via a hora de livrar-me do abismo da ignorância. Queria me convencer de que, não importando o que pudesse haver de verdadeiro nas outras religiões, eu não podia me salvar a menos que aceitasse o cristianismo, que representava *a* verdade para ele; que meus pecados não seriam removidos a não ser pela intercessão de Jesus, e que todas as boas ações seriam inúteis.

Do mesmo modo que me apresentou livros também me apresentou a vários amigos que considerava cristãos fervorosos. Desta forma conheci uma família que pertencia à Plymouth Brethren, uma seita cristã.

Muitos dos contatos que ele me proporcionou foram bons. A maioria me impressionou como pessoas tementes a Deus. Contudo, durante meu relacionamento com essa família, um dos Plymouth Brethren me apresentou um argumento para o qual eu não estava preparado:

— O senhor não pode entender a beleza de nossa religião. Pelo que diz, parece que está refletindo sobre suas faltas o tempo todo e está sempre a repará-las e a expiá-las. Como pode esse ciclo incessante de atividade mental levá-lo à redenção? O senhor nunca tem paz. Acha que somos todos pecadores. Agora, observe a perfeição de nossa crença. Todas as nossas tentativas de melhoria e expiação são vãs. Mesmo assim, seremos redimidos. Como suportar o peso de nossas culpas? Só há um meio: lançá-las a Jesus, que é o único filho de Deus sem pecado. Todos os que acreditarem em suas palavras terão a vida eterna. É aí que repousa a infinita misericórdia de Deus. Como acreditamos na expiação de Jesus, já não estamos ligados pelos nossos próprios pecados. O pecado é inevitável. É impossível viver neste mundo sem peado. Por isso Jesus sofreu e expiou todos os pecados da humanidade. Só quem aceita a sua grande redenção tem a paz eterna. Pense na sua vida de inquietude e na promessa de paz que temos.

Esses argumentos decididamente não me convenceram. Respondi humildemente:

— Se essa é a cristandade que todos os cristãos reconhecem, não posso aceitá-la. Não estou procurando a redenção pelas consequências dos meus pecados. É do pecado em si que quero me libertar, ou melhor, da própria ideia de pecado. Até conseguir esse objetivo estarei contente com minha inquietude.

Ao que o membro do Plymouth Bethren respondeu:

— Eu lhe garanto que seus esforços serão infrutíferos. Reflita sobre o que lhe falei.

E este irmão se revelava tão bom quanto suas palavras. Pecava conscientemente e me mostrava que saber disso não o perturbava.

Contudo eu já sabia antes de encontrar esses amigos que nem todos os cristãos acreditavam na teoria da expiação. O próprio Sr. Coates era temente a Deus. Seu coração era puro e ele acreditava na possibilidade da autopurificação. As duas senhoras também compartilhavam essa crença. Alguns dos livros que me caíram em mãos estavam cheios de devoção. Desse modo, embora essa minha última experiência tivesse perturbado muito o Sr. Coates, tranquilizei-o e disse-lhe que a crença distorcida de um Plymouth Bethren não me despertaria preconceitos contra o cristianismo.

Minhas dificuldades estavam em outro lugar: diziam respeito à Bíblia e sua interpretação oficial.

12. EM BUSCA DE CONTATO COM OS INDIANOS

Antes de escrever mais sobre minhas relações com os cristãos, devo registrar outras experiências que tive no mesmo período.

O *Sheth* Tyeb Haji Khan Muhammad tinha em Pretória a mesma posição de destaque de Dada Abdulla em Natal. Não havia movimentos públicos dos quais o *Sheth* não participasse. Encontrei-o logo na primeira semana depois de minha chegada e falei-lhe de minha intenção de entrar em contato com todos os indianos de Pretória. Disse de meu desejo de estudar as condições de vida dos indianos nessa cidade e pedi-lhe ajuda para o meu trabalho, que ele alegremente concordou em proporcionar.

Meu primeiro passo foi convocar um encontro de todos os indianos residentes em Pretória, com a finalidade de apresentar-lhes um panorama de sua condição no Transval. A reunião aconteceu na casa do *Sheth* Haji Muhammad Haji Joosab, para quem eu trazia uma carta de apresentação. Estavam presentes sobretudo comerciantes *memans*, embora houvesse alguns hindus. Na verdade a população indiana de Pretória era escassa.

Pode-se dizer que meu discurso, nessa reunião, foi o primeiro que fiz na vida. Eu havia preparado muito bem o tema — a observância da verdade nos negócios. Sempre ouvira dos comerciantes que a verdade não era possível no mundo dos negócios. Não acreditara nisso antes nem acreditava agora. Mesmo nos dias de hoje conheço comerciantes que sustentam que a verdade é incompatível com os negócios. Estes, dizem eles, são um assunto muito prático e a verdade é uma questão de religião. Por isso argumentam que os assuntos práticos são uma coisa e os religiosos outra. Afirmam que a verdade pura está fora de cogitação no mundo dos negócios e só podemos expressá-la quando nos é conveniente. Contestei energicamente essa posição em meu discurso e chamei a atenção dos comerciantes para o seu senso de dever, que era duplo. Sua responsabilidade diante da verdade era ainda maior em uma terra estrangeira, porque a conduta de uns poucos indianos era a medida pela qual se avaliava a conduta de milhões de compatriotas.

Havia constatado que os hábitos de nosso povo eram insalubres, quando comparados com os dos ingleses que os circundavam, e chamei-lhes a atenção para isso. Destaquei a necessidade de esquecer todas as distinções entre hindus, muçulmanos, parses, cristãos, gujarates, madrasis, punjabes, sindis, kachchhis, surates e outros povos e religiões da Índia.

Ao terminar minha apresentação sugeri a formação de uma associação com a finalidade de expor às autoridades locais os constrangimentos sofridos pelos colonos indianos, e coloquei-me à disposição desta associação, dedicando-lhe tanto tempo quanto possível.

Percebi que havia impressionado consideravelmente os ouvintes.

Meu discurso foi seguido de debates. Alguns se ofereceram para relatar-me fatos. Senti-me encorajado. Notei que poucos dos presentes sabiam inglês. Como sentia que o conhecimento dessa língua poderia ser útil naquele país, aconselhei aos que tinham algum tempo livre que a aprendessem. Disse-lhes que era possível aprender um idioma mesmo em idade avançada, e citei casos de pessoas que haviam aprendido. Ofereci-me também para ensinar-lhes, caso se organizassem em grupos ou para dar aulas individuais.

As classes ainda não haviam sido criadas, mas três jovens se disseram dispostos a aprender, desde que eu fosse até as suas casas para as aulas. Destes, dois eram muçulmanos — um era barbeiro, outro secretário —, e o terceiro era hindu e pequeno lojista. Concordei em atendê-los. Não tinha receios sobre minha capacidade de ensinar. Meus alunos poderiam cansar-se, mas eu não. Aconteceu às vezes de eu ir até suas casas e os encontrava ocupados com os negócios. Mas não perdia a paciência. Nenhum dos três desejava estudar profundamente o inglês, mas pode-se dizer que dois deles fizeram bastante progresso após cerca de oito meses. Aprenderam o suficiente para fazer a contabilidade e escrever cartas comerciais. A ambição do barbeiro limitava-se a saber o inglês suficiente para atender seus clientes. Como resultado dos estudos, dois dos meus alunos conseguiram aumentar sua renda consideravelmente.

Fiquei satisfeito com o resultado da reunião. Tanto quanto posso lembrar, decidiu-se que esses encontros seriam realizados uma vez por semana, ou talvez mensalmente. Transcorriam com periodicidade e havia um livre intercâmbio de ideias. O resultado foi que agora, em Pretória, não havia nenhum indiano com o qual eu não houvesse travado contato e cujas condições de vida desconhecesse. Essa circunstância, por sua vez, levou-me a conhecer o representante consular inglês na cidade, o Sr. Jacobus de Wet. Ele simpatizava com os indianos mas era muito pouco influente. No entanto concordou em ajudar-nos no que lhe fosse possível, e disse-me para procurá-lo sempre que quisesse.

A seguir entrei em contato com as autoridades da Companhia Ferroviária e contei-lhes que, mesmo segundo os seus regulamentos, os constrangimentos sob os quais os indianos viajavam eram injustificáveis. Em resposta recebi uma carta dizendo que seriam vendidas passagens de primeira e segunda classe aos que estivessem adequadamente trajados. Isso estava longe de resolver satisfatoriamente a situação, porque ficava a critério do chefe da estação decidir o que significava "adequadamente trajados".

O representante inglês mostrou-me alguns documentos que tratavam de assuntos indianos. O *Sheth Tyeb* também me mostrara papéis semelhantes. Por meio deles fiquei sabendo da crueldade com que eram perseguidos nossos compatriotas no Estado Livre de Orange, na África do Sul.

Em suma, minha permanência em Pretória capacitou-me a fazer um profundo estudo das condições sociais, econômicas e políticas da vida dos indianos na Província do Transval e no Estado Livre de Orange. Não tinha ideia do grande valor que esse estudo iria ter para mim no futuro. Pensava em voltar à Índia no fim do ano, ou mesmo antes, caso o processo houvesse terminado.

Mas Deus decidiu de outro modo.

13. O QUE SIGNIFICA SER UM CULE

Seria inadequado descrever aqui, em sua totalidade, as condições de vida dos indianos na Província do Transval e no Estado Livre de Orange. Aos que quiserem ter uma visão completa do assunto, sugiro a leitura de minha *History of Satyagraha in South Africa [História do Satyagraha na África do Sul]*. Mas é necessário traçar aqui um breve esboço.

No Estado Livre de Orange os indianos eram privados de todos os seus direitos por uma lei promulgada em 1888, ou mesmo antes. Se decidissem ficar nesse Estado, só poderiam fazê-lo na condição de camareiros de hotel ou como criados domésticos. Os comerciantes indianos eram expulsos com uma indenização insignificante. Protestavam e faziam apelações na corte, mas em vão.

Em 1885 um decreto bem mais rigoroso foi posto em prática na Província do Transval. Essa lei recebeu pequenas emendas em 1886 e nelas se dispunha que todos os indianos deveriam pagar uma taxa de três libras à guisa de direito de entrada na região. Eles não podiam ser proprietários de terras, exceto em áreas que lhes fossem destinadas, e mesmo assim na prática não eram realmente donos. Não tinham direito de propriedade. Tudo isso decorria de uma legislação especial para os asiáticos, que se aplicava também às pessoas de cor. Sob essas normas os indianos não podiam andar na via pública, nem sair de casa depois das 21 horas sem permissão. No que dizia respeito aos indianos, a aplicação desta última norma era elástica. Os que passavam por "árabes" eram isentos, como se merecessem um favor. A isenção, naturalmente, dependia da boa vontade da polícia.

Tive que experimentar os efeitos de ambas as regras. Saía frequentemente à noite para passear com o Sr. Coates, e raramente voltávamos para casa antes das 22 horas. O que aconteceria se a polícia me prendesse? O Sr. Coates se preocupava mais com isso do que eu. Tinha de emitir passes para seus empregados negros. Mas como fazê-lo para mim? Somente os patrões podiam conceder passes a seus funcionários. Se eu quisesse uma permissão, e mesmo se o Sr. Coates estivesse disposto a dá-la, estava impedido, pois eu não era funcionário dele e seria uma fraude.

Por isso o Sr. Coates ou um de seus amigos levou-me até o Procurador do Estado, o Dr. Krause. Éramos ambos da mesma Ordem de Advogados. O fato de eu precisar de um passe para sair depois das 21 horas foi demais para ele. Mostrou-se simpático à minha causa. Em vez de dar-me o passe entregou-me uma carta autorizando-me a sair a qualquer hora sem a interferência da polícia. Sempre a tinha comigo quando saía. O fato de não ter tido de usá-la foi um mero acaso.

O Dr. Krause me convidou a visitá-lo em sua casa e posso dizer que nos tornamos amigos. Às vezes eu ia vê-lo e por seu intermédio fui apresentado ao seu irmão mais famoso, que era promotor público em Joanesburgo. Durante a Guerra dos Bôeres ele havia sido submetido à corte marcial por conspirar para o assassinato de um oficial inglês, e fora condenado a sete anos de prisão. Além disso tinha sido expulso do Conselho da Ordem dos Advogados. Ao fim das hostilidades foi libertado e honrosamente readmitido à corte do Transval, onde retomou suas atividades.

Essas relações me foram úteis mais tarde em minha vida pública e simplificaram bastante o meu trabalho.

As consequências da legislação sobre o uso das vias públicas por indianos eram muito sérias para mim. Para ir passear no campo, sempre passava pela Rua President. A residência do presidente Kruger era lá — um prédio muito modesto, sem ostentação, sem jardim, indistinguível das outras casas da vizinhança. As casas de vários milionários de Pretória eram muito mais pretensiosas, circundadas de jardins. A simplicidade do presidente Kruger era proverbial. Apenas a presença de uma patrulha de polícia diante da casa indicava que ela pertencia a uma autoridade. Eu quase sempre passava por essa patrulha, sem a menor dificuldade ou obstáculo.

Às vezes o soldado de guarda mudava. Um dia, um desses homens, sem me fazer nenhuma advertência, nem mesmo pedir-me que eu saísse da calçada, empurrou-me e chutou-me para a rua. Fiquei perplexo. Antes que pudesse questioná-lo por sua conduta, o Sr. Coates, que por acaso passava pelo local a cavalo, chamou-me e disse:

— Gandhi, vi o que aconteceu. Terei prazer em ser sua testemunha caso decida processar esse homem. Lamento muito que tenha sido tão rudemente maltratado.

— Não precisa lamentar — eu disse. — O que sabe esse pobre homem? Para ele todas as pessoas de cor são iguais. Sem dúvida ele trata os negros do mesmo modo que fez comigo. Tenho um propósito de não ir jamais à justiça por motivos pessoais. Não pretendo processá-lo.

— Esse é mesmo o seu estilo — disse o Sr. Coates —, mas pense nisso de novo. Devemos ensinar uma lição a esse homem.

Então se voltou para o policial e o repreendeu. Não pude acompanhar a conversa dos dois, porque o guarda era um bôer e falaram em holandês. Mas o homem me pediu desculpas, o que era desnecessário. Eu já o havia perdoado.

Nunca mais passei por aquela rua. Poderia haver outros guardas no lugar daquele, que sem saber do incidente poderiam agir da mesma forma. Por que deveria eu levar outro chute sem necessidade? Escolhi portanto um passeio diferente.

O acontecido aprofundou meus sentimentos pelos colonos indianos. Discuti com eles se era o caso de entrar com um processo cível experimental, caso necessário, depois de ter consultado o representante consular inglês sobre essa legislação.

Fiz então um profundo estudo das duras condições de vida dos colonos indianos, não apenas lendo e ouvindo pessoas, mas também por experiência pessoal. Percebi que a África do Sul não era país para um indiano de respeito e minha mente ocupou-se cada vez mais com a questão de como mudar esse estado das coisas.

Mas minha principal tarefa naquele momento era a causa de Dada Abdulla.

14. PREPARATIVOS PARA O PROCESSO

A permanência de um ano em Pretória foi uma experiência de inestimável valor para mim. Nessa cidade tive a oportunidade de aprender a conduzir negócios públicos e, até certo ponto, avaliar minha aptidão para esse tipo de trabalho. Foi também ali que meu espírito religioso tornou-se uma força viva e adquiri um conhecimento prático de minha profissão. Aprendi coisas que um jovem advogado só aprende no escritório de veteranos. Também adquiri a confiança de que não fracassaria como advogado. Do mesmo modo, aprendi o segredo do sucesso nessa atividade.

O processo de Dada Abdulla não era pequeno. O valor da causa era 40.000 libras. A questão se originara de transações comerciais e era cheia de complicações contábeis. Parte da demanda baseava-se, por um lado, em notas promissórias e, por outro, no não cumprimento da promessa de emissão de outras notas. A defesa argumentava que as notas haviam sido tomadas fraudulentamente e não se justificavam. Havia numerosos aspectos de fato e de direito em relação a essa intrincada causa.

Ambas as partes contrataram os melhores advogados e procuradores, o que me deu uma magnífica oportunidade de estudar o trabalho deles. A preparação dos argumentos do autor e a escolha dos fatos que apoiavam a causa foram confiadas a mim. Era muito instrutivo ver o que era aceito e o que era rejeitado do meu trabalho, bem como constatar o uso que faziam do material que eu preparara. Percebi que essa preparação poderia me proporcionar uma boa medida de meu poder de compreensão e de minha capacidade de organizar as provas.

Assumi um profundo interesse pela causa. Na verdade mergulhei nela. Li todos os documentos relativos às transações. Meu cliente era um homem muito hábil e tinha absoluta confiança em mim, o que facilitou meu trabalho. Fiz um bom estudo de contabilidade. Minha capacidade de tradução melhorou, porque tive de traduzir para o inglês a correspondência, grande parte da qual estava escrita no idioma gujarate.

Como disse antes, embora tivesse me interessado profundamente pelas questões religiosas e sociais, e a elas dedicado algum tempo, não eram no momento meu foco principal. Tal lugar era ocupado pela preparação da causa. Estudar as leis e fazer pesquisas jurídicas constituíam sempre uma prioridade. Em consequência adquiri um conhecimento do processo que talvez as próprias partes não o tivessem, porque eu possuía documentos de ambos os lados.

Recordava-me sempre do conselho do falecido Sr. Pincutt — os fatos constituem três quartos da lei. Mais tarde essa opinião seria confirmada pelo advogado mais famoso da África do Sul, o também falecido Sr. Leonard. Em uma causa que assumi, percebi que embora a justiça estivesse do lado do meu cliente, a lei parecia estar contra ele. Desesperado, busquei a ajuda do Sr. Leonard. Ele também acreditava que, naquela questão, os fatos eram muito significativos.

— Olhe, Gandhi — exclamou —, uma coisa aprendi: se cuidarmos bem dos fatos de uma causa, a lei se encarregará de si mesma. Vamos mergulhar profundamente nos fatos desta questão.

Com essas palavras, pediu-me que estudasse a causa mais a fundo e voltasse a vê-lo. Reexaminando os fatos consegui enxergá-los sob uma luz completamente nova, e também me deparei com um antigo processo sul-africano semelhante. Fiquei extasiado, fui até o Sr. Leonard e contei-lhe tudo.

— Tudo bem — disse ele —, vamos ganhar a causa. Só precisamos nos preocupar com o juiz que analisará o caso.

Enquanto preparava o processo de Dada Abdulla, não percebia claramente a importância fundamental dos fatos. Fatos significam verdade e, uma vez que aderimos à verdade, a lei vem naturalmente em nosso auxílio. Percebi que os fatos da causa de Dada Abdulla a tornavam muito consistente e que a lei pendia para o seu lado. No entanto notei também que se continuássemos em litígio, o autor e o réu, que eram parentes e da mesma cidade, acabariam se arruinando. Ninguém poderia saber por quanto tempo duraria o caso. Se permitíssemos que continuasse em juízo, poderia prosseguir indefinidamente, sem nenhum benefício para as partes. Ambas portanto desejavam, se possível, o término imediato do processo.

Procurei o *Sheth* Tyeb, a quem sugeri uma arbitragem. Recomendei-lhe que falasse com seus consultores. Sugeri-lhe que, se ambos os lados pudessem designar um árbitro em quem confiassem, o processo poderia ser rapidamente encerrado. Os honorários dos advogados cresciam tão rapidamente que acabariam por consumir todos os recursos dos clientes, mesmo sendo eles grandes comerciantes. A causa tomava tanto de sua atenção que já não tinham tempo para trabalhar. Nesse ínterim a má vontade mútua aumentava. Eu estava desgostoso com a profissão. Quanto aos advogados de ambas as partes, seguiam garimpando argumentos para defender seus clientes. Notei também pela primeira vez que a parte vitoriosa jamais recupera todos os custos. As regras de custas judiciais fixavam as despesas de cada parte. Contudo as despesas da relação entre advogados e clientes eram muito maiores. Tudo isso era mais do que eu podia tolerar. Senti que meu dever era defender ambos os lados e promover seu reencontro. Juntei toda a energia que dispunha para conseguir um acordo. Por fim o *Sheth* Tyeb concordou. Foi designado um árbitro, a causa foi discutida perante ele e Dada Abdulla ganhou.

Mas isso não me satisfez. Se meu cliente decidisse executar de imediato a sentença, teria sido impossível para o *Sheth* Tyeb juntar todo o montante e, segundo uma lei não escrita entre os *memans* de Porbandar que viviam na África o Sul, a morte era preferível à falência. Para o *Sheth* Tyeb era impossível pagar de uma vez só a quantia de cerca de 37.000 libras, mais as custas administrativas. Ele desejava pagar tudo e não queria que sua falência fosse decretada. Só havia uma maneira: Dada Abdulla permitiria que *Sheth* Tyeb pagasse em módicas prestações. Dada Abdulla portou-se à altura das circunstâncias, ao proporcionar ao *Sheth* Tyeb a possibilidade de fazer o pagamento em parcelas e a longo prazo. Para mim, foi mais difícil conseguir a concessão de pagar parceladamente do que fazer com que as partes concordassem com a arbitragem. Mas ambos estavam contentes com o resultado, e cresceram na estima pública. Eu estava radiante de felicidade: havia aprendido a trabalhar com a lei. Aprendera a encontrar o melhor lado da natureza humana e a entrar no coração dos homens. Compreendi que a verdadeira função de um advogado era unir partes que haviam se separado. Essa lição ficou gravada em mim de um modo tão indelével que, durante os 20 anos em que pratiquei a advocacia, grande parte do meu tempo foi dedicada a promover acordos amigáveis em centenas de casos. Não perdi nada com isso, nem mesmo dinheiro, e certamente não a minha alma.

15. O FERMENTO RELIGIOSO

Está na hora de falar de novo das minhas experiências com amigos cristãos.

O Sr. Baker estava ansioso a respeito do meu futuro. Levou-me à Convenção de Wellington. Os cristãos protestantes organizam esses encontros em intervalos de alguns anos, em busca da iluminação religiosa ou, em outras palavras, da autopurificação. Pode-se chamá-los de restauração ou renovação religiosa. A Convenção de Wellington era desse tipo e seu presidente era o mais famoso teólogo da cidade, o Reverendo Andrew Murray. O Sr. Baker imaginara que a atmosfera de exaltação religiosa do encontro, bem como o entusiasmo e o fervor dos presentes poderiam sem dúvida converter-me ao cristianismo.

Mas sua esperança maior se concentrava na eficácia da oração, na qual tinha fé inabalável. Estava firmemente convencido de que Deus não deixaria de ouvir as preces que lhe fossem dirigidas com fervor. Costumava citar o exemplo de homens como George Muller, de Bristol, que se valia totalmente de preces, mesmo para suas necessidades temporais. Eu ouvia atento esse discurso sobre a eficácia da oração e assegurava a ele que nada me faria deixar de abraçar o cristianismo, se sentisse a vocação. Não hesitava em dar-lhe essa certeza, porque há muito havia aprendido a seguir a voz interior. Para mim era uma delícia submeter-me a ela. Contrariá-la seria difícil e doloroso.

E assim fomos a Wellington. Para o Sr. Baker foi penoso ter um "homem de cor" como companhia. Em muitas ocasiões teve de passar por muitos constrangimentos por minha causa. Tivemos de interromper a viagem a meio caminho, porque era domingo e ele e seus companheiros não se permitiam viajar no dia do Senhor. Embora o gerente do hotel tivesse concordado, não sem muita altercação, em alojar-me em um quarto, recusara-se decididamente a admitir minha presença no restaurante. O Sr. Baker não era homem de dar-se facilmente por vencido. Apegou-se aos direitos dos hóspedes de hotéis. Mas eu podia perceber suas dificuldades. Também em Wellington hospedei-me no mesmo lugar que ele. Apesar de seus esforços para esconder os pequenos constrangimentos que eu lhe causava, percebi todos eles.

A Convenção era uma assembleia de cristãos convictos. Eu estava encantado com a fé das pessoas. Conheci o Reverendo Murray. Notei que muitos dos presentes rezavam por mim. Gostei de alguns hinos, eram muito suaves.

A Convenção durou três dias e me fez entender e apreciar a devoção dos participantes. Mas não vi razões para mudar de crença — de religião. Para mim era impossível acreditar que poderia ir para o céu, ou obter a salvação, simplesmente por converter-me ao cristianismo. Quando disse isso com franqueza a alguns bons amigos dessa religião, ficaram chocados. Mas não havia nada a fazer.

Minhas dificuldades eram mais profundas. Não podia concordar que Jesus fosse o único filho encarnado de Deus, nem que apenas os que tinham essa crença teriam a vida eterna. Se Deus tivesse filhos, eles seriam todos nós. Se Jesus era como Deus, ou Ele próprio, todos os seres humanos poderiam ter a mesma condição. Minha razão não estava preparada para acreditar, literalmente, que por meio de sua morte Jesus redimira todos os pecados do mundo. Metaforicamente até que poderia haver alguma verdade nisso. Por outro lado, segundo o cristianismo apenas os seres humanos tinham alma, que estaria ausente nos demais seres vivos; para estes a morte significava a extinção. Eu pensava de modo contrário. Poderia aceitar Jesus como um mártir, uma encarnação do sacrifício e um mestre divino, mas não como o mais perfeito dos seres humanos nascidos. Sua morte na cruz era um grande exemplo para o mundo, mas meu coração não podia aceitar que ela fosse uma virtude misteriosa ou miraculosa. As vidas piedosas dos cristãos não me proporcionavam nada que não pudesse ser encontrado na existência de pessoas de outras crenças. Na vida de outros eu já vira os mesmos exemplos dos cristãos. Do ponto de vista filosófico não havia nada de extraordinário nos princípios do cristianismo. No que tange ao sacrifício parecia-me que os hindus haviam ultrapassado os cristãos. Para mim era impossível ver o cristianismo como uma religião perfeita, ou a mais perfeita de todas.

Partilhava essas inquietações com meus amigos cristãos sempre que havia oportunidade, mas suas respostas não foram capazes de me satisfazer.

Assim, se por um lado eu não podia aceitar o cristianismo, seja como uma religião perfeita, seja como a maior de todas, de outra parte naquela época não estava convencido de que o hinduísmo tivesse essas mesmas qualidades. Os defeitos hindus eram chocantemente visíveis para mim. Se a intocabilidade de certas pessoas era uma parte dessa crença, poderia ser vista como uma porção podre, uma excrescência. Eu não entendia a razão de ser de tantas castas e seitas. E qual era o significado de dizer que os *Vedas* eram inspirados na palavra de Deus? E por que Ele não teria inspirado também a Bíblia ou o Alcorão?

Se meus amigos cristãos estavam se esforçando para converter-me, o mesmo acontecia com os muçulmanos. O *Sheth* Abdulla continuara me induzindo a estudar o Islã e, evidentemente, tinha sempre algo a dizer a respeito de sua beleza.

Por carta transmiti minhas dificuldades a Raychandbhai. Também me correspondia com outras autoridades religiosas na Índia, e delas recebia respostas. A carta de Raychandbhai me tranquilizou um pouco. Ele me pediu para ser paciente e estudar mais profundamente o hinduísmo. Uma de suas frases dizia: "Quando examino a questão desapaixonadamente, convenço-me de que nenhuma outra religião tem a profundidade e a sutileza do hinduísmo, nem a sua visão da alma e da caridade".

Comprei a tradução do *Corão* feita por Sale e comecei a lê-la. Obtive outros livros sobre o Islã. Comuniquei-me com amigos cristãos na Inglaterra. Um deles me apresentou a Edward Midland, com o qual comecei a corresponder-me. Ele me enviou *The Perfect Way [O Caminho Perfeito]*, livro que escrevera em colaboração com Anna Kingsford. A obra era uma refutação das atuais crenças cristãs. Mandou-me outro livro, *The New Interpretation of the Bible [A Nova Interpretação da Bíblia]*. Gostei de ambos. Pareciam apoiar o hinduísmo. *The Kingdom of God is Within You [O Reino de Deus está Dentro de Você]*, de Tolstoi, perturbou-me e deixou em mim uma impressão permanente. Diante do pensamento independente, da profunda moralidade e da honestidade desse livro, todos os que o Sr. Coates me havia dado pareciam pálidos e insignificantes.

Dessa maneira meus estudos me levaram a um lugar que meus amigos cristãos não haviam imaginado. Minha correspondência com Edward Midland foi bastante prolongada, e a que mantive com Raychandbhai continuou até a sua morte. Li alguns dos livros que ele me mandou: *Panchikaran, Maniratnamala, Mumukshu Prakaran*, de Yogavasishtha; *Shaddarshana Samuchchaya*, de Haribhadra Suri e outros.

Embora tivesse trilhado um caminho que meus amigos cristãos não desejavam para mim, sinto uma profunda gratidão pela inquietação religiosa que me despertaram. Acalentarei para sempre a lembrança de nossos contatos. Os anos que se seguiram, entretanto, me reservariam outras relações igualmente agradáveis e preciosas.

16. O HOMEM PÕE E DEUS DISPÕE

Concluído o processo de Dada Abdulla não havia mais razões para permanecer em Pretória. Assim, retornei a Durban e comecei a me preparar para voltar à Índia. Mas *Sheth* Abdulla não era homem de me deixar partir sem um bota-fora. Por isso deu uma festa de despedida em minha homenagem, em Sydenham.

O plano era passar um dia inteiro nessa cidade. Enquanto folheava os jornais vi por acaso um parágrafo num canto de página sob o título: "O Direito de Voto dos Indianos". Havia uma referência ao projeto de lei apresentado à Câmara Legislativa, que visava privar os indianos de seu direito de eleger representantes na Assembleia Legislativa de Natal. Eu não conhecia essa lei e o mesmo acontecia com as pessoas que estavam reunidas comigo.

Questionei *Sheth* Abdulla a respeito.

— O que podemos nós entender sobre esses assuntos? — retrucou. — Só podemos compreender o que interessa ao nosso comércio. Como você sabe, todos os nossos negócios no Estado Livre de Orange foram banidos. Protestamos contra essa injustiça, mas em vão. Afinal somos pessoas iletradas, é como se fôssemos incapazes. Em geral só vamos aos jornais para verificar as cotações do mercado e coisas assim. O que sabemos sobre as leis? Nossos olhos e ouvidos aqui são os advogados europeus.

— Mas — ponderei — há muitos jovens indianos nascidos e educados na África do Sul. Eles não os ajudam?

— Ora, eles! — exclamou *Sheth* Abdulla contrariado. — Eles nem se incomodam em vir aqui nos ver e, para dizer a verdade, tampouco nos preocupamos com eles. Por serem cristãos, são controlados pelos clérigos brancos, que por sua vez estão submetidos ao governo.

Essas palavras me abriram os olhos. Senti que deveria ser uma reivindicação nossa. Então, era aquele o significado do cristianismo? Essas pessoas teriam deixado de ser indianas pelo fato de terem abraçado a fé cristã?

Mas eu estava prestes a retornar à Índia e hesitei em falar o que pensava, de modo que simplesmente disse ao *Sheth* Abdulla:

— Se esse projeto se transformar em lei, nossa vida será extremamente dificultada. É o primeiro prego em nosso caixão. Atinge em cheio nossa autoestima.

— Pode ser — tornou *Sheth* Abdulla. — Vou contar-lhe a origem dessa questão do direito de voto. Não sabíamos nada a esse respeito. Foi o Sr. Escombe, um de nossos melhores advogados, que você conhece, quem nos persuadiu. Eis o que aconteceu: ele é um grande batalhador e, como não se dá bem com o engenheiro de Portos, ficou com receio de que este pudesse privá-lo de seus votos e derrotá-lo na eleição. Assim informou-nos qual era nossa posição e, a seu pedido, registramo-nos como eleitores e votamos nele. Por aí o senhor pode perceber que esse direito de voto não tem para nós o valor que está imaginando. Mas compreendemos o que diz. Bem, o que nos aconselha fazer?

Os outros convidados ouviam a conversa com atenção. Um deles falou:

— Posso dizer-lhe o que deve ser feito? Cancele a sua passagem nesse navio, fique aqui por mais um mês e seguiremos sob sua orientação.

Os outros fizeram coro:

— É isso, é isso. *Sheth* Abdulla, não deixe que Gandhibhai viaje.

O *Sheth* era um homem astuto:

— Não cabe a mim detê-lo agora. Ou melhor, vocês têm tanto direito quanto eu de fazer isso. Mas têm razão. Vamos, *todos nós,* persuadi-lo a ficar. Mas não se esqueçam de que ele é advogado. Como fazer com os seus honorários?

A referência à minha remuneração magoou-me e entrei na conversa:

— Olhe, *Sheth* Abdulla, os honorários estão fora de cogitação. Eles não se aplicam a trabalhos comunitários. Afinal, posso permanecer aqui como um servidor. Além disso, como o senhor sabe, não conheço todos os amigos aqui presentes. Mas se pensa que eles estão dispostos a cooperar, estou preparado para ficar por mais um mês. Mas há um senão. Ainda que os senhores não me paguem nada, um trabalho como o que pretendemos realizar não pode ser feito sem alguns recursos financeiros. Teremos de enviar telegramas, imprimir folhetos, fazer algumas viagens, consultar advogados locais e, como não conheço as leis locais, posso precisar de alguns livros de referência. Nada disso pode ser feito sem dinheiro. Além do mais, é evidente que se trata de muito trabalho para um homem só. Necessitarei de ajuda.

Ouviu-se um coro de vozes:

— Alá é grande e misericordioso. O dinheiro entrará e o senhor terá tanta ajuda quanto precisar. Por favor fique e tudo correrá bem.

E assim a festa de despedida transformou-se em comitê de trabalho. Sugeri que terminássemos rapidamente com o jantar e que voltássemos para nossas casas. Esbocei mentalmente uma estratégia de campanha. Registrei os nomes dos que estavam na lista de eleitores e preparei-me para ficar por mais um mês.

Dessa forma Deus plantou os alicerces da minha vida na África do Sul e lançou a semente da luta pela dignidade dos indianos nesse país.

17. INSTALADO EM NATAL

Em 1893 o *Sheth* Haji Muhammad Haji Dada era considerado o mais destacado líder da comunidade indiana em Natal. Do ponto de vista financeiro o *Sheth* Abdulla Haji Adam liderava, mas ele e os outros atribuíam a Haji Muhammad o primeiro lugar nas manifestações públicas. Por isso, foi sob sua presidência que se realizamos uma reunião na casa do *Sheth* Abdulla, na qual ficou decidido organizar a oposição ao projeto de lei sobre o direito de voto.

Foram feitas listas de voluntários. Os indianos nascidos em Natal, isto é, os jovens indianos cristãos, foram convidados a esse encontro. O Sr. Paul, intérprete dos tribunais de Durban, e o Sr. Subhan Godfrey, diretor de uma escola missionária, estavam presentes e haviam trazido um bom número de jovens cristãos. Todos eles se alistaram como voluntários.

Como é natural, muitos dos comerciantes locais também se inscreveram, entre eles os *Sheths* Dawud Muhammad, Muhammad Kasam Kamruddin, Adamji Miyakhan, A. Kolandavellu Pillai, C. Lachhiram, Rangasami Padiachi e Amad Jiva. É claro que o parse Rustomji também estava lá. Os oficiais de justiça estavam representados pelos senhores Manekji, Joshi, Narsinhram e outros. Havia também funcionários de Dada Abdulla & Cia. e de outras grandes firmas. Todos ficaram agradavelmente surpresos por participar de um trabalho comunitário. Serem convidados a contribuir com uma causa como essa era uma experiência nova em suas vidas. Diante da calamidade que se abatera sobre a comunidade, distinções como superiores e inferiores, pequenos e grandes, patrões e servidores, hindus, muçulmanos, parses, cristãos, gujarates, madrasis, sindis etc., foram esquecidas. Eram todos igualmente servidores e filhos da mãe pátria.

O projeto de lei já havia sido aprovado ou estava prestes a sê-lo em segunda votação. Nos discursos pronunciados nessa ocasião, destacava-se que o fato de os indianos não terem expressado nenhuma oposição ao rigoroso projeto era uma prova de sua inaptidão ao direito de voto.

Expliquei a situação durante a reunião. A primeira coisa que, fizemos foi encaminhar um telegrama ao presidente da Assembleia, pedindo-lhe que adiasse as discussões sobre o projeto de lei. Um telegrama semelhante foi mandado ao governador, Sir John Robinson, e mais outro ao Sr. Escombe, na qualidade de amigo de Dada Abdulla. O presidente prontamente respondeu que a discussão do projeto seria postergada por dois dias, o que nos animou.

Redigiu-se então a petição a ser apresentada à Assembleia Legislativa. Eram necessárias três cópias do documento, e mais uma para a imprensa. Propusemos também obter tantas assinaturas quantas fossem possíveis, e todo esse trabalho deveria ser feito em uma única noite. Os voluntários que sabiam inglês, e alguns outros, trabalharam a noite inteira. Um senhor idoso, o Sr. Arthur, conhecido por sua boa caligrafia, redigiu o documento principal. As cópias foram escritas por várias pessoas por meio de ditados. Desse modo, cinco cópias ficaram prontas ao mesmo tempo. Comerciantes voluntários saíram em suas carruagens, ou em veículos alugados, para colher assinaturas. Tudo isso foi realizado rapidamente e a petição foi despachada. Os jornais publicaram o documento com comentários favoráveis e a petição também causou uma boa impressão na Assembleia, onde foi discutida em plenário. Os partidários do projeto fizeram uma defesa — reconhecidamente fraca — em resposta aos argumentos apresentados. No entanto a moção foi aprovada.

Prevíamos esse resultado, mas a agitação em torno do projeto revitalizou a comunidade e trouxe para seus membros a convicção de que ela era una e indivisível, e que era seu dever lutar por seus direitos políticos e comerciais.

Nessa época, Lord Ripon era o Secretário de Estado para as Colônias. Decidimos enviar-lhe uma petição-monstro. Não era tarefa pequena e não dava para fazer em um dia. Organizamos listas de voluntários e todos deram a sua contribuição.

A redação dessa petição foi muito trabalhosa. Li toda a literatura disponível sobre o assunto. Meus argumentos giravam em torno de um princípio e de uma oportunidade. Argumentei que tínhamos o direito de voto em Natal porque o tínhamos na Índia. Insisti que era oportuno conservar esse direito, pois a população indiana gozando desse privilégio era muito pequena.

Em 15 dias obtivemos 10.000 assinaturas. Reunir esse número em toda a província não foi uma tarefa fácil, especialmente se considerarmos que os voluntários não estavam acostumados a este tipo de trabalho. Foi preciso escolher pessoas muito competentes, porque decidíramos não colher nenhuma assinatura sem que o signatário entendesse por completo o significado da petição. As aldeias se espalhavam por longas distâncias. O trabalho só seria bem sucedido se um bom número de voluntários pusesse nele o coração. Foi o que fizeram. Todos desempenharam suas tarefas com entusiasmo. Entretanto, ao escrever estas linhas me vêm com clareza à mente as figuras do *Sheth* Dawud Muhammad, de Rustomji, de Adamji Miyakhan e de Amad Jiva. Foram eles que trouxeram o maior número de assinaturas. O *Sheth* Dawud viajou em sua carruagem dias inteiros visitando aldeias. E todo esse trabalho foi feito com amor, sem que ninguém se queixasse do dinheiro que havia gasto. A casa de Dada Abdulla transformou-se ao mesmo tempo em hospedaria e escritório. Alguns amigos instruídos que me ajudavam, e muitos outros, lá faziam suas refeições. Dessa maneira todos os colaboradores tiveram despesas significativas.

Por fim a petição foi enviada. Mil cópias foram impressas para circulação e distribuição. Pela primeira vez o público indiano tomava conhecimento de suas condições de vida em Natal. Encaminhei o documento para todos os jornais e jornalistas que conhecia.

Em um editorial sobre a petição o *Times of India* apoiou energicamente as reivindicações indianas. Também foram enviadas cópias do documento para jornais e jornalistas representantes de diferentes partidos políticos na Inglaterra. O *London Times* apoiou nossas reivindicações e começamos a ter esperanças de que o projeto de lei fosse vetado.

Tornara-se impossível para mim deixar Natal. Os amigos indianos me cercavam por todos os lados e me pressionavam a permanecer na África do Sul. Expus minhas dificuldades. Havia decidido não permanecer às custas da comunidade. Julgava necessário buscar moradia independente. Achava que deveria ser uma casa boa e bem localizada. Também sabia que não poderia aumentar minha credibilidade se não tivesse um estilo de vida digno de um advogado. Parecia-me impossível viver com menos de 300 libras por ano, portanto decidi que só ficaria na África do Sul se os membros da comunidade me garantissem trabalhos jurídicos que me proporcionassem esse mínimo. E assim comuniquei-lhes a minha decisão.

— Mas — protestaram eles — gostaríamos que o senhor recebesse essa quantia pelo trabalho que está fazendo para a comunidade. Podemos angariar fundos facilmente. É claro que essa quantia não faz parte dos honorários que possa cobrar por seu trabalho particular como advogado.

— Não, eu não poderia cobrar por essa atividade comunitária — respondi. — Ela não exige de mim tanto quanto o trabalho como advogado. Minha função seria basicamente orientar o trabalho de vocês. Quanto poderia custar isso? Além do mais terei que apelar com frequência para a coleta de fundos. Se fosse depender de vocês para minha manutenção teria dificuldades para pedir grandes quantias, e dessa forma acabaríamos em um impasse. Também gostaria que a comunidade utilizasse essas 300 libras para seu próprio benefício.

— Mas já o conhecemos há algum tempo; temos certeza de que o senhor não nos pediria nada de que não precisasse. Se queremos que trabalhe conosco, não seria correto que pagássemos suas despesas?

— Agora vocês falam a língua do coração e do entusiasmo. Como posso ter certeza de que isso durará para sempre? Como amigo e servidor, posso ter de dizer-lhes duras verdades. Só Deus sabe se, nessas ocasiões, poderei manter o seu afeto. O fato é que não devo aceitar honorários pelos serviços prestados em benefício da comunidade. Para mim já é bastante que todos vocês concordem em confiar-me seus trabalhos jurídicos. Mesmo essa circunstância pode lhes ser difícil. Por exemplo, não sou um advogado branco. Como posso ter certeza de que os tribunais me darão ouvidos? Nem ao menos posso estar certo de que me sairei bem como advogado. Portanto mesmo pagando-me honorários vocês correrão um certo risco. Devo considerar o próprio fato de me pagarem esses adiantamentos como uma recompensa pelo trabalho comunitário.

O resultado dessa discussão foi que cerca de 20 comerciantes me fizeram adiantamentos por um ano de trabalho como advogado. Além disso Dada Abdulla comprou-me os móveis de que eu precisava, em lugar de uma gratificação que pretendia dar-me quando de minha partida.

Foi assim que me estabeleci em Natal.

18. O ADVOGADO DE COR

O símbolo de um tribunal de justiça é uma balança mantida em equilíbrio por uma mulher imparcial e cega, mas sagaz. O destino a fez cega de propósito, para que ela não pudesse julgar as pessoas por sua aparência externa, mas sim por seu valor intrínseco. No entanto a Sociedade Jurídica de Natal tudo faz para persuadir a Suprema Corte a agir em contradição com esse princípio e negar o seu símbolo.

Requeri admissão como advogado dessa Corte. Tinha um certificado da Corte de Apelação de Mumbai. Meu diploma inglês lá ficara depositado, quando me inscrevi. Era também preciso juntar dois atestados de boa conduta ao requerimento de admissão. Pensei que os atestados teriam mais peso se fossem emitidos por europeus, de modo que os obtive de dois comerciantes bem conhecidos, aos quais havia sido apresentado por *Sheth* Abdulla. O requerimento deveria ser encaminhado por meio de um membro do tribunal e, como regra, o Procurador Geral fazia esse serviço sem cobrar honorários. O Sr. Escombe, que como já vimos era consultor jurídico de Dada Abdulla & Cia., desempenhava essa função. Fui procurá-lo e ele concordou em apresentar a minha candidatura.

A Sociedade Jurídica surpreendeu-me ao comunicar que discordava da minha admissão. Uma de suas objeções argumentava que o requerimento não juntava o original do meu diploma inglês. Mas a principal era a de que, quando foram feitos os regulamentos para a admissão de advogados, não havia sido prevista a possibilidade de um homem de cor requerê-la.. Natal devia seu crescimento aos europeus, e portanto era necessário que o elemento europeu predominasse no tribunal. Se fossem admitidas pessoas de cor, elas poderiam aos poucos superar em número os europeus, e assim a fortaleza que os protegia poderia desmoronar.

A Sociedade Jurídica havia contratado um eminente advogado para defendê-la. Como ele também era ligado a Dada Abdulla & Cia., mandou dizer-me, por meio do *Sheth* Abdulla, que fosse vê-lo. Falou-me com bastante franqueza e inquiriu-me sobre meus antecedentes, que prontamente forneci.

— Não tenho nada contra o senhor — disse ele. — Só estava preocupado de o senhor ser um aventureiro vindo de alguma colônia. E o fato de seu requerimento não estar acompanhado do diploma original reforçou minha suspeita. Já tivemos casos de pessoas que usaram diplomas que não lhes pertenciam. Os atestados de boa conduta que lhe foram dados por comerciantes europeus não têm nenhum valor para mim. O que eles sabem a seu respeito? Até que ponto o conhecem?

— Mas — argumentei — todo mundo aqui é estrangeiro para mim. Mesmo o *Sheth* Abdulla só me conheceu nesta cidade.

— E mesmo assim o senhor diz que vem do mesmo país que o dele? Se o seu pai foi primeiro-ministro de lá, o *Sheth* Abdulla deve conhecer a sua família. Se conseguir que ele dê um testemunho escrito em seu favor, não farei nenhuma objeção. Terei prazer em comunicar à Sociedade Jurídica que não posso me opor à sua candidatura.

Essa argumentação me deixou irado, mas reprimi meus sentimentos. "Se eu tivesse juntado um atestado de Dada Abdulla", pensei, "ele teria sido rejeitado, e eles pediriam que o documento fosse assinado por europeus. Além disso, o que minha admissão como advogado tem a ver com meu nascimento e antecedentes? Como poderia o meu nascimento, mesmo que fosse humilde e contestável, ser usado contra mim?" Ainda contido, respondi calmamente:

— Embora eu não admita que a Sociedade Jurídica tenha qualquer autoridade para exigir todas essas minúcias, estou preparado para apresentar o atestado que o senhor me pede.

O atestado do *Sheth* Abdulla foi então apresentado ao representante da Sociedade Jurídica. Ele se mostrou satisfeito. Mas a Sociedade não: ela se opôs à minha candidatura diante da Suprema Corte, que a descartou sem mesmo pedir ao Sr. Escombe que apresentasse uma refutação.

Disse o presidente daquele tribunal:

— A objeção de que o candidato não juntou o diploma original não procede. Se ele apresentou uma declaração falsa deve ser processado e ter seu nome excluído dos registros, caso seja julgado culpado. A lei não faz distinção entre brancos e pessoas de cor. Portanto o tribunal não tem autoridade para impedir que o Sr. Gandhi seja inscrito como advogado. Aceitamos a sua candidatura. Senhor Gandhi, pode prestar juramento agora.

Levantei-me e fiz o juramento diante do escrivão. Assim que terminei o presidente disse, dirigindo-se a mim:

— O senhor agora deve retirar o seu turbante, Sr. Gandhi. Deve submeter-se às normas do tribunal quanto aos trajes dos advogados praticantes.

Percebi minhas limitações. Tirei o turbante, que insistira em usar no Tribunal do Distrito, em obediência à ordem da Suprema Corte. Não que se tivesse resistido à ordem minha recusa não pudesse ser justificada. Mas eu queria reservar minhas forças para batalhas maiores. Não deveria esgotar minha habilidade de combatente insistindo em conservar meu turbante. Ela merecia uma causa melhor.

O *Sheth* Abdulla e outros amigos não gostaram de minha submissão (ou teria sido uma fraqueza?). Acharam que eu deveria ter insistido no direito de usar o turbante quando do exercício de minha profissão no tribunal. Tentei argumentar com eles. Procurei convencê-los da verdade desta máxima: "Em Roma, faça como os romanos".

— Teria sido correto — ponderei — recusar-me a obedecer se na Índia um juiz inglês me ordenasse a tirar o turbante; mas como funcionário do tribunal não seria conveniente de minha parte desprezar um costume da corte da província de Natal.

De algum modo esses e outros argumentos tranquilizaram os meus amigos, mas acho que não os convenci completamente da aplicabilidade do princípio de considerar algo a partir de diferentes pontos de vista em circunstâncias diversas. No entanto durante toda a minha vida a própria insistência na verdade me ensinou a apreciar a beleza da solução conciliatória. Nos anos seguintes percebi que esse espírito era parte essencial do *satyagraha*. Muitas vezes a verdade pôs minha vida em perigo e provocou o descontentamento de meus amigos. Mas a verdade é dura como o diamante e suave como a flor em botão.

A oposição da Sociedade Jurídica deu-me mais visibilidade ainda na África do Sul. A maioria dos jornais condenou a Sociedade Jurídica e a acusou de inveja. Até certo ponto essa visibilidade simplificou o meu trabalho.

19. O CONGRESSO INDIANO DE NATAL

Para mim a prática da advocacia foi e continua sendo uma ocupação secundária. Para que eu pudesse justificar minha permanência em Natal, era necessário concentrar-me no trabalho comunitário. O encaminhamento da petição sobre a anulação do direito de voto não era por si só suficiente. Era essencial manter a comoção, para impressionar o Secretário de Estado nas Colônias. Para esse fim tornara-se necessário criar uma organização permanente. Consultei o *Sheth* Abdulla e outros amigos, e decidimos criar uma organização pública de caráter definitivo.

Encontrar um nome para a nova entidade atormentou-me muito. Essa denominação não deveria identificar-se com nenhum partido. Eu sabia que o nome "Congresso" não era bem visto pelos conservadores da Inglaterra, mas mesmo assim exprimia a própria vida da Índia. Poderia parecer covardia hesitar em adotá-lo. Eu desejava popularizá-lo em Natal. Expliquei com clareza minhas razões e recomendei que a organização se chamasse Congresso Indiano de Natal. No dia 22 de maio de 1894 ela se tornou realidade.

A espaçosa sala de Dada Abdulla estava apinhada naquele dia. O Congresso recebeu a entusiástica aprovação de todos os presentes. Sua constituição foi simples, mas a cotização foi trabalhosa. Somente quem pagasse cinco xelins por mês poderia ser membro. As pessoas de mais posses foram convencidas a contribuir com o máximo possível. O *Sheth* Abdulla encabeçou a lista, com duas libras por mês. Dois outros amigos se inscreveram com a mesma quantia. Pensei que não deveria ficar atrás e subscrevi uma libra por mês, o que para mim não era uma soma pequena. No entanto acreditava que não estaria além de minhas possibilidades, se era, afinal, para pagar a minha parte. E Deus me ajudou. Dessa maneira conseguimos que um número significativo de membros contribuísse com uma libra por mês. O número dos que contribuiriam com 10 xelins foi ainda maior. Além disso houve doações, que aceitamos com gratidão.

A experiência mostrou que ninguém se inscreveu simplesmente por ter sido chamado. Era impossível procurar com frequência membros fora de Durban. O entusiasmo de um determinado momento parecia esvair-se no instante seguinte. Mesmo os membros de Durban tinham de ser cobrados com frequência para pagar suas cotas.

A tarefa de arrecadar as contribuições ficou a meu cargo: fui eleito secretário. Chegamos a um ponto em que tive de manter meu assistente o dia inteiro nesse trabalho. O homem cansou-se, e senti que se quiséssemos melhorar a situação as contribuições deveriam ser anuais e não mensais, além de serem pagas adiantado. Por isso convoquei uma reunião do Congresso. Todos acolheram favoravelmente a proposta de tornar as contribuições anuais em vez de mensais. Fixou-se também uma cota mínima de três libras. Dessa forma o trabalho de arrecadação foi consideravelmente facilitado.

Logo aprendi a não conduzir trabalhos comunitários com dinheiro emprestado. Pode-se confiar nas promessas das pessoas na maioria dos casos, exceto quando se trata de dinheiro. Nunca encontrei pessoas ansiosas para pagar as quantias com as quais se haviam comprometido, e os indianos de Natal não eram exceção à regra. Contudo, como nada era feito sem que se tivesse recursos, o Congresso Indiano de Natal jamais teve dívidas.

Meus colaboradores tinham extraordinário entusiasmo no recrutamento de novos membros. Esse trabalho os interessava e, ao mesmo tempo, constituía uma valiosa experiência. Um grande número de pessoas contribuía de boa vontade com dinheiro. Nas aldeias distantes do interior essa tarefa era relativamente difícil. As pessoas não conheciam a natureza do trabalho comunitário. Mesmo assim recebíamos convites para visitar lugares longínquos, onde os maiores comerciantes nos acolhiam em suas casas com alegria.

Uma vez, durante uma dessas viagens, vimo-nos em uma situação um tanto delicada. Esperávamos que nosso anfitrião contribuísse com seis libras, mas ele se recusou a dar mais do que três. Se aceitássemos essa quantia os outros o imitariam e nossa arrecadação ficaria prejudicada. Era tarde da noite e estávamos todos com fome. Mas como poderíamos jantar sem conseguir primeiro a soma que pretendíamos? De nada adiantaram as tentativas de persuasão. Nosso hospedeiro parecia inflexível. Outros comerciantes da cidade argumentaram com ele e conversamos noite adentro, cada lado decidido a não ceder o mínimo que fosse. A maioria de meus colaboradores estava espumando de raiva, mas continha-se. Por fim, quase ao nascer do dia o comerciante cedeu, pagou seis libras e ofereceu-nos uma festa. Isso aconteceu em Tongaat, mas a repercussão do incidente se fez sentir desde Stanger, no litoral norte, até Charlestown, no interior. Assim, nosso trabalho de coleta acelerou-se.

Mas não se tratava apenas de arrecadar fundos. Com efeito, eu aprendera há muito o princípio de jamais dispor de mais dinheiro do que o necessário.

As reuniões do Congresso costumavam ocorrer uma vez por mês, ou mesmo semanalmente se necessário. Lia-se a ata da reunião anterior e a seguir discutíamos todo tipo de questão. As pessoas não estavam acostumadas a participar de encontros públicos, nem a falar de modo breve e direto. Todos hesitavam em levantar-se e tomar a palavra. Expliquei-lhes as regras de conduta para esse tipo de encontro e todos passaram a respeitá-las. Deram-se conta de que aquilo era educativo, e muitos que jamais pensaram em falar em público sobre assuntos de interesse coletivo logo adquiriram esse costume.

Sabendo que no trabalho comunitário às vezes despesas pequenas demandam grandes quantias, eu decidira a princípio nem mesmo imprimir talões de recibo. Tinha em meu escritório uma máquina de duplicar e fazia cópias de recibos e relatórios. Esse material só começou a ser impresso quando o caixa do Congresso se tornou satisfatório, e quando o número de membros e o trabalho aumentaram. Essa economia é essencial para qualquer organização, mas sei que na prática ela nem sempre é feita. Eis por que pensei que seria adequado entrar nesses detalhes sobre o começo de uma organização pequena, mas em crescimento.

As pessoas jamais se preocupavam em pedir recibo pelas quantias que pagavam, mas sempre insistíamos em que eles fossem dados. Dessa forma, qualquer níquel recebido era claramente contabilizado, e ouso dizer que os livros contábeis do ano de 1864 ainda hoje estão intactos nos arquivos do Congresso Indiano de Natal. Registros cuidadosamente mantidos são uma condição *sine qua non* para qualquer organização. Sem registros é impossível manter a verdade em sua imaculada pureza.

Outra ação do Congresso era o serviço prestado aos indianos nascidos e educados na África do Sul. Sob os seus auspícios, foi fundada a Associação Educacional dos Indianos Nascidos na Colônia. Seus membros consistiam, na maioria, de jovens instruídos que pagavam uma taxa simbólica de inscrição. A finalidade da Associação era veicular suas necessidades e queixas para estimular-lhes a reflexão, colocá-los em contato com os comerciantes indianos, e também capacitá-los a ser úteis à comunidade. Era uma espécie de sociedade de debates. Os membros se reuniam regularmente e conversavam ou liam textos sobre assuntos variados. Foi também aberta uma pequena biblioteca ligada à Associação.

O terceiro aspecto do Congresso era a divulgação, que consistia em tornar conhecida aos ingleses na África do Sul e Inglaterra, e aos nossos patrícios na Índia, a verdadeira situação dos indianos, vigente em Natal.

Com essa finalidade escrevi dois panfletos. O primeiro foi *An Appeal to Every Briton in South Africa [Apelo a Todos os Ingleses na África do Sul]*. Continha uma declaração, embasada em evidências, das condições gerais dos indianos em Natal. O outro tinha por título *The Indian Franchise — an Appeal [O Direito de Voto dos Indianos — um Apelo]*. Consistia em uma breve história do direito dos indianos ao voto em Natal, com fatos e números. A preparação desses escritos exigiu de mim bastante estudo e trabalho e o resultado foi proporcional às dificuldades que tive. Os textos tiveram ampla circulação.

Toda essa atividade levou os indianos a conquistar numerosos amigos na África do Sul e obter uma ativa simpatia de todos os partidos da Índia. Abriu também, tanto para os sul-africanos quanto para os indianos, uma linha bem definida de ação.

20. BALASUNDARAM

Os desejos mais puros e ardentes do coração são sempre realizados. Em minha experiência, pude frequentemente observar essa regra. Servir aos pobres tem sido meu desejo de coração. Este desejo sempre me tem colocado junto aos desfavorecidos e me capacitado a identificar-me com eles.

Embora os membros do Congresso Indiano de Natal incluíssem os nascidos na colônia e a classe dos empregados, os assalariados não qualificados — os trabalhadores sem contrato — ainda estavam fora do seu âmbito. O Congresso ainda não era deles. Essas pessoas não tinham condições de participar, de pagar a inscrição e tornar-se membros. O Congresso só poderia conseguir sua adesão pondo-se a serviço delas. A oportunidade surgiu quando nem a instituição nem eu próprio estávamos preparados. Eu mal tinha três ou quatro meses de atividade, e o Congresso ainda estava em sua infância, quando um tâmil esfarrapado, com o turbante que antes trazia enrolado na sua cabeça à mão, os dois dentes da frente quebrados e a boca sangrando surgiu à minha frente, tremendo e chorando. Havia sido agredido brutalmente pelo patrão. Meu assistente, que falava o idioma tâmil, contou-me tudo a respeito do homem. Balasundaram — esse era o seu nome — trabalhava sob contrato para um europeu muito conhecido em Durban que, irritando-se com ele, perdera o controle e espancara o funcionário, quebrando-lhe dois dentes.

Mandei Balasundaram a um médico. Naquela época, só havia médicos brancos. Queria um atestado sobre a natureza das lesões. De posse do atestado, de imediato levei o ferido ao juiz, ao qual submeti o documento.

O magistrado indignou-se quando o leu e emitiu uma intimação contra o empregador.

Eu estava longe de desejar que o patrão fosse punido. Queria, simplesmente, que Balasundaram fosse dispensado do contrato que tinha com ele. Estudei a legislação sobre esse tipo de trabalho. Se um trabalhador comum abandonasse o serviço sem aviso prévio, era passível de processo por parte do patrão em um tribunal civil. No caso dos trabalhadores contratados, era diferente. Em circunstâncias semelhantes eles estavam sujeitos a processo criminal e a prisão, caso condenados. Eis por que Sir William Hunter chamava o sistema de trabalho contratado de uma quase escravidão. Tal qual um escravo, esse tipo de trabalhador pertencia ao patrão.

Havia apenas duas maneiras de liberar Balasundaram: obter do Protetor dos Trabalhadores Contratados o cancelamento do vínculo empregatício, transferindo-o para outra pessoa, ou então conseguir que o patrão o dispensasse. Fui até ele.

— Não quero processá-lo e vê-lo punido — disse-lhe. — Acho que o senhor se dá conta de que espancou gravemente aquele homem. Ficarei satisfeito se transferisse o contrato para outra pessoa.

Ele concordou de imediato, com a condição de que eu encontrasse um novo empregador.

Saí em busca desse novo patrão. Tinha de ser um europeu, porque os indianos não podiam ter funcionários contratados. Naquela época eu sabia muito pouco a respeito dos europeus. Encontrei um que concordou gentilmente em ficar com Balasundaram, pelo que agradeci. O juiz condenou o agressor e registrou sua promessa de transferir o contrato.

O caso de Balasundaram chegou aos ouvidos de todos os trabalhadores contratados, e assim comecei a ser visto por eles como um amigo. Fiquei deliciado com essa ligação. Um fluxo regular dessas pessoas começou a chegar ao meu escritório, e dessa maneira tive a melhor das oportunidades de conhecer suas alegrias e tristezas.

Os ecos do caso de Balasundaram se fizeram ouvir em Madras, na Índia. Trabalhadores de diferentes partes dessa província, que deveriam vir para Natal sob contrato, ficaram sabendo do ocorrido por meio de seus pares.

O caso em si não tinha nada de extraordinário, mas o fato de haver, em Natal, alguém disposto a lutar por sua causa e trabalhar publicamente por eles, proporcionou aos trabalhadores contratados uma grata surpresa e os encheu de esperança.

Disse que Balasundaram entrou em meu escritório com um turbante na mão. Havia algo de especialmente patético nesse detalhe, que mostra a humilhação que nos era imposta. Já narrei que fui, por minha vez, instado a tirar o turbante. Havia-se imposto a todos os trabalhadores contratados, bem como a todo estrangeiro indiano, o costume de tirar o que estivesse na cabeça na presença de um europeu, fosse um gorro, turbante ou faixa. Uma saudação, mesmo quando feita com as duas mãos, não era suficiente. Balasundaram achara que devia manter essa prática diante de mim. Era a primeira vez que eu via algo assim. Senti-me humilhado, e pedi-lhe que voltasse a enrolar o turbante em sua cabeça. Ele o fez, não sem uma certa hesitação, mas pude perceber a alegria em seu rosto.

Para mim sempre foi um mistério o fato de alguns homens se sentirem honrados com a humilhação de seus semelhantes.

21. O IMPOSTO DE TRÊS LIBRAS

O caso de Balasundaram me pôs em contato com os indianos contratados. Mas o que me impeliu a estudar profundamente a sua condição foi uma campanha para submetê-los a uma taxação especialmente pesada.

Nesse mesmo ano de 1894, o governo de Natal pretendeu impor uma taxa anual de 25 libras aos indianos contratados. A proposta me deixou perplexo. Levei o assunto ao Congresso, e ficou imediatamente decidido organizar a necessária oposição.

Para começar, devo explicar brevemente a origem desse imposto.

Por volta de 1860, os europeus de Natal, percebendo as condições favoráveis para o cultivo da cana de açúcar na região, sentiram a necessidade de mão de obra. Sem trabalhadores vindos de fora, a lavoura da cana e a manufatura do açúcar tornariam-se inviáveis, pois os zulus de Natal não eram adequados para esse tipo de atividade. Por isso o governo local entrou em contato com as autoridades da Índia e obteve sua permissão para recrutar mão de obra desse país. Esses homens deveriam assinar um contrato para trabalhar em Natal durante cinco anos, e ao fim desse tempo seriam liberados para ali se estabelecer, com direito à propriedade da terra que pudessem comprar. Foram essas as promessas. Naquela época os brancos sul-africanos pretendiam melhorar sua agricultura por meio da capacidade dos trabalhadores indianos, após o término dos contratos.

Mas os indianos lhes deram mais do que esperavam. Cultivaram uma grande quantidade de legumes. Introduziram variedades indianas e tornaram mais barato o cultivo das locais. Introduziram também a manga. Seus empreendimentos não se limitaram à agricultura. Entraram no comércio. Compraram terrenos para construção, e muitos ascenderam do *status* de trabalhadores ao de proprietários de terras e casas. Comerciantes vindos da Índia os imitaram e se estabeleceram na África do Sul. O falecido *Sheth* Abubakar Amad foi o primeiro e logo construiu uma extensa rede de negócios.

Os comerciantes brancos ficaram alarmados. Quando, no início, receberam de braços abertos os trabalhadores indianos, não contaram com sua habilidade para os negócios. Eram tolerados como agricultores independentes, mas não como concorrentes no comércio.

Tudo isso lançou a semente do antagonismo em relação aos trabalhadores vindos da Índia. Muitos outros fatores contribuíram para que essa animosidade crescesse. Nosso estilo de vida diferente, nossa simplicidade, o fato de nos contentarmos com pequenos ganhos, nossa indiferença às leis de higiene e saúde pública, nossa pouca disposição para conservar a limpeza e a ordem dos lugares em que vivemos e nossa sovinice em relação à conservação de nossas casas — todos esses fatores, combinados com a diferença religiosa, concorreram para atiçar a chama da hostilidade. Ela expressou-se, em termos legais, sob a forma do projeto de lei da supressão do direito de voto e o do imposto para os indianos contratados. Independentemente da legislação, um certo número de alfinetadas já havia começado.

A primeira sugestão foi que os trabalhadores indianos fossem repatriados compulsoriamente, de modo que ao fim de seus contratos já estivessem na Índia. O governo indiano não estava inclinado a aceitar essa alternativa. Outra proposta foi feita e constava dos seguintes itens:

1. O trabalhador contratado deveria voltar à Índia ao término do contrato;
2. Assinaria um novo contrato de dois anos, com um aumento de salário a cada renovação;
3. Em caso de recusa de retorno à Índia ou de renovação contratual, deveria pagar uma taxa anual de 25 libras.

Uma delegação composta por Sir Henry Binns e o Sr. Mason foi enviada à Índia para obter a aprovação da proposta pelo governo indiano.

O vice-rei da época, Lord Elgin, desaprovou o imposto de 25 libras, mas concordou com a taxa de três libras por pessoa. Na época, achei — como ainda acho — que essa atitude foi um grave erro por parte dele. Ao dar a sua aprovação, não pensara nem por um instante nos interesses da Índia. Não fazia parte de seus deveres beneficiar os europeus de Natal. Ao fim de três ou quatro anos, um trabalhador indiano contratado, com sua mulher, mais cada filho maior de 16 anos e filha de mais de 13, ficavam sujeitos ao imposto. Sobrecarregar uma família de quatro pessoas — marido, mulher e dois filhos — com uma taxa anual de 12 libras, quando a renda média do marido nunca passara de 14 xelins por mês, era, além de atroz, algo inédito no mundo.

Organizamos uma feroz campanha contra esse imposto. Se o Congresso Indiano de Natal houvesse silenciado sobre o assunto, o vice-rei poderia aprovar até mesmo a taxa de 25 libras. A redução, ainda assim absurda, de 25 para 3 fora provavelmente devida apenas à agitação promovida pelo Congresso. Mas eu poderia estar enganado ao pensar assim. É possível que o governo indiano houvesse, desde o começo, rejeitado o imposto de 25 libras e o tivesse reduzido a 3, independentemente de nossa oposição. Seja como for, era uma quebra de confiança por parte desse governo. Como responsável pelo bem-estar da Índia, o vice-rei jamais deveria ter aprovado essa contribuição desumana.

O Congresso não podia considerar essa redução de 25 para 3 como sendo uma grande conquista. Persistia o ressentimento, por não ter sido possível salvaguardar completamente os interesses dos indianos contratados. A determinação de eliminar a taxa continuou, mas decorreriam 20 anos até que isso fosse conseguido. Quando por fim vencemos, o resultado deveu-se aos esforços não apenas dos indianos de Natal, mas de todos os que viviam na África do Sul. A quebra da promessa feita ao falecido Sr. Gokhale ocasionou a campanha final, para a qual os contratados contribuíram decisivamente. Alguns perderam a vida no tiroteio que se seguiu e mais de 10.000 foram presos.

Mas a verdade acabou por triunfar. O sofrimento dos indianos foi a sua expressão. Mas ela não teria sido vitoriosa sem uma fé inabalável, muita paciência e esforços incessantes. Se a comunidade tivesse deixado de lutar, ou se o Congresso houvesse abandonado a campanha e considerado inevitável o imposto, aquela taxa odiosa poderia ter continuado a ser infligida aos trabalhadores contratados até hoje, para vergonha eterna dos indianos da África do Sul e da Índia inteira.

22. ESTUDO COMPARATIVO DE RELIGIÕES

Se me vi inteiramente absorvido pelo serviço comunitário, o motivo foi meu desejo de autorrealização. Havia abraçado a religião porque sentira que Deus podia ser encontrado servindo aos outros. E servir, para mim, era servir à Índia. Ele veio a mim sem que eu o buscasse e porque tinha aptidão. Viajara para a África do Sul como um meio de escapar às intrigas de Kathiwad e para ganhar a vida. Mas como já disse, dei por mim em busca de Deus e da autorrealização.

Os amigos cristãos aguçaram-me o apetite para o conhecimento, que se tornou quase insaciável, e não teriam me deixado em paz, mesmo que eu houvesse ficado indiferente. Em Durban, fui descoberto pelo Sr. Spencer Walton, chefe da Missão Geral na África do Sul. Acabei por me tornar quase um membro de sua família. Nossa relação se originou do meu contato com os cristãos em Pretória. O Sr. Walton tinha um modo de agir que lhe era peculiar. Não lembro jamais de ele me ter convidado a abraçar o cristianismo. Mas colocava sua vida diante de mim como um livro aberto e me deixava observar todos os seus movimentos. A Sra. Walton era uma mulher muito gentil e talentosa. Eu gostava da atitude daquele casal. Conhecíamos as diferenças fundamentais que nos separavam e sabíamos que nenhuma discussão, por mais prolongada que fosse, poderia diminuí-las. Mas até mesmo as diferenças acabam sendo úteis, onde existe tolerância, caridade e sinceridade. Apreciava a humildade, a perseverança e a devoção do casal Walton e nos encontrávamos com frequência.

Essa amizade manteve vivo o meu interesse pela religião. Naquela época, era-me impossível dispor do tempo que tinha em Pretória para meus estudos religiosos. Entretanto qualquer momento que conseguia poupar era bem aproveitado. Continuava com minhas correspondências religiosas. Raychandbhai me orientava. Um amigo enviou-me o livro de Narmadashankar, *Dharma Vichar [Reflexões sobre o Dharma]*, cujo prefácio me ajudou muito. Ouvira falar da vida boêmia que esse poeta levara, e nesse prefácio a descrição da revolução que os estudos religiosos haviam operado nele cativou-me. Acabei gostando do livro e o li com atenção, de capa a capa. Também li com interesse a obra de Max Müller, *India — What Can it Teach us? [Índia: O Que Ela Pode Nos Ensinar?]*, e a tradução dos *Upanixades* publicada pela Sociedade Teosófica. Essas leituras reforçaram a visão que eu tinha do hinduísmo, e suas belezas começaram a crescer em mim. Nada disso porém me tornou preconceituoso em relação às outras religiões. Li *Life of Mahomet and His Sucessors [A Vida de Maomé e Seus Sucessores],* de Washington Irving, e o louvor de Carlyle ao Profeta Maomé. Esses livros aumentaram a estima que eu tinha por Maomé. Li também uma obra chamada *Assim Falava Zaratustra.*

Desta maneira, adquiri mais conhecimentos sobre as diferentes religiões. O estudo me estimulou à introspecção e reforçou em mim o hábito de colocar em prática tudo o que me encantava nesses livros. E assim comecei a praticar o yoga, na medida em que podia entendê-lo por meio de livros hindus. Mas não fui muito longe e decidi continuar a prática com a ajuda de alguém que o conhecesse quando voltasse à Índia. Jamais pude satisfazer esse desejo.

Também estudei com atenção os livros de Tolstoi. *The Gospels in Brief [Um Resumo do Evangelho]* e *What to Do? [O que Fazer?],* e outras obras, que me marcaram profundamente. Comecei a compreender mais e mais as infinitas possibilidades do amor universal.

Por essa mesma época entrei em contato com outra família cristã. Por sua sugestão ia todos os domingos à igreja *wesleyiana* [metodista] e era costumeiramente convidado a jantar com eles. A igreja não me impressionou favoravelmente. Os sermões me pareceram pouco inspiradores. Não achei que os frequentadores fossem particularmente devotos. Não constituíam uma assembleia de almas fervorosas. Em vez disso pareciam pessoas mundanas que iam à igreja para distrair-se ou levadas pela rotina. Às vezes eu cochilava involuntariamente. Envergonhava-me disso, mas alguns de meus vizinhos faziam o mesmo, o que me deixava aliviado. Não podia continuar assim e logo deixei de frequentar os cultos.

Minha ligação com a família, que ia visitar todos os domingos, foi bruscamente rompida. Com efeito, pode-se dizer que fui advertido de que não deveria mais ir vê-los. Conto como aconteceu. Minha anfitriã era uma mulher simples e boa, mas de mente um tanto estreita. Discutíamos sempre assuntos religiosos. Na época eu estava relendo *A Luz da Ásia,* de Arnold. Um dia, começamos a comparar a vida de Jesus com a de Buda.

— Vejam a compaixão de Buda — eu disse. — Ela não se restringia à humanidade, estendia-se a todos os seres vivos. Será que o coração de alguém não transborda de amor, ao pensar em um cordeiro alegremente instalado sobre os seus ombros? Não se nota esse amor por todas as criaturas vivas na mensagem de Jesus.

A comparação magoou a boa senhora. Compreendi os seus sentimentos. Encerrei rapidamente o assunto e fomos para a sala de jantar. O filho dela, um querubim que mal tinha cinco anos, estava conosco. Fico muito feliz entre crianças, e éramos bons amigos. Zombei de um pedaço de carne que estava no prato dele e elogiei uma maçã que estava comigo. O inocente menino se deixou levar e juntou-se a mim no elogio à fruta.

E a mãe? Ficou consternada.

Fui alertado para isso. Controlei-me e mudei de assunto. Na semana seguinte visitei a família como de costume, mas não sem uma certa apreensão. Não parecia correto deixar de ir, mas tampouco considerava adequado continuar indo. A boa senhora, no entanto, facilitou-me as coisas.

— Senhor Gandhi — disse ela —, por favor, não leve a mal se me sinto obrigada a dizer-lhe que sua companhia não é boa para o meu filho. Todos os dias ele hesita em comer carne e pede frutas, lembrando o que o senhor falou. Isto é demais. Se ele deixar de comer carne, ficará fraco e até doente. Como poderei suportar isso? De agora em diante o senhor só poderá conversar conosco, os adultos. Seus argumentos são maus para as crianças.

— Senhora — respondi — estou desolado. Entendo os seus sentimentos de mãe, porque também tenho filhos. Podemos acabar facilmente com esta desagradável situação. O que eu como, ou deixo de comer, tem um efeito maior sobre o seu filho do que aquilo que falo. Portanto o melhor que tenho a fazer é parar de visitar sua casa. Isso certamente não afetará a nossa amizade.

— Agradeço-lhe — tornou ela, com evidente alívio.

23. DONO DE CASA

Montar uma casa não era uma experiência nova para mim. Mas minha moradia em Natal era diferente das de Mumbai e Londres. Desta vez parte das despesas estava relacionada ao prestígio. Achei que seria necessário ter uma casa compatível com minha posição de advogado indiano em Natal e de representante de uma comunidade. Por isso aluguei uma bela casinha em um bom local. O mobiliário era adequado. Minha alimentação era simples, mas como costumava convidar amigos ingleses e colaboradores indianos, as despesas domésticas eram sempre razoavelmente altas.

Um bom empregado é essencial em toda residência, mas eu nunca soube como manter alguém nessa condição.

Tinha um amigo, que me servia de acompanhante e assistente, e um cozinheiro que se tornou membro da família. Havia também os funcionários do escritório, que comiam e moravam comigo.

Acho que fui razoavelmente bem-sucedido nessa experiência, mas não sem uma certa dose de amargura.

Meu acompanhante era inteligente e eu o considerava um amigo fiel. Mas encheu-se de ciúmes de um auxiliar de escritório que morava na casa e armou uma rede de intrigas tal, que acabei suspeitando do auxiliar. Este era muito perspicaz, logo percebeu que era objeto de minhas suspeitas e deixou a casa e o escritório. Fiquei magoado, senti que talvez tivesse sido injusto com ele e minha consciência não me perdoou.

Nesse meio tempo o cozinheiro precisou de alguns dias de folga e se ausentou. Foi necessário procurar outro. Disseram-me que o novo cozinheiro era um perfeito velhaco. Para mim, entretanto, ele foi como um enviado de Deus. Dois ou três dias depois de sua chegada descobriu certas irregularidades que vinham ocorrendo sob o meu teto sem meu conhecimento, e achou que devia avisar-me. Eu tinha a reputação de ser um homem crédulo mas honesto. Portanto, sua descoberta o chocou ainda mais. Todos os dias, às 13 horas, eu costumava sair do escritório e almoçar em casa. Certa ocasião, por volta do meio dia, o cozinheiro substituto chegou sem fôlego ao escritório e disse:

— Por favor, venha imediatamente para casa. Há uma surpresa para o senhor.

— Ora, ora, o que é? — perguntei. — Fale do que se trata. Como posso deixar o escritório?

— O senhor lamentará se não for. É tudo o que posso dizer.

Senti uma súplica em sua insistência. Fui para casa, junto com um auxiliar do escritório e o cozinheiro, que caminhava à nossa frente. Ele me levou diretamente para o andar de cima, apontou para o quarto do meu acompanhante e disse:

— Abra essa porta e veja por si mesmo.

Entendi tudo de súbito. Bati na porta. Ninguém respondeu. Bati de novo e com tanta força que as paredes tremeram. A porta se abriu. Vi uma prostituta dentro do quarto. Disse-lhe que deixasse a casa e nunca mais voltasse. Ao meu acompanhante, eu disse:

— A partir deste momento, não há mais nada entre nós. Tenho sido terrivelmente enganado e fiz a mim mesmo de tolo. É assim que retribui a confiança que lhe depositei?

Em vez de recuperar o bom senso, ele me ameaçou com um escândalo.

— Não tenho nada a esconder — disse-lhe. — Mostre seja o que for que eu tenha feito. Mas saia daqui agora mesmo.

Isso piorou as coisas. Não havia nada a fazer. Ele não queria ir embora. Então eu disse ao auxiliar que ficara no térreo:

— Por favor, vá ao chefe de polícia, dê-lhe os meus cumprimentos e informe-o que uma pessoa que vive comigo comportou-se mal. Não quero que permaneça em minha casa, mas ele se recusa a sair. Para isso, agradecerei o auxílio policial.

Estas palavras mostraram ao homem que eu não estava para brincadeiras. A culpa o fez desmoronar. Pediu-me desculpas, implorou que não informasse a polícia e concordou em deixar imediatamente a casa.

Esse incidente foi um aviso oportuno em minha vida. Só agora via claramente o quanto havia sido enganado por aquele mau caráter. Ao acolhê-lo em minha casa, escolhera um mau meio para um bom fim. Esperara "colher figos em cardos". Sabia que meu companheiro era um mau caráter, e mesmo assim acreditara que ele me seria fiel. Na tentativa de recuperá-lo, estivera perto de arruinar a mim mesmo. Não levara em consideração os avisos de amigos solícitos. A vaidade me cegara.

Mas se não fosse o novo cozinheiro eu jamais teria descoberto a verdade e, sob a influência de meu acompanhante, teria provavelmente sido incapaz de levar a vida de desapego que a partir daquele momento passei a viver. Ele tinha o poder de me conservar nas trevas e desviar-me.

Mas Deus veio em minha ajuda como havia feito antes. Minhas intenções eram puras, e assim fui salvo a despeito de meus erros, e essa experiência inicial foi uma profunda advertência para o futuro.

O novo cozinheiro havia sido quase um mensageiro dos céus. Não sabia cozinhar e, nessa condição, não poderia ter permanecido em minha casa. Mas ninguém mais teria me aberto os olhos. Não era a primeira vez, como soube depois, que aquela mulher fora trazida à casa. Vinha com frequência, mas ninguém tivera a coragem do cozinheiro. Todos sabiam que eu confiava cegamente em meu acompanhante. Foi como se o homem da cozinha tivesse sido enviado a mim apenas para fazer aquele trabalho, pois me pediu para dispensá-lo a partir daquele momento.

— Não posso ficar em sua casa — justificou-se. — O senhor se deixa enganar com muita facilidade. Este não é lugar para mim.

Deixei que ele partisse.

Logo descobri que o homem que me havia envenenado os ouvidos contra o cozinheiro substituto não fora outro senão o meu acompanhante. Fiz o possível para justificar-me com o funcionário que saíra pelas injustiças cometidas. Para meu eterno remorso, porém, jamais pude satisfazê-lo por completo. Seja como for que a consertemos, uma rachadura não se modifica.

24. A CAMINHO DE CASA

Àquela altura eu já estava há três anos na África do Sul. Conheci muitas pessoas e tornei-me conhecido. Em 1896 pedi permissão para voltar ao meu país por seis meses, porque percebi que minha estadia em Natal seria muito longa. Havia consolidado uma boa clientela e notava que os indianos tinham necessidade da minha presença. Portanto, convenci-me de que deveria voltar à Índia, buscar minha mulher e meus filhos, retornar e instalar-me em Natal. Dei-me conta também de que se voltasse para o meu país poderia fazer alguns trabalhos comunitários, educando a opinião pública e criando um interesse maior em relação aos indianos na África do Sul. O imposto de três libras era uma ferida aberta. Não haveria paz até que ele fosse abolido.

No entanto, quem se encarregaria do trabalho do Congresso Indiano de Natal e da Associação Educacional dos Indianos Nascidos na Colônia durante a minha ausência? Pensei em duas pessoas — Adamji Miyakhan e o parse Rustomji. Havia muitos colaboradores disponíveis entre os comerciantes, mas esses dois eram os principais entre os que poderiam exercer as funções de secretário, nelas trabalhar regularmente e serem bem vistos pela comunidade indiana. O secretário certamente precisava ter um bom conhecimento operacional do inglês. Recomendei o nome do falecido Adamji Miyakhan ao Congresso, que aprovou sua nomeação. A experiência mostrou que a escolha fora acertada. Ele satisfez a todos com sua perseverança, liberalidade, amabilidade e cortesia, e provou a todo mundo que o trabalho de secretário não exigia uma pessoa com diploma de advogado ou uma educação britânica.

Em meados de 1896 embarquei no navio *Pongola,* rumo a Calcutá, na Índia.

Havia poucos passageiros a bordo. Entre eles estavam dois oficiais ingleses, com os quais me liguei estreitamente. Com um, costumava jogar xadrez uma hora por dia. O médico do navio me deu um exemplar do *Tamil Self-teacher [O Tâmil sem Mestre],* que comecei a estudar.

Minha experiência em Natal me mostrara que deveria adquirir algum conhecimento do idioma urdu, para aproximar-me mais dos muçulmanos, e do idioma tâmil, para estreitar os contatos com os indianos de Madras.

A pedido de meu amigo inglês que estudava comigo o urdu, encontrei entre os passageiros do convés um bom *munshi* [escrevente] urdu que falava essa língua, e juntos fizemos excelentes progressos no estudo do idioma. O inglês tinha uma memória melhor que a minha. Jamais esquecia uma palavra depois de tê-la visto. Com frequência eu achava difícil decifrar o alfabeto urdu. Por mais que me esforçasse jamais consegui dominá-lo. Já com o tâmil fiz progressos consideráveis. Não havia quem ajudasse, mas o *Tâmil sem Mestre* era um livro bem escrito e não senti necessidade de muito auxílio externo.

Esperava continuar esses estudos depois de chegar à Índia, mas foi impossível. A partir de 1893 a maior parte de minhas leituras foi feita na prisão. Fiz alguns progressos nas línguas tâmil e urdu quando estive preso — o tâmil em prisões sul-africanas, e o urdu no cárcere de Yeravda, na Índia. Mas nunca consegui falar o tâmil, e o pouco que aprendi com leituras está agora enferrujado por falta de uso.

Ainda sinto a limitação que representa a ignorância dessas línguas. O afeto que os dravidianos da África do Sul demonstraram em relação a mim continua a ser uma recordação agradável. Sempre que vejo um amigo tâmil ou telugu, não posso deixar de lembrar a fé, a perseverança e o desprendimento de muitos de seus compatriotas na África do Sul. E a maioria dos homens e mulheres era iletrada. Assim era a luta daquela terra, e ela foi travada por soldados sem instrução; era uma batalha pelos pobres e eles assumiam por inteiro a sua parte. Minha ignorância de sua língua, contudo, não me impediu de conquistar os corações desses homens bons e simples. Falavam um hindustâni ou um inglês estropiados, porém suficientes para podermos levar adiante o nosso trabalho. Mas eu queria retribuir-lhes o afeto aprendendo tâmil e telugu. No tâmil, como já disse, fiz algum progresso, mas no telugu, que tentei aprender na Índia, não fui além do alfabeto. Hoje receio que jamais aprenderei essas línguas, e assim espero que os dravidianos aprendam o hindustâni. Entre os dravidianos, na África do Sul, os que não falam inglês falam hindi ou hindustâni, embora de modo medíocre. Só os que falam inglês não querem aprender essas línguas, como se o conhecimento do inglês fosse um obstáculo ao aprendizado dos seus próprios idiomas.

Mas estou fazendo digressões. Terminemos a narrativa de minha viagem. Tenho de apresentar aos meus leitores o capitão do navio *Pongola*.

Tornamo-nos amigos. Era um Irmão de Plymouth. Nossas conversas eram mais espirituais do que náuticas. Para ele havia uma linha divisória entre moralidade e fé. Considerava os ensinamentos da Bíblia brincadeira de criança. A beleza desse livro estava em sua simplicidade. Tenhamos todos — dizia — homens, mulheres e crianças, fé em Jesus e em seu sacrifício, e todos os nossos pecados serão redimidos. Esse amigo me fez recordar os Irmãos de Plymouth de Pretória. Para ele a religião que impusesse quaisquer restrições morais não era boa. Minha alimentação vegetariana dava margem a todas as nossas discussões. Por que não deveria eu comer carne, mesmo de boi? Deus não havia criado todos os animais inferiores para delícia do homem, do mesmo modo que criara o reino vegetal? Essas questões inevitavelmente nos conduziam ao debate religioso.

Não podíamos convencer um ao outro. Eu estava firme em minha opinião de que religião e moralidade eram sinônimos. Ele não tinha dúvidas quanto à veracidade de sua convicção, que era a oposta.

Depois de 24 dias a agradável viagem chegou ao fim e, admirando a beleza do rio Hooghly, desembarquei em Calcutá. No mesmo dia tomei um trem para Mumbai.

25. NA ÍNDIA

A caminho de Mumbai o trem parou em Allahabad por 45 minutos. Decidi aproveitar a parada e dar uma volta pela cidade. Tinha também de comprar alguns medicamentos. O farmacêutico estava semiadormecido e levou um tempo inacreditável para preparar os remédios, de modo que quando voltei à estação o trem já havia partido. O chefe teria feito a gentileza de detê-lo por um minuto por minha causa, mas, quando viu que eu não chegava, fez com que minha bagagem fosse retirada do vagão.

Tomei um quarto no hotel Kellner e decidi começar a trabalhar desde logo. Ouvira falar bastante do *The Pioneer*, jornal que era publicado em Allahabad, e entendera que esta publicação se opunha às aspirações indianas. Acredito que naquela época o editor era o Sr. Chesney Jr. Como queria contar com a ajuda de todos os partidos, escrevi-lhe um bilhete contando como havia perdido o trem e pedindo um encontro, de modo que pudesse seguir viagem no dia seguinte. Ele me atendeu prontamente, o que me agradou muito, em especial quando descobri que era capaz de ouvir com paciência. Prometeu-me publicar em seu jornal qualquer coisa que eu escrevesse, mas acrescentou que não podia garantir o endosso a todas as reivindicações indianas, uma vez que era obrigado a compreender e dar o devido peso também às opiniões dos colonizadores.

— É suficiente — disse-lhe eu — que estude a questão e a discuta em seu jornal. Não peço nem quero nada além da estrita justiça a que temos direito.

Passei o resto do dia percorrendo a cidade, admirando a magnífica confluência dos três rios — o *Triveni* — e planejando o trabalho que tinha pela frente.

Essa inesperada entrevista com o editor do *The Pioneer* lançou os alicerces de uma série de incidentes, que acabaram levando ao meu linchamento em Natal.

Fui direto para Rajkot, sem parar em Mumbai, e comecei a fazer preparativos para a redação de um panfleto sobre a situação na África do Sul. Entre a preparação e a publicação transcorreu cerca de um mês. O folheto tinha capa verde, daí o nome com o qual seria conhecido mais tarde: *Panfleto Verde*. Nele pintei um quadro deliberadamente suavizado das condições dos indianos na África do Sul. A linguagem que usei foi mais moderada do que a dos escritos de que falei antes, porque sabia que aquilo que se ouve a longa distância parece sempre maior do que é.

Foram impressos 10.000 exemplares e enviados a todos os jornais e aos líderes de todos os partidos da Índia. *The Pioneer* foi o primeiro a comentá-lo em editorial. Um resumo desse comentário foi enviado por cabo a Londres pela Reuter e um resumo do resumo foi mandado para Natal pelo escritório britânico dessa agência, em um cabograma que não passava de três linhas. Era uma edição miniaturizada, mas exagerada, do quadro que eu pintara sobre o tratamento dispensado aos indianos em Natal, e não reproduzia as minhas palavras. Adiante veremos o efeito disso nessa cidade. Nesse ínterim, todos os jornais importantes comentaram extensamente a questão.

Preparar esses panfletos para o correio não era tarefa fácil. Teria sido também muito dispendiosa, se eu tivesse que pagar pela confecção dos pacotes e demais providências. Meu plano foi muito mais simples. Reuni todas as crianças de minha localidade e pedi-lhes que me dessem duas ou três horas de trabalho voluntário, nas manhãs em que não tivessem aula. Concordaram facilmente. Prometi-lhes a minha bênção e como recompensa dei-lhes selos usados que eu colecionara. Puseram-se imediatamente ao trabalho. Foi minha primeira experiência com voluntários dessa idade. Dois desses pequenos amigos são hoje meus colaboradores.

Nessa época a peste se espalhou por Mumbai e o pânico se instalou. Temia-se um surto em Rajkot. Como achava que poderia ajudar no departamento sanitário, ofereci meus serviços ao Estado. Foram aceitos, e fui posto no comitê designado para estudar a questão. Dei especial ênfase à limpeza das latrinas, e o comitê decidiu inspecioná-las em todas as ruas. As pessoas pobres não fizeram nenhuma objeção à inspeção e, mais do que isso, puseram em prática as melhorias sugeridas. Mas quando fomos verificar as casas das pessoas de posses, algumas não nos deixaram entrar, muito menos ouviram nossas sugestões. Sabíamos, por experiência, que as latrinas dos ricos eram as mais sujas. Eram escuras, malcheirosas e infestadas de imundícies e vermes. As melhorias que sugerimos eram bastante simples, como usar baldes para os excrementos em vez de deixá-los cair no chão, providenciar para que a urina fosse também coletada em recipientes, em vez de deixá-la encharcar o solo, e demolir as divisões entre as paredes externas e as latrinas, de modo a arejá-las e iluminá-las, e facilitar o trabalho dos limpadores de fossa. As classes mais altas fizeram várias objeções a esta última proposta que, na maioria dos casos, não foi aceita.

O comitê tinha também de inspecionar o bairro dos intocáveis. Apenas um dos membros se dispôs a acompanhar-me até lá. Para os demais era simplesmente absurdo visitar aqueles lugares e, mais ainda, inspecionar suas latrinas. Mas para mim eles foram uma agradável surpresa. Era a primeira vez que eu visitava essa espécie de localidade. Os homens e as mulheres ficaram surpresos ao ver-nos. Perguntei-lhes se permitiam que inspecionássemos suas latrinas.

— Latrinas, para nós? — exclamaram estupefatos. — Fazemos as nossas necessidades ao ar livre. Latrinas são para gente importante, como os senhores.

— Bem, importam-se então se verificarmos suas casas? — perguntei.

— Seja bem-vindo, senhor. Pode olhar todos os cantos e recantos de nossas casas. Não são casas, são buracos.

Entrei e fiquei contente de ver que os interiores eram tão limpos quanto as áreas externas. As entradas eram bem varridas, o chão extremamente rústico era belamente cuidado, e os poucos vasilhames limpos e brilhantes. Não havia por que temer um surto epidêmico naquele bairro.

Em compensação, nos bairros ricos encontramos uma latrina que não posso deixar de descrever em detalhe. Todos os compartimentos tinham calhas de escoamento, que eram usadas tanto para água quanto para urina, o que significava que a casa inteira fedia. Uma dessas residências tinha um quarto de dormir com uma calha, que era usada ao mesmo tempo como urinol e latrina. Dela saía um cano, que descia até o andar térreo. O mau cheiro era insuportável. Deixo aos leitores a tarefa de imaginar como os ocupantes daquele quarto podiam dormir.

O comitê visitou também o templo dos *vaishnavas*. O sacerdote encarregado era muito amigo de minha família. Permitiu que verificássemos tudo, e que sugeríssemos os melhoramentos que desejássemos. Havia no templo uma parte na qual ele próprio jamais estivera. Ficava atrás de um muro, e lá eram jogados os refugos de comida e as folhas usadas como prato. O local era infestado de corvos e abutres. As latrinas, claro, eram sujas. Não fiquei em Rajkot tempo suficiente para verificar quantos dos melhoramentos que sugerimos foram feitos pelo religioso.

Doeu-me ver tanta sujeira em um lugar de culto. Era de se esperar uma cuidadosa observância das regras de saneamento e higiene em um local tido como sagrado. Os autores dos *Smritis*[10], como eu sabia na época, destacavam a limpeza, tanto a interna quanto a externa, como uma virtude a ser cultivada.

26. DUAS PAIXÕES

Raramente conheci alguém tão leal à Constituição Britânica quanto eu. Hoje, sei que meu amor pela verdade estava na raiz desse sentimento. Jamais pude dissimular a lealdade ou qualquer outra virtude. Em todas as reuniões às quais compareci em Natal, era costume cantar o hino nacional inglês. Não que eu não percebesse os defeitos da dominação britânica, mas achava que em seu todo ela era aceitável. Naquela época acreditava que era, de um modo geral, benéfica para os dominados.

O preconceito de cor que eu vira na África do Sul era, do meu ponto de vista, bastante contrário às tradições inglesas, e eu supunha que se tratava de um fenômeno local e temporário. Portanto eu competia com os ingleses em lealdade ao trono. Com cuidado e perseverança aprendera o hino nacional britânico e juntava-me ao coro todas as vezes que era cantado. Sempre que havia ocasião para expressar lealdade, sem barulho ou ostentação, eu participava.

Nunca em minha vida tirei partido dessa lealdade, nem busquei por meio dela ganhos pessoais. Para mim tratava-se mais de uma obrigação natural, que cumpria sem esperar recompensa.

Quando cheguei à Índia, estavam em curso preparativos para a comemoração do Jubileu de Diamante da rainha Vitória. Fui convidado a participar do comitê designado para essa finalidade em Rajkot. Aceitei o convite, mas suspeitava que as celebrações seriam mais um espetáculo do que outra coisa. Descobri que havia muita fraude envolvida e fiquei muito magoado. Comecei a perguntar-me se deveria ou não continuar no comitê, mas acabei decidindo restringir-me à minha parte.

Uma das propostas era plantar árvores. Percebi que muitos dos que apoiavam essa sugestão o faziam apenas para aparecer e agradar às autoridades. Tentei explicar-lhes que o plantio não era compulsório, mas uma simples sugestão que deveria ser levada a sério ou então desconsiderada. Tive a impressão de que riram de minhas ideias. Lembro-me de que plantei com seriedade a árvore que me foi destinada, e que reguei e cuidei dela com carinho.

Do mesmo modo, ensinei o hino nacional inglês às crianças de minha família. Recordo-me de tê-lo ensinado aos alunos do colégio local, mas não me lembro se o fiz por ocasião do Jubileu ou da coroação do rei Eduardo VII como Imperador da Índia. Mais tarde a letra do hino começou a me irritar. À medida que minha concepção da *ahimsa* amadurecia, passei a ficar mais atento ao meu pensamento e às minhas palavras. Estes versos:

> Dispersar seus inimigos
> E derrubá-los;
> Confundir sua política
> E frustrar seus truques desonestos.

contrariavam, em especial, meu sentimento de *ahimsa*. Partilhei o que sentia com o Dr. Booth, que concordou que não seria decente, para quem acreditasse no *ahimsa*, cantar tais versos. Como supor que os ditos "inimigos" fossem "desonestos"? E o simples fato de serem inimigos significava que estavam errados? A Deus só podemos pedir justiça. O Dr. Booth apoiava por completo os meus pontos de vista e compôs outro hino para a sua congregação. Falaremos mais a respeito desse homem adiante.

Como a lealdade, a aptidão para cuidar dos doentes também tinha raízes profundas em minha natureza. Eu gostava de tratar das pessoas, amigos ou estranhos.

Em Rajkot, enquanto estava ocupado com o panfleto sobre a África do Sul, tive a oportunidade de visitar rapidamente Mumbai. Tencionava educar a opinião pública das cidades sobre essa questão organizando reuniões, e Mumbai foi a primeira que escolhi. Procurei em primeiro lugar o juiz Ranade, que me ouviu com atenção e aconselhou-me a ver Sir Pherozeshah Mehta. O juiz Badruddin Tyabji, a quem procurei em seguida, deu-me o mesmo conselho.

— O juiz Ranade e eu pouco podemos orientá-lo — disse ele. — Conhece a nossa posição. Não podemos participar de assuntos públicos, mas nossas simpatias estão com o senhor. A pessoa que poderá orientá-lo melhor é Sir Pherozeshah Mehta.

Certamente queria me encontrar com Sir Mehta, mas o fato de que esses homens experientes me houvessem aconselhado a agir sob sua orientação, deu-me uma ideia melhor da imensa influência que ele tinha sobre o público. Conheci-o no momento oportuno. Estava preparado para ficar pasmo em sua presença. Ouvira falar dos apelidos populares que lhe atribuíam, e sabia que estava prestes a encontrar-me com o "Leão de Mumbai", o "Rei sem Coroa da Presidência". Mas esse rei não me oprimiu. Veio ao meu encontro como um pai amoroso faria com um filho que crescera. Reunimo-nos em seu escritório. Ele estava cercado de amigos e seguidores, entre os quais o Sr. D. E. Wacha e Sr. Cama, a quem fui apresentado. Já ouvira falar do Sr. Wacha. Era considerado o braço direito de Sir Pherozeshah, e *Sjt*. Virchand Gandhi o descrevera para mim como um grande estatístico.

— Precisamos nos encontrar outra vez, Gandhi — disse-me o Sr. Wacha.

As apresentações levaram dois minutos, se tanto. Sir Pherozeshah me ouviu atentamente. Disse-lhe que estivera com os juízes Ranade e Tyabji.

— É claro que devo ajudá-lo, Gandhi. Preciso convocar uma reunião pública.

Voltou-se ao Sr. Munshi, seu secretário, a quem encarregou de marcar a data da reunião. Definida a data despediu-se de mim, pedindo-me que viesse vê-lo novamente na véspera do evento. A entrevista dissipou meus receios e fui para casa encantado.

Durante minha permanência em Mumbai fui visitar meu cunhado, que vivia na cidade e estava gravemente doente. Não era um homem de posses e minha irmã não podia dar-lhe os cuidados que necessitava. A doença era séria e ofereci-me para levá-lo a Rajkot. Ele concordou, e então voltei para casa com ele e minha irmã. A doença foi muito mais prolongada do que eu esperara. Instalei-o em meu quarto e ali permaneci noite e dia. Era obrigado a ficar acordado parte da noite e tinha de me ocupar com meus negócios da África do Sul enquanto o tratava. Finalmente ele morreu, mas para mim foi um grande consolo ter tido a oportunidade de cuidá-lo durante os seus últimos dias.

Minha atitude no tratamento dos doentes evoluiu aos poucos para uma paixão, a ponto de fazer-me negligenciar meu trabalho. Às vezes eu envolvia não apenas minha esposa, mas toda a família nessa atividade.

Essa espécie de serviço não tem significado, a menos que se tenha prazer em fazê-lo. Quando realizado para impressionar, ou por medo da opinião pública, atrofia as pessoas e esmaga o seu espírito. O cuidado proporcionado sem alegria não ajuda a quem o dá nem a quem o recebe. Mas todos os prazeres e riquezas empalidecem e se perdem no nada, diante de um serviço prestado com alegria.

27. A REUNIÃO DE MUMBAI

No dia seguinte à morte de meu cunhado tive de ir a Mumbai para a reunião pública. Quase não tivera tempo para pensar em meu discurso. Sentia-me exausto após dias e noites de vigília ansiosa, e ficara rouco. Mas viajei confiante em Deus. Nem sonhara em escrever o que deveria falar.

Seguindo as instruções de Sir Pherozeshah, apresentei-me em seu escritório às 5 da tarde da véspera da reunião.

— Seu discurso está pronto, Gandhi? — perguntou ele.

— Não, senhor — respondi, tremendo de medo —, estou pensando em falar de improviso.

— Isso não funciona em Mumbai. Os jornais daqui não são bons. Se quisermos nos beneficiar dessa reunião, deve escrever seu discurso e tê-lo impresso antes do alvorecer de amanhã. Imagino que seja capaz de fazer isso.

Fiquei ainda mais nervoso, mas disse que tentaria.

— Então diga-me, a que horas o Sr. Munshi pode ir vê-lo e apanhar o manuscrito?

— Às 11 da noite — respondi.

Ao chegar à reunião, no dia seguinte, percebi a sabedoria do conselho de Sir Pherozeshah. O evento aconteceria no saguão do Instituto Cowasji Jehangir. Eu ouvira falar que quando Sir Pherozeshah Mehta se dirigia ao público o local sempre ficava lotado — em especial pelos estudantes que queriam ouvi-lo — e não sobrava espaço livre, por mínimo que fosse. Essa era a primeira reunião daquele tipo de que eu participava. Percebi que minha voz teria um alcance muito curto. Tremia quando comecei a ler meu discurso. Sir Pherozeshah me encorajava o tempo todo, pedindo-me que falasse cada vez mais alto. Tive a impressão de que, longe de estimular-me, ele tornava a minha voz cada vez mais fraca.

Meu velho amigo *Sjt*. Keshavrao Deshpande veio em meu socorro. Dei-lhe o discurso para ler. Sua voz era adequada, mas a audiência recusou-se a ouvi-lo. O local encheu-se de gritos de "Wacha", "Wacha", e então o Sr. Wacha levantou-se e leu o texto, com resultados maravilhosos. O público permaneceu quieto e ouviu até o fim, pontuando a leitura com aplausos e gritos de "vergonha", nas passagens apropriadas. Tudo isso me alegrou o coração.

Sir Pherozeshah gostou do meu discurso. Eu estava no auge da felicidade.

A reunião valeu-me a ativa simpatia do *Sjt*. Deshpande e um amigo parse, cujo nome hesito em mencionar, porque ele é hoje um funcionário governamental de alto cargo. Ambos disseram que haviam decidido acompanhar-me à África do Sul. Mas o Sr. C.J. Cursetji, que na época era juiz de pequenas causas, convenceu o amigo parse a desistir da viagem, porque pretendia casá-lo. Assim, ele tinha de escolher entre casar-se ou ir para a África do Sul — e preferiu a primeira alternativa. Mas o parse Rustomji remediou a promessa quebrada, e um certo número de irmãs parses estão agora reparando a atitude da jovem que ajudou a cancelar a viagem, dedicando-se elas próprias à obra do *khadi*[11]. Por isso, perdoei de coração aquele casal. *Sjt*. Deshpande não estava tentado a casar-se, mas também acabou não indo. Hoje está fazendo muito para reparar a quebra da promessa. Em minha viagem de volta à África do Sul encontrei um dos Tyabji em Zanzibar. Também prometeu ajudar-me, mas nunca o fez. No momento o Sr. Abbas Tyabji repara aquela ofensa. Dessa maneira, nenhuma de minhas três tentativas de induzir advogados a ir para a África do Sul teve êxito.

A propósito disso, lembro-me do Sr. Pestonji Padshah. Éramos amigos desde a minha estadia na Inglaterra. Encontrei-o pela primeira vez em um restaurante vegetariano de Londres. Seu irmão, o Sr. Barjorji Padshah, tinha a reputação de ser um maníaco. Jamais o conhecera, mas alguns amigos diziam que era uma pessoa excêntrica. Por piedade dos cavalos, recusava-se a andar de carruagem. Recusava-se também a submeter-se a qualquer espécie de exame, apesar de sua prodigiosa memória. Tinha um espírito independente e era vegetariano, embora sendo parse. Pestonji não tinha a mesma reputação, mas era famoso por sua erudição, mesmo em Londres. O denominador comum entre nós, portanto, era o vegetarianismo e não a erudição, pois estava além de minhas forças me aproximar de sua capacidade.

Encontrei-o de novo em Mumbai. Ele era protonotário na Corte de Apelação. Quando nos encontramos estava empenhado em colaborar com um dicionário de gujarate avançado. Não deixei de abordar nenhum de meus amigos para que me ajudassem em meu trabalho na África do Sul. Mas Pestonji Padshah não apenas recusou-se a colaborar comigo, como até mesmo me aconselhou a não voltar para lá.

— É impossível ajudá-lo — disse ele. — Mas digo-lhe que nem mesmo gosto que o senhor vá para a África do Sul. Não há desemprego em nosso país? Veja quanta coisa há para fazer aqui, até mesmo em relação à nossa língua. É preciso inventar termos científicos. Mas este é apenas um dos aspectos do trabalho. Pense na pobreza desta terra. Não há dúvida que nosso povo passa por dificuldades na África do Sul, mas não quero que um homem como o senhor se sacrifique nessa espécie de trabalho. Comecemos por conquistar o direito de nos autogovernar aqui, e depois ajudaremos automaticamente nossos compatriotas de lá. Sei que não o convencerei, mas não encorajarei ninguém a acompanhá-lo.

Não gostei desse conselho, mas as palavras de Pestonji aumentaram minha consideração por este homem. Ele estava motivado por seu amor pelo país e pela língua materna. O incidente nos aproximou ainda mais. Compreendi seu ponto de vista. Mas, longe de desistir de meu trabalho na África do Sul, reafirmei minha decisão. Um patriota não pode ignorar nenhum aspecto do seu serviço à mãe pátria.

Para mim, o texto da *Gita* era claro e enfático:

> "Afinal, é melhor que alguém cumpra
> Sua própria tarefa como puder, mesmo falhando,
> Do que assumir deveres de outros, embora pareçam bons.
> Morrer cumprindo o dever não é ruim:
> Mas aquele que busca outros caminhos vagará em silêncio."

28. PUNE E MADRAS

Sir Pherozeshah me abrira o caminho. Assim, de Mumbai fui para Pune, onde havia dois partidos. Queria ajudar pessoas de todas as opiniões. Encontrei-me primeiro com Lokamanya Tilak, que disse:

— O senhor está bastante certo, quando busca a ajuda de todos os partidos. Não pode haver diferença de opiniões em relação à questão sul-africana. Mas precisa de alguém apartidário para presidir a reunião. Procure o Professor Bhandarkar. Ultimamente ele não tem participado de nenhum movimento público, mas essa causa talvez o faça sair de seu recolhimento. Procure-o e conte-me o que ele disser. Quero ajudá-lo o máximo possível. É claro que pode me procurar quando quiser. Estou à sua disposição.

Esse foi meu primeiro encontro com Lokamanya, e me revelou o segredo de sua imensa popularidade.

Em seguida, fui ver Gokhale. Encontrei-o no Fergusson College. Recebeu-me afetuosamente e seus modos imediatamente me conquistaram o coração. Com ele também o encontro era o primeiro, mas parecia que estávamos renovando uma velha amizade. Sir Pherozeshah me lembrara o Himalaia, e Lokamanya o oceano. Mas Gokhale era como o Ganges. O rio sagrado convidava ao banho. O Himalaia era inescalável, o oceano difícil de atravessar, mas o Ganges chamava as pessoas para o seu seio. Seria uma alegria estar nele num bote, remando. Gokhale examinou-me meticulosamente, como um professor faria com um candidato à admissão a uma universidade. Disse-me a quem abordar e como fazê-lo. Pediu para dar uma olhada em meu discurso. Mostrou-me o colégio, assegurou-me que estaria sempre à minha disposição, pediu-me para contar-lhe o resultado da entrevista com o Dr. Bhandarkar e, por fim, deixou que eu me fosse, exultante. Na esfera política o lugar que Gokhale ocupou em meu coração, durante toda a sua vida, e mesmo agora é absolutamente único.

O Dr. Bhandarkar me recebeu com o carinho de um pai. Era meio-dia quando me apresentei a ele. O próprio fato de que eu estava ocupado à procura das pessoas, e de fazê-lo àquela hora, impressionou muito a esse infatigável sábio, e minha insistência em um homem apartidário para presidir a reunião recebeu sua pronta aprovação, expressa pela exclamação espontânea:

— É isso! É isso!

Depois de ouvir-me, ele falou:

— Qualquer um lhe dirá que não me envolvo em política. Mas não posso recusar nada ao senhor. Sua causa é tão poderosa, e seu empenho tão admirável, que não posso negar-me a participar de sua reunião. Fez bem em consultar Tilak e Gokhale. Por favor, diga-lhes que ficarei feliz em presidir o encontro a ser realizado sob os auspícios conjuntos dos dois *sabhas*[12]. A hora não importa. A que lhe convier também me convirá.

Com essas palavras despediu-se de mim, acrescentando congratulações e bênçãos.

Sem nenhum alarde, esse erudito e desprendido grupo de trabalhadores de Pune organizou uma reunião em um local pequeno e sem ostentação. Ao sair, eu estava em júbilo e ainda mais confiante em minha missão.

Minha próxima parada foi Madras. A cidade vibrava de entusiasmo. O relato do incidente com Balasundaram causou uma profunda impressão nos presentes à reunião. Meu discurso foi impresso e, para o meu gosto, era longo demais. Mas o público ouviu com atenção, palavra por palavra. Ao fim do evento houve uma corrida ao *Panfleto Verde*. Publiquei uma segunda edição, revisada, de 10 mil exemplares. Vendeu como bolinhos quentes, mas percebi que não era necessária uma tiragem tão grande. Em meu entusiasmo, exagerara no cálculo da demanda. Meu discurso havia sido dirigido ao público que falava inglês, e em Madras não havia público suficiente para as 10 mil cópias.

A ajuda mais significativa veio do falecido *Sjt*. G. Parameshvaran Pillay, editor do jornal *The Madras Standard*. Ele estudara cuidadosamente a questão e me convidava com frequência a seu escritório para orientar-me. *Sjt*. Subrahmaniam, do diário *The Hindu*, e o Dr. Subrahmaniam também foram muito simpáticos. Stj. G. Parameshvaran Pillay pôs as colunas do *The Madras Standard* inteiramente à minha disposição e utilizei largamente a oferta. O encontro no Pachaiappa's Hall, tanto quanto posso me lembrar, realizou-se sob a presidência do Dr. Subrahmaniam.

A afeição a mim demonstrada pela maior parte dos amigos que encontrei e seu entusiasmo pela causa foram tão grandes que, embora eu tivesse de comunicar-me com eles em inglês, senti-me inteiramente em casa. Qual a barreira que o amor não pode quebrar?

29. "VOLTE LOGO"

De Madras segui para Calcutá, onde me vi em dificuldades. Não conhecia ninguém na cidade. Hospedei-me no Great Eastern Hotel. Lá conheci o Sr. Ellethorpe, um correspondente do jornal inglês *The Daily Telegraph*. Convidou-me a ir ao Bengal Club, onde estava hospedado. Não se dava conta de que um indiano não poderia entrar no salão de estar do clube. Ao descobrir a restrição, conduziu-me ao seu quarto. Expressou seu pesar em relação ao preconceito dos ingleses locais e pediu-me desculpas por não ter podido levar-me ao salão principal.

Eu tinha, é claro, que ir ver Surendranath Banerji, o "Ídolo de Bengala". Quando o encontrei estava rodeado por um grupo de amigos. Ouviu-me e disse:

— Receio que as pessoas daqui não se interessem por seu trabalho. Como sabe, nossas dificuldades não são poucas. Mas tente o melhor que puder. Há de conseguir a simpatia dos marajás. Não se esqueça de procurar os representantes da British Indian Association [Associação Indo-Britânica]. Deve procurar o Rajá Sir Pyarimohan Mukarji e o Marajá Tagore. Ambos são pessoas abertas e participam ativamente de ações comunitárias.

Fui ver esses senhores, mas sem sucesso. Ambos me receberam com frieza e disseram que não era fácil convocar uma reunião pública em Calcutá e que, se alguma coisa podia ser feita, praticamente dependia de Surendranath Banerji.

Percebi que minha tarefa se tornava cada vez mais difícil. Fui até a redação do jornal *The Amrita Bazar Patrika*. A pessoa que me atendeu confundiu-me com um judeu errante. Na redação do *The Bangabasi* foi ainda pior. O editor me deixou esperando durante uma hora. Havia, evidentemente, muitos visitantes, mas ele não se dignou a sequer olhar-me, mesmo após tê-los dispensado. Quando me aventurei a entrar no assunto, depois dessa longa espera, disse:

— Não vê que estamos cheios de trabalho? O número de visitantes como o senhor é interminável. É melhor ir embora. Não estou disposto a ouvi-lo.

Por um momento senti-me ofendido, mas logo compreendi sua posição. Ouvira falar da fama do *The Bangabasi*. Percebera que ali havia um fluxo constante de pessoas e que todas eram suas conhecidas. Não faltavam ao jornal tópicos para discutir e a África do Sul era pouco conhecida naquela época.

Por mais séria que uma injustiça possa parecer aos olhos de quem a sofre, este será apenas mais um dos muitos que invadem o escritório do editor, cada qual trazendo a sua própria queixa. Como poderia esse homem dar atenção a todos? Além disso, a parte ofendida imagina que um editor dispõe de um imenso poder. Só ele sabe que seus poderes mal ultrapassam a porta de sua sala. Por isso não me senti desencorajado. Continuei a procurar editores de outros jornais. Como de costume, visitei também os anglo-indianos. *The Statesman* e *The Englishman* entenderam a importância da questão. Dei-lhes longas entrevistas, que foram publicadas na íntegra.

O Sr. Saunders, editor do *The Englishman,* adotou-me por completo e colocou seu jornal e escritório à minha disposição. Permitiu-me mesmo a liberdade de fazer quaisquer mudanças que desejasse no editorial que escrevera sobre a situação, cujas provas me enviou antecipadamente. Não é exagero dizer que entre nós surgiu uma amizade. Ele prometeu prestar-me toda ajuda que lhe fosse possível, cumpriu a promessa ao pé da letra e manteve correspondência comigo até o dia em que adoeceu seriamente.

Ao longo da minha vida tive o privilégio de muitas amizades assim, que surgiram de modo inesperado. O que o Sr. Saunders apreciava em mim era a disposição de não exagerar e a devoção à verdade. Submetera-me a um rigoroso contrainterrogatório antes de começar a simpatizar com minha causa e percebeu que eu não poupava determinação nem esforços para apresentar-lhe um relato imparcial, e que até mesmo reconhecia os pontos de vista do homem branco na África do Sul.

Minha experiência me mostrara que o meio mais rápido de conseguir justiça é proporcioná-la à outra parte.

A inesperada ajuda do Sr. Saunders me encorajara a pensar que poderia afinal de contas realizar uma reunião pública em Calcutá, quando recebi de Durban o seguinte cabograma: "O Parlamento reabre em janeiro. Volte logo".

Dirigi então uma carta à imprensa, na qual explicava por que teria de deixar Calcutá de modo tão abrupto, e segui para Mumbai. Antes de partir telegrafei ao agente de Dada Abdulla & Cia. nessa cidade, para que providenciasse uma passagem no primeiro navio disponível para a África do Sul. Dada Abdulla acabara de comprar o vapor *Courland* e insistiu para que eu viajasse nele, oferecendo-se para levar gratuitamente a mim e minha família. Agradeci, aceitei a oferta e, no início de dezembro, embarquei pela segunda vez rumo à África do Sul, agora com minha esposa, dois filhos e o filho único de minha irmã viúva. Outro navio, o *Naderi,* partia ao mesmo tempo para o porto sul-africano de Durban. Os agentes da companhia ao qual o navio pertencia eram da Dada Abdulla & Cia. O número total de passageiros nas duas embarcações era cerca de oitocentos, metade dos quais se destinava à região do Transval.

PARTE 3

1. RUGIDOS DA TEMPESTADE

Foi minha primeira viagem com esposa e filhos. Várias vezes já mencionei, ao longo desta narrativa, que por conta dos casamentos entre crianças da classe média hindu o marido é geralmente uma pessoa instruída, ao passo que a esposa permanece praticamente iletrada. Assim, um largo abismo interpõe-se entre ambos e o marido tem de se tornar o professor da esposa. Portanto precisei decidir os detalhes concernentes aos trajes que minha esposa e filhos usariam, aos alimentos que comeriam, aos modos que seriam apropriados ao novo ambiente. É divertido rever algumas das memórias daquela época.

A esposa hindu considera a obediência implícita ao esposo a mais exaltada religião. O marido hindu vê-se como senhor e mestre da esposa, que deve estar sempre à disposição para atendê-lo.

Naquela época acreditava que para parecermos civilizados nossas roupas e modos tinham de se aproximar, tanto quanto possível, do padrão europeu. Pensava que somente assim teríamos alguma influência, sem a qual não seria possível servir à comunidade.

Portanto escolhi o estilo das roupas de minha esposa e filhos. Poderia eu querer que ficassem conhecidos como *banians* da cidade de Kathiwad? Os parses eram então considerados os mais refinados dentre os indianos e, consequentemente, quando a maneira europeia completa não parecia adequada, adotávamos o modo parse. Sendo assim minha esposa vestia o sári parse e os meninos, calça e paletó ao mesmo estilo. Obviamente ninguém podia prescindir de sapatos e meias, que cheiravam a suor. Com frequência os dedos ficavam doloridos.

Eu sempre tinha respostas prontas para qualquer objeção. Entretanto, tenho a impressão de que não eram tanto as respostas, mas a força da autoridade, que transmitia convicção. Eles concordaram com a mudança de trajes, pois não tinham escolha. Pela mesma razão, e com relutância ainda maior, adotaram o uso de talheres. Quando minha paixão por esses símbolos da "civilização" se apagou, os talheres foram abandonados. Depois de tanto tempo acostumado com o novo estilo, para mim foi desconfortável retomar os costumes originais. Mas hoje vejo que todos passamos a nos sentir mais livres e leves quando nos despojamos do verniz da "civilização".

A bordo do mesmo navio viajavam alguns parentes e conhecidos. Sempre os encontrava, como também outros passageiros do convés, porque o barco pertencia aos amigos de meu cliente e eu podia ir e vir como quisesse.

Uma vez que o navio se dirigia diretamente a Natal, sem escalas em portos intermediários, nossa viagem seria de apenas dezoito dias. Porém, como que para nos alertar quanto à verdadeira tempestade que enfrentaríamos em terra, uma terrível tormenta surpreendeu-nos a apenas quatro dias de nosso destino. No hemisfério sul, dezembro é mês de monções de verão, e as tempestades, mais ou menos violentas, são bastante frequentes nessa época. A que nos atingiu foi tão dura e prolongada que os passageiros ficaram alarmados.

Foi uma cena solene. Todos se uniram diante do perigo comum. As diferenças foram esquecidas e todos nós — muçulmanos, hindus, cristãos e os demais — começamos a pensar em um único Deus. Vários votos foram feitos. O capitão também se reuniu aos passageiros em suas preces. Assegurou-nos que apesar de a tempestade ter seus perigos, já havia passado por muitas piores, e explicou que um navio bem construído podia enfrentar praticamente todos os tipos de tempo. Mas todos estavam inconsoláveis. A cada minuto ouviam-se sons e estrépitos que anunciavam rachaduras e vazamentos. O navio chacoalhava e adernava tanto que parecia estar prestes a virar. Permanecer no convés estava fora de cogitação para todos. "Seja feita a Sua vontade" era a invocação comum em todos os lábios. Até onde me lembro, suportamos aquela provação por cerca de vinte e quatro horas.

Finalmente o céu abriu, o sol apareceu e o capitão nos informou de que a tempestade passara. O rosto de todos resplandecia de alegria e, com o fim do perigo, desapareceu também o nome de Deus dos seus lábios. Comer e beber, cantar e festejar voltaram à ordem do dia. O medo da morte os abandonara e o espírito temporário de prece sincera deu lugar à *maya*¹. É claro que o consabido *namaz*² e as preces de outros cultos continuaram, sem que entretanto mostrassem o mesmo fervor dos momentos de pânico.

No entanto a tempestade me unira aos passageiros. Tive pouco medo dela, pois já havia passado por outras semelhantes. Estou acostumado a navegar e não enjoo. Dessa maneira pude circular sem susto entre os passageiros, confortando-os, animando-os e transmitindo-lhes os boletins horários do capitão. As amizades que assim fiz me foram de grande valia, como veremos.

O navio lançou âncora no porto de Durban no dia 18 ou 19 de dezembro. O *Naderi* também aportou na mesma data.

Contudo a verdadeira tempestade ainda estava por vir.

2. A TEMPESTADE

Vimos que os dois navios chegaram ao porto de Durban praticamente juntos. Nenhum passageiro tinha permissão para desembarcar em portos sul-africanos sem antes passar por um exame médico completo. Caso um navio transporte alguém com doença contagiosa passa por um período de quarentena. Uma vez que em Mumbai havia peste no momento de nossa partida, temíamos ter de passar por um curto período de observação. Antes do exame os navios deveriam hastear uma bandeira amarela, que só era recolhida quando o médico atestava a saúde de seus ocupantes. Parentes e amigos dos passageiros só podiam subir a bordo depois que essa bandeira era baixada.

Portanto nosso navio a hasteara e o médico veio e examinou-nos. Determinou um isolamento de cinco dias porque, em sua opinião, os germes da peste levavam no máximo vinte e três dias para se desenvolver. Por isso nosso navio foi posto em observação até o vigésimo terceiro dia de nossa partida de Mumbai. Contudo havia algo mais por trás dessa ordem do que simples razões de saúde.

Os brancos residentes em Durban estavam se mobilizando por nossa repatriação, e essa era uma das razões para a quarentena. Dada Abdulla e Cia. manteve-nos informados sobre os acontecimentos diários na cidade. Os brancos promoviam grandes reuniões todos os dias. Faziam todo tipo de ameaças e, às vezes, chegavam mesmo a oferecer indenizações a essa empresa. Prontificaram-se a compensá-la financeiramente caso ambos os navios fossem enviados de volta. Mas Dada Abdulla e Cia. não era o tipo de organização que temia ameaças. O *Sheth* Abdul Karim Haji Adam era então o sócio gerente da firma, e estava determinado a fazer atracar os navios no cais e desembarcar os passageiros a qualquer custo. Enviava-me diariamente cartas detalhadas. Felizmente, o falecido *Sjt*. Mansukhlal Naazar estava em Durban na época, com a finalidade de encontrar-me. Era um homem competente e destemido, que orientava a comunidade indiana. O advogado da comunidade, o Sr. Laughton, era também corajoso e condenava a conduta dos brancos residentes. Aconselhava a comunidade, não apenas como advogado remunerado, mas também como um verdadeiro amigo.

Assim Durban havia se transformado no palco de um duelo desigual. De um lado, um punhado de indianos pobres e seus poucos amigos ingleses. De outro, alinhavam-se os homens brancos, fortes em armamento, número, instrução e riqueza. Tinham também o apoio do Estado, pois o governo de Natal os ajudava abertamente. O Sr. Harry Escombe, o mais influente membro do Gabinete, participava de modo ostensivo das reuniões.

O verdadeiro objetivo da quarentena era, pois, coagir os passageiros a retornar à Índia, tentando de alguma forma intimidá-los, ou pressionar a empresa. As ameaças já eram diretas: "Se não voltarem serão certamente empurrados ao mar. Mas se concordarem em retornar talvez até recebam de volta o dinheiro da passagem". Eu circulava sempre entre meus companheiros de viagem estimulando-os. Também enviava mensagens de conforto aos passageiros do *Naderi*. Todos permaneciam calmos e encorajados.

Providenciamos vários tipos de jogo para o entretenimento dos passageiros. No dia de Natal o capitão convidou os passageiros de primeira classe para jantar. O lugar de destaque coube à minha família e a mim. Nos discursos que sucederam à refeição falei sobre a civilização ocidental. Sabia que não era o momento para uma palestra séria. Entretanto, por se tratar de uma fala minha, não havia como ser diferente. Participei dos festejos, mas meu coração estava na luta que se travava em Durban. Pois eu era o verdadeiro alvo. Havia duas acusações contra mim:

1. que, na Índia, eu havia injustamente censurado os brancos de Natal;
2. que, com o objetivo expresso de inundar Natal de indianos, eu trouxera dois navios cheios de passageiros para lá se estabelecer.

Estava cônscio da extensão de minha responsabilidade. Sabia que Dada Abdulla e Cia. corria sérios riscos por minha causa e que a vida dos passageiros estava em perigo, assim como a de minha família, porque eu decidira trazê-los comigo.

Mas eu era totalmente inocente. Não persuadira ninguém a vir para Natal. Não conhecia a maioria dos passageiros que embarcaram. E, exceção feita a alguns parentes, não sabia o nome ou o endereço de nem mesmo um dentre as centenas de pessoas a bordo. Também não havia dito na Índia nenhuma palavra sobre os brancos de Natal que já não houvesse dito na própria Natal. Além do mais tinha condição de provar as duas coisas.

Portanto deplorei a existência de uma civilização da qual eram fruto os brancos de Natal, e que era por eles representada e defendida. Tal civilização ocupava meus pensamentos o tempo todo, e assim expressei minhas opiniões a seu respeito no discurso natalino. O capitão e outros amigos ouviram-me pacientemente e receberam minha fala com o mesmo espírito com que foi proferida. Não sei se ela afetou de alguma forma o curso de suas vidas, mas depois tive longas conversas com o capitão e com outros auxiliares seus sobre a civilização do Ocidente. Em minha palestra descrevi-a como baseada predominantemente no uso da força, ao contrário da oriental. Meus interlocutores questionavam minha fé e um deles — o capitão, pelo que me lembro — perguntou:

— Supondo que os brancos levem suas ameaças adiante, como é que o senhor vai manter seus princípios de não violência?

Ao que respondi:

— Espero que Deus me dê coragem e sabedoria para perdoá-los e que me contenha para que não os processe. Não os odeio. Apenas sinto por sua ignorância e estreiteza. Sei que acreditam sinceramente estar fazendo o que é certo e apropriado. Não tenho portanto razões para odiá-los. Meu interlocutor sorriu com certa incredulidade.

Assim se arrastavam penosamente os dias. Não se sabia quando seria revogado o isolamento sanitário. A autoridade competente declarou que o problema não estava mais em suas mãos e que tão logo recebesse ordens do governo autorizaria nosso desembarque.

Por fim foram dirigidos ultimatos aos passageiros e a mim. Disseram-nos que, se quiséssemos escapar com vida, deveríamos desistir. Em nossa resposta, tanto os passageiros quanto eu manifestamos nosso direito de desembarcar no porto de Natal e anunciamos nossa determinação de entrar na cidade, qualquer que fosse o risco.

Depois de vinte e três dias os navios receberam permissão para entrar no porto e foram emitidas autorizações para que os passageiros desembarcassem.

3. O TESTE

Os navios atracaram e os passageiros começaram a saltar em terra. No entanto o Sr. Escombe enviara uma mensagem ao capitão dizendo que, como os brancos estavam enfurecidos comigo e minha vida corria perigo, minha família e eu deveríamos ser aconselhados a só desembarcar durante o crepúsculo, quando o superintendente portuário, o Sr. Tatum, iria escoltar-nos até em casa. O capitão me deu o recado e concordei em acatar o conselho. Porém menos de meia hora depois o Sr. Laughton procurou o capitão e disse-lhe:

— Gostaria que o Sr. Gandhi viesse comigo, caso não tenha nenhuma objeção. Como assessor jurídico da agência quero que saiba que não há obrigatoriedade legal de seguir a determinação do Sr. Escombe.

Depois disso ele veio a mim e disse algo como:

— Se não tiver medo sugiro que a Sra. Gandhi e seus filhos vão de carruagem à residência do Sr. Rustomji, enquanto o senhor e eu seguimos a pé. Não me agrada nem um pouco a ideia de entrarem na cidade à noite, como ladrões. Penso que não há o que temer quanto à sua segurança. Tudo está calmo agora. Os brancos se dispersaram. Mas qualquer que seja o caso, não acho que deva entrar na cidade sorrateiramente.

Concordei de pronto. Minha esposa e filhos foram de carruagem e em segurança para a residência do Sr. Rustomji. Com a permissão do capitão saltei em terra com o Sr. Laughton. A casa do Sr. Rustomji distava cerca de três quilômetros das docas.

Assim que desembarcamos alguns jovens me reconheceram e começaram a gritar:

— Gandhi! Gandhi!

Alguns homens acorreram ao local, juntando-se ao coro. O Sr. Laughton, temendo que a multidão crescesse, acenou a um riquixá. Eu jamais gostara da ideia de andar de riquixá, com um homem puxando o veículo como se fosse uma besta de carga. Seria a primeira vez. Mas os jovens não me deixaram subir. Aterrorizaram o rapaz do riquixá, que fugiu. À medida que prosseguíamos a multidão crescia, até que se tornou impossível continuar. Primeiro agarraram o Sr. Laughton e nos separaram. Então me atiraram pedras, pedaços de tijolo e ovos podres. Alguém arrancou meu turbante, enquanto outros começaram a me espancar. Estava a ponto de desmaiar. Agarrei-me à cerca de uma casa e ali fiquei, tentando recuperar o fôlego. Mas foi impossível. Eles continuaram a me golpear. Por acaso a esposa do chefe de polícia, a Sra.

Alexander, que me conhecia, passava por ali. Aproximou-se corajosamente de mim, abriu a sombrinha, apesar de não haver sol nenhum, e postou-se entre a multidão e eu, controlando assim a fúria da turba, uma vez que se tornara difícil atingir-me sem feri-la.

Enquanto isso um jovem indiano que testemunhara o incidente havia corrido à delegacia. O chefe de polícia, o Sr. Alexander, enviou um grupo de guardas para me escoltar em segurança até o meu destino. Chegaram a tempo. A delegacia ficava em nosso caminho. Quando a alcançamos, o chefe pediu que eu me refugiasse lá, proposta que agradeci e recusei, dizendo:

— Com certeza eles vão se acalmar ao perceber o seu erro. Confio em seu senso de justiça.

Escoltado pela polícia cheguei sem mais apuros à residência do Sr. Rustomji. Tinha contusões por todo o corpo, mas apenas um ferimento aberto. O Dr. Dadibarjor, médico de bordo que estava no local, prestou o melhor auxílio possível.

Tudo estava sossegado do lado de dentro, mas lá fora os brancos haviam cercado a casa. A noite se aproximava, e a turba enfurecida gritava:

— Queremos Gandhi!

O arguto chefe de polícia já estava lá, tentando manter a multidão sob controle, não com ameaças mas amigavelmente. Não parecia nada tranquilo. Enviou-me uma mensagem que dizia: "Se desejar preservar a casa e as posses de seu amigo, assim como proteger sua família, minha sugestão é que fuja disfarçado".

Assim, em um único dia tive de lidar com duas posições contraditórias. Num momento em que o perigo parecia apenas imaginário, o Sr. Laughton me aconselhara a sair abertamente. Acatei o conselho. Quando o perigo se mostrou bem real, outro amigo deu-me o conselho contrário e aceitei-o também. Quem poderá dizer se o que fiz foi porque minha vida corria perigo; ou porque não queria arriscar a vida e as posses de meu amigo; ou ainda porque estava protegendo minha mulher e filhos? Quem poderá assegurar que agi corretamente quando, num primeiro momento, enfrentei corajosamente a multidão, ou quando depois de orientado, escapei sob um disfarce?

É inútil julgar o certo e o errado em acontecimentos passados. É mais proveitoso entendê-los e, se possível, aprender com eles lições para o futuro. É difícil afirmar com certeza como uma pessoa agiria em tal conjunto de circunstâncias. Pode-se também dizer que julgar um homem a partir de suas ações exteriores nada mais é do que uma inferência dúbia, uma vez que nos baseamos em dados insuficientes.

Seja como for os preparativos para a fuga me fizeram esquecer as feridas. Como sugerira o chefe de polícia, vesti um uniforme de policial indiano e pus na cabeça uma echarpe da região de Madras, enrolando-a como se fosse um capacete. Dois detetives me acompanharam, um deles disfarçado de comerciante, com o rosto maquiado para assemelhar-se ao de um indiano. Esqueci qual era o disfarce do outro. Chegamos a uma loja vizinha por uma viela transversal e, abrindo caminho por entre as sacas de juta empilhadas no armazém, escapamos pelo portão. Ziguezagueamos pela multidão até chegar à carruagem que esperava por mim no fim da rua. Nela fornos para a mesma delegacia onde pouco tempo antes o Sr. Alexander me oferecera refúgio. Agradeci-lhe e aos detetives.

Durante minha fuga ele distraíra a multidão, que cantava:

> Enforquemos o velho Gandhi
> Em qualquer de nossas macieiras.

Ao ser informado de que eu chegara a salvo à delegacia, contou a novidade para a multidão:

— Bem, sua vítima escapou pela loja vizinha. É melhor irem embora. Alguns se enfureceram, outros riram, outros se recusaram a acreditar.

— Muito bem — disse ele —, se não acreditam em mim podem designar um representante, ou dois, e me prontifico a levá-los para dentro da casa. Se conseguirem achar Gandhi entrego-o com prazer. Caso contrário devem voltar para suas casas. Tenho certeza de que ninguém quer destruir a residência do Sr. Rustomji, nem ferir a esposa e os filhos do Sr. Gandhi.

A multidão mandou seus representantes para vasculhar a casa. Logo retornaram com a decepcionante notícia. Finalmente se dispersaram, a maioria admirada pelo tato com que o chefe Alexander lidara com a situação, e uns poucos mostrando desagrado e irritação.

O falecido Sr. Chamberlain, então Secretário de Estado para as Colônias, enviou um cabograma pedindo que o governo de Natal processasse meus atacantes. O Sr. Escombe chamou-me, expressou seu pesar pelos ferimentos que eu sofrera e disse:

— Acredite-me, não me alegro nem com o menor dos seus ferimentos. O senhor tinha o direito de aceitar o conselho do Sr. Laughton e encarar o pior. Mas tenho certeza de que se tivesse considerado a minha sugestão não teriam acontecido esses tristes incidentes. Se puder identificar seus agressores, estou pronto para prendê-los e processá-los. O Sr. Chamberlain também quer que o faça.

Ao que respondi:

— Não quero processar ninguém. É possível que consiga identificar um ou dois deles, mas de que serviria puni-los? Além disso não acuso meus agressores de nada. Foram levados a acreditar que, na Índia, fiz declarações exageradas a respeito dos brancos de Natal e os caluniei. Se acreditaram nessas notícias não é de admirar que tenham se enfurecido. Os líderes e, se me permite dizê-lo, o senhor, é que são culpados. Poderiam ter orientado o povo adequadamente, mas também acreditaram nas notícias da agência Reuter e pensaram que era verdade que eu incorrera em exageros. Não quero repreender ninguém. Estou certo de que quando a verdade vier à tona, meus agressores vão se arrepender de sua conduta.

— O senhor se importaria de registrar essa declaração por escrito? — perguntou o Sr. Escombe. — Preciso enviar um cabograma ao Sr. Chamberlain a esse respeito. Não quero que faça nada precipitadamente. Pode se quiser consultar o Sr. Laughton e seus outros amigos antes de tomar uma decisão definitiva. Devo confessar contudo que se abrir mão de seu direito de exigir que seus agressores sejam responsabilizados, vai me ajudar consideravelmente a restaurar a paz, além de melhorar a sua própria reputação.

— Obrigado — respondi. — Não preciso mais de nenhuma consulta. Já me havia decidido a esse respeito antes de vir vê-lo. Estou convencido de que não devo processar meus agressores, e já estou preparado para pôr minha decisão no papel.

Assim, dei-lhe a declaração pedida.

4. A CALMARIA DEPOIS DA TEMPESTADE

Não havia ainda deixado a delegacia quando, dois dias depois, fui levado ao Sr. Escombe. Dois policiais me acompanharam, apesar de não ser mais necessária nenhuma proteção.

No dia do desembarque, assim que foi baixada a bandeira amarela, um representante do jornal *The Natal Advertiser* viera me entrevistar. Fez-me muitas perguntas, e por minha vez consegui refutar cada uma das acusações que me haviam imputado. Graças a Sir Pherozeshah Mehta eu só proferira discursos escritos na Índia. E tinha cópia de todos, assim como de suas publicações. Entregara ao jornalista todo esse material, mostrando-lhe que nunca havia dito nada na Índia que já não houvesse expressado, em linguagem até mais forte, na África do Sul. Também lhe mostrei que não tivera nenhuma participação na vinda dos passageiros indianos do *Courland* e do *Naderi*. Muitos deles eram antigos residentes e a maioria, longe de querer ficar em Natal, pretendia seguir para a Província do Transval. Naquela época a Província do Transval oferecia perspectivas melhores que Natal aos que vinham em busca de riqueza. Era para lá portanto que os indianos preferiam ir.

A entrevista e a recusa de processar meus agressores causaram um impacto tão profundo que os europeus de Durban se envergonharam de sua conduta. A imprensa declarou-me inocente e condenou a turba. Dessa forma o linchamento, em última instância, revelou-se uma bênção para mim, ou seja, para a causa. Aumentou o prestígio da comunidade indiana na África do Sul e facilitou meu trabalho.

Três ou quatro dias depois fui para minha casa e logo me restabeleci. O incidente também influiu positivamente sobre o meu exercício profissional.

No entanto, se por um lado o prestígio da comunidade aumentou, por outro também foi atiçada a chama do preconceito contra ela. Logo que ficou demonstrado que os indianos eram capazes de um confronto valoroso, eles passaram a ser considerados um perigo. Dois projetos de lei foram apresentados à Assembleia Legislativa de Natal, um deles com o objetivo de prejudicar os comerciantes indianos, e o outro com o propósito de impor severas restrições à imigração indiana.

Felizmente a luta pelo direito ao voto resultara em uma sentença que determinava que nenhuma lei poderia ser aprovada contra os indianos apenas por serem indianos, ou seja, a lei não poderia discriminar ninguém com base em cor ou raça. A linguagem desses projetos tornava-os aplicáveis a todos, mas seu objetivo sem dúvida era impor maiores restrições aos indianos residentes em Natal.

Tais projetos aumentaram consideravelmente o meu volume de trabalho social e despertaram na comunidade um inédito senso de dever. Foram traduzidos para idiomas indianos e inteiramente explicados, para que a comunidade percebesse as suas implicações mais sutis. Apelamos para o Secretário Colonial que, entretanto, recusou-se a intervir e os projetos tornaram-se leis.

O trabalho comunitário começou então a absorver a maior parte de meu tempo. O *Sjt*. Mansukhlal Naazar que, como mencionei já estava em Durban, veio juntar-se a mim e tendo começado a dedicar seu tempo à causa, proporcionou um certo alívio à minha carga.

Durante a minha ausência o *Sheth* Adamji Miyakhan desempenhara seus deveres com muita eficiência. Aumentara o número de membros e adicionara cerca de mil libras aos cofres do Congresso Indiano de Natal. Aproveitei a agitação trazida pelos projetos de lei e pelas manifestações contra os passageiros. Fiz um apelo de filiação e coleta de fundos, que chegaram então a 5.000 libras. Meu desejo era garantir um fundo permanente para o Congresso, para que ele pudesse adquirir seus próprios imóveis e assim financiar suas atividades com as rendas dos aluguéis. Foi minha primeira experiência administrativa em uma instituição pública. Apresentei a proposta a meus colegas, que a acolheram. Um imóvel foi comprado e alugado, e a renda mostrou-se suficiente para cobrir as despesas do Congresso. A propriedade foi confiada a um conselho de administração e até hoje existe, mas tornou-se fonte de muitas disputas internas. Como resultado o aluguel hoje vem sendo depositado judicialmente.

Essa triste situação desenrolou-se depois que deixei a África do Sul, mas minhas ideias sobre fundos permanentes para instituições públicas mudaram muito, mesmo antes de surgirem aquelas diferenças. Hoje, depois de considerável experiência nas muitas instituições que administrei, acredito firmemente que não é bom gerir instituições públicas com base em fundos permanentes, porque estes trazem consigo a semente da ruína moral da organização.

Uma instituição pública deve ser conduzida com a aprovação e o financiamento do povo. Quando ela deixa de ter o apoio público perde o seu direito de existir. Com frequência observa-se que muitas instituições que mantêm fundos permanentes ignoram a opinião pública, não raro agindo contra ela. Em nosso país é o que experimentamos em todos os níveis. Alguns dos assim chamados grupos religiosos deixaram de prestar quaisquer contas. Seus administradores se transformaram em proprietários e já não são responsáveis perante ninguém.

Não tenho a menor dúvida de que o ideal é que tais instituições vivam, como a natureza, do dia a dia. A organização que não conseguir apoio da comunidade não tem direito a existir como tal. As doações que uma instituição assim recebe anualmente são o termômetro de sua popularidade e da honestidade de sua administração, e acho que todas elas devem passar por esse teste. Mas que ninguém me compreenda mal. Meus comentários não se aplicam às entidades que, por sua própria natureza, não podem ser geridas sem instalações permanentes. O que quero dizer é que as despesas correntes devem ser cobertas por doações anuais.

Esses pontos de vista foram confirmados durante a época do *Satyagraha* na África do Sul. Aquela esplêndida campanha, que se estendeu por seis anos, foi totalmente realizada sem fundos permanentes, apesar de ter consumido milhares de rúpias. Lembro-me de momentos em que não sabia o que aconteceria no dia seguinte, caso não fossem recebidas doações. Mas não vou adiantar acontecimentos futuros. O leitor verá a opinião expressa acima amplamente refletida na narrativa que virá.

5. A EDUCAÇÃO DAS CRIANÇAS

Quando desembarquei em Durban em janeiro de 1897, tinha três crianças comigo: o filho de minha irmã, de dez anos, e os meus próprios, de nove e cinco anos. Para que escola eles iriam?

Poderia tê-los enviado às escolas para crianças europeias, mas somente à custa de favores e exceções. Não era permitido a nenhuma outra criança indiana frequentá-las. Elas podiam ir às escolas fundadas pelas missões cristãs, mas tal alternativa não me agradava pois não estava de acordo com o tipo de educação que davam. Para começar, as aulas seriam ministradas apenas em inglês, ou talvez em hindi ou tâmil incorretos, e seria difícil mudar isso. Não poderia aceitar essas e outras desvantagens. Naquele ínterim eu mesmo tentava dar-lhes aulas, mas de forma muito irregular, e não consegui encontrar um bom professor gujarate.

Já estava desesperado. Pus um anúncio em busca de um professor inglês, que ensinaria sob minha orientação. A ele caberia ministrar algumas aulas regulares, que seriam complementadas com as que eu conseguisse dar-lhes de modo irregular. Contratei então uma governanta inglesa por sete libras mensais. Tal situação estendeu-se por algum tempo, sem que eu me satisfizesse. Os meninos aprenderam um pouco de gujarate conversando e interagindo comigo, o que ocorria estritamente na língua-mãe. Relutava em mandá-los de volta à Índia, pois já então acreditava que filhos pequenos não devem ser separados dos pais.

A educação que as crianças naturalmente absorvem num lar decente é impossível de ser obtida em internatos. Portanto mantive meus filhos comigo. Cheguei a mandar meu sobrinho e meu primogênito para uma escola interna na Índia, mas depois de alguns meses tive de chamá-los de volta. Mais tarde o meu primogênito, depois de sua maioridade, fugiu de mim e foi fazer o colegial na Índia, em Ahmedabad. Tenho a impressão de que meu sobrinho se satisfez com o que consegui dar-lhe. Infelizmente faleceu na flor da juventude, depois de uma breve doença. Meus outros três filhos nunca frequentaram uma escola pública, embora tenham recebido um pouco de instrução formal numa escola improvisada que fundei para filhos de pais *satyagrahis* na África do Sul.

Todas essas experiências foram inadequadas. Não podia dedicar às crianças todo o tempo que gostaria. Minha incapacidade de dar-lhes atenção suficiente, assim como outras circunstâncias inevitáveis, impediram que eu lhes desse o grau de instrução literária que desejava. Todos os meus filhos têm queixas contra mim a esse respeito. Sempre que deparavam com bacharéis, mestres, ou mesmo estudantes universitários pareciam sentir-se inferiorizados pela falta de educação formal.

Entretanto acho que se tivesse insistido para que estudassem em escolas públicas eles teriam sido privados de um tipo de instrução que só se recebe por meio da escola da experiência, ou do contato constante com os pais. Jamais teria ficado despreocupado como hoje estou, a esse respeito. A educação artificial que teriam recebido na Inglaterra ou na África do Sul, separados de mim, nunca lhes teria ensinado a simplicidade e o espírito de serviço que hoje manifestam em suas vidas, e seus estilos artificiais de viver poderiam ter sido graves empecilhos ao meu trabalho comunitário. Por isso, apesar da educação literária que consegui dar-lhes não ter satisfeito nem a eles nem a mim, fazendo uma retrospectiva não tenho tanta certeza de não ter cumprido meu dever da melhor forma possível.

Tampouco me arrependo de não os ter mandado para a escola. Sempre achei que as características indesejáveis que observo hoje em meu primogênito são o eco da vida indisciplinada e desregrada que eu levava antes. Considero aquela época um período em que me faltava comedimento e maturidade, e que coincidiu com a idade em que meu filho mais velho era mais influenciável. Naturalmente, ele se recusou a encarar aquele tempo como um momento de descomedimento e imaturidade por que passei. Pelo contrário acredita que aquele foi meu período mais brilhante, e que as mudanças ocorridas depois foram devidas a ilusões e a um falso senso de iluminação.

É muito natural. Por que deveria ele pensar de outra forma, e não considerar meu momento anterior um período de iluminação e o posterior, de mudanças radicais, uma fase de ilusão e egoísmo? Por várias vezes amigos me confrontaram com tais questionamentos: que mal ocorreria se eu tivesse dado aos meus filhos uma educação acadêmica? Que direito tinha eu de cortar-lhes as asas? Por que havia objetado a que se diplomassem e escolhessem suas próprias carreiras?

Penso que não vale muito a pena discutir essas questões. Tive contato com muitos estudantes. Tentei por conta própria ou por intermédio de outros impor meus "modismos" educacionais também a outras crianças e observei os resultados. Conheço hoje vários jovens, contemporâneos dos meus filhos. Não acredito que, em termos de qualidades humanas, algum deles seja melhor que meus filhos, ou que estes tenham muito a aprender com aqueles.

Contudo o resultado mais importante de minha experiência ainda está no ventre do futuro. Meu objetivo ao discutir aqui esse tópico é que o estudante de história da civilização tenha algum referencial quanto à diferença entre educação domiciliar disciplinada e educação escolar, e também quanto aos efeitos que têm, sobre os filhos, as mudanças que os pais fazem em suas próprias vidas. O propósito deste capítulo é mostrar até onde os devotos da verdade estão dispostos a levar suas experiências com ela, e revelar também aos devotos da liberdade os sacrifícios que essa severa deusa exige.

Se eu não tivesse um senso de respeito próprio, e se por isso me julgasse satisfeito por dar a meus filhos a educação que outros não podiam ter, acabaria por tê-los privado da aula prática de liberdade e respeito próprio que lhes ministrei, às custas de sua educação literária. E quando é necessário optar entre a liberdade e a instrução, quem não haverá de dizer que aquela é mil vezes preferível a esta?

Em 1920 convoquei jovens a sair das cidadelas da escravidão — suas escolas e faculdades. Disse-lhes que era muito melhor permanecer sem instrução e quebrar pedras, em nome da liberdade, do que receber educação superior atados aos grilhões da escravidão. É provável que eles agora possam rastrear a origem de meus conselhos.

6. O ESPÍRITO DE SERVIÇO

Minha carreira avançava satisfatoriamente, mas isso estava longe de me agradar. A questão de simplificar minha vida cada vez mais e de servir concretamente aos meus semelhantes dominava meus pensamentos, quando um leproso bateu à minha porta. Não tive coragem de simplesmente dar-lhe uma refeição e dispensá-lo. Ofereci-lhe abrigo, fiz curativos em suas feridas e comecei a cuidar dele. Mas não podia continuar indefinidamente com aquilo. Não tinha meios nem tempo para mantê-lo para sempre comigo. Logo, mandei-o para um hospital público para trabalhadores imigrantes contratados.

Mesmo assim não sosseguei. Ansiava por um serviço humanitário de caráter permanente. O Dr. Both, que coordenava a Missão St. Aidan, era um homem bondoso e não cobrava pelo tratamento de seus pacientes. Graças às doações do parse Rustomji foi possível montar uma pequena Santa Casa de Misericórdia, sob a responsabilidade do Dr. Both. Senti-me muito propenso a servir como enfermeiro nesse hospital. A tarefa de administrar medicamentos levava entre uma e duas horas por dia, e resolvi encontrar tempo em meu horário de trabalho para ocupar o posto de auxiliar no dispensatório contíguo ao hospital.

A maior parte das minhas atribuições profissionais relacionava-se a serviços de gabinete, escrituras de transmissão de propriedade e arbitragem. É claro que tinha algumas causas no tribunal, mas a maioria não era contenciosa e o Sr. Khan, que me acompanhara à África do Sul e morava comigo, concordou em segui-las quando eu estivesse ausente. Assim encontrei tempo para servir no pequeno hospital. Dedicava-lhe duas horas pela manhã, incluindo o tempo de ir e vir. Esse serviço trouxe-me um pouco de paz. Tinha de conhecer as queixas dos pacientes, comunicá-las ao médico e ministrar as receitas, o que me colocou em estreito contato com indianos sofredores, a maior parte tâmeis, telugus ou indianos do norte vindos para trabalhar sob contrato.

A experiência foi-me útil no futuro, quando me ofereci para prestar serviços de enfermagem aos doentes e soldados feridos durante a guerra dos bôeres.

Sempre me deparava com a questão da educação dos filhos. Dois de meus filhos nasceram na África do Sul, e meu trabalho no hospital ajudou-me a resolver a questão de criá-los. Meu espírito independente era fonte de constantes questionamentos. Minha esposa e eu havíamos optado pela melhor assistência médica para o momento do parto dela, mas caso o médico e a enfermeira nos deixassem no momento crucial, o que eu iria fazer? Além disso queríamos uma enfermeira indiana. Era difícil encontrar uma delas qualificada na África do Sul, como também na Índia. Sendo assim estudei tudo o que era necessário para um parto seguro. Li o livro do Dr. Tribhuvandas, *Ma-ne Shikhaman (Conselhos às Mães)*, e cuidei de meus dois filhos seguindo as instruções nele contidas, mesclando-as aqui e ali com minhas próprias experiências. Contratamos os serviços de uma enfermeira, porém não por mais que dois meses de cada vez, principalmente para auxiliar minha esposa e não para cuidar dos bebês, algo de que eu mesmo me encarregava.

Estou convencido de que é fundamental para a criação dos filhos que os pais tenham conhecimentos gerais a respeito do cuidado com os bebês. A todo o momento manifestam-se os benefícios do meu estudo minucioso da matéria. Meus filhos não teriam hoje tanta saúde caso eu não tivesse me dedicado ao assunto e posto meus conhecimentos em prática. Agimos sob a superstição de que as crianças nada aprendem em seus primeiros cinco anos de vida. A educação dos filhos, desde o começo, baseia-se nessa concepção. O estado físico e mental dos pais no momento da concepção se reflete no bebê. A seguir, durante a gravidez, ele continua a ser afetado pelos humores, desejos e temperamento da mãe, assim como por seu estilo de vida. Depois que nasce a criança passa a imitar os pais e, por um número considerável de anos, depende totalmente deles para o seu crescimento.

O casal que se der conta disso jamais empreenderá a união sexual com o objetivo de satisfazer sua luxúria, mas apenas para gerar descendência. Considero ser o auge da ignorância a crença de que o ato sexual é uma função necessária, tal como dormir ou comer. Para existir o mundo depende do ato da geração. Assim como o mundo reflete a glória divina, os atos geradores devem ser racionais, para que possam favorecer o crescimento ordenado do mundo. Quem se aperceber disso controlará sua luxúria a qualquer preço e adquirirá o conhecimento necessário para promover o bem-estar físico, mental e espiritual de sua progênie, beneficiando assim a posteridade.

7. BRAHMACHARYA – I

Chegamos agora ao ponto da história em que o voto de *brahmacharya* passou a ser matéria de séria consideração de minha parte. Estivera unido a um ideal monogâmico desde meu casamento, e a lealdade à minha esposa constituía parte de meu amor pela verdade. Entretanto foi somente na África do Sul que me dei conta da importância de observar o *brahmacharya*, mesmo em relação a ela. Não consigo precisar com certeza quais circunstâncias ou livros deram esse rumo aos meus pensamentos, mas lembro-me de que um fator determinante foi a influência de Raychandbhai, sobre quem já escrevi.

Ainda me recordo de uma conversa que tive com ele. Certa vez enaltecia a dedicação da Sra. Gladstone a seu marido. Lera em algum lugar que ela fazia questão de preparar-lhe o chá, mesmo quando ele estava na Câmara dos Comuns, e essa se tornara uma regra na vida desse ilustre casal, cujas ações eram ditadas pela disciplina. Ao contar isso ao poeta exaltei de passagem o amor conjugal.

— Qual dos dois tem em mais alta conta — perguntou Raychandbhai —, o amor da Sra. Gladstone por seu marido como esposa ou seu serviço devotado, independentemente de sua relação com ele? Suponhamos que ela fosse sua irmã ou uma assistente fiel que lhe dedicasse a mesma atenção. Qual seria a sua opinião? Imaginemos que o senhor tivesse observado a mesma dedicação por parte de um servidor masculino. Será que sua expressão de agrado seria a mesma que no caso da Sra. Gladstone? Pense no que estou sugerindo.

Raychandbhai era casado. Tenho a impressão de que quando foram ditas essas palavras me soaram ásperas, mas fui irresistivelmente dominado por elas. A dedicação de um serviçal era, achei eu, mil vezes mais elogiável que a de uma esposa ao marido. Esta não era de surpreender, uma vez que havia no casal um laço indissolúvel. Era algo perfeitamente natural. No entanto a mesma devoção entre servidor e patrão exigia um esforço especial para ser cultivada. O ponto de vista do poeta foi me cativando gradualmente.

Qual então, perguntei-me, deveria ser minha relação com minha esposa? Será que minha manifestação de fidelidade consistia em torná-la um instrumento de minha luxúria? Enquanto fosse escravo da luxúria, de nada valeria ser fiel. Para ser justo com minha esposa, devo dizer que ela nunca tomava a iniciativa de seduzir-me. Era portanto algo muito fácil para mim fazer os votos de *brahmacharya*, bastava desejá-lo. Minha vontade fraca ou meu apego lúbrico eram os únicos obstáculos.

Mesmo depois de ter a consciência assim despertada falhei duas vezes. Fracassei porque a motivação subjacente ao meu esforço não era a predominante. Meu principal objetivo era evitar mais filhos. Ainda na Inglaterra lera algo sobre anticoncepcionais. Já mencionei a propaganda do controle de natalidade do Dr. Allinson, no capítulo sobre vegetarianismo. Ainda que tais métodos houvessem exercido influência temporária sobre mim, a oposição do Sr. Hill a eles, e sua defesa do esforço interno em contraposição ao método externo, ou em outras palavras, do autocontrole, teve um efeito muito maior. E este, a seu tempo, acabou por ser permanente.

Percebendo portanto que não queria mais filhos, comecei a tentar o autocontrole. Havia dificuldades infinitas nessa tarefa. Começamos a dormir em camas separadas. Decidi deitar-me somente depois que os afazeres do dia me deixassem completamente exausto. Todos esses esforços mostraram-se um tanto ou quanto inúteis, mas em retrospectiva vejo que a resolução final foi o efeito cumulativo das tentativas malsucedidas.

Só consegui tomar uma resolução definitiva em 1906. O *satyagraha* ainda não havia sido iniciado. Eu não tinha a menor ideia do que estava por vir. Estava trabalhando em Joanesburgo na época da "rebelião" zulu em Natal, que aconteceu pouco depois da guerra dos bôeres. Senti que devia oferecer meus serviços ao governo de Natal naquela ocasião. A oferta foi aceita, como veremos em outro capítulo. Mas o trabalho fez com que meus pensamentos fossem energicamente atraídos pelo autocontrole e, como de costume, discuti minhas ideias com meus colaboradores.

Convenci-me de que a procriação e o consequente cuidado com os filhos são incompatíveis com o serviço à comunidade. Tive de deixar meu lar em Joanesburgo para poder servir durante a "rebelião". Um mês depois de oferecer meus serviços tive de me desfazer da casa que havia tão cuidadosamente montado. Transferi minha esposa e filhos para Phoenix e levei uma unidade de ambulâncias para juntar-se às forças combatentes em Natal. Durante as difíceis marchas que tínhamos então de executar, ocorreu-me a ideia de que caso quisesse dedicar-me ao serviço comunitário daquela forma, deveria abandonar o desejo por filhos e riqueza e viver a vida de um *vanaprastha* — aquele que abriu mão das preocupações domésticas.

A "rebelião" não me ocupou por mais que seis semanas, mas aquele breve período mostrou-se significativo em minha vida. A importância dos votos tornou-se mais clara do que nunca. Percebi que um voto, longe de fechar uma porta para a verdadeira liberdade, com efeito abre-a. Até então havia sido malsucedido porque faltara vontade, faltara fé em mim mesmo, fé na graça de Deus e portanto minha mente ficara à deriva no tormentoso mar da dúvida. Percebi que ao se recusarem a fazer um voto os homens caíam em tentação, e observando-o, passava-se da libertinagem para o verdadeiro casamento monogâmico.

"Acredito no esforço, não quero ficar preso a votos", é a mentalidade da fraqueza que denuncia um desejo sutil pelo objeto a ser evitado. Caso contrário qual seria a dificuldade em tomar uma decisão definitiva? Faço um voto de fugir da serpente que sei irá me picar, não faço simplesmente um esforço de fuga. Sei que um mero esforço pode significar morte certa. Simplesmente esforçar-me quer dizer ignorar o fato inequívoco de que a serpente irá me matar. O fato portanto de contentar-me com um simples esforço mostra que ainda não me dei totalmente conta de que uma providência definitiva é necessária. "Mas supondo que eu mude de ideia no futuro, como posso prender-me a um voto?" Tal dúvida frequentemente nos atrasa. Mas ela também denota uma falta de percepção clara de que devemos renunciar a um determinado objeto. Foi por isso que Nishkulanand cantou:

A renúncia sem a aversão não é duradoura.

Assim, onde o desejo nos abandonou, um voto de renúncia vai se apresentar como fruto natural e inevitável.

8. *BRAHMACHARYA* – II

Depois de longas discussões e madura deliberação fiz o voto em 1906. Até então não havia compartilhado meus pensamentos com minha esposa. Só a consultei no momento de fazer o voto, ao qual não fez nenhuma objeção. Mas tive grande dificuldade em tomar a decisão definitiva. Como conseguiria controlar minhas paixões? A eliminação das relações carnais com minha própria esposa parecia-me então uma ideia estranha. Mas prossegui, com fé no poder encorajador de Deus.

Ao fazer uma retrospectiva destes vinte anos de voto encho-me de satisfação e maravilha. Minha prática mais ou menos bem-sucedida do autocontrole começara em 1901. No entanto a liberdade e alegria que experimentei depois de fazer o voto eram-me desconhecidas antes de 1906. Antes do voto estivera aberto para cair em tentação a qualquer momento. Agora ele era um escudo invencível. O grande potencial da prática cotidiana do *brahmacharya* tornou-se cada vez mais patente para mim.

Fiz o voto quando estava em Phoenix. Assim que fui liberado do serviço de ambulâncias fui para lá, de onde prosseguiria para Joanesburgo. Depois de aproximadamente um mês do meu retorno estavam lançados os alicerces do *satyagraha*. Apesar de então não o saber, o voto de *brahmacharya* estava me preparando para o movimento. O *satyagraha* não era um plano preconcebido. Veio espontaneamente, sem que o tivesse desejado. Mas percebi que todos os meus passos anteriores haviam me levado àquela meta. Eu cortara meus pesados gastos domésticos em Joanesburgo e fora para Phoenix com a finalidade, por assim dizer, de fazer o voto de *brahmacharya*.

Não devo ao estudo dos *Shastras* a compreensão de que uma perfeita observância do *brahmacharya* significa a realização de *brahman*[3]. Trata-se de algo que cresceu gradualmente em mim a partir da experiência pessoal. Só vim a ler os *Shastras* que abordam esse assunto muito mais tarde. Cada dia do voto ampliava o entendimento de que no *brahmacharya* encontram-se a proteção do corpo, da mente e da alma. Pois ele não mais era um processo de difíceis provações, mas de conforto e alegria. Cada dia se revelava, por meio dele, uma nova beleza.

No entanto, se por um lado experimentava alegria crescente, que ninguém pense que foi fácil. Mesmo hoje, com mais de cinquenta e seis anos, percebo como é difícil. A cada dia vejo com crescente clareza que é como caminhar no fio de uma navalha, e a cada momento me dou conta da necessidade de permanente vigilância.

O controle do paladar é a primeira observância fundamental do voto. Percebi que o controle total do paladar facilita a abstinência, e então passei a realizar minhas experiências alimentares não só como vegetariano, mas também como *brahmachari*. Concluí que o *brahmachari* deve comer alimentos simples, não condimentados e se possível crus.

Seis anos de experiência mostraram-me que os alimentos ideais para o *brahmachari* são as frutas frescas e as oleaginosas. Durante o período em que comia apenas isso desfrutei de uma imunidade às paixões que, depois de mudar de dieta, nunca mais senti. Não precisei me esforçar para manter o voto de *brahmacharya* durante a época em que, na África do Sul, me alimentei apenas de frutas frescas e oleaginosas. Um grande esforço tornou-se necessário depois que passei a tomar leite. A razão por que voltei a tomá-lo depois de uma dieta de frutas será explicada oportunamente. Por enquanto basta dizer que não tenho a menor dúvida de que uma alimentação que inclui leite dificulta bastante a observância do *brahmacharya*.

Que não se conclua que todos os *brahmacharis* devem deixar de tomar leite. O efeito dos diferentes tipos de alimento no *brahmacharya* só pode ser determinado depois de numerosas experiências. Ainda estou para encontrar, entre as frutas, um substituto para o leite que, além de ser bom para os músculos, seja de fácil digestão. Nem médicos, *vaidyas* e *hakims* puderam me ajudar. Portanto, apesar de saber que o leite tem efeito estimulante, não posso por enquanto aconselhar que se deixe de tomá-lo.

Como auxílio externo ao *brahmacharya,* o jejum é tão necessário quanto a seletividade e o controle da alimentação. Tal é a soberania dos sentidos, que estes só podem ser dominados quando cerceados por todos os lados, por cima e por baixo. É sabido que eles perdem seu poder quando não são alimentados; consequentemente o jejum realizado com a finalidade de controlar os sentidos é sem dúvida de grande valia. Para alguns o jejum de nada adianta, pois pressupondo que jejuar mecanicamente lhes trará imunidade, banqueteiam-se mentalmente com todos os tipos de iguarias, pensando o tempo todo no que irão comer e beber ao término da abstinência.

Jejuns assim não auxiliam no controle da gula e da luxúria. O jejum só é proveitoso quando a mente coopera com a abstinência do corpo, cultivando o desapego pelos objetos que ao corpo são negados. O jejum portanto tem utilidade limitada, pois o jejuador pode continuar ao sabor das paixões. Todavia pode-se dizer que a extinção do desejo sexual é regra que não pode ser seguida sem o apoio do jejum, que deve ser considerado indispensável para a observância do *brahmacharya*. Muitos dos que aspiram ao *brahmacharya* fracassam, porque, na utilização dos outros sentidos, agem como os que não são *brahmacharis*. Seu esforço assemelha-se a querer sentir o revigorante frescor do inverno durante os escaldantes meses de verão.

Deve haver limites claros entre a vida de quem é e de quem não *é brahmachari*. A semelhança entre eles é apenas aparente. As diferenças devem tornar-se claras como o dia. Ambos se utilizam da visão, mas enquanto com ela o *brahmachari* vê as glórias de Deus, o outro vê frivolidades por todo lado. Ambos se utilizam da audição, mas enquanto um não ouve nada que não louvores a Deus, o outro farta os ouvidos com vulgaridades. Ambos frequentemente se recolhem tarde, mas enquanto um devota suas horas à prece, o outro as desperdiça em devassa e imoderada boemia. Ambos alimentam o estômago, um para bem manter o templo de Deus, enquanto o outro se empanturra, transformando o recipiente sagrado num fétido esgoto. Portanto existe entre a vida de ambos uma distância abismal que, com o passar do tempo, só aumenta e jamais diminui.

O *brahmacharya* consiste no controle dos sentidos em pensamentos, palavras e atos. A cada dia percebo mais a necessidade do controle, da forma como expliquei acima. As possibilidades de renúncia são ilimitadas, assim como o *brahmacharya* em si. É impossível alcançá-lo por meio de um esforço limitado. Para muitos tudo isso permanecerá apenas um ideal.

O aspirante ao *brahmacharya* deve estar sempre consciente de suas próprias limitações e vasculhar os recônditos do coração à procura de paixões recalcitrantes, empenhando-se em livrar-se delas. Enquanto o pensamento não for totalmente dominado pela vontade não teremos um *brahmacharya* pleno. O pensar involuntário é uma moléstia da mente e, portanto, refrear os pensamentos significa controlá-la, e ela é mais difícil de ser subjugada que o vento. Entretanto, a existência do Deus interior possibilita até mesmo o controle da mente. Que ninguém considere a tarefa impossível simplesmente por ser difícil. É a meta mais elevada, e não é de admirar que seja necessário um esforço mais alto para atingi-la.

Contudo foi somente quando voltei para a Índia que me dei conta de que *brahmacharya* seria impossível de alcançar simplesmente pelo esforço humano. Até então me desdobrava, sob a ilusão de que uma dieta de frutas bastaria para possibilitar-me a erradicação das paixões, enganando-me com a crença de que não precisava fazer mais nada.

Mas não devo adiantar o capítulo sobre minhas lutas. Enquanto isso deixem-me esclarecer que quem quiser observar o *brahmacharya* com o objetivo de alcançar Deus não precisa se desesperar, desde que sua fé em Deus seja igual à sua confiança em seu esforço pessoal. "Os objetos dos sentidos abandonam a alma abstêmia, deixando para trás apenas traços. Porém, mesmo estes desaparecem com a compreensão do Mais Elevado" *[Bhagavad-Gita, 2-59]*. Portanto, Seu nome e Sua graça são os últimos recursos para o aspirante ao *moksha*. Só aprendi essa verdade depois de meu retorno à Índia.

9. UMA VIDA SIMPLES

Começara levando uma vida cômoda e confortável, mas a experiência foi efêmera. Mobiliei a casa com esmero, mas isso não me cativou. Portanto mal havia estruturado aquele estilo e já comecei a cortar despesas. A conta da lavanderia era pesada e, como a pontualidade não estava entre as maiores qualidades do funcionário que me atendia, nem duas ou três dúzias de camisas e colarinhos eram suficientes para mim. Os colarinhos precisavam ser trocados diariamente e as camisas, se não nesse prazo, pelo menos a cada dois dias. Isso significava uma despesa dobrada, que me parecia desnecessária. Equipei-me então com a parafernália de lavanderia para economizar. Comprei um livro sobre o assunto, estudei a arte de lavar roupas e também a ensinei à minha esposa. Sem dúvida que era mais trabalhoso, mas a novidade revelou-se um prazer.

Nunca esquecerei o primeiro colarinho que lavei. Usei mais goma que o necessário, o ferro não estava quente o bastante e, por medo de queimar o tecido, eu o passei mal. Como resultado o colarinho ficou relativamente firme, mas o excesso de goma escorria continuamente. Fui ao tribunal usando aquele colarinho, para grande zombaria dos meus colegas advogados. Contudo já naquela época eu era relativamente impermeável a ser ridicularizado.

— Bem — eu disse — foi minha primeira experiência em lavar colarinhos, por isso sobrou goma. Mas não me incomodo. Além disso fico feliz de que tenham motivo para diversão.

— Mas não é por falta de lavanderias, não? — perguntou um amigo.

— A conta da lavanderia é alta — respondi. — O que se paga para lavar um colarinho quase dá para comprar outro. Além do mais ficamos eternamente dependentes do empregado que traz as roupas. Prefiro lavá-las eu mesmo.

Mas não consegui que meus amigos apreciassem a beleza da autossuficiência. Com o passar do tempo tornei-me excelente lavadeiro, tanto quanto dependia de mim, e o resultado não era em nada inferior ao das lavanderias. Meus colarinhos não deixavam nada a dever aos outros em rigidez e brilho.

Quando Gokhale veio à África do Sul trouxe uma echarpe que lhe fora presenteada por Mahadeo Govind Ranade. Cuidava dessa lembrança com o maior carinho, e só a usava em ocasiões realmente especiais, como por exemplo o banquete oferecido em sua homenagem pelos indianos de Joanesburgo. A echarpe estava amassada e precisava ser passada. Não havia tempo para mandá-la para a lavanderia. Ofereci meus dotes.

— Confio em suas habilidades como advogado, mas não como lavadeiro — disse Gokhale. — Já pensou se manchar o tecido? Sabe o que essa echarpe significa para mim?

Aproveitando a oportunidade contou-me, com grande alegria, a história do presente. Ainda assim insisti, garanti um bom trabalho e conseguindo sua permissão para passá-la a ferro, ganhei sua aprovação. Depois disso não me importo se o resto do mundo me aprove ou não.

Da mesma forma, assim como me livrei da escravidão ao empregado da lavanderia, descartei a dependência do barbeiro. Todas as pessoas que vão à Inglaterra aprendem, no mínimo, a arte de barbear-se bem, mas ninguém que eu conheça aprende a cortar o próprio cabelo. Tive de aprender isso também. Certa feita fui a um cabeleireiro inglês em Pretória, que desdenhosamente se recusou a cortar o meu cabelo. Claro que fiquei aborrecido, mas imediatamente comprei uma tesoura e eu próprio o cortei, diante do espelho. Consegui cortar mais ou menos a parte da frente, mas estraguei a de trás. No tribunal os amigos morreram de rir.

— O que há de errado com seu cabelo, Gandhi? Foi comido por ratos?

— Não, o barbeiro branco não aceitou tocar em meus cabelos negros — eu disse. — Então preferi eu mesmo cortá-los, ainda que mal.

A resposta não os surpreendeu.

Não se pode culpar o barbeiro por se recusar a cortar o meu cabelo. Se servisse a homens de cor, provavelmente perderia a sua clientela. Também não permitimos que nossos barbeiros sirvam aos nossos irmãos intocáveis. Recebi o troco dessa atitude na África do Sul, não apenas uma vez, mas várias, e a convicção de que estava sendo punido por meus próprios pecados evitou que me enfurecesse.

As formas radicais por meio das quais minha paixão pela autonomia e pela simplicidade acabaram por manifestar-se serão descritas oportunamente. A semente fora lançada, só precisava ser regada para enraizar-se, florescer e frutificar. A rega veio a seu tempo.

10. A GUERRA DOS BÔERES

Vou omitir muitas outras experiências do período compreendido entre 1897 e 1899, passando direto para a guerra dos bôeres.

Quando a guerra foi declarada minha simpatia estava totalmente com os bôeres, mas acreditava ainda não ter direito em tais casos, de fazer valer minhas convicções. Já descrevi detalhadamente minha luta interior a esse respeito na história do *Satyagraha* na África do Sul, portanto não vou repetir aqueles argumentos. Remeto os interessados àquelas páginas. Basta dizer que minha lealdade ao domínio britânico levou-me a tomar o seu partido naquela guerra. Percebi que, se exigia para mim os direitos de um cidadão britânico, era também meu dever nessa condição, defender o seu Império. Na época acreditava que a Índia só chegaria à sua emancipação total por intermédio dele. Reuni então tantos camaradas quanto possível e, com grande dificuldade, consegui que seus serviços fossem aceitos em unidades de ambulâncias.

O inglês médio achava que os indianos eram covardes, incapazes de correr riscos ou de considerar algo além de seus próprios interesses. Amigos ingleses jogaram um balde de água fria em meus planos. O Dr. Both porém apoiou-me totalmente e treinou-nos para os serviços de ambulância. Obtivemos atestados médicos de aptidão. O Sr. Laughton e o finado Sr. Escombe apoiaram entusiasticamente o plano e, por fim, alistamo-nos para o serviço na frente de batalha. O governo recebeu nosso alistamento e agradeceu, mas informou que nossa colaboração não era necessária naquele momento.

Recusei-me a aceitar essa decisão. Apresentado pelo Dr. Both, visitei o bispo de Natal. Havia vários indianos cristãos em nossa unidade. O bispo, maravilhado com minha proposta, prometeu ajudar para que nossos serviços fossem aceitos.

O tempo também jogava a nosso favor. Os bôeres mostravam mais coragem, determinação e bravura que o esperado, e nosso trabalho acabou por se tornar necessário.

Nossa unidade compunha-se de 1.100 homens, com quase 40 líderes. Cerca de 300 eram indianos livres e o restante trabalhadores imigrantes contratados. O Dr. Both também nos acompanhou. A unidade saiu-se bem. Permanecíamos fora da linha de fogo e estávamos sob a proteção da Cruz Vermelha. Mas houve um momento crítico, em que nos pediram para servir na frente de batalha. Não havia sido exigência nossa ficar fora dela. As autoridades é que não queriam que fôssemos atingidos. A situação entretanto mudara depois do fracasso de Spion Kop, e o general Buller enviara uma mensagem dizendo que, apesar de não sermos obrigados a assumir o risco, o governo agradeceria se o fizéssemos e recolhêssemos os feridos. Não hesitamos, e a batalha de Spion Kop surpreendeu-nos servindo na linha de combate. Durante aquele período tivemos de marchar entre 30 e 40 quilômetros por dia, carregando os feridos em macas. Dentre estes tivemos a honra de transportar soldados como o general Woodgate.

A unidade foi dispensada após seis semanas de serviço. Depois das derrotas em Spion Kop e em Vaalkranz, o comandante-em-chefe britânico abandonou a tentativa de libertar Ladysmith e outras localidades por meio de procedimentos sumários, e decidiu prosseguir mais lentamente, aguardando reforços vindos da Inglaterra e da Índia.

Nosso humilde trabalho foi muito aplaudido naquele momento e o prestígio dos indianos aumentou. Os jornais publicaram versos elogiosos com refrãos como "somos, afinal, filhos do Império".

Em seu despacho o general Buller expressou apreço ao desempenho da unidade e os líderes foram condecorados com a Medalha de Guerra.

A comunidade indiana tornou-se melhor organizada. Fiquei mais em contato com os trabalhadores indianos contratados. Houve entre eles um despertar de consciência, e enraizou-se profundamente a sensação de que cristãos, tâmeis, gujarates e sindis eram todos indianos e filhos da mesma mãe-pátria. Todos acreditavam que agora as reivindicações dos indianos seriam reconsideradas. Naquele momento a atitude do homem branco parecia distintamente transformada. Os relacionamentos travados com os brancos durante a guerra haviam sido os mais cordiais possíveis. Entráramos em contato com milhares de soldados ingleses, que se revelaram amigáveis e gratos por estarmos lá para servi-los.

Não posso deixar de registrar uma lembrança de como a natureza humana revela o que tem de melhor em momentos de provação. Marchávamos em direção ao acampamento Chievely, onde o tenente Roberts, filho do Lorde Roberts, fora mortalmente ferido. Nossa unidade teve a honra de trazer o corpo. Tinha sido um dia escaldante. Todos ansiavam por água. Havia um pequeno córrego no caminho onde poderíamos saciar nossa sede. Mas quem beberia primeiro? Propusemos beber depois dos soldados. Mas eles não queriam ir primeiro, conclamando-nos a fazê-lo e, por alguns momentos, entramos em uma gostosa competição para dar uns aos outros a precedência.

11. A REFORMA SANITÁRIA E A CAMPANHA CONTRA A FOME

Jamais pude concordar com qualquer político que fomentasse o atraso. Sempre relutei em esconder ou em ser conivente com os pontos fracos da comunidade, ou em lutar por seus direitos sem antes purgar suas imperfeições. Portanto desde que me estabelecera em Natal esforçara-me para livrar a comunidade indiana de uma acusação que lhe fora dirigida. Essa acusação porém não era injusta. Com frequência os indianos eram acusados de hábitos anti-higiênicos e de não conservar suas casas e arredores limpos. Os principais membros da comunidade, assim, já haviam começado a pôr em ordem as suas residências.

Contudo uma inspeção casa a casa só era feita quando alguma epidemia era considerada iminente em Durban, e só depois de consulta às autoridades locais e sua aprovação. Tais autoridades desejavam nossa cooperação para facilitar o seu trabalho, o que ao mesmo tempo diminuía nossas privações. Pois quando irrompe uma epidemia, o executivo em geral se torna impaciente, toma providências exageradas e reprime com severidade os que porventura incorram em seu desfavor. A comunidade livrou-se dessa opressão tomando voluntariamente medidas sanitárias.

Mas tive algumas experiências amargas. Percebi que era mais difícil conseguir que a comunidade cumprisse os seus deveres do que fazê-la exigir seus direitos. Em alguns lugares fui recebido com insultos, em outros com polida indiferença. Para as pessoas, era demais manter o ambiente limpo. Esperar que elas gastassem dinheiro com isso estava fora de cogitação. Essas experiências me ensinaram, melhor do que qualquer outra situação, que sem uma infinita paciência é impossível conseguir que as pessoas façam qualquer trabalho. É o reformador que está ansioso pelas reformas, não a sociedade. Desta ele nada deve esperar além de oposição, antipatia e perseguição mortal. Por que a sociedade não haveria de considerar como regressão o que o reformador vê como vital e progressista?

Entretanto o resultado dessa mobilização foi que a comunidade indiana aprendeu mais ou menos a reconhecer a necessidade de manter suas casas e redondezas limpas. Ganhei a estima das autoridades. Elas perceberam que, embora minha tarefa fosse expor queixas e lutar por direitos, não eram menores o meu zelo e insistência para que as pessoas purificassem a si mesmas.

Havia algo contudo, que ainda precisava ser feito: despertar, no coração dos colonos indianos, o senso de dever para com a terra-mãe. A Índia era pobre, eles partiam para a África do Sul em busca de riqueza, e deviam contribuir com parte de seus rendimentos para o benefício dos compatriotas em momentos de adversidade. Fizeram isso em 1897 e 1899, quando a Índia foi terrivelmente assolada pela fome. Contribuíram magnanimamente para os fundos de auxílio, mais ainda em 1899 do que em 1897. Também havíamos pedido contribuições aos ingleses e obtivemos um bom retorno. Até mesmo os imigrantes indianos contratados deram sua parcela de ajuda. O sistema instituído naqueles anos se mantém até hoje. Sabemos que os indianos da África do Sul sempre enviam generosas contribuições à Índia, em épocas de calamidade nacional.

Assim, o serviço dos indianos na África do Sul revelou-me a cada passo novas implicações da verdade. Ela é como uma árvore frondosa: tanto mais frutos gera quanto mais é nutrida. Quanto mais fundo buscamos na mina da verdade mais ricas as gemas descobertas, na forma de oportunidades para uma imensa gama de serviços.

12. DE VOLTA À ÍNDIA

Ao ser liberado do serviço de guerra senti que não era mais na África do Sul, e sim na Índia, que deveria continuar o meu trabalho. Não que não houvesse o que fazer na África do Sul. Porém eu temia que ganhar dinheiro se tornasse minha preocupação principal.

Amigos da Índia também me pressionavam para voltar, e senti que seria mais útil lá. Além disso, para o trabalho na África do Sul havia, é claro, os Srs. Khan e Mansukhlal Naazar. Pedi então a meus colaboradores que me substituíssem. Não sem grande dificuldade atenderam à minha solicitação, com a condição de que estivesse pronto, durante um ano, a retornar de imediato à África do Sul caso a comunidade precisasse de mim. Considerei dura a condição, mas o afeto que me ligava à comunidade fez com que a aceitasse.

> Com o fio do amor,
> O Senhor me aprisionou
> E sou Seu escravo.

Assim cantou Mirabai. Também para mim o fio de amor que me amarrava à comunidade era forte demais para ser rompido. A voz do povo é a voz de Deus, e aqui o clamor dos amigos era por demais verdadeiro para ser rejeitado. Aceitei a condição e foi-me permitido partir.

Naquela época eu estava intimamente vinculado apenas a Natal. Os indianos de lá banharam-me com o néctar do carinho. Reuniões de despedida foram organizadas em todos os lugares e ganhei presentes caros.

Havia recebido presentes antes, quando retornei à Índia em 1899, mas desta vez a despedida foi exorbitante. Ganhei, além de objetos de ouro e prata, alguns ornados com caros diamantes.

Que direito tinha eu de aceitar tais lembranças? Aceitando-as, como poderia me convencer de que estava servindo à comunidade sem nenhuma remuneração? Tudo o que me haviam dado, com exceção do oriundo de alguns clientes, devia-se a meu serviço comunitário. E eu não podia fazer diferença entre clientes e colaboradores, pois aqueles também me ajudavam no trabalho público.

Um dos presentes era um colar de ouro no valor de cinquenta guinéus, destinado à minha esposa. E mesmo ele fora oferecido em virtude de meus serviços à comunidade e, portanto, não podia ser separado dos demais.

Na noite em que recebi a maior parte desses objetos, não consegui dormir. Fiquei andando para baixo e para cima em meu quarto, profundamente agitado, sem encontrar uma solução. Era-me difícil abrir mão de presentes tão valiosos. Mais difícil ainda, porém, era ficar com eles.

Mesmo que pudesse conservá-los, o que diria aos meus filhos? E à minha esposa? Eles vinham sendo orientados para levar uma vida de serviços e entender que o serviço em si era a própria recompensa.

Não tínhamos ornamentos caros em casa. Vínhamos simplificando completamente a nossa vida. Como poderíamos concordar em ter relógios de ouro? Ou em usar correntes de ouro e anéis de diamante? Já naquela época eu exortava as pessoas a superar a atração que sentiam por joias. O que iria fazer agora, com todas aquelas que estavam em meu poder?

Decidi que não ficaria com aqueles presentes. Rascunhei uma carta, criando com eles um fundo em favor da comunidade e nomeando o parse Rustomji e outros para administrá-lo. Na manhã seguinte consultaria minha esposa e filhos, e finalmente ficaria livre do pesado fardo.

Sabia que teria alguma dificuldade para convencer minha esposa. Mas tinha certeza de que não teria nenhuma em relação aos meus filhos. Portanto decidi fazê-los meus procuradores.

Eles concordaram prontamente com minha proposta.

— Não precisamos desses presentes caros e devemos devolvê-los à comunidade. Além do mais se um dia precisarmos deles, poderemos comprá-los facilmente — disseram.

Fiquei exultante.

— Então vão pleitear a concordância de sua mãe, não é? — perguntei-lhes.

— Certamente. Deixe isso por nossa conta. Ela não precisa usar adereços. Talvez quisesse mantê-los por nossa causa, mas se não os queremos, por que não haveria de dispensá-los?

Contudo era mais fácil falar do que fazer.

— Você talvez não precise deles — disse-me minha mulher. — Os seus filhos tampouco: dançam conforme a sua música. Posso entender que não me permita usá-los. Mas e quanto às minhas noras? Com certeza elas precisarão de joias. E quem sabe o que nos reserva o amanhã? Eu seria a última pessoa a dispensar presentes ofertados com tanto carinho.

E assim prosseguiu a torrente de argumentos, reforçados no final por lágrimas. Mas meus filhos estavam irredutíveis. E eu inflexível. Sugeri com doçura:

— Os meninos ainda nem se casaram. Não queremos que o façam tão cedo. Quando crescerem poderão cuidar de si próprios. E com certeza não vamos querer para eles noivas afeitas a ornamentos. E se mesmo assim precisarmos fornecer-lhes joias, estarei lá. Basta que me peça.

— Pedir-lhe? Como se não o conhecesse! Privou-me de minhas joias, não me deixava em paz com elas. Imagine se se disporia a comprar adereços para as noras! Justo você que desde agora está tentando transformar nossos filhos em *sadhus!* Não, as joias não serão devolvidas. Ora, que direito tem você sobre meu colar?

— Mas — repliquei — esse colar foi-lhe ofertado por conta do seu serviço ou do meu?

— Concordo com esse ponto. Mas o serviço prestado por você tem tanto valor quanto o prestado por mim. Lidei e labutei dia e noite como uma escrava sua. Isso não conta como serviço? Você me impingiu tudo isso e me fez chorar lágrimas amargas. Trabalhei como uma humilde empregada dos outros!

Foram investidas cortantes e algumas delas calaram fundo. Mas eu estava determinado a devolver as joias, e de alguma forma consegui extorquir a autorização de minha esposa. Os presentes recebidos em 1896 e em 1901 foram todos devolvidos. Redigiu-se uma escritura para a implementação do fundo e tudo foi depositado em um banco para ser utilizado no serviço à comunidade, segundo a minha vontade ou a dos administradores.

Várias vezes ao necessitar de recursos para fins comunitários e pensar que precisaria sacar do fundo, acabei conseguindo levantar de outro modo a quantia necessária. Não toquei nesse dinheiro, que existe até hoje e tem sido utilizado em momentos de apuro, mas vem se acumulando regularmente.

Nunca me arrependi daquela decisão e com o passar dos anos sua sabedoria também foi reconhecida por minha esposa. Isso nos poupou de muitas tentações.

Decididamente, acho que quem serve à comunidade não deve aceitar presentes caros.

13. NA ÍNDIA NOVAMENTE

Então embarquei para casa. A Ilha Maurício foi uma das escalas e, como o navio fez lá uma longa parada, desembarquei e familiarizei-me com as condições locais. Uma noite fui recebido por Sir Charles Bruce, Governador da Colônia.

Depois de chegar à Índia passei algum tempo viajando pelo país. Corria o ano de 1901, quando o Congresso se reuniu em Calcutá, sob a presidência do Sr. (posteriormente Sir) Dinshaw Wacha. E eu, é claro, compareci. Foi minha primeira experiência naquela instituição.

Em Mumbai viajei no mesmo trem que Sir Pherozeshah Mehta, pois precisava falar-lhe a respeito da situação na África do Sul. Sabia que ele levava uma vida de rei. Reservara para si um vagão, e eu fora instruído a aproveitar para falar-lhe viajando em seu carro-salão uma parte do trajeto. Portanto lá fui eu apresentar-me nesse carro, na estação designada. Ele estava acompanhado pelo Sr. Wacha e pelo Sr. (hoje Sir) Chimanlal Setalvad e discutiam política. Assim que me viu, Sir Pherozeshah disse:

— Gandhi, parece que nada pode ser feito por você. Claro que aprovaremos a moção que quer apresentar. Mas que direitos temos nós em nosso próprio país? Acho que enquanto não tivermos poder em nossa própria terra, não se poderá fazer melhor nas colônias.

Fiquei pasmo. O Sr. Setalvad parecia concordar com esse ponto de vista. O Sr. Wacha lançou-me um olhar patético.

Tentei argumentar com Sir Pherozeshah, mas persuadir o rei não coroado de Mumbai estava fora de cogitação. Contentei-me com o fato de que estava autorizado a apresentar minha moção.

— Gostaria de ver a sua moção — disse o Sr. Wacha, para animar-me. Agradeci-lhe e deixei-os na estação seguinte.

Assim chegamos a Calcutá. O presidente foi levado pelo comitê de recepção aos seus aposentos, em meio a grande aclamação. Perguntei a um voluntário para onde deveria ir. Ele levou-me à Faculdade Ripon, onde vários delegados estavam sendo hospedados. A sorte estava a meu favor. Lokamanya ficaria no mesmo bloco que eu. Lembro-me de que ele chegou no dia seguinte.

E como era de esperar trazia sempre o seu *darbar*[4]. Fosse eu um pintor, poderia retratá-lo como então o vi, sentado em sua cama, tão vívida é a cena em minha memória. Das inúmeras pessoas que foram vê-lo lembro-me hoje de apenas uma, o falecido Babu Motilal Ghose, editor do *Amrita Bazar Patrika*. É impossível esquecer suas sonoras risadas e suas conversas sobre os desacertos da raça dominante.

Mas gostaria de detalhar melhor a organização desse campo. Os voluntários viviam em conflito. Se alguém pedisse a um deles para fazer algo, a tarefa era delegada a outro, que por sua vez a transferiria a um terceiro e assim por diante. Quanto aos delegados, não era possível encontrá-los em lugar nenhum.

Fiz amizade com alguns voluntários. Contei-lhes algumas coisas sobre a África do Sul e sentiram-se um tanto envergonhados. Tentei explicar-lhes os segredos do serviço comunitário. Pareceram entender, mas o serviço não é algo que prolifere com muita facilidade. Requer em primeiro lugar vontade, e depois experiência. Não faltava vontade por parte daqueles homens bons e simples, mas sua experiência era nula. O Congresso planejara reunir-se três dias por ano e depois hibernar. Que treinamento se poderia esperar em três dias por ano? Quanto aos delegados, não eram muito diferentes dos voluntários, no que se referia a tempo e qualidade de formação. Nada faziam. "Voluntário, faça isso", "voluntário, faça aquilo", eram suas ordens constantes.

Até mesmo lá ficou bem evidente a questão dos intocáveis. A cozinha dos tâmeis ficava isolada. Os delegados tâmeis achavam que um simples deitar de olhos sobre os outros, durante a refeição, iria maculá-los. Portanto uma cozinha especial precisou ser construída para eles no complexo da faculdade, cercada por paredes de palha. Era sufocantemente enfumaçada. Servia de cozinha, refeitório, lavatório, tudo junto — era uma caixa sem janelas. Para mim aquilo representava uma paródia do *varnadharma*[5]. Se — eu dizia a mim mesmo — existem compartimentos estanques entre os próprios delegados do Congresso, imagine-se como se comportariam os eleitores. Pensando assim, suspirei.

Os hábitos eram em geral extremamente anti-higiênicos. Havia poças d'água por todo lado. Poucas eram as latrinas, e a lembrança de seu cheiro fétido ainda me nauseia. Chamei a atenção dos voluntários para esse fato, e me responderam bruscamente:

— Isso não é conosco, é com os lixeiros. Pedi uma vassoura e um de meus interlocutores me fitou, perplexo. Consegui uma, e com ela limpei a latrina. Mas fui o único a fazer isso e o fiz para meu próprio uso. O movimento era tanto e tão poucas as latrinas, que eram necessárias limpezas frequentes, o que estava além das minhas forças. Portanto tinha de me contentar com cuidar de mim mesmo. Além do mais os outros não pareciam incomodar-se com a fetidez e a sujeira.

Mas isso não era tudo. Alguns dos delegados não tinham o menor escrúpulo em utilizar as varandas contíguas a seus quartos para satisfazer as necessidades fisiológicas durante a noite. De manhã mostrei as marcas aos voluntários. Ninguém se mostrou disposto a limpar nada, nem a compartilhar comigo a honra de fazê-lo. A situação melhorou muito desde então, mas até hoje existem delegados desrespeitosos que denigrem as instalações do Congresso, aliviando-se onde quer que julguem cômodo, e nem todos os voluntários estão dispostos a limpar essa sujeira.

Percebi que se as sessões do Congresso fossem mais longas, aquele ambiente favoreceria muito o alastramento de epidemias.

14. AUXILIAR DE ESCRITÓRIO E MOÇO DE RECADOS

As sessões do Congresso só se iniciariam em dois dias. Eu decidira oferecer meus serviços ao escritório de administração do evento, para ganhar alguma experiência. No dia de minha chegada a Calcutá, assim que terminei minhas abluções diárias, dirigi-me ao escritório.

Babu Bhupendranath Basu e o *Sjt*. Ghosal eram os secretários. Procurei Bhupenbabu e ofereci meus serviços. Ele olhou para mim e disse:

— Não tenho trabalho para você, mas provavelmente Ghosalbabu pode dar-lhe algo. Por favor, procure-o.

Assim fiz. Ele me olhou de cima a baixo e disse, sorrindo:

— Posso lhe oferecer serviços de escritório. Aceitaria?

— Certamente — respondi. — Estou aqui para fazer o que estiver em minha capacidade.

— Essa é a atitude correta, meu jovem — disse ele.

Dirigindo-se aos voluntários que o cercavam, acrescentou:

— Ouviram o que disse este rapaz?

Voltando-se de novo para mim, prosseguiu:

— Pois bem, aqui está uma pilha de cartas para abrir. Sente-se naquela cadeira e pode começar. Como vê, centenas de pessoas vêm me procurar. O que devo fazer? Recebê-las ou responder a todos esses enxeridos que me atolam de cartas? Não tenho nenhum auxiliar a quem confiar a tarefa. A maioria destas cartas é irrelevante mas, por favor, analise-as. Separe as que tiverem alguma valia e me passe as que mereçam ponderação na resposta.

Exultei com a confiança em mim depositada.

O *Sjt*. Ghosal não me conhecia quando me confiou esse serviço. Só depois pediu minhas referências.

Achei fácil lidar com aquela pilha de correspondência. Terminei rapidamente, e o *Sjt*. Ghosal ficou muito satisfeito. Era um homem extrovertido, que podia falar por horas a fio. Quando soube um pouco da minha história, arrependeu-se por ter me dado serviços de escritório. Mas eu o tranquilizei:

— Por favor, não se preocupe. Quem sou eu, comparado ao senhor? Tem anos de serviço no Congresso e é como um patriarca para mim. Não sou nada mais que um jovem inexperiente. Estou grato pelo serviço que me confiou, pois quero trabalhar para o Congresso e o senhor me ofereceu a rara oportunidade de compreender os detalhes.

— Para falar a verdade — disse o *Sjt*. Ghosal — sua atitude é a adequada. Mas os jovens de hoje não se dão conta disso. É claro que conheço o Congresso desde o seu nascimento. De fato posso reivindicar certa participação na sua fundação, juntamente com o Sr. Hume.

E assim nos tornamos bons amigos. Ele insistiu para que almoçássemos juntos.

A camisa do *Sjt*. Ghosal costumava ser abotoada por seu assistente particular. Ofereci-me para assumir a incumbência, que adorei realizar, uma vez que tinha os mais velhos na mais alta conta. Quando soube disso ele passou a não se importar quando eu me encarregava de pequenos atos a seu serviço pessoal. Na verdade ficava muito contente. Quando me pedia para abotoar sua camisa, dizia:

— Veja só, agora o secretário do Congresso não tem mais tempo nem para abotoar a sua própria camisa. Tem sempre muito trabalho para fazer.

A ingenuidade do *Sjt*. Ghosal me divertia, mas não gerou em mim desprazer por aquele tipo de serviço, do qual extraí benefícios incalculáveis.

Em poucos dias eu já conhecia todo o funcionamento do Congresso. Conheci a maioria dos líderes, observei a movimentação de luminares da política, como Gokhale e Surendranath. Notei o enorme desperdício de tempo reinante. Observei também e com pesar, o papel proeminente que a língua inglesa desempenhava em nossos negócios. Havia pouco interesse pela economia de energia. Vários faziam o serviço que deveria caber a apenas um, e muitos assuntos importantes não eram tratados por ninguém.

Mesmo tendo uma mente crítica, que observava tudo isso, eu tinha também suficiente tolerância, e pensava sempre que talvez fosse impossível fazer melhor as coisas naquelas circunstâncias. Essa atitude evitou que eu desvalorizasse qualquer tipo de trabalho.

15. NO CONGRESSO

Chegou por fim o dia do Congresso. Assombrei-me com o imenso pavilhão, com os voluntários majestosamente perfilados e também com os patriarcas sentados no estrado, sob o dossel.

O discurso do presidente era quase um livro. Lê-lo do começo ao fim estava fora de cogitação, desse modo somente alguns trechos foram proferidos.

Depois disso elegeu-se a Comissão de Moções. Gokhale levava-me às reuniões do comitê.

Sir Pherozeshah, como sabemos, concordara em admitir minha moção, mas eu me perguntava quem a apresentaria à Comissão e quando o faria. Cada moção demandava longos discursos, todos em inglês, e cada uma delas era apoiada por um líder conhecido. A minha nada mais era que um tênue som de flauta em meio ao rufar de todos aqueles tambores e, à medida que a noite se aproximava, meu coração batia mais rápido. Tanto quanto me lembro, no final as moções eram apresentadas e apreciadas com a rapidez de um relâmpago. Todos estavam com pressa de ir embora. Eram onze da noite. Eu não tinha coragem de falar. Gokhale havia me recebido antes e vira a minha moção. Portanto aproximei-me de sua cadeira e sussurrei:

— Por favor, faça alguma coisa por mim.

Ele disse:

— Não esqueci a sua moção. Como vê, estão apressando as coisas. Mas não permitirei que o mesmo aconteça com a sua.

— E então, terminamos? — perguntou Sir Pherozeshah Mehta.

— Não. Ainda temos uma moção sobre a África do Sul. O Sr. Gandhi já esperou bastante — interveio Gokhale.

— Já viu o texto? — inquiriu Sir Pherozeshah.

— É claro.

— Gostou?

— É excelente.

— Pois então vamos ouvi-la, Gandhi.

Li, tremendo, o meu texto.

Gokhale apoiou-o.

— Aprovada por unanimidade — bradaram todos.

— Terá cinco minutos para falar sobre ela, Gandhi — disse o Sr. Wacha.

Esse procedimento estava longe de me agradar. Ninguém se preocupara em entender a moção. Estavam todos ansiosos para ir embora e, porque Gokhale havia visto o texto, não se julgou necessário que os outros também o analisassem e entendessem!

A manhã seguinte encontrou-me preocupado com minha fala. O que diria em cinco minutos? Havia me preparado razoavelmente bem, mas as palavras não vinham. Decidi não ler, mas falar de improviso. Mas o dom da fala, que havia desenvolvido na África do Sul, parecia ter-me abandonado.

Chegada a vez da minha moção o Sr. Wacha chamou-me pelo nome. Levantei-me. Minha cabeça girava. De alguma forma consegui ler a moção. Alguém havia imprimido e distribuído entre os delegados cópias de um poema que exaltava a emigração. Li-o e mencionei as reivindicações dos colonos na África do Sul. Naquele momento o Sr. Wacha tocou a campainha. Eu tinha certeza de que não falara cinco minutos. O que não sabia era que a campainha era tocada para avisar-me que ainda tinha dois minutos. Houve quem falasse meia hora, ou até quarenta e cinco minutos, e nenhuma campainha soara. Fiquei magoado e sentei-me assim que ouvi aquele som. Mas minha candura infantil achava que o poema em si era uma resposta a Sir Pherozeshah.

A aprovação da moção não foi questionada. Naquela época quase não havia diferença entre delegados e visitantes. Todos erguiam a mão e as moções eram aprovadas por unanimidade. A minha seguiu o mesmo caminho e por isso perdeu para mim todo o valor. Ainda assim o simples fato de que ela havia sido aprovada pelo Congresso bastava para deleitar meu coração. Saber que a sanção do Congresso significava a do país inteiro era suficiente para encantar qualquer um.

16. O *DARBAR* DE LORDE CURZON

O Congresso terminara, mas como precisava reunir-me com a Câmara do Comércio e com várias pessoas a propósito do trabalho na África do Sul, fiquei em Calcutá por um mês. Em vez de hospedar-me em um hotel consegui a apresentação necessária para obter um quarto no India Club. Entre os seus membros encontravam-se alguns proeminentes indianos, e eu estava ansioso para entrar em contato com alguns deles e sensibilizá-los com relação ao trabalho na África do Sul. Gokhale ia frequentemente a esse clube jogar bilhar e, quando soube que eu ficaria algum tempo em Calcutá, ofereceu-se para hospedar-me. Agradecido, aceitei, mas não julguei apropriado dirigir-me por conta própria ao local. Ele esperou um dia ou dois e depois me acompanhou pessoalmente. Notando minha timidez, disse:

— Gandhi, você tem muito que fazer aqui e esse acanhamento não vai ajudar. Deve entrar em contato com tantas pessoas quanto possível. Quero que trabalhe para o Congresso.

Convém que eu registre aqui um incidente que teve como palco o India Club, antes de falar sobre minha convivência com Gokhale.

Foi naquela época que Lorde Curzon promoveu o seu *darbar*. Alguns rajás e marajás que haviam sido convidados para esse *darbar* eram membros do clube, onde eu sempre os via usando finos lenços, camisas e *dhotis* de Bengala. No dia do *darbar* vestiram calças de garçom e botinas brilhantes. Senti-me ofendido e perguntei a um deles qual a razão da mudança.

— Só nós sabemos o que temos de passar para manter nossa fortuna e títulos — respondeu ele.

— Mas por que esses turbantes de garçom e essas botinas engraxadas? — perguntei.

— Vê alguma diferença entre os garçons e nós? — respondeu ele, e acrescentou: — Os outros são os nossos garçons e nós somos os garçons do Lorde Curzon. Se eu ousasse faltar a esta recepção sofreria as consequências. Comparecer em meus trajes habituais seria considerado uma ofensa. Acha que terei alguma chance de falar com Lorde Curzon? De forma alguma!

Compadeci-me desse amigo tão franco. E o incidente me fez lembrar outro *darbar*.

Quando Lorde Hardinge assentou a pedra fundamental da Universidade Hindu também houve um *darbar*. Lá estavam, é claro, rajás e marajás, mas o pândita Malaviyaji fez-me um convite especial e compareci.

Fiquei desgostoso de ver os marajás adornados como mulheres: pijamas e *achkans*[6] de seda, colares de pérola no pescoço, pulseiras no pulso, ornamentos de pérola e diamante no turbante e, para completar, espadas com cabo de ouro na cintura.

Descobri que aquelas insígnias não eram de realeza, mas de escravidão. Antes, achava que eles usavam aqueles sinais de imponência por livre e espontânea vontade, mas me disseram que era obrigatório para os rajás ostentarem suas caras joias em cerimônias dessa espécie. Também me informaram que alguns deles definitivamente não gostavam de usá-las, e que só o faziam em ocasiões como o *darbar*.

Não sei até que ponto essas informações eram corretas. Entretanto, quer eles as exibam em outras ocasiões ou não, é penoso o suficiente ter de comparecer aos *darbars* dos vice-reis adornados de joias que só algumas mulheres usam.

Que pesada carga de pecados e males a riqueza, o poder e o prestígio impingem ao homem!

17. UM MÊS COM GOKHALE – I

Desde o primeiro dia de minha permanência Gokhale fez-me sentir completamente em casa. Tratava-me como um irmão mais novo, levantou todas as minhas necessidades e providenciou para que fossem atendidas. Felizmente preciso de pouco e, como havia cultivado o hábito da autonomia, necessitava de muito pouca assistência pessoal. Ele se impressionou profundamente com meu hábito de cuidar de minhas próprias necessidades, minha higiene e limpeza, perseverança e disciplina. Elogiava-me com frequência.

Parecia não ter segredos para mim. Apresentava-me a todas as figuras importantes que o visitavam. Dentre elas, quem se sobressai em minha memória é o Dr. (hoje Sir) P. C. Ray. Morava quase vizinho e era um visitante bastante frequente.

Foi assim que Gokhale apresentou o Dr. Ray:

— Este é o professor Ray que, recebendo um salário mensal de 800 rúpias, fica com apenas 40 e dedica o restante a fins sociais. Ele não é, e não quer ser casado.

Há poucas diferenças entre o Dr. Ray atual e o daqueles tempos. Suas roupas costumavam ser quase tão simples quanto são agora, exceto, é claro, que hoje são de *khadi*, enquanto costumavam ser, naquele tempo, de tecido rústico indiano. Nunca me cansava de presenciar as conversas entre Gokhale e o Dr. Ray, pois sempre abordavam o bem público ou tinham valor educativo. Às vezes eram também dolorosas e tratavam de censuras a homens públicos. Em consequência, alguns dos que eu considerava luminares de nossa luta acabaram perdendo o mérito.

Ver Gokhale trabalhar era uma experiência alegre e educativa. Nunca desperdiçava um minuto. Seus relacionamentos particulares e amizades estavam todos ligados ao bem público. Todas as suas conversas versavam sobre o bem do país e eram livres de qualquer traço de inverdade ou insinceridade. A pobreza e a subjugação da Índia eram objeto de sua preocupação constante e intensa. Várias pessoas tentavam despertar seu interesse por outros assuntos. Mas sua resposta era invariavelmente a mesma:

— Faça isso você mesmo, deixe-me fazer o meu próprio trabalho. O que quero é a liberdade do meu país. Depois que a conquistarmos poderemos pensar em outras coisas. Hoje essa única ideia basta para tomar todo o meu tempo e energia.

Sua reverência por Ranade manifestava-se a todo momento. A autoridade de Ranade era decisiva em qualquer assunto e Gokhale referia-se a ela a cada passo. O aniversário da morte de Ranade (ou do nascimento, não me lembro exatamente) aconteceu durante minha estada com Gokhale, que o comemorava regularmente. Estavam com ele na ocasião, além de eu próprio, dois amigos: o professor Kathavate e um sub-juiz. Convidou-nos para participar da comemoração e, em seu discurso, contou-nos suas lembranças de Ranade. De passagem comparou Ranade, Telang e Mandlik. Elogiou o estilo encantador de Telang e a grandeza de Mandlik como reformador.

Citando um exemplo da solicitude de Mandlik para com seus clientes, contou-nos uma história de como certa vez, tendo perdido seu trem costumeiro, contratou um trem especial só para conseguir comparecer ao tribunal e defender os interesses de seu constituinte. Mas Ranade, disse ele, um gênio versátil, fulgurava acima de ambos. Não apenas fora um grande juiz, mas também igualmente grande historiador, economista e reformador. Apesar de seu cargo de juiz participara destemidamente do Congresso, e todos depositavam tal confiança em sua sagacidade que aceitavam suas decisões sem questionar. A alegria que Gokhale manifestava ao descrever as qualidades da mente e do coração de seu mestre era ilimitada.

Naquela época Gokhale tinha uma carruagem. Não sabia que circunstâncias a haviam transformado em uma necessidade para ele, então o censurei:

— Será que o senhor não pode usar o bonde para locomover-se? Não condiz com a dignidade de um líder? Levemente ofendido ele respondeu:

— Então você também não me entende! Não invisto a remuneração que recebo do meu cargo em meu conforto próprio. Invejo sua liberdade de transitar em bondes, mas sinto não poder fazê-lo. Quando se é vítima de tanta publicidade como eu é difícil, se não impossível, andar por aí de bonde. Não há razões para se concluir que tudo o que os líderes fazem é em busca de conforto pessoal. Adoro os seus hábitos simples, vivo com tanta simplicidade quanto posso, mas alguns gastos são quase inevitáveis para um homem em minha posição.

Assim ele dissipou satisfatoriamente uma de minhas dúvidas. Mas houve outra que não teve a mesma sorte.

— Mas o senhor nem mesmo sai para caminhar — eu disse. — Não é de admirar que esteja sempre adoentado. O trabalho comunitário não lhe deixa tempo para exercícios físicos?

— Quando é que você me vê com tempo para dar uma caminhada? — ele respondeu.

Eu tinha tanta consideração por Gokhale que nunca discuti com ele. Embora sua resposta estivesse muito aquém de satisfazer-me, silenciei. Acreditava, e ainda acredito, que devemos sempre encontrar algum tempo para o exercício, assim como o encontramos para as refeições. Minha humilde opinião é que, ao contrário de diminuir minha capacidade para o trabalho, o exercício a aumenta.

18. UM MÊS COM GOKHALE – II

Enquanto vivi sob o teto de Gokhale não fui uma pessoa nem um pouco caseira.

Havia dito a meus amigos cristãos na África do Sul que, quando na Índia, procuraria os indianos cristãos para me familiarizar com suas condições de vida. Já ouvira falar de Babu Kalicharan Banerji e o tinha em grande consideração. Desempenhara um papel proeminente no Congresso, e eu não tinha contra ele nenhuma das ressalvas que mantinha em relação ao indiano cristão médio, que se alienava das atividades do Congresso e se isolava dos hindus e dos muçulmanos. Disse a Gokhale que estava querendo conhecê-lo, ao que ele comentou:

— De que lhe adiantaria? É um homem muito bom, mas temo que não vá preencher suas expectativas. Conheço-o muito bem. Entretanto se quiser pode conhecê-lo, certamente.

Pedi então uma entrevista, que marquei sem dificuldade. Quando cheguei à casa de Banerji descobri que sua esposa estava moribunda. A residência era simples. No Congresso, vi que usava calças e paletó, mas fiquei satisfeito de encontrá-lo agora vestindo camisa e *dhoti* à moda bengali. Gostei da simplicidade de seus trajes, embora eu próprio vestisse calças e paletó parses. Sem muitas delongas apresentei-lhe minhas dificuldades.

— Acredita na doutrina do pecado original? — perguntou ele.

— Acredito — respondi.

— Bem, o hinduísmo não oferece absolvição, ao contrário do cristianismo. A recompensa do pecado é a morte, e a Bíblia diz que a única alternativa de salvação é entregar-se a Jesus.

Expus-lhe o *bhakti-marga* (caminho da devoção) apresentado na *Bhagavad-Gita,* mas foi inútil. Agradeci-lhe por sua generosidade. Não fiquei satisfeito mas mesmo assim foi uma entrevista proveitosa.

Durante aqueles dias andei bastante pelas ruas de Calcutá. Ia a quase todos os lugares a pé. Conheci o Juiz Mitter e Sir Gurudas Banerji, de quem desejava auxílio para meu trabalho na África do Sul. Conheci também o rajá Sir Pyarimohan Mukarji.

Kalicharan Banerji comentara a respeito do templo de Kali, que eu estava ansioso para visitar, principalmente porque já havia lido sobre ele. Então, um dia fui até lá. A casa do Juiz Mitter ficava na mesma área, portanto fui ao templo no mesmo dia em que o visitei. No caminho vi uma fila de carneiros que seriam sacrificados a Kali. Uma legião de mendigos enchia a vereda que levava ao templo. Havia também mendicantes religiosos. Desde aquela época eu já me opunha energicamente à oferenda de donativos a mendigos sadios. Era uma multidão que me obstruía os passos. Um deles, que estava sentado sob um pórtico, abordou-me.

— Para onde vai, filho? — disse.

Pediu a mim e a meu companheiro que sentássemos, o que fizemos. Perguntei-lhe:

— Considera esse sacrifício um ato religioso?

— Quem consideraria matar animais religião?

— Então por que não prega contra isso?

— Não é da minha conta. Nossa função é adorar a Deus.

— Mas será que não pode adorar a Deus em outro lugar?

— Para nós todos os lugares são iguais. As pessoas se comportam como um rebanho de ovelhas: seguem seus líderes aonde quer que eles as levem. Nós *sadhus* não temos nada a ver com isso.

Não prolongamos a discussão e prosseguimos para o templo. Fomos recebidos com rios de sangue. Não aguentei ficar ali, de tão exasperado e inquieto que estava. Nunca me esqueci daquela cena.

Na mesma noite fui convidado a um jantar por amigos bengalis. Comentei com um deles sobre aquela forma cruel de devoção. Ele replicou:

— Os carneiros não sentem nada. No templo o barulho e o som dos tambores anestesiam toda sensação de dor.

Não aceitei a resposta. Disse-lhe que se os carneiros pudessem falar, contariam uma história diferente. Achava que aquele costume bárbaro deveria ser eliminado. Pensei na história do Buda, mas percebi que a tarefa estava além de minhas forças.

Hoje ainda mantenho a mesma opinião. Para mim a vida de um cordeiro não é menos preciosa que a de um ser humano. Não estaria disposto a sacrificar a vida de um deles em nome do corpo humano. Acho que quanto mais indefesa a criatura mais direito ela tem à proteção contra a crueldade humana. Mas aquele que não está qualificado para esse serviço não é capaz de oferecer nenhuma proteção. Preciso de mais autopurificação e sacrifício antes de ter a esperança de poder salvar os cordeiros desse massacre profano. Rezo constantemente para que nasça na Terra um grande espírito, homem ou mulher, animado por uma compaixão divina que nos libertará desse pecado hediondo, salvará a vida das criaturas inocentes e purificará o templo. Como é que Bengala, com toda sua cultura, inteligência, abnegação e sensibilidade tolera essa carnificina?

19. UM MÊS COM GOKHALE – III

O terrível sacrifício oferecido a Kali em nome da religião intensificou meu desejo de conhecer a vida bengali. Havia lido e ouvido bastante a respeito do movimento Brahmo Samaj. Sabia algo sobre a vida de Pratap Chandra Mazumdar e ouvira alguns de seus discursos. Consegui uma cópia de sua biografia de Keshav Chandra Sem, li-a com grande interesse e entendi a diferença entre Sadharan Brahmo Samaj e Adi Brahmo Samaj. Encontrei o pândita Shivanath Shastri e juntamente com o professor Kathavate, fomos procurar Maharshi Devendranath Tagore. Contudo, como as entrevistas com ele não eram então permitidas, não pudemos vê-lo. Convidaram-nos entretanto para uma festa do Brahmo Samaj que se realizaria no local. Lá tivemos o privilégio de ouvir a fina música bengali, da qual me tornei, desde então, grande admirador.

Tendo visto o suficiente do Brahmo Samaj seria impossível ficar satisfeito sem encontrar o *Swami* Vivekananda. Assim, muito entusiasmado, fui a Belur Math seguindo a maior parte do caminho ou talvez todo ele a pé. Gostei muito do lugar isolado onde ficava o Math. Entretanto senti-me decepcionado e triste porque me informaram que o *Swami* estava enfermo em sua residência de Calcutá e não podia receber visitas.

Descobri então onde residia a Irmã Nivedita e visitei-a em uma mansão em Chowringhee. Fiquei perplexo com o luxo que a cercava e mesmo durante nossa conversa não houve muita identificação entre nós. Narrei o ocorrido a Gokhale, que comentou não se surpreender por não haver pontos em comum entre eu e uma pessoa volátil[7] como ela.

Encontrei-a novamente na residência do Sr. Pestonji Padshah. Por acaso cheguei justamente quando ela conversava com a idosa mãe dele, e assim servi de intérprete entre as duas. Apesar de não ter encontrado qualquer afinidade entre nós não pude deixar de notar e admirar seu transbordante amor pelo hinduísmo. Posteriormente tomei conhecimento de seus numerosos livros.

Costumava dividir meu dia entre visitas a figuras proeminentes de Calcutá, em função do trabalho na África do Sul, e a instituições públicas e religiosas da cidade. Em certa ocasião discursei durante uma reunião presidida pelo Dr. Mullick sobre o trabalho do Corpo Indiano de Ambulâncias durante a guerra dos bôeres. Minha familiaridade com *The Englishman* foi-me de muita valia também nessa ocasião. O Sr. Saunders estava enfermo então, mas me prestou tanto auxílio quanto em 1896. Gokhale gostou de minha fala e ficou muito satisfeito com os elogios do Dr. Ray a ela.

Assim minha estada com Gokhale facilitou bastante meu trabalho em Calcutá, pôs-me em contato com as mais distintas famílias bengalis e inaugurou minha aproximação mais estreita com a região.

Sou obrigado a omitir muitas lembranças daquele mês memorável. Quero apenas mencionar minha visita a Burma e aos monges de lá. Sua letargia me irritou. Vi o pagode dourado. Não gostei das incontáveis lamparinas que queimavam no templo e os ratos que corriam pelo local trouxeram-me a lembrança da experiência do *Swami* Dayanand em Morvi. A liberdade e o vigor das birmanesas encantaram-me, na mesma proporção em que a indolência dos homens me revoltou. Durante minha breve estada percebi que, assim como Mumbai não era a Índia, Rangun[8] não era Burma. Desse modo, assim como na Índia tornamo-nos representantes comerciais dos ingleses, havíamos combinado com os ingleses fazer dos birmaneses nossos representantes comerciais.

Ao retornar de Burma despedi-me de Gokhale. A separação foi dolorosa mas meu trabalho em Bengala, ou antes em Calcutá findara, e não havia mais necessidade de que me demorasse lá.

Antes de fixar residência pensara em fazer um giro pela Índia viajando na terceira classe, familiarizando-me assim com as privações enfrentadas por seus passageiros. Falei a Gokhale sobre a ideia, que foi num primeiro momento ridicularizada por ele. Mas quando lhe expliquei o que esperava ver aprovou-a com entusiasmo. Eu planejava ir primeiro a Benares apresentar meus respeitos à Sra. Besant, que estava então enferma.

Precisava providenciar todo o equipamento para minha viagem na terceira classe. Gokhale deu-me uma marmita de metal, que enchi de doces e *puris*[9]. Comprei uma sacola de lona por doze centavos e um longo casaco de lã de Chhaya[10]. A sacola era para carregar o casaco, um *dhoti,* uma toalha e uma camisa. Continha também uma manta e uma jarra para água. Assim equipado fui viajar. Gokhale e o Dr. Ray me acompanharam à estação. Havia pedido a ambos que não se incomodassem, mas eles insistiram.

— Não viria se você fosse viajar de primeira classe, mas agora tive de vir — disse Gokhale.

Ninguém impediu que Gokhale subisse à plataforma. Ele vestia turbante de seda, paletó e *dhoti*. O Dr. Ray usava trajes bengalis e foi barrado pelo coletor de bilhetes, mas quando Gokhale disse que se tratava de amigo seu deixaram-no subir.

Assim, com seus bons votos iniciei minha jornada.

20. EM BENARES

A viagem era de Calcutá a Rajkot e eu planejava fazer escalas em Benares, Agra, Jaipur e Palanpur. Não tinha tempo para conhecer nenhum outro lugar além desses. Em cada cidade fiquei um dia, hospedando-me em *dharmashalas*[11] ou com religiosos, como os peregrinos comuns, exceto em Palanpur. Até onde me lembro não gastei mais que 31 rúpias na viagem, incluindo a passagem.

Achava muito melhor viajar na terceira classe dos trens comuns que na dos postais, pois sabia que estes eram mais lotados e suas tarifas mais caras.

As cabines da terceira classe hoje são praticamente tão sujas e as instalações sanitárias tão ruins quanto naquela época. Talvez haja algumas melhorias, mas a diferença entre as acomodações da primeira e da terceira classes é totalmente desproporcional à diferença de tarifa entre as duas. Os passageiros da terceira classe são tratados como um rebanho, e seus confortos são os que se ofereceriam aos carneiros. Na Europa eu viajava na terceira classe — só uma vez viajei na primeira para ver como era —, mas percebi que a diferença entre as duas não era tão gritante. Na África do Sul os negros constituem a maioria dos passageiros da terceira classe, e ainda assim têm mais conforto do que aqui. Em alguns lugares da África do Sul as cabines da terceira classe têm compartimentos onde se pode dormir e assentos estofados. A entrada de passageiros é controlada para evitar a superlotação, enquanto aqui vejo o limite ser rotineiramente ultrapassado.

A indiferença das autoridades ferroviárias para com o conforto dos passageiros na terceira classe, associada aos hábitos sujos e desrespeitosos destes faz da viagem uma verdadeira provação para alguém com costumes higiênicos. Os hábitos desagradáveis geralmente incluem jogar lixo no chão do vagão, fumar o tempo todo em todos os lugares, mascar bétele e tabaco, transformar o vagão inteiro em uma escarradeira, gritar, berrar e usar linguajar chulo, sem preocupação para com a comodidade e conforto dos outros passageiros. Percebi poucas diferenças entre minha experiência de viajar na terceira classe em 1902 e a de 1915 a 1919, quando empreendi viagens frequentes nesse tipo de vagão.

Acorre-me apenas uma solução para esse terrível estado de coisas: que homens cultos façam questão de viajar na terceira classe para corrigir os hábitos das pessoas e que também não deem sossego às autoridades ferroviárias, reclamando sempre que necessário, nunca se valendo de suborno ou de qualquer outro artifício ilegal para obter o próprio conforto e jamais sendo coniventes com infrações por parte de quem quer que seja. Tal atitude, tenho certeza, produziria consideráveis melhoras.

A grave doença que me acometeu em 1918-1919 infelizmente obrigou-me a abrir mão das viagens na terceira classe, o que sempre me causa pesar e vergonha, em especial porque essa limitação veio justamente no momento em que a mobilização pela eliminação das provações dos passageiros dessa classe vinham fazendo razoáveis progressos. O suplício que os passageiros pobres dos trens e navios têm de enfrentar, agravado por seus maus hábitos e as injustas facilidades que o Governo oferece ao comércio exterior, entre outras coisas, são temas importantes e dignos da atenção de trabalhadores sociais de espírito empreendedor, que a eles possam dedicar-se em tempo integral.

Mas agora deixo este tópico e passo a tratar da minha experiência em Benares. Cheguei lá pela manhã. Havia decidido hospedar-me com um religioso. Numerosos brâmanes me cercaram assim que desci do trem. Escolhi um que, comparativamente pareceu-me mais limpo e cordial que os restantes. A escolha provou-se boa. Havia uma vaca no pátio de sua casa e um piso superior onde me foi destinado um aposento.

Não queria comer nada antes de fazer as abluções no Ganges, de acordo com a tradição. O religioso fez os preparativos necessários. Eu lhe dissera de antemão que de maneira nenhuma poderia dar-lhe mais que uma rúpia e quatro centavos como *dakshina*[12], e que portanto não se esquecesse disso ao fazer os arranjos para a celebração.

Ele assentiu prontamente.

— Seja o peregrino rico ou pobre — disse — o serviço é o mesmo. Mas a quantia que recebemos como *dakshina* depende de sua disponibilidade.

Não achei que em meu caso ele houvesse simplificado os procedimentos usuais. A cerimônia terminou às 12 horas e então fui ao templo de Kashi Vishvanath para obter o *darshan*. Fiquei profundamente pesaroso com o que vi lá. Quando exercia a advocacia em Mumbai, em 1891, tive oportunidade de assistir a uma palestra sobre "Peregrinação a Kashi" proferida na sala Prarthana Samaj. Sendo assim estava preparado para um certo grau de desapontamento. Entretanto a decepção real foi muito maior do que eu previra.

O acesso era feito por uma viela estreita e escorregadia. Não havia silêncio. As nuvens de moscas e a barulheira dos comerciantes eram insuportáveis.

O local, onde se esperaria uma atmosfera de meditação e comunhão, era conspícuo pela ausência da mesma. Era necessário que se buscasse tal atmosfera dentro de si. Cheguei a ver irmãs devotas absortas em meditação e inteiramente indiferentes ao ambiente. Mas isso não poderia ser atribuído aos méritos das autoridades do templo. Os administradores têm a obrigação de criar e manter no templo e em seus arredores uma atmosfera pura, doce e serena, tanto física quanto moralmente. Em vez disso encontrei um bazar onde astutos comerciantes vendiam doces e brinquedos da moda.

Ao chegar ao templo fui saudado logo na entrada por uma fétida pilha de flores podres. O chão era revestido de fino mármore. Entretanto algum devoto sem senso estético o quebrara e nele incrustara rúpias, tornando-o assim um excelente receptáculo para a sujeira.

Aproximei-me do *Jnana-vapi* (Poço da Sabedoria). Ali procurei Deus mas não consegui encontrá-Lo. Não estava, portanto, particularmente de bom humor. Os arredores do *Jnana-vapi* também eram sujos. Não havia espírito para que se oferecesse nenhum donativo. Portanto ofereci uma torta. O religioso encarregado irritou-se e a atirou longe. Xingou-me e disse:

— Este insulto vai levá-lo direto para o inferno.

Não me abalei.

— *Maharaj* — eu disse — seja o que for que o destino me tenha reservado, essa incontinência de linguagem não condiz com alguém de sua classe. Fique com a torta se quiser, ou nem isso vai ter.

— Vá embora — respondeu ele. — Não ligo para seu bolo. E prorrompeu em mais uma saraivada de insultos.

Peguei a torta e fui embora congratulando-me porque o brâmane perdera uma e eu a economizara. Mas o *Maharaj* estava longe de ser homem de abrir mão de tortas. Chamou-me de volta e disse:

— Está bem, deixe a torta aqui. Prefiro ter uma atitude diferente da sua. Se eu recusar a sua torta o senhor será prejudicado.

Sem retrucar dei-lhe a torta e, com um suspiro, parti.

Desde essa ocasião voltei duas vezes ao Kashi Vishvanath. Mas isso ocorreu quando eu já estava sob o peso do título de *Mahatma*, que tornou impossíveis experiências como as que descrevi acima. Pessoas ávidas pelo meu *darshan* não me permitiram ter o *darshan* do templo. Só a um *Mahatma é* dado conhecer os encargos de um *Mahatma*. Afora isso a sujeira e o barulho não tinham mudado nada.

Se alguém tiver dúvidas quanto à infinita misericórdia de Deus, que veja esses lugares sagrados. Quanta hipocrisia e irreverência religiosa o Príncipe dos Iogues deve suportar que sejam perpetradas em Seu sagrado nome? Ele proclamou há muito tempo: "Colhe-se o que se planta". A lei do carma é inexorável e não pode ser burlada. Portanto não há necessidade de que Deus interfira. Ele estabeleceu a lei e retirou-se, por assim dizer.

Depois de visitar o templo fui ver a Sra. Besant. Sabia que acabara de se recuperar de uma enfermidade. Apresentei-me e ela veio imediatamente. Como desejava apenas comunicar-lhe meus respeitos, eu disse:

— Sei que seu estado de saúde é delicado. Só queria cumprimentá-la. Agradeço-lhe pela bondade de receber-me tão prontamente. Não quero incomodá-la.

Dito isto, despedi-me e saí.

21. RESIDIR EM MUMBAI?

Gokhale estava ansioso para que me estabelecesse em Mumbai, lá exercesse a advocacia e o ajudasse no trabalho social. Naquela época esse trabalho significava dedicar-se ao Congresso, e o principal serviço para essa instituição, que ele ajudara a fundar, era a administração.

Gostei do conselho de Gokhale mas não estava muito confiante em meu sucesso profissional. As desagradáveis lembranças de fracassos me acompanhavam e eu continuava a detestar, com todas as minhas forças, a ideia de bajular alguém para conseguir causas.

Portanto decidi começar a trabalhar primeiro em Rajkot. Kevalram Mavji Dave, meu antigo benfeitor que influenciara minha decisão de ir para a Inglaterra estava lá, e já logo de saída passou-me três causas. Duas delas eram recursos ao Assistente Judicial para o Agente Político em Kathiwad. A outra era um caso original em Jamnagar, relativamente importante. Comentei com Kevalram Dave que não me julgava apto a aceitá-la, ao que ele respondeu:

— Não se preocupe em ganhar ou perder. Simplesmente dê o melhor de si. É claro que estarei ao seu lado para auxiliá-lo.

O advogado da outra parte era o falecido *Sjt.* Samarth. Eu estava relativamente bem preparado. Não que soubesse muito a respeito da legislação indiana, mas Kevalram Dave me havia instruído minuciosamente. Amigos me haviam dito antes de minha ida à África do Sul, que o segredo do sucesso de Sir Pherozeshah Mehta era seu domínio das regras concernentes às provas legais. Não me esqueci disso. Durante minha viagem estudara cuidadosamente a Lei Indiana das Provas e seus comentários. É claro que tinha também a meu favor a experiência jurídica na África do Sul.

Ganhei a causa e também alguma confiança. Não me preocupara com os recursos, que foram bem-sucedidos. Isso me deu a esperança de que, apesar de tudo, talvez pudesse não fracassar, mesmo em Mumbai.

Entretanto antes de expor as circunstâncias que me levaram a decidir ir para Mumbai vou narrar uma experiência relativa ao desrespeito e à ignorância das autoridades inglesas. O tribunal do Assistente Judicial era itinerante. Ele estava sempre viajando e tanto os *vakils* quanto os seus clientes tinham de segui-lo aonde quer que fosse. Os *vakils* cobravam mais sempre que precisavam viajar e por isso era natural que os clientes arcassem com despesas em dobro. O transtorno não importava ao juiz.

O recurso em questão seria ouvido em Veraval, onde grassava a peste. Ao que me lembro registravam-se até 50 casos por dia, para uma população de 5.500 habitantes. A cidade estava praticamente deserta e hospedei-me num *dharmashala* abandonado a alguma distância do centro. Mas onde se hospedariam os clientes? Se fossem pobres teriam de simplesmente confiar-se à misericórdia divina.

Um amigo que também tinha causas na mesma instância telegrafou-me pedindo que apresentasse um requerimento para que o tribunal itinerante fosse levado para outro lugar, por causa da peste em Veraval. Quando o apresentei o *sahib* perguntou:

— O senhor está com medo?

Respondi:

— Não se trata de eu estar com medo ou não. Posso cuidar de mim mesmo, mas e quanto aos clientes?

— A peste chegou à Índia para ficar — replicou o *sahib*. — Por que temê-la? O clima em Veraval é adorável. (O *sahib* morava bastante longe da cidade em uma tenda principesca montada na praia.) É certo que as pessoas devem aprender a viver assim, ao ar livre.

De nada adiantava argumentar diante dessa filosofia. O *sahib* disse a seu assistente:

— Anote o que o Sr. Gandhi tem a dizer e informe-me caso seja muito inconveniente para os *vakils* ou seus clientes.

É claro que o *sahib* fizera o que acreditava sinceramente ser o certo. Mas como poderia ele ter noção das dificuldades por que passavam os pobres na Índia? Como poderia entender as necessidades, hábitos, idiossincrasias e costumes do povo? Como poderia ainda, acostumado que estava a medir as coisas em termos de soberanos de ouro, repentinamente passar a calculá-las em fragmentos de cobre? Assim como um elefante é incapaz de agir segundo os referenciais de uma formiga, um inglês, mesmo movido pelas melhores intenções é incapaz de pensar ou legislar como um indiano.

Mas retomemos o fio da meada. A despeito de meus sucessos estava pensando em permanecer em Rajkot por mais tempo, quando um dia Kevalram Dave veio ver-me e disse:

— Gandhi, não toleraremos vê-lo vegetando aqui. Deve estabelecer-se em Mumbai.

— Mas quem vai me dar trabalho lá? — perguntei. — O senhor vai arcar com minhas despesas?

— Sim, vou — respondeu ele. — Vamos trazê-lo para cá de vez em quando, como um grande advogado de Mumbai e mandaremos trabalhos para que os faça lá. Cabe a nós *vakils,* construir o sucesso ou o fracasso dos advogados. Você provou seu valor em Jamnagar e Veraval. Portanto não tenho o menor receio a seu respeito. Está destinado ao serviço público e não permitirei que se enterre em Kathiwad. Então diga-me: quando parte para Mumbai?

— Estou esperando uma remessa de dinheiro de Natal. Assim que a receber irei — respondi.

O dinheiro chegou em cerca de duas semanas e parti para Mumbai. Associei-me aos escritórios de Payne, Gilbert e Sayani. Parecia que estava estabelecido.

22. A FÉ POSTA À PROVA

Embora tivesse alugado um escritório em Fort e uma casa em Girgaum, Deus não deixou que eu me estabelecesse. Acabara de mudar-me para a casa nova quando meu segundo filho, Manilal, que já tinha sofrido uma crise aguda de varíola alguns anos antes, foi acometido de tifo, com pneumonia e delírios noturnos.

Chamamos o médico, que nos informou que de pouco adiantariam remédios, mas ovos e caldo de galinha poderiam ser benéficos.

Manilal tinha apenas dez anos. Consultá-lo estava fora de cogitação. Sendo seu responsável eu tinha de decidir. O médico era um ótimo parse. Contei-lhe que éramos todos vegetarianos e que de forma alguma daríamos nenhum desses dois alimentos a meu filho. Será que ele poderia portanto recomendar outra coisa?

— A vida de seu filho corre perigo — disse o bom doutor. — Poderíamos administrar-lhe leite diluído em água. No entanto os nutrientes necessários não seriam supridos. Como sabe sou chamado por muitas famílias hindus, que nunca se opõem ao que receito. Acho que seria uma prova de bom senso não ser tão radical para com o seu filho.

— Concordo com o que diz — falei. — Está cumprindo o seu dever de médico. No entanto minha responsabilidade é muito grande. Se o garoto fosse mais velho certamente o consultaria e sua vontade seria respeitada. Mas preciso pensar e decidir por ele. Em minha opinião é somente nessas ocasiões que a fé de um homem é verdadeiramente testada. Certo ou errado é parte de minha convicção religiosa que não devemos consumir carne, ovos e alimentos afins. Deve haver limites até para nossos meios de sobrevivência. Há certas coisas que não devemos fazer nem mesmo para manter a vida. A religião, como a entendo, não permite que eu ou os meus utilizem carne e ovos, nem sequer em situações como esta. Portanto devo correr o risco que o senhor me apresenta como provável. Mas suplico-lhe uma coisa. Uma vez que não posso aproveitar o seu tratamento, proponho tentarmos alguns remédios hidroterapêuticos que conheço. Entretanto não sei tomar o pulso, examinar o peito, os pulmões etc., do garoto. Caso pudesse passar aqui periodicamente para examiná-lo e informar-me sobre o seu estado, ficaria muito grato.

O médico entendeu minhas dificuldades e concordou com meu pedido. Embora Manilal não tivesse feito a escolha, coloquei-o a par de minha conversa com o doutor e pedi a sua opinião.

— Tente seu tratamento hidroterapêutico — disse ele. — Não quero ovos e caldo de galinha.

Isso me alegrou, mesmo sabendo que caso lhe tivesse ministrado qualquer um dos dois ele teria aceitado.

Conhecia a terapia de Kuhne e já a havia testado. Sabia também que o jejum poderia ser de valia. Assim, seguindo o método de Kuhne, comecei a banhar Manilal com água até os quadris, por não mais de três minutos. Durante três dias dei-lhe apenas laranjada.

Mas a febre não cedia e chegou aos 40°C. À noite ele delirava. Comecei a ficar ansioso. O que iriam dizer de mim? O que pensaria meu irmão mais velho? Não poderíamos chamar outro médico? Por que não chamar um médico aiurvédico? Que direito tinham os pais de impor suas manias aos filhos?

Pensamentos como esses me assombravam. E aí começava a corrente contrária. Deus certamente ficaria satisfeito de ver que eu estava dando a meu filho o tratamento que daria a mim mesmo. Acreditava na hidroterapia e não muito na alopatia. Os médicos não garantiam recuperação. Na melhor das hipóteses poderiam tentar. O fio da vida estava nas mãos de Deus. Por que não ter fé n'Ele e em Seu nome e prosseguir com o tratamento que julgava correto?

Minha mente estava dividida entre esses pensamentos conflitantes. Era noite. Eu estava na cama de Manilal, deitado a seu lado. Decidi aplicar-lhe uma compressa úmida. Levantei-me, molhei um lençol, espremi o excesso de água e enrolei-o em Manilal, deixando só a cabeça de fora. Depois, cobri-o com dois cobertores. Apliquei-lhe uma toalha molhada na cabeça. Seu corpo inteiro estava em brasas e totalmente ressecado. Não havia perspiração alguma.

Eu estava moído de cansaço. Deixei Manilal aos cuidados da mãe e saí para caminhar e revigorar-me. Eram cerca de 10 horas e havia poucos pedestres. Profundamente mergulhado em pensamentos, mal os via. "Minha honra, ó Senhor, está em venerá-Lo, nesta hora de provação", repetia para mim mesmo. O *Ramanama* estava em meus lábios. Logo voltei para casa com o coração pesado no peito.

Mal havia entrado no quarto e Manilal disse:
— Voltou, *Bapu?*
— Sim, querido.
— Por favor, desenrole-me. Estou queimando.
— Você está suando, filho?
— Estou simplesmente encharcado. Por favor, tire o lençol.

Senti sua testa. Estava coberta de suor. A temperatura estava baixando. Agradeci a Deus.

— Manilal, sua febre está prestes a ceder agora. Sue um pouco mais e o tiro daí.
— Por favor, não. Alivie-me desta fornalha. Enrole-me depois se quiser.

Consegui mantê-lo sob os cobertores por mais alguns minutos apenas, distraindo-o. O suor escorria por sua testa. Tirei as compressas e sequei seu corpo. Pai e filho adormeceram na mesma cama.

Os dois dormiram como pedras. Na manhã seguinte a febre de Manilal baixara bastante. Passou quarenta dias a leite diluído e suco de frutas. Eu não mais temia. A febre era obstinada, mas estava sob controle.

Hoje Manilal é o mais saudável entre os meus filhos. Quem poderá dizer que sua recuperação deu-se devido à graça de Deus, à hidroterapia, ou ao cuidado atencioso e à dieta? Que cada um decida de acordo com sua própria fé. Quanto a mim, tenho certeza de que Deus salvou minha honra, e essa crença permanece até hoje inalterada.

23. DE VOLTA À ÁFRICA DO SUL

Manilal recuperou a saúde, mas percebi que a casa de Girgaum não era habitável: era úmida e mal iluminada. Por isso consultei Shri Revashankar Jagfivan e decidi alugar uma mais ampla e mais ventilada nos arredores de Mumbai. Procurei em Bandra e em Santa Cruz. Evitamos Bandra por causa do matadouro. Ghatkopar e arredores eram muito distantes do mar. Por fim encontramos uma agradável residência em Santa Cruz, que alugamos por ser a melhor, considerando-se a higiene.

Comprei uma passagem sazonal de primeira classe de Santa Cruz a Churchgate e lembro-me de ter sentido orgulho por ser o único nessa condição. Várias vezes andei até Bandra para tomar o trem expresso de lá até Churchgate.

Meu progresso profissional superou minhas próprias expectativas. Meus clientes sul-africanos frequentemente me confiavam causas. Era o suficiente para cobrir as despesas.

Ainda não conseguira nenhum trabalho no Supremo Tribunal mas assistia aos debates simulados que costumavam ocorrer naqueles dias, apesar de nunca me arriscar a participar deles. Lembro-me de que Jamiatram Nanabhai desempenhava neles papel proeminente. Assim como outros advogados novatos, fazia questão de assistir às audiências públicas dos casos do Supremo Tribunal, creio que mais por gostar da soporífera brisa que vinha direto do mar do que por sentir que meu conhecimento estava se ampliando. Percebi que não era o único a apreciar esse prazer. Parecia ser a moda e portanto não me envergonhava por isso.

Entretanto comecei a frequentar a biblioteca da Suprema Corte e a fazer novos contatos. Senti que dentro em pouco deveria conseguir trabalho naquele tribunal.

Assim, enquanto por um lado começava a ficar um pouco mais à vontade com minha própria profissão, por outro Gokhale, que estava sempre de olho em mim, fazia seus próprios planos a meu respeito. Passava em meu escritório duas ou três vezes por semana, várias delas em companhia de amigos que queria me apresentar e assim me mantinha a par de seu estilo de trabalho.

Mas pode-se dizer que Deus nunca permitiu que eu levasse meus planos adiante. Dispôs deles como quis.

Justamente quando parecia que estava me estabelecendo, como planejado, recebi um cabograma inesperado da África do Sul: "Chamberlain esperado aqui. Favor retornar imediatamente". Lembrei-me de minha promessa e enviei outro cabograma dizendo estar pronto para começar a mudança assim que me enviassem recursos. Responderam prontamente, abri mão de meu gabinete e parti para a África do Sul.

Estimava que meu trabalho lá me ocuparia por pelo menos um ano, então mantive a casa, onde deixei minha esposa e filhos.

Acreditava então que jovens empreendedores que não encontrassem oportunidades em seu próprio país deveriam emigrar. Portanto levei comigo quatro ou cinco jovens assim. Um deles era Maganlal Gandhi.

Os Gandhis eram, e são, uma família grande. Queria encontrar todos os que quisessem deixar caminhos já trilhados e aventurar-se no exterior. Meu pai costumava empregar vários deles em algum tipo de serviço público. Eu queria libertá-los daquele enfeitiçamento. Não poderia nem iria lhes garantir trabalho, mas queria que se tornassem autossuficientes.

No entanto, como meus ideais evoluíram, tentei persuadir aqueles jovens a adaptar seus propósitos aos meus. Fui mais bem-sucedido com Maganlal Gandhi. Falarei disso mais tarde.

Separar-me de minha esposa e filhos, fechar um escritório estabelecido, ir do certo para o incerto — tudo isso foi doloroso em um primeiro momento, mas eu já me acostumara a uma vida incerta. Acho que é errado esperar certezas neste mundo, no qual tudo é incerto, com exceção de Deus e da Verdade. Tudo o que se apresenta e acontece é incerto e transitório. Entretanto existe um Ser Supremo imanente no mundo como Certeza, e abençoado é aquele que vislumbra essa Certeza e aspira a ela. A busca dessa Verdade é o *summum bonum* da vida.

Cheguei a Durban na data programada. Havia trabalho me esperando. A data em que nossa delegação se apresentaria ao Sr. Chamberlain já estava marcada. Eu tinha de rascunhar o memorial que lhe seria submetido e acompanhar essa delegação.

PARTE 4

1. O TRABALHO DO AMOR ESTÁ PERDIDO?

O Sr. Chamberlain tinha vindo para receber um presente de 35 milhões de libras da África do Sul e para conquistar os corações dos ingleses e os dos bôeres. Por isso mostraram desinteresse pela comissão indiana.

— Os senhores sabem — disse ele — que o Governo Imperial tem pouco controle sobre as colônias autogovernadas. Parecem ter motivos genuínos para reclamar. Vou fazer o que puder, mas precisam fazer o máximo possível para aplacar os europeus, já que querem viver entre eles.

A resposta foi um balde de água fria para os membros da delegação. Eu também fiquei desapontado. Foi reveladora para todos nós e percebi que deveríamos começar nosso trabalho da estaca zero. Expliquei a situação a meus colegas. Na realidade não havia nada de errado na resposta do Sr. Chamberlain. Delicadamente ele nos tinha feito lembrar a lei do mais forte, ou a lei da espada. Mas não tínhamos espada nenhuma, apenas a coragem ou a resistência para receber estocadas.

O Sr. Chamberlain havia concedido pouco tempo ao subcontinente. De Seringar ao Cabo Comorim são 3.000 quilômetros, e de Durban à Cidade do Cabo não menos de 1.700, e ele teve que cobrir a longa distância com a velocidade de um furacão.

Saindo de Natal apressou-se a ir para a Província do Transval. Tive que preparar também a argumentação sobre os indianos de lá e apresentá-la a ele. Mas como chegaria eu a Pretória? Nosso pessoal dessa cidade não estava em condições de conseguir os recursos legais para que eu pudesse chegar a eles a tempo. A guerra tinha reduzido a Província do Transval a um grande ermo. Não havia roupas nem alimentos. Havia lojas vazias, aguardando para ser abertas e estocadas, mas isto era uma questão de tempo. Não se podia permitir a volta nem dos refugiados antes que as lojas estivessem abastecidas de alimentos. Por isso todos os transvalinos tinham que obter uma permissão de entrada. Os europeus não tinham dificuldade em consegui-la, mas para os indianos isso era quase impossível.

Durante a guerra vieram para a África do Sul muitos oficiais e soldados da Índia e do Ceilão, e considerava-se dever das autoridades britânicas dar empregos àqueles que decidissem radicar-se na África do Sul. De qualquer forma eles teriam que nomear novos oficiais, e esses homens experientes vieram a calhar. Sua rapidez e engenhosidade acabaram criando um novo departamento que mostrou sua criatividade.

Havia um departamento especial para os negros. Por que não um para os asiáticos, então? O argumento parecia bastante plausível. Quando cheguei à Província do Transval esse novo departamento já tinha sido aberto e estava estendendo rapidamente os seus tentáculos. Os funcionários que emitiam permissões para os refugiados que voltavam podiam fazê-lo para todos, mas como poderiam fazer o mesmo em relação aos asiáticos, sem a intervenção do novo departamento? Se as permissões fossem emitidas sob a recomendação desse departamento, a responsabilidade e a carga de trabalho dos funcionários seria simplificada. Foi o que se argumentou. O fato entretanto era que o novo departamento queria alguma desculpa para trabalhar, e os homens queriam dinheiro. Se não houvesse trabalho o departamento seria considerado desnecessário e abolido. Por isso eles inventaram esse trabalho.

Os indianos tinham de recorrer a esse departamento. A resposta seria concedida muitos dias depois. Como havia um grande número de pessoas querendo voltar à Província do Transval, surgiu um exército de intermediários e cambistas que, juntamente com os funcionários, saqueavam os pobres indianos aos milhares. Disseram-me que sem influência não se conseguia uma permissão, e em alguns casos a pessoa tinha de pagar até 100 libras, apesar da influência que pudesse ter. Assim parecia não haver caminho aberto para mim. Fui ao meu velho amigo, o Superintendente de Polícia de Durban, e disse a ele:

— Por favor, apresente-me ao encarregado das permissões e ajude-me a conseguir uma. O senhor sabe que fui um residente da Província do Transval.

Ele pôs imediatamente o chapéu, saiu e obteve uma permissão para mim. O trem deveria partir em menos de uma hora. Eu deixara a bagagem pronta. Agradeci ao Superintendente Alexander e parti para Pretória.

Agora tinha uma boa ideia das dificuldades que me esperavam. Chegando a Pretória redigi uma minuta da petição. Em Durban não me lembro que fosse exigido que os indianos apresentassem antecipadamente o nome de seus representantes, mas aqui o departamento era novo e pedia isso. Os indianos de Pretória já sabiam que os funcionários queriam me excluir.

Mas é necessário um outro capítulo para falar desse incidente doloroso, embora divertido.

2. AUTOCRATAS DA ÁSIA

Os funcionários que dirigiam o novo departamento não conseguiam descobrir como eu tinha entrado na Província do Transval. Consultaram os indianos que costumavam procurá-los, mas estes não tinham nada de concreto a dizer. Arriscaram a hipótese de que eu teria conseguido entrar sem permissão por força de meus antigos contatos. Se isso fosse verdadeiro, eu era passível de prisão!

Ao término de uma grande guerra é hábito investir o governo de poderes especiais. Foi o caso na África do Sul, onde ele fez passar um Decreto de Preservação da Paz, determinando que qualquer pessoa que entrasse na Província do Transval sem permissão estaria sujeito a detenção e prisão. Levantou-se a questão de deter-me com base nessa determinação, mas ninguém teve coragem de me pedir para mostrar minha permissão de entrada.

Os funcionários tinham evidentemente mandado telegramas a Durban, e quando descobriram que eu havia entrado com a permissão ficaram desapontados. Mas não eram homens de se deixar derrotar por desapontamentos. Embora eu tivesse conseguido entrar na Província do Transval, eles ainda poderiam impedir que me entrevistasse com o Sr. Chamberlain.

Assim, pediu-se à comunidade que apresentasse os nomes dos representantes que deveriam formar a comissão. O preconceito de cor era, é claro, visível em toda a África do Sul, mas eu não estava preparado para encontrar aqui as manobras ocultas e sujas entre funcionários, que já conhecia da Índia. Na África do Sul os departamentos públicos eram mantidos para o bem do povo e prestavam contas à opinião pública. Por isso os funcionários tinham uma certa humildade e cortesia, e as pessoas de cor eram até certo ponto também beneficiadas.

Com a chegada de funcionários da Ásia veio também sua autocracia e os costumes dela derivados. Na África do Sul havia uma espécie de governo responsável perante o povo, ou democracia, enquanto que o que se havia importado da Ásia era a autocracia pura e simples; pois os asiáticos não tinham um governo responsável, já que havia uma potência estrangeira a governá-los. Na África do Sul os europeus eram imigrantes radicados. Haviam se tornado cidadãos sul-africanos e tinham controle sobre os funcionários dos departamentos. Mas agora entravam em cena os autocratas da Ásia e, em consequência, os indianos estavam entre a cruz e a espada.

Eu já tivera uma boa amostra dessa autocracia. Fora primeiramente convocado a ir ver o chefe dos departamentos, um funcionário do Ceilão. Para que não me considerem exagerado por dizer que fui "convocado", serei claro. Não me mandaram nenhuma ordem escrita. Os líderes indianos muitas vezes tinham de visitar funcionários asiáticos. Entre eles estava o falecido *Sheth* Tyeb Haji Khanmahomed. O chefe do escritório perguntou a ele quem era eu e porque eu estava lá.

— Ele é nosso conselheiro — disse o *Sheth* Tyeb — e veio a nosso pedido.

— Nesse caso, o que estamos fazendo aqui? Não fomos nomeados para protegê-los? O que Gandhi sabe sobre as condições locais? — perguntou o autocrata.

O *Sheth* Tyeb respondeu da melhor forma que pôde:

— É claro que você está aqui. Mas Gandhi é o nosso homem. Ele conhece nossa língua e nos entende. Vocês são, afinal de contas, funcionários.

O *Sahib* ordenou que o *Sheth Tyeb* fosse buscar-me. Fui me encontrar com ele na companhia do *Sheth* Tyeb e de outros. Não nos ofereceram assento, de modo que ficamos em pé.

— O que o traz aqui? — perguntou o *Sahib,* dirigindo-se a mim.

— Vim a pedido de meus compatriotas, para aconselhá-los.

— Mas não sabe que não tem esse direito? A permissão que tem foi dada por engano. Não pode ser considerado um indiano residente. Precisa voltar. Não vai esperar pela chegada do Sr. Chamberlain. Foi para a proteção dos indianos daqui que criamos o Departamento Asiático. Bem, já pode ir. — E com isso ele se despediu sem me dar oportunidade de responder.

Mas reteve meus companheiros e passou-lhes uma sonora descompostura, recomendando-lhes que me mandassem embora. Eles voltaram desapontados. Estávamos diante de uma situação inesperada.

3. SUPORTANDO O INSULTO

Penei sob o insulto. Mas como já havia suportado muitos no passado, estava acostumado. Decidi portanto esquecer este último e adotar uma linha de ação baseada em uma visão desapaixonada do caso. Recebemos uma carta do Chefe do Departamento Asiático dizendo que, como eu tinha visto o Sr. Chamberlain em Durban, tornara-se necessário omitir meu nome da comissão de delegados indianos que iria encontrá-lo. Essa carta era mais do que meus colaboradores podiam suportar. Propuseram abandonar por completo a ideia da delegação. Lembrei-lhes a lamentável situação da comunidade.

— Se não apresentarem sua queixa ao Sr. Chamberlain — eu disse — o que se presumirá é que não têm queixa alguma. Afinal de contas a demanda tem de ser feita por escrito, e está pronta. Não faz a mínima diferença se for lida por mim ou por outra pessoa. O Sr. Chamberlain não vai discutir o assunto conosco. Acho que vamos ter que engolir o insulto.

Mal eu acabara de falar, o *Sheth* Tyeb gritou:

— Mas um insulto ao senhor não equivale a insultar a comunidade? Como podemos esquecer que é nosso representante?

— É verdade — eu disse. — Mas até a comunidade vai ter de suportar ofensas como essas. Temos alguma alternativa?

— Aconteça o que acontecer, por que teríamos que engolir uma nova ofensa? Nada de pior pode nos acontecer. Temos tantos direitos assim a perder? — perguntou o *Sheth* Tyeb.

Foi uma resposta corajosa, mas em que poderia ser útil? Eu estava plenamente consciente das limitações da comunidade. Acalmei meus amigos e os aconselhei a contratar, em meu lugar, o Sr. George Godfrey, um advogado indiano.

Assim o Sr. Godfrey liderou a delegação. Em sua resposta, o Sr. Chamberlain referiu-se à minha exclusão:

— Em lugar de ouvir o mesmo representante várias vezes, não é melhor ter alguém novo? — disse ele tentando curar a ferida.

Mas tudo isso, longe de encerrar a questão, apenas aumentou o trabalho da comunidade e o meu também. Tivemos que começar de novo.

— Foi a seu pedido que a coletividade indiana ajudou na guerra, e o senhor está vendo os resultados agora — eram as palavras que algumas pessoas usavam para me provocar. Mas a provocação não teve efeito.

— Não me arrependo de meu conselho — retruquei. — Ainda acho que fizemos bem em participar da guerra. Ao fazê-lo, simplesmente cumprimos o nosso dever. Não podemos esperar nenhuma recompensa por nossos esforços, mas acredito firmemente que todas as boas ações finalmente frutificam. Vamos esquecer o passado e pensar nas tarefas que temos pela frente.

Os demais concordaram. Acrescentei:

— Para dizer a verdade, o trabalho para o qual me chamaram está praticamente terminado. Mas acho que não devo deixar a Província do Transval, enquanto isso seja possível, mesmo se os senhores me permitirem voltar para casa. Em vez de realizar meu trabalho em Natal, como antes, agora devo fazê-lo aqui. Não devo mais pensar em voltar para a Índia dentro de um ano, mas preciso tornar-me um membro do Supremo Tribunal da Província do Transval. Tenho confiança suficiente para lidar com esse novo departamento. Se não fizermos isso a comunidade será escorraçada do país, além de ser completamente espoliada de seus bens. A cada dia receberá insulto sobre insulto. Os fatos de que o Sr. Chamberlain se recusou a me ver e de que o funcionário me insultou, nada são se comparados à humilhação da comunidade inteira. Será impossível tolerar a verdadeira vida de cachorro que nos estará reservada.

Dei então o pontapé inicial na bola. Discuti as coisas com os indianos em Pretória e Joanesburgo e, finalmente, decidi estabelecer um escritório de advocacia nesta última cidade.

Havia sérias dúvidas de que conseguiria me tornar um membro do Supremo Tribunal da Província do Transval. Mas a Ordem dos Advogados não se opunha à minha candidatura, e o tribunal a permitia. Para um indiano era difícil abrir escritório em locais adequados. Mas eu tivera um contato bastante próximo com o Sr. Ritch, que na ocasião era um dos comerciantes de lá. Graças à ajuda de um corretor de imóveis conhecido dele consegui salas adequadas para meu escritório no bairro jurídico da cidade e comecei meu trabalho profissional.

4. ESPÍRITO DE SACRIFÍCIO

Antes de narrar a luta pelos direitos dos imigrantes indianos na Província do Transval e suas relações com o Departamento Asiático, preciso voltar-me para alguns outros aspectos de minha vida.

Até agora havia em mim mais de um desejo. O espírito de autossacrifício era temperado pela vontade de consolidar bases para o futuro. Na época em que montei escritório de advocacia em Mumbai, um agente de seguros americano apareceu por lá — um homem persuasivo e de fisionomia agradável. Como se fôssemos velhos amigos, ele discutiu meu futuro.

— Na América os homens com seu *status* têm seguro de vida. O senhor não deveria assegurar seu futuro? A vida é incerta. Nós, na América, consideramos uma obrigação religiosa fazer seguro. Por que não aceita uma pequena apólice?

Até aquele momento eu havia mostrado desinteresse por todos os agentes que encontrara na África do Sul e na Índia, pois achava que um seguro de vida implica medo e falta de fé em Deus. Mas sucumbi à tentação do agente americano. À medida que argumentava, via na imaginação minha esposa e meus filhos. "Homem, você vendeu quase todas as joias de sua mulher", eu me dizia. "Se lhe acontecer algo a responsabilidade de sustentar a ela e às crianças recairá sobre o seu pobre irmão, que tão nobremente preencheu o lugar do pai. Que tal?" Com argumentos como esse eu me persuadi a fazer uma apólice de 10.000 rúpias.

No entanto quando meu modo de vida mudou na África do Sul, minha visão também se modificou. Todos os meus passos nessa época de provação foram dados em nome de Deus e a Seu serviço. Eu não sabia quanto tempo teria que ficar naquele país. Temia nunca voltar à Índia; então decidi trazer minha mulher e filhos, e ganhar o bastante para sustentá-los.

Esse plano me fez deplorar a apólice de vida e me senti envergonhado de ter sido apanhado na rede do agente de seguros. Se, disse para mim mesmo, meu irmão está realmente na posição de meu pai, certamente não consideraria um fardo excessivo sustentar minha viúva, se fosse o caso. E que motivos tinha eu para presumir que a morte me buscaria antes que aos outros? Afinal de contas o protetor real não era eu nem meu irmão, e sim o Todo-Poderoso. Ao fazer meu seguro de vida roubara de minha mulher e filhos sua autoconfiança. Por que não haveriam eles de cuidar de si próprios? O que acontece às famílias dos incontáveis pobres do mundo? Por que eu não poderia considerar-me um deles?

Uma multidão de pensamentos como esses passou pela minha mente, mas não agi imediatamente. Lembro-me de ter pago pelo menos um prêmio de seguro na África do Sul.

As circunstâncias externas também apoiavam essa linha de pensamento. Durante minha primeira permanência na África do Sul, a influência cristã mantivera vivo meu senso religioso. Agora era a influência teosófica que o fortalecia. O Sr. Ritch era um teosofista e pôs-me em contato com a Sociedade em Joanesburgo. Nunca me tornei um membro, pois tinha minhas divergências, mas cheguei a ter contatos estreitos com quase todos os teosofistas. Mantinha discussões religiosas com eles quase que diariamente. Eram costumeiras as leituras dos livros teosóficos, e às vezes eu tinha oportunidade de falar nas reuniões. Na teosofia o principal é cultivar e promover a ideia de fraternidade. Tínhamos discussões consideráveis sobre isso, e eu criticava os membros quando a conduta deles não parecia ajustar-se a seus ideais. A crítica não deixou de ter seus bons efeitos em mim. Levou-me à introspecção.

5. RESULTADOS DA INTROSPECÇÃO

Quando em 1893 entrei em contato estreito com amigos cristãos, era um simples neófito. Eles se esforçaram bastante para que eu ouvisse e aceitasse a mensagem de Jesus, e fui um ouvinte humilde, respeitoso e de mente aberta. Naquela época estudava o hinduísmo da melhor forma que podia, e procurava entender outras religiões.

Em 1903 a posição era um tanto diferente. Os amigos teosofistas certamente tinham intenção de levar-me para sua sociedade, mas com o objetivo de conseguir algo de mim na condição de hinduísta. A literatura teosófica está repleta de influências hinduístas, e por isso esses amigos esperavam que eu lhes fosse útil. Expliquei que meu estudo do sânscrito não era grande coisa, que não lera as escrituras hinduístas no original, e que mesmo meu conhecimento das traduções era mínimo. Contudo, como acreditavam nos *samskaras* (tendências causadas por nascimentos prévios) e no *punarjanma* (renascimento), presumiam que eu pudesse dar-lhes pelo menos alguma ajuda.

E foi assim que me senti como um Tritão entre os peixinhos. Comecei a ler o *Rajayoga* de Swami Vivekananda com alguns dos amigos, e o *Rajayoga* de M. N. Dvivedi com outros. Tive que ler os *Yoga Sutras* de Patanjali com um amigo e a *Bhagavad-Gita* com muitos. Formamos uma espécie de Clube dos Buscadores, onde tínhamos regularmente leituras. Eu já tinha fé na *Gita,* que exercia um fascínio especial sobre mim. Agora percebia a necessidade de mergulhar mais profundamente nela.

Tinha uma ou duas traduções, por meio das quais tentava compreender o original sânscrito. Decidi também decorar um ou dois versos por dia. Para isso empregava o tempo das minhas abluções matinais. Gastava trinta e cinco minutos na operação, quinze para escovar os dentes e vinte para o banho. A primeira delas eu executava de pé, em estilo ocidental. Assim, na parede à minha frente, afixava pedaços de papel com os versos da *Gita*, e os consultava para ajudar a memória. Constatei que esse tempo era suficiente para memorizar a porção diária e recordar os versos já aprendidos. Lembro-me de ter decorado desse modo treze capítulos. Mas a memorização da *Gita* teve que ceder lugar a outros trabalhos, e à criação e sustentação do *Satyagraha*, que absorvia todo o tempo que eu tinha para pensar — o que ocorre até hoje.

Do efeito que essa leitura da *Gita* teve sobre meus amigos, só eles podem falar. Para mim entretanto a *Gita* tornou-se uma conselheira infalível. Ficou sendo minha obra de consulta diária. Assim como eu ia ao dicionário inglês em busca do significado de palavras que não entendia, recorria a esse dicionário de conduta para a pronta solução de minhas dificuldades e provações. Palavras como *aparigraha* (não posse) e *samabhava* (equanimidade) me cativaram.

A questão era como cultivar e preservar essa equanimidade. Como tratar da mesma forma funcionários insultantes, insolentes e corruptos, colegas de ontem que hoje levantavam oposição sem sentido, e homens que sempre foram bons para nós? Como abrir mão de todas as posses? O próprio corpo já não é uma propriedade? Esposa e filhos não o são? Eu deveria entregar todos os meus livros? Teria de desistir de tudo que tinha e segui-Lo?

A resposta veio em seguida: de fato, só poderia segui-Lo se abrisse mão de tudo que possuía. Meus estudos do Direito Inglês vieram socorrer-me. Lembrei-me da discussão de Snell sobre as máximas da equidade. Entendi mais claramente, à luz do ensinamento da *Gita*, as implicações da palavra "depositário". Meu respeito pela jurisprudência aumentou; eu a descobri na religião. Compreendi que o ensinamento de não possessão da *Gita* significa que aqueles que desejam a salvação devem agir como depositários que, embora administrem grandes posses, consideram que nem um pingo lhes pertence.

Para mim tornou-se claro como o dia que a não possessão e a equanimidade pressupõem uma mudança no coração, uma mudança de atitude. Escrevi então a Revashankarbhai que deixasse de pagar a apólice de seguro e recuperasse o que fosse possível, ou então que considerasse perdidos os prêmios já pagos pois eu me convencera de que Deus, que criara minha esposa e filhos, bem como a mim mesmo, tomaria conta deles. A meu irmão, que fora um pai para mim, escrevi explicando que lhe dera tudo o que economizara até aquele momento, mas que daí em diante ele não esperasse nada de mim, pois as economias futuras, se houvessem, seriam utilizadas em benefício da comunidade.

Não foi fácil fazer meu irmão entender. Em linguagem severa explicou meu dever em relação a ele. Eu não deveria aspirar a ser mais sábio que nosso pai. Precisava sustentar a família, como ele fizera. Indiquei-lhe que estava fazendo exatamente o que nosso pai havia feito. Bastava ampliar ligeiramente o significado de "família" para que ficasse clara a prudência de minha atitude.

Meu irmão desistiu de mim e praticamente deixou de se comunicar comigo. Fiquei profundamente entristecido, mas teria sido uma tristeza ainda maior renunciar àquilo que considerava meu dever, e fiz minha escolha. Mas nada disso afetou minha devoção por ele, que permanece grande e pura como sempre. O grande amor que ele tinha por mim era a raiz de sua infelicidade. Não era tanto o dinheiro que ele queria e sim que eu me comportasse bem perante a família. Entretanto, perto do fim da vida acabou apreciando o meu ponto de vista. Quando já estava quase em seu leito de morte deu-se conta de que minha atitude havia sido correta, e escreveu-me uma carta pungente. Desculpou-se — se é que é possível um pai desculpar-se perante seu filho.

Deixou seus próprios filhos aos meus cuidados para que eu os educasse da forma que julgasse adequada, e manifestou pressa em encontrar-me. Telegrafou dizendo que gostaria de vir à África do Sul, e respondi que ele podia vir. Mas isso não haveria de ocorrer, nem seus desejos com relação aos filhos. Ele morreu antes de poder embarcar para a África do Sul. Seus filhos tinham sido educados na atmosfera antiga e não conseguiram mudar o curso de suas vidas. Não fui capaz de atraí-los para mim. Não foi falha deles. "Quem pode dizer 'daqui não passo' às forças de sua própria natureza?" Quem consegue apagar as impressões com que nasceu? É inútil esperar que os filhos ou aqueles que estão sob nossa guarda sigam a mesma trajetória de evolução que seguimos.

Esse fato serve até certo ponto, para mostrar a enorme responsabilidade que é ser pai ou mãe.

6. UM SACRIFÍCIO PELO VEGETARIANISMO

À medida que os ideais de sacrifício e simplicidade se realizavam cada vez mais, e que a consciência religiosa despertava crescentemente em minha vida cotidiana, aumentava a paixão pelo vegetarianismo como missão. Só conheci uma forma de realizar trabalho missionário, isto é, pelo exemplo pessoal e discussão com os buscadores do conhecimento.

Havia em Joanesburgo um restaurante vegetariano gerenciado por um alemão, que acreditava no tratamento hidroterápico de Kuhne. Visitei o estabelecimento e colaborei levando amigos ingleses. Mas percebi que não iria durar, já que estava sempre em dificuldades financeiras. Ajudei-o na proporção em que, na minha opinião, ele merecia ser ajudado, e gastei lá algum dinheiro, mas acabou fechando.

A maior parte dos teosofistas é vegetariana, e uma senhora empreendedora, pertencente àquela Sociedade surgia agora com um restaurante vegetariano em grande escala. Ela gostava de arte, era extravagante e nada entendia de contabilidade. Seu círculo de amigos era bastante grande. Ela começou modestamente. Mais tarde decidiu ampliar o empreendimento alugando salas maiores e pediu minha ajuda. Eu nada sabia de suas finanças quando ela me procurou, mas supus que suas estimativas fossem corretas. E tinha condições de prestar-lhe o favor. Meus clientes costumavam deixar grandes somas comigo. Com o consentimento de um deles investi cerca de mil libras. Esse cliente tinha um grande coração e era muito confiante. Tinha vindo à África do Sul como trabalhador contratado.

— Dê o dinheiro, se quiser. Nada sei desses assuntos. Só conheço o senhor — dissera ele.

Seu nome era Badri. Mais tarde teria um papel proeminente no *Satyagraha*, tendo sido inclusive preso. Então fiz o empréstimo, presumindo que seu consentimento era o suficiente.

Em dois ou três meses fiquei sabendo que a importância não seria restituída. Eu não estava em condições de sofrer esse prejuízo. Havia muitas outras finalidades para as quais poderia ter aplicado aquela quantia. O empréstimo nunca foi pago. Mas como poderia permitir que Badri, tão confiante, sofresse? Ele só conhecia a mim. Arquei com a perda.

Um amigo e cliente com quem comentei a transação me repreendeu docemente por minha tolice:

— *Bhai* — felizmente eu ainda não havia me tornado *Mahatma*, nem mesmo *Bapu* (pai); os amigos me chamavam pelo afetuoso nome de *Bhai* (irmão). — Não devia ter feito isso. Dependemos de você para tantas coisas. Não vai reaver essa quantia. Sei que nunca vai permitir que Badri passe por esse infortúnio, pois você vai pagar do seu próprio bolso; mas se continuar a pôr em prática seus planos de reforma com o dinheiro dos clientes, os coitados vão se arruinar e você logo será um mendigo. Mas é nosso depositário e deve saber que se se tornar um mendigo todo o nosso trabalho público será interrompido.

O amigo — digo-o com gratidão — ainda está vivo. Não encontrei pessoa mais pura, na África do Sul ou em qualquer outro lugar. Sei que ele já pediu desculpas a muitas pessoas quando, tendo suspeitado de alguém, ficou sabendo que a suspeita era infundada.

Vi que ele estava certo em me advertir. Pois embora eu tenha arcado com o prejuízo de Badri, não teria capacidade de enfrentar prejuízos semelhantes e teria que contrair uma dívida — coisa que nunca fiz em minha vida e da qual tenho horror. Percebi que nem mesmo o entusiasmo reformador de uma pessoa deve fazê-la ultrapassar seus limites. Também enxerguei que, emprestando dessa forma dinheiro que estava sob minha guarda, havia desobedecido o ensinamento central da *Gita,* isto é, o desejo de uma pessoa equânime de agir sem desejo pelos frutos. Esse erro se tornou para mim um farol de alerta.

O sacrifício oferecido no altar do vegetarianismo não foi nem intencional nem esperado. Foi uma virtude da necessidade.

7. EXPERIÊNCIAS COM TRATAMENTO PELA TERRA E PELA ÁGUA

Com a crescente simplicidade da minha vida fui gostando cada vez menos de remédios. Quando exercia a profissão em Durban sofri durante algum tempo de debilidade e inflamação reumática. O Dr. P. J. Mehta, que veio me ver, prescreveu-me um tratamento e fiquei bom. Depois disso, até voltar para a Índia, não me lembro de ter sofrido de nenhuma doença digna de menção.

Mas costumava ser incomodado por constipação e dores de cabeça frequentes, quando em Joanesburgo. Mantinha a saúde com laxantes ocasionais e uma dieta bem ajustada. Mas não podia considerar-me uma pessoa saudável, e sempre me perguntava quando me livraria do pesadelo desses laxativos.

Mais ou menos nessa época li sobre a formação de uma "Associação Sem Café da Manhã" em Manchester. O argumento dos seus promotores era que os ingleses comem mais vezes e em maior quantidade do que deveriam; que os gastos com médico eram altos porque eles comiam até meia-noite, e que deveriam pelo menos desistir do café da manhã se quisessem melhorar. Embora nada disso pudesse ser afirmado a meu respeito, senti que o argumento se aplicava em parte ao meu caso. Costumava tomar três refeições por dia, além do chá da tarde. Nunca comi pouco e apreciava todas as iguarias que uma dieta vegetariana e sem temperos permitia. Quase nunca me levantava antes das seis ou sete. Consequentemente, raciocinei que se desistisse do café da manhã me livraria das dores de cabeça. Então tentei a experiência. Nos primeiros dias foi um pouco difícil, mas as dores de cabeça desapareceram totalmente. Isso me levou a concluir que estava comendo mais do que o necessário.

Mas a mudança estava longe de me aliviar da constipação. Tentei os banhos de assento de Kuhne, que trouxeram algum alívio, mas não me curaram completamente. Nesse meio tempo o alemão que tinha um restaurante vegetariano, ou algum outro amigo, não me lembro quem, colocou em minhas mãos o *Return to Nature [Volta à Natureza],* de Just. Nesse livro li sobre o tratamento pela terra. O autor defendia também as frutas frescas e nozes como a dieta natural do ser humano. Não aderi logo à dieta exclusiva de frutas, mas comecei imediatamente experiências com o tratamento pela terra, e com resultados maravilhosos.

O tratamento consistia em aplicar ao abdômen uma atadura de terra limpa, umedecida com água fria e espalhada como um emplastro em linho fino. Eu a aplicava ao deitar-me, removendo durante a noite ou de manhã, conforme a hora em que acordasse. Foi uma cura radical. Desde então fiz tratamento em mim mesmo e em amigos, e nunca tive motivos para arrependimento. Na Índia não pude tentar este tratamento com a mesma confiança. Um dos motivos é que nunca tive tempo de permanecer em um mesmo lugar para fazer as experiências. Mas minha fé nesses métodos continua praticamente igual. Até hoje aplico em mim mesmo a cura pela terra e a recomendo a meus colaboradores sempre que surge oportunidade.

Embora tenha tido duas doenças sérias em minha vida, acredito que o ser humano tem pouca necessidade de automedicar-se. Novecentos e noventa e nove casos em mil podem ser contornados por meio de uma dieta bem ajustada, tratamento com água e terra e remédios domésticos similares. Quem corre ao médico, *vaidya*[1] ou *hakim*[2] para cada pequeno mal-estar e engole as mais diversas drogas vegetais e minerais, não apenas abrevia sua vida como também, tornando-se escravo de seu corpo em lugar de ser seu mestre, perde o autocontrole e a condição de ser humano.

Que ninguém desconsidere estas observações por estarem sendo escritas em um leito. Conheço as razões de minhas doenças. Estou plenamente consciente de que sou o único responsável por elas, e é devido a essa percepção que não perdi a paciência. Na realidade agradeci a Deus por elas, que são lições, e resisti com sucesso à tentação de tomar numerosos medicamentos. Sei que minha obstinação muitas vezes é uma provação para os médicos, mas eles me suportam com doçura e não desistem de mim.

Mas não devo me desviar. Antes de continuar preciso dizer uma palavra de advertência ao leitor. Aqueles que comprarem o livro de Just em função deste capítulo, não devem tomar tudo como verdade inquestionável. Um autor quase sempre apresenta apenas um aspecto de um caso, mas qualquer caso pode ser visto de pelo menos sete ângulos, todos provavelmente corretos em si mesmos, mas não corretos ao mesmo tempo e nas mesmas circunstâncias. Além disso muitas obras são escritas para ganhar clientes e conquistar renome e fama. Portanto, que aqueles que leem livros como esse façam-no com discernimento e busquem o conselho de alguém experiente antes de tentar esses métodos, ou que os leiam com vagar e os entendam por completo antes de agir com base neles.

8. UMA ADVERTÊNCIA

Receio que vá precisar continuar a digressão até o próximo capítulo. Juntamente com minhas experiências com o tratamento pela terra, as de dieta também estavam sendo realizadas, e não seria fora de propósito fazer aqui algumas observações sobre a segunda, embora eu vá ter ocasião de me referir a elas mais tarde.

Não poderei, agora nem depois fazer um relato detalhado das minhas experiências dietéticas, pois eu já o fiz em uma série de artigos em gujarate que apareceram há anos no jornal *Indian Opinion* e foram depois publicados na forma de um livro popularmente conhecido em inglês pelo nome de *A Guide to Health [Um Guia para a Saúde]*. Entre meus livros curtos esse é o mais lido, tanto no Oriente quanto no Ocidente; algo que até agora não consegui entender. Foi escrito para os leitores do *Indian Opinion*. Mas sei que esse livreto influenciou profundamente a vida de muitas pessoas que nunca leram aquele jornal, pois elas me têm escrito a respeito. Portanto pareceu-me necessário dizer algo aqui sobre esse texto, pois embora não veja razão para alterar os pontos de vista nele apresentados, fiz algumas mudanças radicais em minha prática, das quais nem todos os leitores sabem e sobre as quais acho que deveriam ser informados.

O livreto foi escrito, assim como todos os meus outros trabalhos, com uma finalidade espiritual que sempre inspirou todas as minhas ações.

Portanto, o fato de hoje não poder praticar algumas das teorias ali propostas é motivo de grande tristeza para mim.

É minha firme convicção que o ser humano não precisa tomar nenhum leite além do materno durante a época adequada. Sua dieta deve consistir exclusivamente de frutas secas ao sol e nozes. Ele pode obter os nutrientes necessários, tanto para os tecidos quanto para os nervos, das frutas, como as uvas, e das nozes, como as amêndoas. A restrição da paixão sexual e das outras torna-se fácil para uma pessoa que vive desses alimentos. Meus colaboradores e eu percebemos pela experiência que há muita verdade no provérbio indiano que diz que a pessoa se torna aquilo que come. Esses pontos de vista foram apresentados detalhadamente no livro.

Mas infelizmente na Índia vi-me obrigado a negar na prática algumas de minhas teorias. Quando estava envolvido na campanha de recrutamento em Kheda, um erro na dieta me pôs de cama e fiquei às portas da morte. Tentei em vão reconstituir sem leite um físico abalado. Busquei ajuda de médicos, *vaidyas* e cientistas que conhecia para que me recomendassem um substituto para o leite. Alguns sugeriram água de *mung*, outros azeite de *mowhra*[3], outros ainda leite de amêndoas. Desgastei meu corpo experimentando-os, mas nada me ajudava a sair do leito. Os *vaidyas* leram para mim versos de Charaka para mostrar que em terapêutica não há lugar para escrúpulos religiosos sobre dieta. Então não se podia esperar que eles me ajudassem a viver sem leite. E como poderiam aqueles que não hesitavam em recomendar caldo de carne e conhaque ajudar-me a perseverar numa dieta sem leite?

Eu não poderia tomar leite de vaca ou búfala devido a um voto. Este evidentemente significava desistir de todo tipo de leite. Mas como ao fazê-lo eu tinha em mente apenas o leite de vaca e búfala e queria viver, de alguma forma induzi-me a aderir estritamente à letra do voto e decidi tomar leite de cabra. Quando comecei a tomá-lo estava plenamente consciente de que o espírito de meu voto havia sido quebrado.

Mas a ideia de liderar uma campanha contra a Lei Rowlatt tomou conta de mim, e com isso cresceu o desejo de continuar vivo. Consequentemente, uma das maiores experiências de minha vida foi interrompida.

Sei que se argumenta que a alma não tem nada a ver com o que a pessoa come ou bebe, já que ela não come nem bebe; e que o importante não é o que vem de fora para dentro e sim o que se expressa de dentro para fora. Há sem dúvida alguma força nisso. Contudo, em vez de examinar este raciocínio vou me contentar em meramente declarar minha firme convicção de que, para o buscador que deseja viver no temor a Deus e que deseja vê-Lo face a face, o comedimento na dieta em quantidade e qualidade é tão essencial quanto a moderação nos pensamentos e palavras.

Entretanto, num assunto em que minha teoria falhou, devo não apenas prestar a informação como também fazer uma séria advertência contra sua adoção. Portanto devo insistir para que as pessoas que, por causa da teoria por mim proposta, tenham abandonado o leite, não persistam na experiência a menos que a considerem completamente benéfica, ou que sejam orientados por médicos experientes. Até agora minha experiência mostrou que para aqueles que têm a digestão fraca ou estão confinados ao leito, não há dieta leve e nutritiva que se compare ao leite.

Ficarei muito grato se alguém com experiência nessa área e que ler este capítulo puder me dizer se conhece — por vivência própria e não por leitura — algum substituto vegetal para o leite, que seja igualmente nutritivo e de fácil digestão.

9. UMA RIXA COM O PODER

Volto ao Departamento Asiático.

Joanesburgo era o baluarte dos funcionários asiáticos. Eu havia observado que, longe de proteger os indianos, chineses e outros, esses funcionários os estavam oprimindo. Diariamente recebia queixas como: "Aqueles que têm direito não são admitidos, enquanto os que não o têm conseguem entrar com um pagamento de 100 libras. Se o senhor não remediar esta situação, quem o fará?"

Eu sentia o mesmo. Se não conseguisse evitar esse mal estaria morando em vão na Província do Transval.

Comecei então a reunir provas e logo que consegui uma quantidade razoável procurei o Comissário de Polícia. Ele me pareceu um homem justo. Longe de se mostrar desinteressado, ouviu-me pacientemente e me pediu para mostrar as provas que tinha. Ele próprio examinou as testemunhas e deu-se por satisfeito, mas sabia tão bem quanto eu que era difícil, na África do Sul, conseguir que um júri de brancos condenasse um branco por cometer delitos contra homens de cor.

— Mas — disse ele — de qualquer modo vamos tentar. Também não é correto deixar os criminosos impunes por medo que o júri os absolva. Preciso prendê-los. Asseguro-lhe que vou fazer todo o possível.

Eu não precisava de sua garantia. Suspeitava de um bom número de funcionários, mas como não tinha provas incontestáveis contra todos foram emitidas ordens de prisão contra dois, de cuja culpa eu não tinha a menor dúvida.

Minhas movimentações jamais poderiam ser mantidas em sigilo. Muitas pessoas sabiam que eu estava indo ao Comissário de Polícia praticamente todos os dias. Os dois funcionários contra os quais haviam sido emitidas ordens de prisão tinham espiões mais ou menos eficientes. Eles costumavam patrulhar meu escritório e comunicar meus movimentos aos funcionários. Devo admitir entretanto que estes eram tão ruins que não poderiam ter tido muitos espiões. Se os indianos e chineses não me tivessem ajudado, eles nunca teriam sido presos.

Um deles fugiu. O Comissário de Polícia obteve uma ordem de extradição, conseguiu que ele fosse preso e o trouxe de volta à Província do Transval. Os dois foram julgados e, embora houvesse provas fortes contra eles, e a despeito do júri ter provas de que um deles havia estado foragido, ambos foram declarados inocentes e absolvidos.

Fiquei amargamente desapontado. O Comissário de Polícia também estava muito triste. Eu sentia repulsa pela profissão de advogado. O próprio intelecto tornou-se para mim uma abominação, na medida em que podia ser prostituído para ocultar um crime.

Entretanto, a culpa de ambos os funcionários era tão patente que apesar de sua absolvição o governo não podia dar-lhes abrigo. Ambos foram afastados, o Departamento Asiático ficou comparativamente limpo e a comunidade indiana sentiu-se um pouco mais segura.

O evento aumentou meu prestígio e me trouxe mais negócios. A maior parte das centenas de libras que a comunidade estava desperdiçando mensalmente em subornos foi economizada. Nem tudo pôde ser salvo, pois os desonestos ainda praticavam a sua arte. Mas agora os honestos podiam manter sua honestidade.

Devo dizer que, embora esses funcionários fossem tão ruins, eu nada tinha contra eles pessoalmente. Eles próprios sabiam disso e, quando em dificuldade vieram a mim, também os ajudei. Tiveram oportunidade de ser empregados pela prefeitura de Joanesburgo, caso eu não me opusesse. Um amigo deles falou-me a respeito, concordei em não impedi-los e foram bem-sucedidos.

Essa minha atitude deixava perfeitamente à vontade os funcionários com quem eu tinha contato, e embora muitas vezes tivesse de lutar contra o seu departamento e usar linguagem forte, eles permaneceram bastante amistosos para comigo. Na época eu não tinha muita consciência de que esse comportamento era parte de minha natureza. Mais tarde aprendi que era uma parte essencial do *satyagraha,* e um atributo do *ahimsa.*

A pessoa e seus atos são duas coisas distintas. Embora uma boa ação deva evocar aprovação e uma má ação deva ser desaprovada, quem as pratica, sejam elas boas ou más, sempre merece respeito ou piedade, conforme o caso. "Odeie o pecado, mas não o pecador", é um preceito que, embora fácil de entender é raramente praticado, e é por isso que o veneno do ódio se espalha no mundo.

O *ahimsa* é a base da busca da Verdade. Todos os dias percebo que a busca é vã, a menos que seja apoiada no *ahimsa.* É apropriado oferecer resistência e atacar um sistema, mas oferecer resistência e atacar seu autor é equivalente a oferecer resistência e atacar a si próprio. Pois somos todos farinha do mesmo saco, filhos do mesmo Criador e, portanto os poderes divinos em nós são infinitos. Menosprezar um único ser humano é menosprezar aqueles poderes e assim prejudicar não apenas aquele ser, mas também o mundo inteiro.

10. LEMBRANÇA SAGRADA E PENITÊNCIA

Em minha vida vários incidentes conspiraram para me pôr em contato com pessoas de muitos credos e comunidades, e minha experiência com todas elas me permite afirmar que não vi distinção entre parentes e estranhos, compatriotas e estrangeiros, brancos e de cor, hinduístas e indianos de outras crenças — muçulmanos, parses, cristãos ou judeus. Posso dizer que meu coração foi incapaz de fazer qualquer diferença. Não posso alardear que essa seja uma virtude especial, já que é parte de minha natureza e não o resultado de qualquer esforço de minha parte. Por outro lado, no caso do *ahimsa* (não violência), do *brahmacharya* (celibato), do *aparigraha* (não posse) e de outras virtudes cardinais, estou plenamente consciente de um esforço contínuo para o seu cultivo.

Quando eu exercia a profissão em Durban meus funcionários de escritório frequentemente ficavam comigo, e havia entre eles hinduístas e cristãos, ou, para descrevê-los por suas origens regionais, gujarates e tâmeis. Não me lembro de tê-los considerado outra coisa senão amigos e parentes. Tratava-os como membros da família e discutia com minha esposa quando ela se opunha a que eu os tratasse assim. Um dos funcionários era um cristão cujos pais eram *panchamas*[4] [intocáveis].

A casa era construída segundo o modelo ocidental e os cômodos não tinham esgoto. Por esse motivo cada um tinha seu urinol. Em lugar de serem limpos por um servente ou varredor, eu e minha mulher cuidávamos deles. Os funcionários que se sentiam inteiramente em casa limpavam seus próprios urinóis, mas o funcionário cristão era novo e era nosso dever cuidar do seu quarto. Minha mulher cuidava dos urinóis dos outros, mas limpar os usados por alguém que havia sido um *panchama* era para ela o limite, e nos desentendemos. Ela não podia suportar que os urinóis fossem limpos por mim, mas também não gostava de fazê-lo ela mesma. Até hoje me lembro da imagem dela me repreendendo, com os olhos vermelhos de raiva e lágrimas rolando pela face, descendo a escada com o urinol na mão. Mas eu era um marido cruelmente gentil. Considerava-me seu professor e a incomodava, devido ao meu amor cego por ela.

Estava longe de me satisfazer com o mero fato de ela carregar o urinol. Queria que ela o fizesse com alegria. Então disse, elevando a voz:

— Não vou suportar esse absurdo em minha casa.

As palavras atravessaram-na como uma flecha e ela gritou de volta:

— Fique com a casa e me deixe ir.

Esqueci de mim e minha fonte de compaixão secou. Tomei-a pela mão, arrastei a indefesa mulher até o portão, que era logo em frente à escada, e comecei a abri-lo com a intenção de empurrá-la para fora. As lágrimas desciam em torrentes pela sua face e ela gritou:

— Não tem senso de pudor? Precisa esquecer de si mesmo até esse ponto? Para onde devo ir? Não tenho pais ou parentes aqui para me abrigar. Sendo sua mulher, pensa que devo suportar seus tapas e pontapés? Pelo amor de Deus comporte-se e feche o portão. Não queremos ser vistos fazendo cenas como esta!

Fiz uma cara corajosa, mas estava realmente envergonhado e fechei o portão. Se minha esposa não podia me deixar, eu também não podia deixá-la. Tínhamos tido numerosos atritos, mas o final sempre havia sido a paz entre nós. A esposa, por seu inigualável poder de resistência, sempre venceu.

Hoje estou em situação de poder narrar o incidente com certo distanciamento, pois pertence a um período do qual felizmente já saí. Não sou mais um marido cego e enfatuado, não sou mais o professor de minha esposa. Kasturbai pode se quiser ser tão desagradável comigo como eu era com ela. Somos amigos que já passaram por suas provas, e um não considera o outro como objeto de luxúria. Ela foi uma fiel enfermeira em minhas doenças, servindo-me sem pensar em qualquer retribuição.

O incidente em questão ocorreu em 1898, quando eu não tinha qualquer conceito de *brahmacharya*. Era uma época em que achava que a esposa era o objeto de luxúria do marido, nascida para cumprir suas ordens, e não uma ajudante, uma camarada e uma parceira nas alegrias e tristezas.

Foi no ano de 1900 que essas ideias passaram por uma radical transformação e, em 1906, assumiram uma forma concreta. Mas sobre isso falarei no momento apropriado. Basta dizer aqui que, com o gradual desaparecimento do apetite carnal em mim, minha vida doméstica se tornou e está se tornando mais pacífica, doce e feliz.

Que ninguém conclua desta narrativa de uma lembrança sagrada que sejamos um casal ideal, ou que haja uma identidade de ideais entre nós. A própria Kasturbai talvez não saiba se tem ideais independentes dos meus. É possível que muitas ações minhas até hoje não tenham a aprovação dela. Nunca discutimos isso, porque não vejo benefício em fazê-lo. Pois ela não foi educada pelos pais e nem por mim no momento em que precisava. Mas é consideravelmente abençoada com uma grande qualidade que a maioria das esposas hinduístas possui apenas em certo grau. É a seguinte: por vontade própria ou não, conscientemente ou não, ela se considera abençoada por seguir meus passos e nunca tentou impedir-me de levar uma vida de comedimento. Portanto, embora haja grandes diferenças intelectuais entre nós, sempre tive a sensação de que levamos uma vida de contentamento, felicidade e progresso.

11. CONTATOS EUROPEUS

Este capítulo me trouxe a um estágio onde se torna necessário explicar ao leitor como esta história é escrita de semana a semana.

Quando comecei a escrevê-la não tinha um plano definido. Não tenho um diário ou documentos em que possa basear a história de minhas experiências. Escrevo conforme o Espírito me move a fazê-lo no momento de escrever. Não pretendo afirmar que todos os pensamentos conscientes e ações de minha parte sejam dirigidos pelo Espírito. Mas, examinando os maiores passos que dei na vida, e também os que podem ser considerados os menores, acho que não seria impróprio dizer que todos foram dirigidos pelo Espírito.

Eu não O vi, nem O conheci. Tornei minha a fé do mundo em Deus, e como minha fé é inquebrantável, considero que é equivalente a uma experiência. Contudo alguém poderia dizer que a afirmativa de que fé é experiência é um desrespeito à verdade, e por isso talvez seja mais correto dizer que não tenho palavras para caracterizar minha fé em Deus.

Talvez agora seja um pouco mais fácil entender por que acredito que estou escrevendo esta história conforme o Espírito me estimula. Quando comecei o último capítulo, dei-lhe o título que dei a este, mas, à medida que ia escrevendo, percebi que antes de narrar minhas experiências com os europeus é necessário escrever algo como prefácio. Foi o que fiz, e assim mudei o título.

Agora, ao começar este capítulo enfrento um novo problema. O que mencionar e o que omitir com relação aos amigos ingleses, sobre os quais estou prestes a escrever, é uma questão séria. Se coisas relevantes forem omitidas a verdade será obscurecida. E é difícil decidir o que é relevante, se não tenho sequer certeza da relevância de escrever esta história.

Hoje entendo mais claramente o que li há muito tempo sobre a inadequação de todas as autobiografias como história. Sei que não estou registrando aqui tudo o que lembro. Quem pode dizer quanto devo dar e quanto devo omitir, no interesse da verdade? E qual seria, num tribunal, o valor em dar informações inadequadas *ex parte,* que ofereço sobre certos fatos de minha vida? Se algum intrometido fosse me interrogar sobre os capítulos já escritos, poderia trazer muito mais luz sobre eles e, se fosse questionado por um crítico hostil, poderia gabar-se de ter mostrado "a falácia de muitas das minhas pretensões".

Portanto, paro um momento para pensar se não seria adequado deixar de escrever estes capítulos. Mas enquanto não houver proibição da voz interior, devo continuar. Preciso seguir a sábia máxima de que não se deve abandonar o que foi começado, a menos que se prove que é moralmente errado.

Não estou escrevendo uma autobiografia para agradar aos críticos. Escrever é também uma experiência com a verdade. Um de seus objetivos é certamente dar algum conforto e alguns temas de reflexão para meus colaboradores. E de fato comecei a escrever para atender a seus pedidos. Poderia não ter sido escrito, se Jeramdas e Swami Anand não tivessem persistido em suas sugestões. Se então estou errado ao escrever esta autobiografia, eles compartilham a responsabilidade.

Mas vamos ao assunto indicado no título. Assim como tinha indianos morando comigo como membros de minha família, também tinha amigos ingleses morando em minha casa em Durban. Não que todos gostassem de viver comigo. Mas insisti em que assim fosse. E eu também não era sábio em todos os casos. Tive algumas experiências amargas, que incluíram indianos e europeus. Não as lamento. Apesar delas, e apesar do incômodo e preocupação que frequentemente causei aos amigos, não alterei minha conduta, e eles me suportaram com gentileza.

Sempre que meus contatos com estrangeiros foram dolorosos para amigos, não hesitei em culpá-los. Sustento que os devotos devem ver nos outros o mesmo Deus que veem em si mesmos. Devem ser capazes de viver com quaisquer pessoas com suficiente desapego. E a capacidade de viver assim pode ser cultivada, se não fugirmos às oportunidades desses contatos, se os recebermos num espírito de serviço e se não nos deixarmos modificar por eles.

Assim, embora minha casa estivesse cheia quando irrompeu a guerra dos bôeres, recebi dois ingleses que vieram de Joanesburgo. Ambos eram teosofistas, e um deles era o Sr. Kitchin, de quem teremos ocasião de saber mais. Esses amigos muitas vezes custaram à minha esposa lágrimas amargas. Infelizmente ela teve muitas provações similares por minha causa. Era a primeira vez que eu trazia amigos ingleses para viver em casa. Ficara hospedado em casas inglesas em meus dias de Inglaterra, mas lá eu me ajustara ao estilo de vida deles, e era mais ou menos como viver em uma pensão.

Aqui era bem o contrário. Os ingleses se tornaram membros da família. Adotaram o estilo indiano em muitas coisas. Embora a mobília da casa fosse de estilo ocidental, a vida interna era em sua maior parte indiana. Lembro-me de ter tido alguma dificuldade em mantê-los como membros da família, mas posso certamente dizer que eles não tiveram dificuldade em sentir-se perfeitamente à vontade sob meu teto. Em Joanesburgo esses contatos se desenvolveram mais do que em Durban.

12. CONTATOS EUROPEUS (CONTINUAÇÃO)

Certa época, em Joanesburgo, cheguei a ter quatro funcionários indianos, que talvez parecessem mais filhos do que empregados. Mas mesmo quatro ainda eram insuficientes para o meu trabalho. Era impossível prescindir da datilografia, que só eu sabia, e não muito bem. Ensinei-a a dois funcionários, mas eles nunca atingiram o nível necessário devido a seu fraco inglês. E eu queria treinar um deles para ser contador. Não conseguia ninguém de Natal, porque não se podia entrar na Província do Transval sem autorização especial, e eu não estava disposto a pedir favores pessoais ao funcionário que as concedia.

Não sabia mais o que fazer. O trabalho atrasado estava se acumulando tão depressa que parecia impossível, por mais que eu tentasse, dar conta do serviço profissional e comunitário. Estava disposto a contratar um funcionário europeu, mas não tinha certeza se conseguiria um homem ou mulher branca que trabalhasse para uma pessoa de cor como eu. Mas decidi tentar. Procurei um agente de datilógrafos que conhecia e pedi-lhe que me conseguisse um taquígrafo e datilógrafo. Havia moças disponíveis, e ele prometeu contratar uma delas. Encontrou uma escocesa chamada Srta. Dick, recém-chegada da Escócia. Ela não tinha objeções a ganhar a vida em qualquer lugar que fosse, desde que honestamente, e estava precisando. Então o agente a mandou a mim. De imediato causou-me uma boa impressão.

— Não se incomoda de trabalhar para um indiano? — perguntei.
— De maneira nenhuma — foi sua firme resposta.
— Qual a sua expectativa de salário?
— Seria muito 17 libras e 10 xelins?
— Não é muito, se fizer o trabalho que quero. Quando pode começar?
— Agora mesmo, se o senhor quiser.

Isso me agradou muito e comecei imediatamente a ditar-lhe cartas.

Em pouco tempo ela se tornou mais uma filha, ou irmã, do que uma simples taquígrafa e datilógrafa. Eu quase não encontrava falhas em seu trabalho. Ela muitas vezes era incumbida de administrar fundos de milhares de libras, e se responsabilizava pelos livros contábeis. Conquistou minha total confiança, mas, o que talvez seja mais importante, confidenciou-me seus mais íntimos pensamentos e sentimentos. Pediu-me conselhos na escolha final de um marido e tive o privilégio de levá-la ao altar. Logo que a Srta. Dick se tornou Sra. MacDonald, precisou parar de trabalhar mas, mesmo depois do casamento não deixava de me atender sempre que, sob pressão, eu a solicitava.

Mas era necessária uma taquígrafa e datilógrafa permanente para substituí-la, e tive a sorte de conseguir outra moça. Foi a Srta. Schlesin, que me foi apresentada pelo Sr. Kallenbach, que o leitor oportunamente conhecerá. Ela é atualmente professora em uma das escolas secundárias da Província do Transval. Tinha mais ou menos 17 anos de idade quando começou a trabalhar comigo. Algumas das facetas de seu temperamento eram demais para o Sr. Kallenbach e para mim.

Ela viera mais para ganhar experiência do que para trabalhar como taquígrafa e datilógrafa. O preconceito de cor era-lhe estranho. Parecia não se incomodar nem com a idade nem com a experiência. Não hesitava nem mesmo em insultar uma pessoa e dizer na cara o que achava dela. Sua impetuosidade muitas vezes me colocou em dificuldades, mas estas eram prontamente removidas por seu temperamento aberto e sem maldade. Muitas vezes assinei sem reler cartas datilografadas por ela, pois considerava seu inglês melhor que o meu, e tinha a mais plena confiança na sua lealdade.

Sua devoção foi grande. Por um período considerável não ganhava mais do que seis libras, e sempre se recusou a receber mais do que dez libras por mês. Quando eu insistia para que ela recebesse mais, repreendia-me dizendo:

— Não estou aqui para receber um salário do senhor. Estou aqui porque gosto de trabalhar com o senhor e gosto de seus ideais.

Uma vez ela recebeu de mim 40 libras, mas insistiu que era um empréstimo e pagou a quantia integral no ano seguinte. Sua coragem era igual à sua devoção. Foi uma das poucas mulheres que tive o privilégio de encontrar com um caráter claro como o cristal, e uma coragem de fazer vergonha a um guerreiro. Hoje é uma mulher adulta. Não conheço sua mente tão bem quanto na época em que estava comigo, mas meu contato com essa moça será sempre para mim uma sagrada recordação. Portanto estaria faltando com a verdade se omitisse o que sei a seu respeito.

Ela não distinguia dia ou noite ao trabalhar pela causa. Aventurava-se em serviços externos na escuridão da noite totalmente sozinha, e rejeitava como ridícula qualquer sugestão de escolta. Milhares de robustos indianos pediam sua orientação. Quando, durante os dias do *Satyagraha,* quase todos os líderes estavam na cadeia, ela liderou sozinha o movimento. Orientou milhares. Respondeu a uma enorme quantidade de correspondência. Teve em suas mãos a direção do *Indian Opinion.* Mas nunca fraquejou.

Eu poderia continuar escrevendo sobre a Srta. Schlesin, mas vou concluir este capítulo citando a admiração que Gokhale tinha por ela. Ele conhecia todos os meus colaboradores. Gostava de muitos e frequentemente dava sua opinião sobre eles. Punha a Srta. Schlesin em primeiro lugar, dentre todos os colaboradores indianos e europeus.

— Raramente encontrei a devoção, a pureza e o destemor que vi na Srta. Schlesin — disse ele. — Entre todos os seus auxiliares, ela ocupa o primeiro lugar em minha estima.

13. *INDIAN OPINION*

Antes de prosseguir com os outros contatos europeus, preciso observar dois ou três itens importantes. Um desses relacionamentos, entretanto, deve ser mencionado imediatamente. O trabalho da Srta. Dick não era suficiente para minhas necessidades. Precisava de mais ajuda. Nos capítulos anteriores referi-me ao Sr. Ritch. Eu o conhecia muito bem. Era gerente em uma firma comercial. Aprovou minha sugestão de deixar a firma e ligar-se a mim, o que aliviou consideravelmente a minha carga.

Mais ou menos nessa época o *Sjt*. Madanjit me procurou com a proposta de criar o *Indian Opinion* e pediu meu conselho. Ele já dirigira um jornal e aprovei sua proposta. O periódico foi lançado em 1904, e o *Sjt*. Mansukhlal Nazar foi seu primeiro editor. Mas eu tinha de arcar com o grosso do trabalho e fui, na maior parte do tempo, praticamente o responsável pelo jornal. Não que o *Sjt*. Mansukhlal não pudesse levá-lo adiante. Havia feito muito jornalismo na Índia, mas jamais se aventuraria a escrever sobre os complexos problemas sul-africanos enquanto eu estivesse lá. Tinha a maior confiança em meu discernimento e, portanto, lançou sobre mim a responsabilidade de cuidar dos editoriais. O jornal tem sido até agora semanal. No início saía em gujarate, hindi, tâmil e inglês. Porém vi que as seções em tâmil e hindi eram um faz-de-conta. Não preenchiam suas finalidades e por isso decidi suprimi-las para não decepcionar os leitores.

Eu não tinha ideia de que teria de investir dinheiro nesse jornal, mas logo descobri que ele não poderia continuar sem minha ajuda financeira. Tanto indianos quanto europeus sabiam que, embora eu não fosse declaradamente diretor do *Indian Opinion,* era na realidade o responsável por sua condução. Não haveria problema se o jornal não tivesse sido criado, mas pará-lo depois de lançado seria uma perda, e também uma desonra. Então continuei pondo nele o meu dinheiro, até chegar ao ponto em que estava afundando ali todas as minhas economias. Lembro-me de uma época em que precisava cobrir a quantia de 75 libras mensais.

Entretanto depois de todos esses anos sinto que o jornal serviu bem à comunidade. Nunca teve a intenção de ser um empreendimento comercial. Enquanto esteve sob o meu controle, as mudanças por que passava retratavam as mudanças da minha vida. Naquela época o *Indian Opinion,* assim como o *Young India* e o *Navajivan* hoje, era um espelho de uma parte de minha vida. Semana após semana eu despejava minha alma em suas colunas e expunha os princípios e a prática do *satyagraha* da forma como o entendia. Durante 10 anos, isto é, até 1914, excetuando meus intervalos de descanso forçado na prisão, não houve quase nenhum número do *Indian Opinion* sem um artigo meu. Não me lembro de uma única palavra nesses artigos escrita sem ser pensada ou ponderada, ou de uma expressão de exagero consciente, ou de algo escrito apenas para agradar.

Na verdade o jornal tornou-se para mim um treinamento de autocontrole, e para os amigos um meio pelo qual podiam manter-se em contato com meu pensamento. Os críticos encontraram muito pouco contra o que objetar. O tom do *Indian Opinion* os levava a pôr limites em suas próprias penas. O *Satyagraha* provavelmente teria sido impossível sem o jornal. Os leitores ficavam ansiosos para lê-lo, considerando-o uma descrição fidedigna da campanha do *Satyagraha,* bem como da real condição dos indianos na África do Sul. Para mim ele se tornou um meio de estudar a natureza humana em todos os seus moldes e tons, e sempre tive como alvo estabelecer uma ligação íntima e limpa entre o editor e os leitores.

Fui inundado de cartas, nas quais meus correspondentes derramavam seus corações. Eram amistosas, críticas ou amargas, conforme o estado de espírito do autor. Para mim estudar, digerir e responder a toda essa correspondência foi um bom processo educacional. Era como se a comunidade pensasse de forma audível por meio dessa correspondência. Isso me fez entender completamente a responsabilidade do jornalista, e a íntima relação com a comunidade que consegui dessa forma tornou a futura campanha viável, digna e irresistível.

Logo no primeiro mês do *Indian Opinion* percebi que o único objetivo do jornalismo deveria ser servir. A imprensa é uma grande força mas, assim como uma torrente descontrolada de água submerge paisagens inteiras e devasta plantações, assim também uma pena descontrolada só serve para destruir. Se o controle for exterior, ele se torna mais venenoso que a falta de controle. Só pode ser vantajoso se exercido internamente. Se essa linha de raciocínio for correta, quantos jornais do mundo passariam pelo teste? Mas quem poria fim aos inúteis? E quem deveria ser o juiz? Os úteis e os inúteis, assim como o bem e o mal de forma geral, precisam continuar a existir juntos e o ser humano precisa fazer sua escolha.

14. BAIRROS PARA CULES OU GUETOS?

Algumas classes que nos prestam os maiores serviços sociais, mas que nós hinduístas decidimos considerar "intocáveis", são relegadas a áreas remotas da cidade ou da aldeia, que se chamam em gujarate *dhedvado,* e o nome adquiriu um mau cheiro. Assim também na Europa cristã os judeus foram outrora "intocáveis" e as áreas a eles designadas tinham o nome ofensivo de "guetos". De forma semelhante, hoje tornamo-nos os intocáveis da África do Sul. Ainda não se sabe até que ponto o sacrifício de Andrews e a vara de condão de Sastri conseguirão nos reabilitar.

Os judeus antigos se consideravam o povo escolhido de Deus, excluindo todos os demais, e disso resultou que seus descendentes receberam uma punição estranha e até injusta. De forma quase semelhante os hinduístas consideraram a si mesmos como *aryas* ou civilizados, e a uma parte de sua própria raça como *anaryas* ou intocáveis, e o resultado é que uma estranha e injusta punição está incidindo não somente sobre os hinduístas na África do Sul, como também sobre os muçulmanos e parses, na medida em que pertencem ao mesmo país e têm a mesma cor que seus irmãos hinduístas.

O leitor já deve ter percebido até certo ponto o significado da palavra "bairros", com a qual intitulei este capítulo. Na África do Sul adquirimos o odioso nome de "cules". A palavra "cule" na Índia significa apenas um carregador ou trabalhador braçal, mas na África do Sul ela tem uma conotação de desprezo. Significa o mesmo que um pária ou intocável para nós hinduístas, e as áreas designadas para os "cules" são chamadas "bairros para cules".

Joanesburgo tinha uma dessas localidades, mas ao contrário de outros lugares onde os indianos tinham direitos de locação, lá eles obtinham suas terras por um arrendamento de 99 anos. As pessoas estavam densamente comprimidas naqueles espaços, cuja área nunca fora ampliada para acompanhar o aumento da população. Além de limpar as latrinas de forma irregular a prefeitura não fazia nada para proporcionar saneamento, e menos ainda boas ruas ou iluminação. Era pouco provável que ela *fosse* manter o saneamento, se era indiferente ao bem-estar dos residentes. Estes por sua vez eram ignorantes demais das regras de higiene e saneamento para que pudessem viver sem a ajuda ou supervisão municipal.

Se todos que foram para lá tivessem sido Robinsons Crusoe, a história teria sido diferente. Mas não se sabe de uma única colônia de imigrantes Robinsons Crusoe no mundo. Em geral as pessoas emigram para o exterior em busca de riqueza e negócios, mas o grosso dos indianos que foram para a África do Sul eram agricultores pobres e ignorantes, que precisavam de todo o cuidado e proteção que lhes pudesse ser dado. Os indianos negociantes e educados que os seguiram foram muito poucos.

A negligência criminosa da prefeitura e a pouca educação dos imigrantes indianos, assim, conspiraram para tornar a localidade totalmente insalubre. A administração municipal, longe de fazer qualquer coisa para melhorar as condições da localidade, usava a falta de saneamento causada por sua própria negligência como pretexto para destruí-la, e para isso obteve do poder legislativo autorização para desapropriar as terras dos imigrantes. Eis a situação quando me estabeleci em Joanesburgo.

Por terem propriedade sobre a terra que ocupavam, os imigrantes naturalmente faziam jus a um ressarcimento. Foi nomeado um tribunal especial para decidir sobre esses casos. Se o proprietário não estivesse disposto a aceitar a oferta da prefeitura ele poderia apelar ao tribunal e, se o valor estipulado por este fosse superior à oferta municipal, a prefeitura tinha que arcar com os custos.

A maioria dos proprietários me contratou como conselheiro legal. Eu não desejava ganhar dinheiro com essa causa, e então lhes disse que estaria satisfeito com as custas que o tribunal estipulasse, caso eles ganhassem, e uma taxa de dez libras por arrendamento, independente do resultado do processo. Também propus separar metade do dinheiro pago por eles para a construção de um hospital ou instituição similar, para os pobres. Isso naturalmente agradou a todos.

De cerca de setenta causas que tivemos só uma foi perdida. Assim os honorários totalizaram um valor bastante alto. Mas o *Indian Opnion* lá estava com suas contínuas necessidades e devorou, se bem me lembro, 1.600 libras. Eu havia trabalhado duro nessas causas. Os clientes estavam sempre à minha volta. A maioria era de trabalhadores contratados de Bihar e redondezas. Outros vinham do sul da Índia. Para o atendimento de suas queixas peculiares haviam formado a sua própria associação, separada da dos mercadores e negociantes independentes indianos.

Alguns tinham o coração aberto, eram liberais e de caráter elevado. Os líderes eram o *Sjt*. Jairamsing, o presidente, e o *Sjt*. Badri, que era tão bom quanto o primeiro. Ambos já são falecidos. Foram extremamente prestativos. O *Sjt*. Badri manteve comigo um contato muito próximo e desempenhou um papel proeminente no *Satyagraha*. Por meio desses amigos e de outros travei um contato estreito com numerosos imigrantes do norte e do sul da Índia. Tornei-me mais um irmão do que mero conselheiro legal e compartilhei todas as suas dificuldades e tristezas, públicas e privadas.

Pode ser de algum interesse saber como os indianos costumavam me chamar. O *Sheth* Abdulla se recusava a dirigir-se a mim como Gandhi. Felizmente nenhum nunca me insultou chamando-me ou considerando-me um *sahib*. O *Sheth* Abdulla encontrou um bom título: *bhai*, isto é, irmão. Outros o imitaram e continuaram a se dirigir a mim dessa forma, até o momento em que parti da África do Sul. Havia um sabor de doçura no nome, quando usado por indianos ex-contratados.

15. A PESTE NEGRA – I

Os indianos não eram removidos dos bairros logo que a prefeitura conseguia a posse. Era necessário encontrar uma nova área adequada aos residentes antes de desalojá-los, mas como o poder municipal tinha dificuldade para fazê-lo, os indianos eram obrigados a ficar na mesma localidade "suja", com a diferença de que sua situação ficou pior do que antes. Tendo deixado de ser proprietários tornaram-se inquilinos, e o resultado foi que as imediações ficaram menos saneadas do que nunca. Quando eram proprietários tinham de manter algum tipo de limpeza, ainda que apenas por medo da lei. A prefeitura não tinha tais medos. O número de inquilinos aumentou, bem como a sordidez e a desordem.

Enquanto os indianos se preocupavam com essa situação houve um surto de peste negra, também chamada peste pneumônica, mais terrível e fatal que a bubônica.

Felizmente não era a localidade dos cules o foco responsável pelo surto, e sim uma das minas de ouro perto de Joanesburgo. Os trabalhadores dessa mina eram na maioria negros, e suas condições de vida eram de responsabilidade exclusiva dos empregadores brancos. Havia uns poucos indianos trabalhando ali, 23 deles contraíram a infecção, e uma noite retornaram para casa agudamente contaminados pela peste. O *Sjt*. Madanjit, que na ocasião angariava assinantes e recolhia pagamentos para o *Indian Opinion,* estava no local naquele momento. Era um homem notavelmente destemido. Seu coração chorou ao ver as vítimas do flagelo e mandou-me um recado escrito a mão, dizendo: "Houve um surto de peste negra. Precisa vir imediatamente e tomar providências, caso contrário temos que nos preparar para terríveis resultados. Por favor venha logo".

O *Sjt.* Madanjit arrombou corajosamente a tranca de uma casa desocupada e lá instalou todos os pacientes. Fui de bicicleta até a localidade e escrevi ao prefeito para informá-lo das circunstâncias em que nos havíamos apossado da casa. O Dr. William Godfrey, que trabalhava em Joanesburgo, correu em nosso socorro assim que recebeu a notícia, e se tornou médico e enfermeiro dos pacientes. Mas 23 deles eram mais do que nós três conseguíamos dar conta.

A experiência me mostrou que, quando se tem o coração puro, as calamidades atraem as pessoas e os meios necessários para combatê-las. Na época havia quatro indianos trabalhando em meu escritório: *Sjts.* Kalyandas, Maneklal, Gunvantrai Desai e outro, cujo nome não consigo lembrar. Kalyandas me fora confiado por seu pai. Na África do Sul, raramente encontrei alguém mais prestativo e leal do que ele. Felizmente era solteiro na ocasião e não hesitei em impor-lhe deveres que envolviam riscos, mesmo grandes. Quanto a Maneklal, eu o havia encontrado em Joanesburgo. Também era, tanto quanto me lembro, solteiro. Decidi então conclamar todos os quatro — chame-os funcionários, colaboradores ou filhos. Não havia a menor necessidade de falar com Kalyandas. Os outros expressaram sua disposição logo que consultados: "Onde o senhor estiver também estaremos", foi sua breve e doce resposta.

O Sr. Ritch tinha uma família grande. Estava pronto a se envolver também, mas eu o impedi. Não tinha coragem de expô-lo ao risco. Mas ele ajudou do mesmo modo, embora fora da área de perigo.

Foi uma noite terrível, de vigília e cuidados. Eu já havia assistido como enfermeiro a vários pacientes antes, mas nunca em casos de peste negra. A coragem do Dr. Godfrey se revelou contagiosa. Os trabalhos de enfermagem não eram exaustivos. Consistiam em dar as doses dos medicamentos, atender às necessidades dos pacientes, mantê-los limpos e arrumados em suas camas e encorajá-los. Eis tudo o que tínhamos de fazer.

O zelo infatigável e o destemor com que os jovens trabalharam deu-me enorme alegria. Podia-se compreender a bravura do Dr. Godfrey, e a de um homem calejado como o *Sjt.* Madanjit. Mas o espírito daqueles jovens inexperientes!

Tanto quanto me lembro, todos os pacientes atravessaram aquela noite.

Mas o incidente todo, além de seu caráter patético, é para mim de um interesse tão absorvente e de tal valor religioso que preciso dedicar-lhe pelo menos mais dois capítulos.

16. A PESTE NEGRA – II

O prefeito expressou-me a sua gratidão por termos assumido a casa desocupada e os pacientes. Confessou francamente que a Câmara dos Vereadores não teria meios imediatos para lidar com tal emergência, mas prometeu que prestaria todo o auxílio a seu alcance. Uma vez despertado o seu senso de dever, a prefeitura não perdeu tempo em tomar medidas.

No dia seguinte colocaram à minha disposição um armazém desocupado e sugeriram que os pacientes fossem removidos para lá, mas o poder municipal não assumiria a limpeza das instalações. A construção estava abandonada e suja. Nós próprios a limpamos, levantamos algumas camas e outros itens necessários, graças aos bons préstimos de indianos caridosos, e improvisamos um hospital. A prefeitura nos emprestou os serviços de uma enfermeira, que veio com conhaque e equipamentos hospitalares. O Dr. Godfrey continuava sendo o responsável.

A enfermeira era uma mulher gentil e de bom grado teria cuidado dos pacientes, mas raramente permitíamos que ela os tocasse, para que não fosse contaminada.

Tínhamos instruções de dar aos pacientes doses frequentes de conhaque. A enfermeira até nos pediu que o tomássemos por precaução, como ela própria estava fazendo. Mas nenhum de nós quis tocá-lo. Eu não tinha fé em seu efeito benéfico, nem mesmo para os doentes. Com a permissão do Dr. Godfrey pus três deles, que estavam dispostos a privar-se da bebida, sob o tratamento de terra, aplicando ataduras de terra umedecida na cabeça e peito. Dois deles foram salvos. Os outros vinte morreram no armazém.

Enquanto isso a prefeitura estava ocupada com outras medidas. Havia um lazareto para doenças contagiosas a mais ou menos 10 km de Joanesburgo. Os dois sobreviventes foram removidos para tendas perto desse lazareto, e providenciou-se para que quaisquer novos casos fossem mandados para lá. Assim, fomos aliviados de nosso trabalho.

Em poucos dias ficamos sabendo que a boa enfermeira se contagiara e morrera. É impossível dizer como os dois pacientes foram salvos e como permanecemos imunes, mas a experiência aumentou minha fé no tratamento de terra, assim como meu ceticismo sobre a eficácia do conhaque, mesmo como remédio. Sei que nem essa fé e nem esse ceticismo têm base sólida, mas ainda guardo a impressão que tive na época e por isso achei necessário mencioná-la aqui.

Mandei à imprensa uma carta incisiva sobre o surto de peste, culpando a prefeitura por sua negligência depois que o lugar dos cules passara para sua posse, e responsabilizando-a pela própria doença. Essa carta me pôs em contato com Sr. Henry Polak, e foi em parte responsável pela amizade que meu uniu ao falecido Rev. Joseph Doke.

Em um capítulo anterior disse que costumava fazer minhas refeições em um restaurante vegetariano. Lá conheci o Sr. Albert West. Costumávamos encontrar-nos nesse estabelecimento todas as noites, e sair para caminhar depois do jantar. O Sr. West era sócio de uma pequena gráfica. Leu minha carta na imprensa sobre o surto de peste e, não me encontrando no restaurante ficou inquieto.

Eu e meus colaboradores tínhamos reduzido nossa dieta desde o surto, já que há muito tempo eu adotara a regra de comer pouco durante epidemias. Naqueles dias portanto, não estava jantando. No almoço, terminava antes da chegada dos demais clientes. Conhecia bem o proprietário e informei-lhe de que, como estava cuidando de pacientes com peste, queria evitar ao máximo o contato com os amigos.

Ao não me encontrar no restaurante por um ou dois dias, o Sr. West bateu de manhã bem cedo à minha porta, enquanto eu me preparava para minha caminhada matutina. Quando abri ele disse:

— Não o encontrei no restaurante e fiquei com medo de que tivesse lhe acontecido algo. Então decidi vir logo cedo, para ter certeza que o encontraria em casa. Bem, estou à sua disposição. Quero ajudar a cuidar dos pacientes. Sabe que não tenho ninguém que dependa de mim.

Expressei minha gratidão e, sem pensar um segundo sequer, respondi:

— Não o aceitarei para a enfermagem. Se não houver mais casos, estaremos livres em um ou dois dias. Mas há algo que pode fazer.

— O quê?

— O senhor poderia assumir a gráfica do *Indian Opinion* em Durban? O *Sjt*. Madanjit provavelmente vai trabalhar aqui, e há necessidade de alguém para substituí-lo. Se puder ficarei bastante aliviado quanto a este assunto.

— O senhor sabe que tenho uma gráfica. É muito provável que possa ir, mas poderia dar a resposta final à noite? Vamos falar a respeito durante nossa caminhada noturna.

Fiquei encantado. Conversamos. Ele concordou em ir. O salário não era problema, já que o dinheiro não era a sua motivação. Mas foi fixado um de dez libras mês, mais uma participação nos lucros, se houvesse. Logo no dia seguinte o Sr. West partiu para Durban no trem noturno, confiando a mim o recebimento do que tinha em haver. A partir daquele dia, até eu deixar a África do Sul, ele foi meu parceiro de alegrias e tristezas.

O Sr. West pertencia a uma família de camponeses de Louth (Lincolnshire). Tivera uma educação escolar comum, mas havia aprendido bastante na escola da experiência e por meio da autoajuda. Era um inglês sóbrio, temente a Deus e humano.

Ficaremos sabendo mais sobre ele e sua família nos capítulos que seguem.

17. O BAIRRO EM CHAMAS

Embora meus colaboradores e eu estivéssemos dispensados de cuidar dos pacientes, faltava lidar com muitas das consequências da peste negra.

Mencionei a negligência da prefeitura com relação ao bairro. Mas ela estava bem atenta quando se tratava da saúde dos cidadãos brancos. Tinha gasto grandes somas para preservá-la, e agora despejava dinheiro como água para erradicar a peste. Apesar dos muitos pecados de omissão e ação contra os indianos que eu imputara ao poder municipal, não podia deixar de elogiar sua solicitude para com os cidadãos brancos, e prestei tanto auxílio aos seus louváveis esforços quanto me foi possível. Tenho a impressão de que, se não tivesse oferecido minha cooperação, a tarefa teria sido mais difícil, e a municipalidade não teria hesitado em usar armas e fazer o pior.

Mas tudo isso foi evitado. As autoridades municipais estavam satisfeitas com o comportamento dos indianos, e boa parte do trabalho futuro com relação às medidas para combater a peste foi simplificado. Usei toda a influência que tinha com os indianos para fazer com que se submetessem às exigências municipais, e não me lembro de ninguém que tenha oferecido resistência a meus conselhos.

O bairro foi posto sob forte guarda e as entradas e saídas eram impossíveis sem permissão. Meus colaboradores e eu tínhamos autorização permanente de ir e vir. A decisão foi a de fazer toda a população retirar-se, ir morar em tendas por três semanas em um espaço aberto, a 20 km de Joanesburgo, e então atear fogo ao lugar. A instalação no acampamento, com provisões e outras coisas, certamente levaria algum tempo, e a guarda se tornou necessária durante esse intervalo.

As pessoas estavam com um medo terrível, mas minha presença constante era um consolo para elas. Muitos dos pobres costumavam guardar suas parcas economias debaixo da terra. Tudo isso tinha de ser removido. Eles não tinham acesso a bancos e não conheciam ninguém. Tornei-me o seu banqueiro. Uma torrente de dinheiro foi despejada em meu escritório. Eu não poderia, de forma alguma, cobrar por meus serviços em tal crise.

De algum modo consegui dar conta do trabalho. Conhecia bem o gerente do meu banco. Disse-lhe que teria que depositar com ele esse dinheiro. Os bancos não tinham muita vontade de aceitar grandes somas em cobre e prata. Havia também o temor de que os funcionários se recusassem a tocar em dinheiro vindo de áreas afetadas pela peste. Mas o gerente me atendeu em tudo. Decidiu-se que todo o dinheiro seria desinfetado antes de ser mandado ao banco. Pelo que me lembro, mais ou menos sessenta mil libras foram assim depositadas. Aconselhei àqueles que tinham quantias suficientes que as colocassem como depósito fixo e eles aceitaram o conselho. O resultado foi que alguns se acostumaram a investir suas economias em bancos.

Os residentes do bairro foram removidos por trem especial para a Fazenda Klipspruit, perto de Joanesburgo, onde receberam provisões da prefeitura custeadas por dinheiro público. As barracas pareciam um acampamento militar. As pessoas que não estavam acostumadas a essa vida de acampamento pareciam aflitas e assombradas com as condições, mas não tiveram que suportar nenhum inconveniente específico. Eu costumava ir até eles diariamente de bicicleta. Depois de vinte e quatro horas de permanência, esqueceram toda sua infelicidade e começaram a viver alegremente. Sempre que ia lá eu os encontrava divertindo-se e cantando em coro. Ficou evidente que três semanas de permanência ao ar livre melhorou sua saúde.

Pelo que me lembro, o bairro foi posto em chamas logo no dia seguinte ao da evacuação. A municipalidade não mostrou o menor interesse em salvar do fogo qualquer coisa que fosse. Mais ou menos na mesma época, e pela mesma razão, ela também queimou toda a madeira que havia no mercado e sofreu uma perda de cerca de 10 mil libras. A razão dessa medida drástica foi a descoberta de alguns ratos mortos naquele lugar.

Assim, a prefeitura teve pesados gastos mas foi bem sucedida em bloquear o avanço da peste, e a cidade mais uma vez respirou livremente.

18. A MAGIA DE UM LIVRO

A peste negra aumentou minha influência entre os indianos pobres e fez crescer meus negócios e responsabilidades. Alguns dos novos contatos com europeus tornaram-se tão próximos que se transformaram em um considerável acréscimo em minhas obrigações morais.

Conheci o Sr. Polak no restaurante vegetariano, assim como tinha conhecido o Sr. West. Uma noite um jovem que jantava em uma mesa próxima mandou-me seu cartão, expressando o desejo de conhecer-me. Convidei-o a vir a minha mesa e ele o fez.

— Sou subdiretor do *The Critic* — disse ele. — Quando li sua carta à imprensa sobre a peste, tive um forte desejo de vê-lo. Estou contente com esta oportunidade.

A franqueza do Sr. Polak me atraiu. Na mesma noite travamos conhecimento mútuo. Parecia que tínhamos os mesmos pontos de vista sobre as coisas essenciais. Ele gostava da vida simples. Tinha uma maravilhosa capacidade de pôr em prática tudo o que fosse do agrado de seu intelecto. Algumas mudanças que havia feito em sua vida foram não só rápidas como radicais.

O *Indian Opinion* estava se tornando cada dia mais caro. O primeiro relatório do Sr. West foi alarmante. Ele escreveu: "Não espero que a empresa dê o lucro que o senhor considerou provável. Temo que possa haver até prejuízo. A contabilidade não está em ordem. Há um grande volume de contas a receber, mas elas são ininteligíveis. Terá que ser feita uma reforma considerável. Mas não precisa ficar alarmado. Tentarei corrigir as coisas da melhor forma que puder. Permanecerei aqui, haja lucro ou não".

O Sr. West poderia ter ido embora quando descobriu que não havia ganhos, e eu não poderia criticá-lo. Na realidade ele tinha o direito de me processar pelo fato de ter descrito a empresa como lucrativa sem fornecer provas adequadas. Mas ele jamais pronunciou uma palavra de reclamação. Contudo tenho a impressão de que essa descoberta o levou a me considerar uma pessoa crédula. Eu havia simplesmente aceitado a estimativa do *Sjt.* Madanjit sem me dar ao trabalho de examiná-la, e disse ao Sr. West que podia esperar lucros.

Agora estou ciente de que um trabalhador público não deve fazer afirmativas que não comprovou. Acima de tudo quem se dedica à verdade deve ter a maior cautela. Permitir que uma pessoa acredite em algo que não foi plenamente comprovado é comprometer a verdade. Para mim é doloroso confessar que, apesar de saber disso ainda não vencera meu hábito de credulidade, que é responsável por minha ambição de fazer mais do que sou capaz. Essa ambição muitas vezes foi fonte de maiores preocupações para meus colaboradores do que para mim mesmo.

Ao receber a carta do Sr. West parti para Natal. Adquirira a mais plena confiança no Sr. Polak. Ele veio despedir-se de mim na estação e me deixou um livro para ler durante a viagem, dizendo que tinha certeza de que eu iria gostar. Era *Até o Último,* de Ruskin.

Uma vez começada a leitura do livro era impossível parar. Ele me prendeu. De Joanesburgo a Durban era uma viagem de vinte e quatro horas. O trem chegou lá à noite. Não consegui dormir nada. Decidi mudar minha vida de acordo com os ideais daquela obra.

Foi o primeiro livro de Ruskin que li. Nos meus dias de estudante não tinha lido praticamente nada além dos livros didáticos, e depois que mergulhei na vida pública tinha muito pouco tempo para leitura. Portanto não posso afirmar que tenha grande conhecimento livresco. Entretanto acredito que não perdi muito por causa dessa restrição. Ao contrário, a leitura limitada me permitiu digerir totalmente aquilo que eu de fato lia. Desses livros, o que trouxe uma transformação prática e instantânea foi *Até o Último*. Mais tarde o traduzi para o gujarate, intitulando-o *Sarvodaya* (o bem-estar de todos).

Acredito que descobri algumas de minhas mais profundas convicções nesse grande livro de Ruskin, e foi esse motivo que me fez mudar a minha vida. Um poeta é aquele que consegue invocar o bem latente no peito dos seres humanos. Os poetas não influenciam a todos por igual, porque nem todos adquirem o mesmo grau de percepção.

Entendi que os ensinamentos de *Até o Último são:*
1. Que o bem do indivíduo está contido no bem do todo.
2. Que o trabalho do advogado tem o mesmo valor que o do barbeiro, na medida em que todos têm o mesmo direito de ganhar a vida pelo trabalho.
3. Que uma vida de trabalho duro, isto é, a vida de quem cultiva o solo e a do artesão, é a que merece ser vivida.

O primeiro eu sabia. O segundo havia vagamente percebido. Quanto ao terceiro, nunca tinha me ocorrido. *Até o Último* deixou claro como o dia que o segundo e o terceiro estavam contidos no primeiro. Levantei-me de madrugada pronto para levar esses princípios à prática.

19. A COMUNIDADE PHOENIX

Discuti tudo isso com o Sr. West e descrevi a ele o efeito que *Até o Último* teve sobre minha mente, e propus que o *Indian Opinion* fosse deslocado para uma fazenda, onde todos deveriam trabalhar a terra retirando o mesmo salário e fazendo o trabalho do jornal nas horas livres. O Sr. West aprovou a proposta, e foi estipulada a quantia mensal de três libras por pessoa, independentemente de cor ou nacionalidade.

Mas a questão era se todos os dez ou mais trabalhadores do jornal concordariam em se mudar para uma fazenda afastada, e se estariam satisfeitos em ganhar apenas o básico. Propusemos então que aqueles que não conseguissem se adaptar ao esquema poderiam continuar a retirar seus salários e, gradualmente, tentariam alcançar o ideal de se tornar membros da comunidade. Falei com os trabalhadores sobre essa proposta. Ela não era atraente para o *Sjt*. Madanjit, que a considerou tola. Achava que iria arruinar um empreendimento no qual investira tudo que tinha; que os trabalhadores iriam debandar; o *Indian Opinion* iria acabar, e por fim, que a gráfica teria de ser fechada.

Entre os que trabalhavam no jornal estava Chhaganlal Gandhi, um de meus primos. Apresentei-lhe a proposta ao mesmo tempo em que para West. Ele tinha esposa e filhos, mas desde a infância optara por ser instruído por mim e trabalhar ao meu lado. Tinha completa fé em mim. Então sem qualquer discussão concordou com o esquema, e tem estado comigo desde então. O maquinista Govindaswami também aceitou. Os demais não aderiram mas concordaram em ir para onde eu levasse o jornal.

Não creio que levei mais de dois dias para organizar essas questões com os homens. Anunciei imediatamente que estava interessado em um terreno situado perto de uma estação ferroviária nas vizinhanças de Durban. Chegou uma oferta da cidade de Phoenix. O Sr. West e eu fomos conhecer a propriedade. Em uma semana compramos 20 acres de terra (8 hectares). Havia uma pequena fonte e algumas laranjeiras e mangueiras. Vizinho a ela havia um lote de 32 hectares, que tinha muito mais árvores frutíferas e uma casa de campo abandonada. Nós compramos este também, por um custo total de mil libras.

O falecido Sr. Rustomji sempre me apoiou em tais empreendimentos. Gostava do projeto. Pôs à minha disposição chapas de ferro ondulado de um grande armazém e outros materiais de construção, com os quais começamos o trabalho. Alguns carpinteiros e pedreiros indianos que tinham trabalhado comigo na guerra dos bôeres, ajudaram-me a erguer um barracão para a gráfica. Essa estrutura, de 23 metros de comprimento por 15 de largura, ficou pronta em menos de um mês. O Sr. West e outros, com grande risco pessoal, ficaram com os carpinteiros e pedreiros. O local, desabitado e completamente coberto de mato, estava infestado de cobras e era obviamente perigoso. De início todos moraram em barracas. Transportamos a maior parte de nossas coisas para Phoenix em cerca de uma semana. O local ficava a 23 km de Durban e a 4 km da estação de Phoenix.

Apenas um número do *Indian Opinion* teve de ser impresso fora, na gráfica Mercúrio.

Agora eu tentava trazer para Phoenix aqueles conhecidos e amigos que haviam vindo comigo da Índia para tentar a sorte, e que estavam envolvidos em vários tipos de empreendimento. Tinham vindo em busca de riqueza, e era portanto difícil persuadi-los; mas alguns concordaram. Destes, posso mencionar aqui apenas o nome de Maganlal Gandhi. Os outros voltaram aos negócios. Maganlal Gandhi deixou seus interesses comerciais em definitivo para tentar sua sorte comigo e, por sua capacidade, sacrifício e devoção, tem o lugar de maior destaque entre meus primeiros colaboradores em experiências éticas. Na condição de artesão autodidata, seu lugar é único.

Assim começou em 1904 a comunidade Phoenix, e lá, apesar de numerosos contratempos, o *Indian Opinion* continua a ser publicado.

Mas as dificuldades iniciais, as mudanças, as esperanças e os desapontamentos exigem um capítulo à parte.

20. A PRIMEIRA NOITE

Não foi fácil editar o primeiro número do *Indian Opinion* em Phoenix. Se eu não tivesse tomado duas precauções, ele teria de ser abandonado ou atrasaria. A ideia de ter um motor para acionar a gráfica não me atraía. Achava que a força manual seria mais coerente com uma atmosfera em que o trabalho agrícola também era feito à mão. Mas como a ideia não parecia viável, mandamos instalar um motor diesel. Entretanto eu havia sugerido a West que tivesse algo disponível para o caso de a máquina não funcionar. Assim, ele arranjou uma roda que podia ser acionada manualmente. O tamanho do jornal, igual ao de um diário, era considerado inadequado para um lugar afastado como Phoenix. Foi reduzido para 43 x 34 cm, de modo que numa emergência os exemplares pudessem ser impressos com a ajuda de um pedal.

No estágio inicial tínhamos de trabalhar até tarde na véspera da publicação. Todos, jovens e velhos, tinham que ajudar a dobrar as folhas. Em geral terminávamos entre dez horas e meia-noite. Mas a primeira noite foi inesquecível. As folhas estavam preparadas, mas o motor não queria funcionar. Tivemos de buscar um mecânico em Durban. Ele e West tentaram ao máximo, mas em vão. Todos estavam ansiosos. Desesperado, West finalmente veio a mim com lágrimas nos olhos e disse:

— O motor não funciona; receio que não vamos conseguir imprimir o jornal a tempo.

— Se é assim, não podemos evitar. Não adianta derramar lágrimas. Vamos fazer tudo o que for humanamente possível. E a roda manual? — perguntei, para confortá-lo.

— Onde encontraremos homens para rodá-la? — quis saber ele. — Não somos suficientes para dar conta do trabalho. Ele precisa de turnos de quatro homens e os nossos estão cansados.

O trabalho de construção não tinha sido terminado e por isso os carpinteiros ainda estavam conosco. Dormiam no chão da gráfica. Apontando para eles, eu disse:

— Mas não podemos aproveitar esses carpinteiros? Trabalharíamos a noite inteira. Acho que ainda nos resta este recurso.

— Não ouso acordá-los. E nossos homens estão cansados demais, disse West.

— Bem, cabe a mim negociar isso — disse eu.

— Então talvez seja possível terminar a edição — respondeu ele. Acordei os carpinteiros e solicitei sua cooperação. Não houve necessidade de pressioná-los. Disseram prontamente:

— Se não pudermos ser convocados em uma emergência, para quê então servimos? Os senhores descansam e nós giramos a roda. Para nós é trabalho fácil.

Nossos próprios homens, naturalmente, estavam prontos.

West estava encantado e começou a cantar um hino quando nos lançamos ao trabalho. Juntei-me ao grupo dos carpinteiros, os demais aderiram turno a turno, e assim continuamos até as 7 horas da manhã. Havia ainda muito por fazer. Portanto sugeri a West que agora o mecânico poderia ser acordado para tentar novamente dar partida no motor, para que pudéssemos acabar a tempo.

West o acordou e ele imediatamente pôs-se ao trabalho. E eis que o motor funcionou quase no mesmo momento! A gráfica inteira ressoou com brados de alegria.

— Como isso pode acontecer? Como pode ser que todo o nosso esforço à noite tenha sido em vão, e hoje de manhã ele funcionou como se não houvesse nada de errado? — perguntei.

— É difícil dizer — disse West ou o mecânico, não me lembro qual. — Às vezes as máquinas parecem comportar-se como se precisassem de repouso, como nós.

Para mim o defeito do motor veio como um teste para todos nós, e o seu funcionamento bem na hora foi o fruto de nossos esforços sérios e honestos.

Os exemplares foram despachados a tempo e todos ficaram felizes.

Essa insistência inicial assegurou a periodicidade do jornal e criou uma atmosfera de autoconfiança em Phoenix. Mais tarde abandonamos deliberadamente o uso do motor e trabalhamos apenas com força manual. Esses foram para mim os dias de maior elevação moral para a comunidade.

21. POLAK TOMA UMA DECISÃO

Sempre lamentei que, embora tenha começado a comunidade em Phoenix, só podia ficar lá por breves períodos. Minha ideia original era a de me retirar gradualmente do trabalho profissional, ir morar na comunidade, ganhar a vida com trabalho manual e encontrar a alegria de ser útil ali. Mas isso não haveria de acontecer. Descobri por experiência que as pessoas fazem seus planos e estes são frequentemente atrapalhados por Deus; mas ao mesmo tempo, quando a meta final é a busca da Verdade, por mais que esses planos sejam frustrados o resultado nunca é prejudicial, e muitas vezes é melhor do que o esperado. A mudança surpreendente que ocorreu em Phoenix e os acontecimentos inusitados certamente não foram prejudiciais, embora seja difícil dizer se foram melhores que nossas expectativas originais.

Para permitir que todos ganhássemos a vida pelo trabalho manual, distribuímos a terra ao redor da gráfica em lotes de 1,2 hectares cada. Um coube a mim. Em todos eles, muito a contragosto, construímos casas de ferro ondulado. Nosso desejo era ter cabanas de barro cobertas de palha ou pequenas casas de tijolo como os camponeses comuns, mas não era possível. Elas seriam mais caras, demandariam mais tempo e todos estavam ansiosos para estabelecer-se logo que possível.

O editor ainda era Mansukhlal Naazar. Ele não aceitara o novo esquema e, de Durban, onde havia uma filial do *Indian Opinion,* dirigia o jornal. Embora pagássemos tipógrafos, a ideia era que todos os membros da comunidade aprendessem a composição de tipos, que é o processo mais fácil de uma gráfica embora também o mais tedioso. Assim, aqueles que ainda não conheciam o trabalho aprenderam-no. Eu fui burro até o fim. Maganlal Gandhi nos ultrapassou a todos. Embora nunca tivesse trabalhado em uma gráfica tornou-se um tipógrafo exímio, e não só atingiu grande velocidade como também, para minha agradável surpresa, rapidamente dominou todos os outros ramos do trabalho gráfico. Sempre achei que ele não tinha consciência da própria capacidade.

Mal havíamos nos instalado, as construções quase estavam prontas, quando tive que deixar o ninho recém-construído e ir para Joanesburgo. Não estava em situação de poder deixar o trabalho desatendido, ainda que por pouco tempo.

De volta a Joanesburgo informei a Polak as importantes mudanças que havia feito. Sua alegria não tinha limites quando ficou sabendo que o empréstimo de seu livro fora tão frutífero.

— Não seria possível — perguntou — eu tomar parte no novo empreendimento?

— Certamente — disse eu. — Pode se quiser aderir à comunidade.

— Estou pronto — respondeu ele —, se me aceitar.

A sua determinação me cativou. Ele pediu a seu chefe, com um mês de antecedência, para deixar o *The Critic*, e chegou a Phoenix conforme o previsto. Por sua sociabilidade conquistou o coração de todos e logo se tornou um membro da família. A simplicidade era a tal ponto parte de sua natureza que, longe de achar a vida em Phoenix estranha ou dura, entrou nela como um pato na água. Mas não consegui mantê-lo lá por muito tempo.

Sr. Ritch havia decidido terminar seus estudos de Direito na Inglaterra, e era-me impossível suportar sozinho a carga de trabalho do escritório. Por isso solicitei a Polak que se juntasse a mim e se qualificasse como advogado. Eu pensava que no fim os dois iríamos nos retirar do trabalho para estabelecermo-nos em Phoenix, mas isso não ocorreu. A natureza de Polak era tão confiante que, quando punha a sua fé em um amigo, tentava concordar com ele em vez de discutir. Escreveu-me de Phoenix dizendo que, embora adorasse a vida de lá e se sentisse perfeitamente feliz e tivesse esperanças de desenvolver a comunidade, mesmo assim estava pronto para partir, vir para o escritório e qualificar-se como advogado, se eu achasse que assim realizaríamos mais depressa os nossos ideais. Recebi com satisfação a carta. Polak deixou Phoenix, veio para Joanesburgo e registrou-se para trabalhar comigo.

Mais ou menos na mesma época um teosofista escocês a quem eu estava treinando para um exame jurídico local, também se registrou como funcionário no meu escritório. Era o Sr. MacIntyre.

Assim, com o louvável objetivo de realizar depressa os ideais de Phoenix, parecia que eu estava indo cada vez mais fundo na corrente contrária e, se Deus não tivesse desejado de outra forma, teria sido aprisionado nessa rede lançada em nome da vida simples.

Daqui a alguns capítulos descreverei como eu e meus ideais fomos salvos de uma maneira que ninguém imaginara ou esperara.

22. A QUEM DEUS PROTEGE

Agora eu tinha perdido todas as esperanças de voltar à Índia num futuro próximo. Havia prometido à minha esposa que voltaria para casa em um ano. O ano passara sem qualquer perspectiva de meu retorno e então decidi mandar buscá-la e às crianças.

No navio que os trazia à África do Sul, Ramdas, meu terceiro filho, quebrou o braço enquanto brincava com o comandante. O comandante cuidou bem dele e providenciou para que fosse tratado pelo médico do navio. Ramdas desembarcou com a mão em uma tipoia. O médico aconselhou que, logo que chegássemos em casa, um profissional deveria pôr um curativo no ferimento. Mas essa era a época em que eu estava cheio de fé em meus experimentos com o tratamento pela terra. Persuadira até alguns clientes que tinham fé em minha charlatanice, a tentar o tratamento com terra e água.

O que então deveria fazer com Ramdas? Ele tinha apenas 8 anos. Perguntei-lhe se importava-se que eu fizesse o curativo. Com um sorriso ele disse que não se importava de forma alguma. Naquela idade não lhe seria possível decidir o que era melhor para si próprio, mas sabia muito bem distinguir entre charlatanice e um tratamento médico de verdade. Ele conhecia meus hábitos de tratamento doméstico e tinha fé suficiente para entregar-se aos meus cuidados. Tremendo de medo desfiz a atadura, lavei o ferimento, apliquei um emplastro de terra limpo e amarrei tudo novamente. Esse tipo de curativo continuou diariamente por um mês, até que o ferimento ficou completamente curado. Não houve sequelas e a cura não demorou mais do que o médico do navio havia previsto por meio do tratamento usual.

Essa e outras experiências aumentaram minha fé em remédios caseiros, e agora eu os fazia com mais autoconfiança. Ampliei sua esfera de aplicação, experimentando o tratamento de terra, água e jejum em casos de ferimentos, febres, dispepsia, icterícia e outros males, com sucesso na maior parte das vezes. Mas hoje não tenho a confiança que tinha na África do Sul, e a experiência mostrou que estes experimentos envolvem riscos óbvios.

A menção a essas experiências, portanto, não é para demonstrar seu sucesso. Não posso afirmar que tenha sido bem-sucedido em qualquer delas. Nem médicos profissionais podem afirmar isso. Meu objetivo é apenas mostrar que aquele que quiser fazer experiências com novidades deve começar consigo mesmo. Essa circunstância leva a uma descoberta mais rápida da verdade, e Deus sempre protege o experimentador honesto.

Os riscos da experiência de cultivar relacionamentos muito próximos com europeus foram tão graves quanto os de cura natural. Apenas eram de um cunho diferente. Mas ao cultivar esses contatos nem sequer pensei nos riscos.

Convidei Polak para morar comigo e começamos a viver como verdadeiros irmãos. Ele estava noivo há alguns anos mas o casamento tinha sido adiado para uma época mais propícia. Tenho a impressão que Polak queria economizar algum dinheiro antes de se estabelecer na vida de casado. Ele conhecia Ruskin muito melhor que eu, mas seu ambiente ocidental funcionava como uma barreira quando tentava pôr imediatamente em prática os ensinamentos desse autor. Argumentei:

— Se há uma união de corações, como em seu caso, não é certo adiar o casamento apenas por considerações financeiras. Se a pobreza é uma barreira, então os pobres nunca poderão casar-se. Além disso você está morando comigo. Não há despesas domésticas. Acho que deve se casar logo que possível.

Como já disse em um capítulo anterior, nunca precisei discutir algo duas vezes com Polak. Ele apreciou a força de meu argumento e imediatamente começou a correspondência a respeito com sua futura esposa, que na época estava na Inglaterra. Ela aceitou alegremente a proposta e dentro de alguns meses chegou a Joanesburgo. Despesas de casamento estavam fora de cogitação, e nem mesmo um vestido especial foi considerado necessário. Eles não precisavam de um rito religioso para selar a união. A futura Sra. Polak era cristã por nascimento, e Polak judeu. A religião que tinham em comum era a da ética.

Posso mencionar de passagem um incidente divertido ligado a esse casamento. O juiz de paz de casamentos europeus na Província do Transval não podia registrar matrimônios entre pessoas negras ou de cor. No enlace em questão, fui o padrinho. Não é que não pudéssemos designar um amigo europeu para isso. Polak é que não tolerava essa sugestão. Então fomos nós três ao juiz de paz. Como ele poderia ter certeza de que as partes em um casamento, no qual eu era o padrinho, eram brancas? Propôs adiar o matrimônio enquanto averiguava.

O dia seguinte era domingo. O dia seguinte a este era dia de ano novo, um feriado. Adiar a data de um casamento solenemente organizado com base em um pretexto tão frágil seria insustentável. Eu conhecia o magistrado chefe que dirigia o Departamento de Registro. Então fui vê-lo com o casal. Ele riu, deu-me um recado para o juiz de paz e o enlace foi devidamente celebrado.

Até então os europeus que moravam conosco eram mais ou menos conhecidos. Mas agora uma senhora inglesa totalmente estranha a nós entrava na família. Não me lembro de jamais havermos tido uma divergência com o novo casal, mas mesmo que a Sra. Polak e minha mulher tenham tido algumas experiências desagradáveis, elas não foram maiores do que as que acontecem nas famílias mais homogêneas. E lembremos que a minha seria considerada uma família essencialmente heterogênea, na qual eram livremente admitidas pessoas de todos os tipos e temperamentos. Quando pensamos a respeito descobrimos que a distinção entre heterogêneo e homogêneo é meramente imaginária. Somos todos uma família.

É melhor eu também festejar o casamento de West neste capítulo. Naquele estágio da minha vida, minhas ideias sobre *brahmacharya* não haviam amadurecido plenamente, e então eu me interessava em casar todos os meus amigos solteiros. Quando chegou a hora de West fazer uma viagem a Louth para ver seus pais, aconselhei-o a voltar casado se possível. Phoenix era o lar comum e, como deveríamos todos nos tornar fazendeiros, não tínhamos medo do casamento e de suas consequências naturais.

West retornou com a Sra. West, uma bela jovem de Leicester. Vinha de uma família de sapateiros que trabalhavam em uma fábrica daquela cidade. Ela própria tivera alguma experiência de trabalho nessa fábrica. Chamei-a de bela porque foi sua beleza moral que me atraiu imediatamente. Afinal de contas a verdadeira beleza consiste na pureza do coração. Com a Sra. West veio também sua sogra. A velha senhora ainda vive.

Era tão trabalhadora e sua natureza tão contente e alegre que nós, por comparação, tínhamos até vergonha.

Da mesma forma que persuadi esses amigos europeus a se casarem, encorajei os amigos indianos a mandar buscar a família. Assim Phoenix transformou-se em uma pequena vila, com meia dúzia de famílias estabelecidas e que começavam a crescer lá.

23. UMA ESPIADA NO LAR

Já foi dito que, embora as despesas domésticas fossem altas, a tendência à simplicidade começara em Durban. Mas a casa de Joanesburgo sofreu uma reforma muito mais profunda, à luz dos ensinamentos de Ruskin.

Introduzi tanta simplicidade quanto era possível na casa de um advogado. Era inviável deixar de ter uma certa quantidade de mobília. A mudança foi mais interna que externa. Aumentou o gosto por fazer pessoalmente todo o trabalho físico. Portanto comecei a trazer também para meus filhos essa disciplina.

Em lugar de comprar pão do padeiro começamos a preparar pão integral sem fermento, de acordo com a receita de Kuhne. A farinha comum de moinho não era boa para isso, e pensava-se que o uso de farinha moída à mão garantiria maior simplicidade, saúde e economia. Então comprei um moinho de mão por sete libras. A roda de ferro era pesada demais para um só homem, mas fácil para dois. Polak, eu e as crianças geralmente trabalhávamos com ela. Minha esposa também dava uma mão ocasionalmente, embora a hora da moagem fosse seu momento habitual para começar o trabalho na cozinha. Desde a sua chegada, a Sra. Polak se juntara a nós. A moagem revelou-se um exercício muito benéfico para as crianças. Nem esse trabalho nem algum outro jamais lhes foi imposto, mas para elas era um passatempo vir dar uma mão, e tinham liberdade de parar quando se sentissem cansadas. Mas as crianças, inclusive as que terei oportunidade de apresentar mais tarde, em geral nunca deixaram de ajudar. Não que eu não tivesse preguiçosos, mas a maioria fazia seu trabalho com suficiente entusiasmo. Lembro-me de poucos jovens naqueles dias fugindo do trabalho ou alegando fadiga.

Contratamos um empregado para cuidar da casa. Ele morava conosco como um membro da família e as crianças costumavam ajudá-lo. O varredor municipal removia a sujeira da noite, mas nós fazíamos pessoalmente a limpeza dos banheiros em vez de pedir ou esperar que ele a fizesse. Isso se revelou um bom treinamento para as crianças. O resultado foi que nenhum de meus filhos desenvolveu aversão pelo trabalho de limpeza e naturalmente tiveram um bom aprendizado sobre saneamento em geral.

Quase não havia doenças na casa em Joanesburgo, mas sempre que as havia a enfermagem era feita espontaneamente pelas crianças. Não vou dizer que eu era indiferente à sua educação livresca, mas certamente não hesitava em sacrificá-la. Meus filhos têm portanto alguma razão para se queixar de mim. Com efeito eles se manifestam ocasionalmente nesse sentido, e preciso me declarar culpado até certo ponto. O desejo de dar-lhes uma educação livresca existia. Até tentei dá-la eu mesmo, mas a todo momento havia um ou outro impedimento. Como não organizara um ensino particular para eles, costumava levá-los diariamente a pé ao escritório e voltar para casa — uma distância total de cerca de 8 quilômetros. Isso lhes dava, e a mim, uma quantidade razoável de exercício.

Tentei instruí-los pela conversação durante essas caminhadas, quando não havia mais ninguém solicitando minha atenção. Todos os meus filhos exceto Harilal, o mais velho, que havia ficado na Índia, foram criados dessa forma em Joanesburgo. Se eu pudesse ter dedicado pelo menos uma hora à sua educação com rigorosa regularidade, eu lhes teria dado, em minha opinião, uma instrução ideal. Mas eles lamentam e eu também, porque falhei em garantir a eles um treinamento formal suficiente.

Meu filho mais velho expressava com frequência a sua revolta, em particular e publicamente pela imprensa; os outros generosamente perdoaram a minha falha, considerando-a inevitável. Não tenho o coração partido por isso, e o que lamento é não ter me revelado um pai ideal. Mas sustento que sacrifiquei sua educação literária em favor daquilo que genuinamente, embora talvez de modo equivocado, acreditei que seria um serviço à comunidade. Tenho bem claro que não fui negligente em fazer todo o necessário para construir seu caráter. Acredito que a consciência impõe a todos os pais o dever de proporcionar tudo isso adequadamente. Sempre que, apesar de meus esforços, meus filhos deixaram a desejar, tenho a firme convicção de que estavam refletindo não a falta de cuidados de minha parte, mas sim os defeitos de ambos os pais.

As crianças herdam as qualidades dos pais assim como os traços físicos. O ambiente também desempenha um papel importante, mas o capital original com o qual uma criança começa a vida é herdado de seus ancestrais. Já vi também filhos superarem os efeitos de uma herança maléfica. Isso se deve a que a pureza é um atributo inerente à alma.

Polak e eu tivemos frequentes e calorosas discussões sobre a desejabilidade de dar às crianças uma educação inglesa. Sempre fui convicto de que os pais indianos que treinam seus filhos a pensar e falar em inglês desde a infância estão traindo-os e ao seu país. Privam-nos da herança espiritual e social da nação, e nessa medida os tornam ineptos a prestar serviços ao país. Tendo essas convicções, fiz questão de falar sempre com meus filhos em gujarate.

Polak nunca gostou disso. Achava que eu estava estragando o futuro deles. Argumentava com todo o vigor e amor à sua disposição, que se as crianças aprendessem uma língua universal como o inglês desde a infância teriam uma vantagem considerável sobre os outros na corrida da vida. Não conseguiu me convencer. Não me lembro agora se o persuadi da correção de minha atitude, ou se ele desistiu considerando-me obstinado demais. Isso aconteceu há cerca de 20 anos, e minhas convicções apenas se aprofundaram com a experiência.

Embora meus filhos tenham sofrido pela falta de uma plena educação literária, o conhecimento da língua materna que naturalmente adquiriram foi em benefício deles e do país, no sentido de que não parecem forasteiros na sua terra natal. Eles se tornaram bilíngues de modo natural, falando e escrevendo em inglês com relativa facilidade, por causa do contato diário com um grande círculo de amigos ingleses, e por sua permanência em um país onde o inglês era a principal língua falada.

24. A "REBELIÃO" ZULU

Mesmo quando pensei que tinha me estabelecido definitivamente em Joanesburgo, não parecia que uma vida ordenada tivesse sido feita para mim. Justo quando sentia que poderia respirar em paz um fato inesperado aconteceu. Os jornais trouxeram a notícia de que irrompera a "rebelião" zulu em Natal. Eu não tinha queixas contra os zulus; eles não haviam feito mal a nenhum indiano. Tinha dúvidas sobre a própria "rebelião". Mas na época acreditava que o Império Britânico existia para o bem-estar do mundo. Um genuíno senso de lealdade me impedia de desejar-lhe mal. Portanto a justificação ou não da "rebelião" provavelmente não afetaria minha decisão. Natal tinha uma Força Voluntária de Defesa, e ela podia recrutar mais homens. Li que essa força já tinha sido mobilizada para subjugar a "rebelião".

Eu me considerava um cidadão de Natal, intimamente ligado à região. Então escrevi ao governador expressando minha disposição para, se necessário, formar um Corpo Indiano de Ambulâncias. Ele respondeu imediatamente, aceitando a oferta.

Não esperava que a aceitação viesse tão rápida. Felizmente havia organizado todo o necessário antes de escrever a carta. Se minha oferta fosse aceita, decidira que iria fechar a casa de Joanesburgo. Polak iria para uma residência menor, e minha esposa iria morar em Phoenix. Ela concordava plenamente com essa decisão. Não me lembro de ela jamais ter se colocado contra mim em assuntos como esse. Assim, logo que recebi a resposta do governador, dei ao senhorio, com a antecedência usual de um mês, o aviso de que deixaria a casa, mandei algumas coisas para Phoenix e deixei algumas com Polak.

Fui a Durban e fiz um apelo para que os homens se apresentassem. Não seria necessário um grande contingente. Éramos um grupo de 24, dos quais, além de mim, quatro eram gujarates. Os demais eram ex-contratados do sul da Índia, exceto um que era originário de Pathan.

A fim de me dar um *status,* facilitar o trabalho — e também de acordo com a convenção existente — o Oficial Médico Chefe nomeou-me para a patente provisória de Major-Sargento, bem como três homens escolhidos por mim para a patente de Sargento e um para Cabo. Também recebemos uniformes do governo. Nosso Corpo esteve em serviço ativo por cerca de seis semanas. Ao chegar ao palco da "rebelião" notei que nada havia lá que justificasse esse nome. Não se via nenhuma resistência. O motivo pelo qual o distúrbio tinha sido exagerado com o nome de rebelião era que um chefe zulu havia aconselhado o não pagamento de um novo imposto para seu povo, e atacara com lança um sargento que fora arrecadá-lo.

De qualquer maneira meu coração estava com os zulus e fiquei encantado quando, ao chegar ao quartel, soube que nosso trabalho principal era cuidar dos zulus feridos. O Oficial Médico nos deu as boas vindas. Disse que os brancos não tinham boa vontade para com os zulus feridos, que seus ferimentos estavam se infectando, e que ele não sabia mais o que fazer. Considerou nossa chegada um presente dos deuses para aquele povo inocente, e equipou-nos com ataduras, desinfetantes etc., levando-nos ao hospital improvisado. Os zulus ficaram encantados quando nos viram. Os soldados brancos costumavam espiar pelas grades que nos separavam deles e tentavam dissuadir-nos de cuidar dos ferimentos. Como não obedecíamos eles se enfureciam e despejavam ofensas inqualificáveis sobre os zulus.

Gradualmente vim a ter um contato mais próximo com esses soldados e eles deixaram de interferir. Entre os oficiais no comando estavam o Coronel Sparks e o Coronel Wylie, que em 1896 haviam sido meus ferrenhos oponentes. Ficaram surpresos com minha atitude e vieram especialmente para me agradecer. Apresentaram-me ao General Mackenzie. Que o leitor não pense que se tratava de soldados profissionais. O Coronel Wylie era um advogado notório em Durban. O Coronel Sparks era um dono de açougue bem conhecido em Durban. O General Mackenzie era um fazendeiro de renome em Natal. Todos esses cavalheiros eram voluntários, e como tal tinham recebido treinamento e experiência militar.

Os feridos sob nossos cuidados não tinham sido lesados em combate. Parte deles fora detida por suspeita. O general os havia condenado a ser açoitados. O açoitamento tinha causado sérias chagas. Estas, não cuidadas, estavam se infectando. Os outros eram zulus amistosos. Embora tivessem recebido crachás para distingui-los do "inimigo", os soldados haviam atirado neles por engano.

Além desse trabalho eu tinha de aviar e ministrar receitas para os soldados brancos. Isso era fácil para mim, já que recebera um ano de treinamento no pequeno hospital do Dr. Booth. Esse relacionamento me pôs em estreito contato com muitos europeus.

Fazíamos parte de uma coluna que se movia rapidamente. Ela tinha ordens de marchar para qualquer lugar em que houvesse notícias de perigo. Na maior parte tratava-se de infantaria montada. Logo que nosso acampamento era mudado, tínhamos que seguir a pé, com as macas nos ombros. Duas ou três vezes tivemos que marchar 60 quilômetros por dia. Mas em toda parte eu estava grato por termos o trabalho de Deus para fazer, tendo de carregar para o acampamento em nossas macas aqueles zulus amistosos inadvertidamente feridos, e de cuidar deles como enfermeiros.

25. EXAMES DE CONSCIÊNCIA

O pretenso levante zulu foi cheio de novas experiências e me deu muito o que pensar. A guerra dos bôeres não me havia mostrado tão vividamente os horrores dos combates como essa "rebelião". Não se tratava de uma guerra e sim de uma caçada humana, não apenas em minha opinião, mas também na de muitos ingleses com quem tive ocasião de conversar. Ouvir todas as manhãs as notícias dos rifles dos soldados explodindo como fogos de artifício em inocentes lugarejos, e viver entre eles, foi uma provação. Mas engoli a amarga pílula, especialmente porque o trabalho de minha corporação consistia somente em cuidar dos zulus feridos. Percebia que se não fosse por nós os zulus não estariam sendo cuidados. Esse trabalho consequentemente aliviou minha consciência.

Mas havia muitas outras coisas que nos punham a pensar. Estávamos em uma área esparsamente habitada. As aldeias dos zulus, homens simples e ditos "não civilizados", espalhavam-se entre montes e vales. Marchando com ou sem feridos por essa solene solidão, muitas vezes caí em profundas reflexões.

Ponderei sobre o *brahmacharya* e suas implicações, e minhas convicções se enraizaram. Discuti-as com meus colaboradores. Não tinha percebido até então o quanto ele é indispensável para a autorrealização, mas vi claramente que aquele que aspira a servir a humanidade com toda a sua alma não pode dispensá-lo. Fui forçado a ver que teria cada vez mais ocasiões de prestar serviços desse tipo, e que não estaria à altura de minha tarefa se me envolvesse com os prazeres da vida familiar e com a multiplicação dos filhos e sua educação.

Em resumo, eu não conseguiria viver tanto pela carne quanto pelo espírito. Hoje por exemplo não poderia ter-me lançado à luta se minha mulher estivesse esperando um bebê. Sem a observância de *brahmacharya*, o serviço à família seria incoerente com o trabalho dedicado à comunidade. Com o *brahmacharya* eles se tornam perfeitamente compatíveis.

Assim pensando fiquei um tanto impaciente para fazer o voto final. Essa perspectiva trouxe uma espécie de exultação. A imaginação também se viu livre e abriu perspectivas ilimitadas de serviço.

Enquanto estava assim, em meio a um árduo trabalho físico e mental, chegou-me uma notícia de que o trabalho de repressão à "rebelião" estava quase no fim e que logo receberíamos baixa. Depois de um dia ou dois ela de fato veio, e em poucos dias mais estávamos em casa.

Logo depois recebi uma carta do governador agradecendo especialmente ao Corpo Indiano de Ambulâncias por seus serviços.

Na minha chegada a Phoenix comecei a discutir intensamente a questão do *brahmacharya* com Chhaganlal, Maganlal, West e outros. Eles gostaram da ideia e aceitaram a necessidade de fazer o voto, mas também expuseram as dificuldades da decisão. Alguns se lançaram corajosamente à sua observância e alguns, sei disso, tiveram sucesso.

Também mergulhei no voto de observar o princípio do *brahmacharya* por toda a vida. Devo confessar que na ocasião não me havia dado conta da magnitude e imensidão da proposta. Até hoje estou face a face com essas dificuldades. Venho sendo obrigado a perceber cada vez mais a importância do voto. A vida sem o *brahmacharya* me parece insípida e animalesca. Os animais, por natureza, não conhecem o autocontrole. O ser humano é ser humano porque é capaz dele, e só é humano na medida em que o exerce. O que antes achava ser uma interpretação extravagante do *brahmacharya* em nossos livros religiosos, parece-me agora com clareza maior a cada dia, absolutamente adequado e fundamentado na prática.

Vi que o *brahmacharya,* que é tão maravilhosamente poderoso, não é de maneira alguma fácil e certamente não é um mero assunto do corpo. Começa com o controle corporal mas não termina aí. Sua perfeição não permite sequer um pensamento impuro. Um verdadeiro *brahmachari* nem sequer sonha em satisfazer o apetite carnal e enquanto não estiver nessa condição, ainda tem muito chão pela frente.

Para mim a observância até do *brahmacharya* corporal foi cheia de dificuldades. Hoje posso dizer que me sinto bastante seguro, mas ainda não consegui um completo domínio sobre o pensamento, que é tão essencial. Não que falte esforço, mas ainda é um problema para mim saber de onde os pensamentos indesejáveis lançam suas insidiosas investidas. Não tenho dúvida de que há uma chave para trancar os pensamentos indesejáveis, mas cada um tem que achá-la por si mesmo.

Os santos e profetas nos deixaram suas experiências, mas não nos deram uma receita infalível e universal. Pois a perfeição ou isenção de erros vem somente da graça, e assim os buscadores de Deus nos deixaram *mantras,* tais como o *Ramanama,* santificados por suas próprias austeridades e carregados com sua pureza. Sem uma entrega irrestrita à Sua graça, o domínio completo do pensamento é impossível. Esse é o ensinamento de todos os grandes livros de religião, e venho percebendo sua verdade a cada momento em que tento alcançar a perfeição do *brahmacharya.*

Mas parte da história dessa tentativa e luta será contada em capítulos seguintes. Concluirei este com uma indicação de como abordei a disciplina. Na onda de entusiasmo inicial, achei a observância bastante fácil. A primeira mudança que fiz em meu modo de vida foi deixar de dividir a cama com minha mulher e de procurar estar a sós com ela.

Assim, o *brahmacharya* que eu vinha observando de modo inconstante desde 1900 foi sacramentado com um voto em meados de 1906.

26. O NASCIMENTO DO *SATYAGRAHA*

Os eventos em Joanesburgo se configuravam de forma a tornar essa autopurificação de minha parte numa espécie de etapa preliminar para o *Satyagraha*. Agora consigo ver que todos os principais eventos de minha vida, culminando com o voto de *brahmacharya,* estavam secretamente me preparando para isso. O princípio chamado *Satyagraha* surgiu antes que esse nome fosse inventado. Quando nasceu, eu mesmo não conseguia dizer do que se tratava. Em gujarate, usávamos a expressão inglesa *passive resistance* para descrevê-lo. Quando em uma reunião de europeus descobri que o termo "resistência passiva" era interpretado de forma muito restrita, e considerado uma arma dos fracos, caracterizado pelo ódio, e que podia finalmente manifestar-se mediante a violência, tive de contestar todos esses conceitos e explicar a real natureza do movimento indiano. Estava claro que os indianos precisavam cunhar uma nova palavra para designar a sua luta.

Mas não consegui de forma alguma descobrir um novo nome e então ofereci um prêmio simbólico, por meio do *Indian Opinion,* ao leitor que fizesse a melhor sugestão. O resultado foi que Maganlal Gandhi criou a palavra *sadagraha (sat:* verdade, *agraha:* firmeza) e ganhou o prêmio. Mas, para torná-la mais clara mudei-a para *satyagraha,* que desde então se tornou corrente em gujarate como designação da luta.

A história dessa luta é, na prática, a história do restante de minha vida na África do Sul e especialmente de minhas experiências com a Verdade naquele subcontinente. Escrevi a maior parte dela na prisão de Yeravda e terminei-a quando fui libertado. Foi publicada no *Navajivan,* e depois lançada em forma de livro. O *Sjt.* Valji Govindji Desai traduziu-a ao inglês para o *Current Thought,* mas agora estou providenciando a publicação da tradução inglesa em forma de livro, de modo que aqueles que desejarem possam se familiarizar com minhas experiências mais importantes na África do Sul.

Recomendaria uma leitura de minha história do *Satyagraha* na África do Sul àqueles leitores que ainda não a viram. Não vou repetir o que disse, mas nos próximos capítulos tratarei apenas de alguns incidentes pessoais de minha vida na África do Sul, que não foram cobertos naquele relato. Feito isso passarei imediatamente a dar ao leitor uma ideia de minhas experiências na Índia. Assim, os que desejarem considerar essas vivências em sua ordem cronológica rigorosa, deveriam agora ter em mente a história do *Satyagraha* na África do Sul.

27. MAIS EXPERIMENTOS DIETÉTICOS

Estava ansioso para observar o *brahmacharya* em pensamentos, palavras e ações e igualmente ansioso para dedicar o máximo de tempo à campanha do *Satyagraha,* preparando-me para ela pelo cultivo da pureza. Assim fui levado a fazer mais mudanças e impor-me maiores limitações no assunto alimentação. As razões para as mudanças anteriores haviam sido em grande parte de ordem higiênica, mas as novas experiências foram feitas de um ponto de vista religioso.

O jejum e a restrição da dieta tinham agora um papel mais importante em minha vida. Em geral a paixão no ser humano coexiste com a avidez pelos prazeres do paladar. E assim era comigo. Tive muitas dificuldades ao tentar controlar tanto a paixão quanto o paladar, e até hoje não posso afirmar que os tenha subjugado completamente. Achava que comia em excesso. Aquilo que os amigos consideravam moderação nunca me pareceu sê-lo. Se eu não tivesse conseguido desenvolver o autocontrole até o ponto em que consegui, teria descido a um nível baixo demais e teria encontrado minha ruína há muito tempo. Entretanto, como percebi adequadamente minhas limitações, fiz um grande esforço para livrar-me delas, e graças a isso venho conseguindo em todos estes anos contar com meu corpo e continuar fazendo o meu trabalho.

Consciente de minha fraqueza e entrando em contato inesperadamente com pessoas semelhantes, comecei a fazer uma dieta exclusiva de frutas ou a jejuar nos dias de *Ekadashi,* e também a observar o *Janmashtami*[5] e festividades similares.

Comecei com uma dieta de frutas, mas do ponto de vista do autocontrole não vi muita diferença entre uma dieta assim e uma de cereais. Observei que a mesma entrega ao prazer era possível em ambas, e até mais, quando a pessoa se acostuma. Assim comecei a dar maior importância ao jejum ou a ter apenas uma refeição por dia nos feriados. E se havia alguma ocasião para penitência ou algo similar, de bom grado a aproveitava para jejuar.

Mas também percebi que, agora que sentia o corpo mais leve, o alimento deixava um sabor mais pronunciado e o apetite crescia. Notei que o jejum poderia ser uma poderosa arma tanto de autoindulgência quanto de controle. Muitas experiências similares posteriores, minhas e alheias, podem ser apresentadas como prova desse fato surpreendente. Queria melhorar e treinar meu corpo, mas como agora o principal objetivo era alcançar o autocontrole e conquistar o paladar, escolhia essa e aquela comida, e ao mesmo tempo, restringia a quantidade. Mas o prazer parecia perseguir-me. Quando abandonava uma coisa e tomava outra, esta última me proporcionava um prazer renovado e maior que a anterior.

Nesses experimentos tive vários companheiros, dos quais o principal era Hermann Kallenbach. Já escrevi sobre esse amigo na história do *Satyagraha* na África do Sul, e não vou abordar o tema novamente. O Sr. Kallenbach sempre estava comigo, fosse no jejum ou nas mudanças dietéticas. Morei em sua casa quando a campanha do *Satyagraha* estava no auge. Discutimos nossas mudanças alimentares e obtivemos maiores prazeres da nova dieta do que da anterior. As conversas desse tipo eram bastante agradáveis naqueles dias e não me pareciam absolutamente impróprias. A experiência me ensinou, entretanto, que é errado falar em prazer da comida. A pessoa não deveria comer para agradar ao paladar, mas apenas para manter o corpo. Quando cada órgão dos sentidos presta serviço ao corpo e por meio dele à alma, seu prazer especial desaparece, e só então ele começa a funcionar de forma natural.

Nenhum experimento é insignificante e nenhum sacrifício é grande demais para atingir essa identificação com a natureza. Mas infelizmente a corrente hoje flui na direção contrária. Não temos vergonha de sacrificar uma multidão de outras vidas para alimentar nosso corpo perecível e tentar prolongar sua existência por mais uns poucos momentos e, em consequência, matamo-nos em corpo e alma. Ao tentar curar uma velha doença damos origem a cem novas; ao tentar desfrutar dos prazeres sensoriais acabamos perdendo até nossa capacidade de desfrute. Tudo isso está acontecendo diante dos nossos olhos, mas o pior cego é o que não quer ver.

Tendo assim apresentado o objetivo e o encadeamento de ideias que levaram a ele, proponho agora descrever de forma mais detalhada os experimentos dietéticos.

28. A CORAGEM DE KASTURBAI

Três vezes na vida minha esposa escapou por pouco da morte por doenças graves. As curas se deveram a remédios caseiros. Na época da primeira crise o *Satyagraha* estava em desenvolvimento, ou prestes a começar. Tinha hemorragias frequentes. Um médico amigo aconselhou uma cirurgia, com o que ela concordou depois de alguma hesitação. Estava extremamente debilitada, e a operação teve de ser feita sem anestesia. Foi bem sucedida, mas ela sofreu muito. Porém passou pela experiência com grande bravura. O médico e sua esposa que cuidavam dela foram muito atenciosos. Isso aconteceu em Durban. O médico me deu permissão para ir a Joanesburgo, e disse-me para não ter a menor preocupação quanto à paciente.

Em poucos dias, contudo, recebi uma carta dizendo que Kasturbai estava pior, que não conseguia sentar-se na cama por causa da fraqueza e que estivera inconsciente. O médico sabia que sem meu consentimento não podia dar-lhe álcool ou carne. Telefonou-me então para Joanesburgo, pedindo permissão para prescrever caldo de carne. Respondi que não podia concedê-la, mas que se Kasturbai estivesse em condições de expressar seus desejos poderia ser consultada, e tinha liberdade de fazer o que achasse melhor.

— Mas — disse o médico — eu me recuso a consultar pacientes sobre esse assunto. O senhor terá de decidir. Se não me der liberdade para prescrever qualquer dieta, não me considerarei responsável pela vida de sua esposa.

Tomei o trem para Durban no mesmo dia e fui ver o médico, que calmamente me deu a seguinte notícia:

— Eu já havia dado caldo de carne à Sra. Gandhi quando lhe telefonei.

— Bem, doutor, chamo a isso de fraude — disse eu.

— Não se trata absolutamente de fraude quando se prescreve um remédio ou uma dieta. Os médicos até consideram uma virtude desobedecer aos doentes e suas famílias, se dessa forma pudermos salvar vidas — disse ele com determinação.

Fiquei profundamente triste, mas permaneci calmo. O médico era um bom homem e também um amigo pessoal. Eu tinha um débito de gratidão para com ele e sua esposa, mas não estava disposto a aguentar a moral de sua profissão.

— Doutor, diga o que o senhor propõe agora. Eu nunca permitiria que minha esposa recebesse carne, mesmo se isso significasse a sua morte, a menos, é claro, que ela quisesse comê-la.

— O senhor pode ter sua filosofia. Digo-lhe que, enquanto deixar sua esposa em tratamento comigo, preciso ter a opção de dar a ela tudo o que eu achar conveniente. Se não gosta disso, lamentavelmente terei de pedir-lhe que a leve. Não posso vê-la morrer sob meu teto.

— Quer dizer que preciso levá-la imediatamente?

— Mas em que momento lhe pedi para fazer isso? Só quero estar inteiramente livre para agir. Se me der essa liberdade, minha esposa e eu faremos todo o possível pela paciente, e o senhor pode voltar sem a menor preocupação. Mas se não entender essa questão tão simples, vai obrigar-me a pedir que leve sua esposa de minha casa.

Acho que um de meus filhos estava presente. Concordou inteiramente comigo e disse que não se deveria dar caldo de carne à sua mãe. Em seguida falei com a própria Kasturbai. Ela de fato estava fraca demais para ser consultada. Mas achei que, embora sendo doloroso, era minha obrigação fazê-lo. Contei-lhe o que tinha se passado entre eu e o médico. Ela deu uma resposta resoluta:

— Não vou tomar caldo de carne. Neste mundo é raro nascermos como seres humanos, e prefiro morrer em seus braços a poluir meu corpo.

Insisti. Disse que ela não estava obrigada a seguir-me. Citei exemplos de amigos e conhecidos hinduístas que não tiveram escrúpulos de ingerir carne ou álcool como remédios. Mas ela foi categórica:

— Não — disse. — Por favor, leve-me imediatamente. Fiquei encantado. Não sem ansiedade, decidi levá-la. Informei ao médico sobre a decisão dela. Ele exclamou com raiva.

— Que homem insensível é o senhor! Deveria envergonhar-se de abordar o assunto com ela no estado em que está. Digo-lhe que sua esposa não está em condições de ser removida. Não aguenta a menor agitação. Não ficaria surpreso se ela morresse no caminho. Mas se acha que deve persistir, está livre para fazê-lo. Se não lhe der caldo de carne, não vou assumir o risco de tê-la sob meu teto nem por um dia.

Então decidimos sair de imediato. Garoava e a estação ficava a uma certa distância. Tivemos de tomar o trem de Durban para Phoenix, de onde havia uma estrada de 4 km até a nossa comunidade. Eu corria sem dúvida um grande risco, mas confiava em Deus e continuei com meu propósito. Mandei na frente um mensageiro a Phoenix, com um recado para que West nos recebesse na estação com uma maca, uma garrafa de leite quente e uma de água também quente, e seis homens para carregar Kasturbai. Tomei um riquixá para conseguir levá-la ao próximo trem disponível, coloquei-a nele nessas perigosas condições e partimos.

Kasturbai não precisava que ninguém a animasse. Ao contrário, confortava-me dizendo:

— Nada vai me acontecer. Não se preocupe.

Estava pele e ossos, pois não se alimentara por vários dias. A plataforma da estação era muito grande e, como o riquixá não podia entrar, era preciso andar uma certa distância para chegar ao trem. Carreguei-a nos braços e a coloquei no compartimento. A partir de Phoenix nós a transportamos na maca. Lá chegando, ela começou aos poucos a ganhar forças pelo tratamento hidroterápico.

Dois ou três dias depois de nossa chegada a Phoenix, um *swami* veio ao local. Ouvira falar da forma resoluta como tínhamos rejeitado o conselho do médico e viera discutir nossa decisão. Meu segundo e terceiro filhos Manilal e Ramdas estavam, se me lembro bem, presentes quando o *swami* chegou. Ele argumentou que comer carne, do ponto de vista religioso, não fazia mal, e citou trechos do Código de Manu. Não gostei dessa discussão na presença de minha esposa, mas tolerei-a por cortesia. Conhecia os versos do *Manusmriti* e não precisava deles para minha convicção. Também sabia de uma escola que considerava esses versos interpolações; mas, mesmo que não fossem, sustentava meu ponto de vista sobre o vegetarianismo independentemente dos textos religiosos, e a fé de Kasturbai era inabalável. Para ela as Escrituras eram um livro fechado, mas a religião tradicional de seus antepassados era o suficiente. As crianças seguiam a opinião do pai, e por isso não levaram muito a sério o discurso do *swami*. Mas Kasturbai logo pôs fim ao diálogo.

— *Swamiji* — disse ela —, apesar de tudo que o senhor disser, não quero me recuperar pelo caldo de carne. Por favor não me deixe mais preocupada. O senhor pode discutir o assunto com meu marido e filhos, se quiser. Mas a decisão está tomada.

29. *SATYAGRAHA* DOMÉSTICO

Minha primeira experiência de vida na prisão foi em 1908. Percebi que algumas regras que os prisioneiros têm que observar são também as que deveriam ser voluntariamente seguidas por um *brahmachari,* isto é, uma pessoa que deseja praticar o autocontrole. Era o caso, por exemplo, da norma que exigia que a última refeição fosse terminada antes do pôr do sol. Nem os prisioneiros indianos nem os africanos podiam tomar chá ou café. Podiam acrescentar sal à comida cozida se quisessem, mas não deveriam ter nada que fosse para a mera satisfação do paladar. Quando pedi ao médico da prisão para nos dar pó de caril, e para permitir que puséssemos sal na comida enquanto ela estava sendo cozida, ele disse:

— Não estão aqui para satisfazer o paladar. Do ponto de vista da saúde o caril não é necessário, e não faz diferença se o sal é posto durante o cozimento ou depois.

No fim essas restrições foram modificadas, embora não sem dificuldades, mas ambas eram regras saudáveis de autocontrole. As restrições impostas de fora raramente têm sucesso, mas quando são autoimpostas têm um efeito decididamente salutar. Assim, imediatamente depois de ser libertado da prisão, impus-me as duas regras. Na medida em que era possível, parei de tomar chá e acabava a última refeição antes do pôr do sol. Agora, nenhuma das duas requer esforço para ser observada.

Houve porém uma ocasião que me obrigou a abandonar completamente o sal, e essa restrição mantive ininterruptamente por um período de dez anos. Lera em alguns livros sobre vegetarianismo que o sal não era um artigo necessário à dieta humana, e que ao contrário, uma dieta sem sal era melhor para a saúde. Deduzira que um *brahmachari* iria beneficiar-se com uma dieta assim. Eu tinha lido e constatado que as pessoas de corpo fraco deveriam evitar leguminosas e grãos, e gostava muito desse tipo de alimento.

Kasturbai, que tivera uma breve melhora depois da operação, começara a ter hemorragias novamente. A doença parecia obstinada. O tratamento hidroterápico por si mesmo não era a resposta. Ela não tinha muita fé em meus remédios, embora não os recusasse. Decididamente não pedia ajuda externa. Então, quando todos os meus tratamentos falharam, pedi-lhe seriamente que abandonasse o sal e as leguminosas. Ela não concordava, por mais que eu insistisse e buscasse apoio em autoridades. No fim desafiou-me, dizendo que nem eu conseguiria desistir desses artigos se fosse aconselhado a fazê-lo.

Fiquei angustiado e, em igual medida, encantado — encantado no sentido de que tinha uma oportunidade de demonstrar-lhe o meu amor. E disse:

— Está enganada. Se eu estivesse doente e o médico me recomendasse para deixar de comer esses ou quaisquer outros artigos, eu o faria sem hesitação. Mas, mesmo sem recomendação médica, vou abandonar o sal e as leguminosas por um ano, mesmo que você não o faça.

Ela ficou duramente chocada e falou, muito triste:

— Perdoe-me. Sabendo como você é, eu não deveria tê-lo provocado. Prometo me abster dessas coisas mas, por favor, retire o seu voto.

— É muito bom que você passe sem esses alimentos. Não tenho a menor dúvida de que estará melhor sem eles. Quanto a mim, não posso retirar um voto feito a sério. E é certo que me será benéfico, pois toda restrição, seja qual for sua motivação, é saudável para as pessoas. Então por favor, me deixe. Para mim será um teste e para você um apoio moral para levar avante a sua decisão.

Então ela desistiu de me convencer:

— Você é obstinado demais. Não ouve a ninguém — e foi buscar alívio nas lágrimas.

Gostaria de considerar esse incidente como um exemplo de *satyagraha*. Trata-se de uma das mais doces memórias da minha vida.

Depois disso Kasturbai começou a melhorar rapidamente — ou como resultado da dieta sem sal e sem leguminosas e grãos, ou em consequência das outras mudanças alimentares. Se isso se deveu à minha estrita vigilância e à exigência de que ela observasse outras regras de vida, ou se foi efeito da elevação mental produzida pelo incidente, não sei dizer. Mas ela melhorou rapidamente, a hemorragia parou por completo e acrescentei algo mais à minha fama de curandeiro.

Quanto a mim, fiquei encorajado para novas renúncias. Nunca tivera apego pelas coisas que deixara. O ano passou depressa e constatei que meus sentidos estavam mais dominados do que nunca. A experiência estimulou minha inclinação pelo autocontrole e continuei a me abster desses artigos até bem depois de ter voltado à Índia. Só uma vez os usei, quando estava em Londres, em 1914. Mas sobre essa ocasião e de que forma voltei a ambos, falarei adiante.

Tentei a experiência da dieta sem sal e sem leguminosas com muitos dos meus colaboradores, e com bons resultados, na África do Sul. Do ponto de vista médico, pode haver duas opiniões sobre o valor dessa dieta. Moralmente porém, não tenho dúvida de que pôr-se à prova é bom para a alma. A dieta de um homem comedido deve ser diversa da de uma pessoa autoindulgente, assim como o modo de vida de ambos é diferente. Os aspirantes ao *brahmacharya* muitas vezes se desviam de sua própria meta ao adotarem pratos adequados a uma vida licenciosa.

30. RUMO AO AUTOCONTROLE

Descrevi, no último capítulo, como a doença de Kasturbai foi um meio de trazer algumas mudanças em minha dieta. Posteriormente foram introduzidas mais mudanças a fim de apoiar o *brahmacharya*.

A primeira foi abandonar o leite. Foi com Raychandbhai que fiquei sabendo que o leite estimula as paixões animais. Os livros sobre vegetarianismo fortaleceram a ideia, mas enquanto eu não havia feito o voto de *brahmacharya* não conseguia me decidir a prescindir do leite. Já havia me dado conta havia muito tempo que o leite não é necessário para sustentar o corpo, mas não era fácil abandoná-lo. Enquanto crescia em mim a necessidade de evitar o leite para alcançar a autorrestrição, aconteceu de encontrar alguma literatura de Calcutá descrevendo as torturas a que as vacas e búfalos eram sujeitados por seus criadores. Isto teve um efeito maravilhoso sobre mim. Discuti o assunto com o Sr. Kallenbach.

Embora eu tenha apresentado o Sr. Kallenbach aos leitores da história do *Satyagraha* na África do Sul, e o tenha mencionado em um capítulo anterior, acho necessário dizer aqui um pouco mais sobre ele. Nós nos encontramos por acidente. Ele era amigo do Sr. Kahn, e quando este descobriu nele uma inclinação por experiências espirituais mais profundas, ele o apresentou a mim.

Quando vim a conhecê-lo fiquei surpreso com seu amor ao luxo e extravagância. Mas em nosso primeiro encontro ele fez perguntas relevantes sobre religião. Falamos da renúncia de Gautama Buda. Nosso contato logo amadureceu para uma amizade muito próxima, tanto assim que pensávamos de forma similar, e ele se convenceu de que deveria fazer em sua vida as mudanças que eu estava fazendo na minha.

Ele era solteiro e gastava 1.200 rúpias por mês consigo mesmo, além do aluguel. Agora, ele se reduziu a tal simplicidade que suas despesas chegaram a 120 rúpias por mês. Depois de desmontar minha casa e ser libertado da cadeia começamos a viver juntos. Nossa vida era bastante dura.

Foi nessa época que tivemos a discussão sobre o leite. O Sr. Kallenbach disse: "Nós falamos constantemente sobre os efeitos prejudiciais do leite. Porque então não o abandonamos? Ele é sem dúvida desnecessário". A sugestão foi uma surpresa agradável, que recebi calorosamente, e nós dois nos comprometemos naquela hora a renunciar ao leite. Isto foi na Fazenda Tolstoi em 1912.

Mas essa renúncia não foi suficiente para me satisfazer. Logo depois disso decidi viver com uma dieta pura de frutas e, além disso, composta das frutas mais baratas possíveis. Nossa ambição era viver a vida das pessoas mais pobres.

A dieta de frutas se revelou muito conveniente também. O cozimento foi praticamente abolido. Nozes cruas, bananas, tâmaras, limões e óleo de oliva compunham nossa dieta usual.

Preciso aqui fazer uma advertência aos aspirantes ao *brahmacharya*. Embora eu tenha feito uma conexão íntima entre a dieta e o *brahmacharya*, é certo que a mente é o principal. Uma mente conscientemente impura não pode ser purificada pelo jejum. As modificações de dieta não têm efeito sobre ela. A concupiscência da mente não pode ser erradicada a não ser pelo intenso autoexame, entrega a

Deus e, finalmente, pela graça. Mas há uma conexão íntima entre a mente e o corpo, e a mente carnal sempre tem avidez por iguarias e luxos. Para livrar-se destas tendências parece que são necessárias as restrições dietéticas e o jejum. A mente carnal, ao invés de controlar os sentidos, se torna escrava deles. Assim sendo o corpo sempre precisa de alimentos limpos e não estimulantes, e de jejuns periódicos.

Aqueles que não levam muito a sério as restrições dietéticas e o jejum estão tão errados quanto aqueles que apostam tudo neles. Minha experiência me ensina que, para aqueles cuja mente está trabalhando rumo à autorrestrição, a disciplina dietética e o jejum são muito úteis. E de fato, sem seu auxílio, a concupiscência não pode ser completamente erradicada da mente.

31. JEJUM

Mais ou menos na época em que abandonei o leite e os cereais e comecei a experiência com a dieta de frutas, iniciei o jejum como forma de autocontrole. O Sr. Kallenbach juntou-se a mim. Estava acostumado a jejuar de vez em quando, mas puramente por razões de saúde. Foi com um amigo que aprendi que o jejum é necessário para o autocontrole.

Tendo nascido em uma família *vaishnava*, de mãe acostumada a manter diversos votos rigorosos, quando estava na Índia eu observava o *Ekadashi* e outros jejuns, mas ao fazê-lo estava meramente copiando minha mãe e tentando agradar meus pais.

Na ocasião não entendia ou não acreditava na eficácia do jejum. Mas vendo que o amigo que mencionei o observava com benefícios, e na esperança de que ajudasse no voto de *brahmacharya*, segui seu exemplo e comecei a jejuar no *Ekadashi*. Em geral os hinduístas se permitem leite e frutas em dias de jejum, mas esse tipo de abstinência eu já fazia diariamente. Comecei então o jejum completo, permitindo-me apenas água.

Quando iniciei o experimento, aconteceu que o mês hinduísta de Shravana e o mês islâmico de *ramzan*[6] coincidiram. Os Gandhi costumavam observar não somente o voto *vaishnava* como também os de Shiva, e visitavam os templos de ambas as tradições. Alguns membros da família costumavam observar *pradosha*[7] durante o mês inteiro de Shravana. Decidi fazer o mesmo.

Esses importantes experimentos foram feitos enquanto morávamos na Fazenda Tolstoi, onde o Sr. Kallenbach e eu estávamos com algumas famílias *satyagrahis,* incluindo jovens e crianças. Para estes últimos tínhamos uma escola. Entre eles havia quatro ou cinco muçulmanos. Sempre os ajudei e os encorajei a manter suas observâncias religiosas. Cuidava para que oferecessem o seu *namaz* diário. Havia jovens cristãos e parses também, e eu considerava meu dever estimulá-los a seguir suas respectivas práticas religiosas.

Assim, durante esse período persuadi os jovens muçulmanos a fazer o jejum no mês do *ramzan*. Naturalmente eu havia decidido observar o *pradosha,* mas pedi aos jovens hinduístas, parses e cristãos que me seguissem. Expliquei-lhes que era sempre bom acompanhar os outros em qualquer empreendimento de autodisciplina. Muitos moradores da fazenda aceitaram de bom grado minha proposta. Os jovens hinduístas e parses não copiaram os muçulmanos em todos os detalhes. Não era necessário. Os muçulmanos tinham de esperar o pôr do sol para tomar o desjejum, mas os outros não faziam isso e, portanto, podiam preparar iguarias para os amigos muçulmanos e servir-lhes. Os hinduístas também não precisavam acompanhar os muçulmanos em sua última refeição antes do nascer do sol na manhã seguinte, e todos, exceto os muçulmanos, bebiam água.

O resultado desse experimento foi que todos se convenceram do valor do jejum, e surgiu um esplêndido *esprit de corps* entre eles.

Éramos vegetarianos na Fazenda Tolstoi, graças — preciso confessar — à simpatia que todos mostravam pelos meus sentimentos. Os muçulmanos devem ter sentido falta de carne durante o *ramzan,* mas nenhum deixou que eu soubesse disso. Deliciavam-se com a alimentação vegetariana, e os jovens indianos frequentemente preparavam iguarias dessa espécie para eles, na simplicidade da fazenda.

Fiz deliberadamente esta digressão no meio deste capítulo sobre jejum, porque não poderia ter apresentado estas agradáveis reminiscências em nenhum outro lugar e, indiretamente, descrevi uma característica minha: sempre gostei de ter meus colaboradores comigo em qualquer coisa que me parecesse boa. Para eles o jejum era novidade, mas graças ao *pradosha* e *ramzan,* foi-me fácil interessá-los na abstinência como forma de autodisciplina.

Assim surgiu de modo natural uma atmosfera de auto-observação na fazenda. Os moradores agora começavam a acompanhar-nos em jejuns parciais ou completos, o que tenho certeza foi muito bom. Não posso dizer com segurança até que ponto tudo isso tocou o seu coração e os ajudou na tentativa de controlar as paixões. Quanto a mim, estou convencido de que consegui grandes benefícios, físicos e morais. Mas não se pode concluir que o jejum e disciplinas similares tenham necessariamente o mesmo efeito para todos.

A abstinência só pode ajudar a refrear a paixão animal se for feita com o objetivo da autodisciplina. Alguns amigos têm observado que as paixões e o paladar ficam, na realidade, estimulados pelos jejuns. Vale dizer que estes são fúteis, a menos que acompanhados de uma firme motivação de autocontrole. A famosa estrofe do segundo capítulo da *Bhagavad-Gita* merece ser observada neste contexto:

> O homem abstinente deixa de ser afetado pelos objetos sensíveis, mas a sensação ainda permanece. Até mesmo a sensação se desvanece quando se contempla o Supremo. (I1-59)

O jejum e as disciplinas semelhantes são portanto meios para chegar ao autocontrole. Mas isso não é tudo: se o jejum físico não for acompanhado pelo mental está fadado a terminar em hipocrisia e desastre.

32. COMO PROFESSOR

Espero que o leitor tenha em mente o fato de que nestes capítulos falo de coisas não mencionadas, ou referidas apenas de passagem na história do *Satyagraha* na África do Sul. Se o fizer perceberá facilmente a ligação entre os capítulos recentes.

À medida que a fazenda crescia tornou-se necessário tomar algumas providências para a educação dos meninos e meninas. Havia entre eles hinduístas, muçulmanos, parses e cristãos. Não era possível, e eu não achava necessário, contratar professores especiais, porque eram raros os mestres indianos qualificados e mesmo onde existiam nenhum estaria disposto a ir para um lugar a 34 quilômetros de Joanesburgo por um pequeno salário.

Além disso não estávamos transbordando de dinheiro. E eu não achava necessário importar professores de fora. Não acreditava no sistema de educação existente e estava disposto a encontrar pela experiência o mais adequado. Sabia que sob condições ideais a verdadeira educação podia ser proporcionada apenas pelos pais, e que a ajuda externa deveria ser mínima. A Fazenda Tolstoi era uma família, na qual eu ocupava o lugar de pai e deveria, tanto quanto possível, assumir a responsabilidade de treinar os jovens.

Essa concepção não era isenta de falhas. Nem todos os estudantes tinham estado comigo desde a infância. Haviam sido criados em condições e ambientes diferentes e não pertenciam à mesma religião. Como poderia eu atendê-los plenamente, nessas circunstâncias, mesmo que assumisse o lugar de chefe de família?

Mas eu sempre pusera em primeiro lugar a cultura do coração ou a construção do caráter e, como me sentia seguro de que o treinamento moral podia ser dado igualmente a todos, por mais diferentes que fossem as idades e as criações, decidi viver entre eles vinte e quatro horas por dia, como um pai. Considerava a construção do caráter a base adequada para o desenvolvimento e, se ela estivesse firmemente assentada, tinha certeza de que as crianças poderiam aprender tudo o mais por si mesmas, ou com a ajuda de amigos.

Entretanto, como estava ciente da necessidade de um treinamento literário adicional, comecei algumas aulas com a ajuda do Sr. Kallenbach e do *Sjt*. Pragji Desai. Tampouco descuidei da preparação do corpo, que era proporcionada no decurso da rotina diária. Pois não havia empregados na fazenda e todo o trabalho, desde a cozinha até a faxina, era feito pelos moradores.

Havia muitas árvores frutíferas para cuidar, e bastante jardinagem. O Sr. Kallenbach gostava de cuidar de jardins, e ganhara alguma experiência nesse trabalho em um dos jardins-modelo do governo. Essa era uma atividade obrigatória para todos os que não estavam envolvidos na cozinha. As crianças ficavam com a parte do leão, que incluía cavar valetas, derrubar árvores e carregar pesos. Isso lhes dava bastante exercício. Deliciavam-se com o trabalho, e assim em geral não precisavam de outros exercícios ou jogos.

É claro que alguns, e às vezes todos, fugiam da atividade ou fingiam estar doentes. Às vezes eu era conivente, mas geralmente era rigoroso. Ouso dizer que eles não gostavam do rigor, mas não me lembro de terem oferecido resistência. Quando agia com rigor eu os convencia de que não era correto brincar com o trabalho. O convencimento entretanto era efêmero. No momento seguinte aos meus argumentos, de novo abandonavam a atividade e iam brincar. De qualquer maneira nós nos dávamos bem, e pelo menos eles adquiriram belos físicos. Quase não havia doenças na fazenda, embora precise ser dito que a boa qualidade do ar e da água, e a regularidade nos horários de alimentação tinham um grande papel nisso.

Uma palavra sobre treinamento vocacional. Era minha intenção ensinar a cada um dos jovens algum trabalho manual prático. Com essa finalidade, o Sr. Kallenbach foi a um mosteiro trapista e voltou depois de haver aprendido sapataria. Eu a aprendi com ele, e a ensinei àqueles que estavam dispostos. O Sr. Kallenbach tinha alguma experiência de carpintaria, e havia outro morador que conhecia o assunto; tivemos então um pequeno curso para formar carpinteiros. Cozinhar quase todos sabiam.

Tudo isso era novo para eles. Nunca haviam sonhado que algum dia iriam aprender essas coisas. Pois geralmente o único treinamento que as crianças indianas recebiam na África do Sul era nos "3 Rs".

Na Fazenda Tolstoi criamos a regra de que não se pediria aos jovens para fazer o que seus professores não faziam, e portanto quando se solicitava que fizessem algum trabalho, sempre havia um professor cooperando e trabalhando com eles. Assim, tudo que aprendiam o faziam alegremente.

A educação literária e a construção do caráter precisam ser deixadas para os capítulos seguintes.

33. EDUCAÇÃO LITERÁRIA

No último capítulo falamos do treinamento físico e vocacional na Fazenda Tolstoi. Embora não possa declarar-me completamente satisfeito, pode-se afirmar que foi mais ou menos bem-sucedido.

No entanto a educação literária foi um assunto mais difícil. Eu não tinha nem os recursos nem o material necessário para ela; e não tinha o tempo que gostaria de ter. Minhas atividades físicas costumavam deixar-me exausto ao final do dia, e em geral eu tinha aulas exatamente quando mais precisava descansar. Portanto, em vez de estar disposto para elas, tinha a maior dificuldade em manter-me acordado. A manhã precisava ser dedicada ao trabalho na fazenda e aos deveres domésticos, de modo que o horário da escola deveria ser depois do almoço. Não havia outro.

Ministrávamos no máximo três períodos de educação literária. Ensinava-se hindi, tâmil, gujarate e urdu, e o aprendizado era feito na língua materna das crianças. Também se ensinava o inglês. Era necessário ainda familiarizar as crianças hinduístas gujarates com um pouco de sânscrito, e ensinar a todas elas elementos de história, geografia e aritmética.

Eu assumira as aulas de tâmil e urdu. O pouco de tâmil que sabia tinha sido aprendido durante viagens e na cadeia. Não ultrapassara o excelente manual de tâmil de Pope. Meu conhecimento da grafia urdu consistia no que aprendera em uma única viagem, e meu conhecimento da língua estava confinado às palavras persas e árabes que havia aprendido quando em contato com amigos muçulmanos. De sânscrito só sabia o que aprendi no ensino médio, e até meu gujarate não era melhor do que se aprende na escola.

Esse era o capital com o qual tinha de avançar. Em matéria de pobreza de material literário, meus colegas eram ainda piores que eu. Mas meu amor às línguas de meu país, a confiança em minha capacidade como professor e também a ignorância de meus alunos e, mais do que isso, a generosidade deles, permitiram que eu cumprisse a tarefa.

Os meninos tâmeis eram todos nascidos na África do Sul. Portanto sabiam muito pouco a sua língua materna e não conheciam nada da escrita desse idioma. Então tive que lhes ensinar a grafia e rudimentos de gramática. Foi fácil. Meus alunos sabiam que poderiam qualquer dia superar-me em conversação tâmil e, quando tâmeis que não sabiam inglês vinham me ver, tornavam-se meus intérpretes. Eu ia vivendo alegremente, porque nunca tentei disfarçar minha ignorância diante dos alunos. Com respeito a tudo eu me mostrava a eles exatamente como era. Assim, apesar de minha colossal ignorância da língua, nunca perdi seu amor e respeito. Comparativamente, era mais fácil ensinar urdu aos meninos muçulmanos. Eles sabiam escrever. Eu simplesmente tinha que estimular seu interesse pela leitura e melhorar sua caligrafia.

Esses jovens eram em sua maioria iletrados. Contudo, descobri no decurso do trabalho que tinha muito pouco a lhes ensinar, a não ser livrá-los da preguiça e supervisionar seus estudos. Como me dava por satisfeito com isso, era capaz de ministrar diversas matérias a meninos de várias idades em uma única classe.

De livros-texto, dos quais tanto ouço falar, nunca senti falta. Não me lembro nem mesmo de usar muito os que tínhamos. Não achava necessário sobrecarregar os meninos com grande quantidade de livros. Sempre senti que o verdadeiro livro-texto do aluno é o professor. Lembro-me de muito pouco do que meus professores me ensinaram a partir dos livros, mas até agora tenho uma clara lembrança do que aprendi independentemente de livros.

As crianças assimilam muito mais e com menos trabalho pelos ouvidos do que pelos olhos. Não me lembro de ter lido nenhum livro de cabo a rabo com meus meninos. Mas eu lhes dava, em minha própria linguagem, tudo o que havia aprendido com minhas leituras, e ouso dizer que eles ainda se lembram. Era-lhes trabalhoso lembrar o que aprendiam nos livros, mas o que eu transmitia oralmente conseguiam repetir com a maior facilidade. A leitura era para eles uma tarefa, mas ouvir-me era um prazer, a menos que eu os entediasse por não conseguir tornar o assunto interessante. E por meio das perguntas que minhas palestras despertavam, pude ter uma medida da sua capacidade de compreensão.

34. TREINAMENTO ESPIRITUAL

O treinamento espiritual dos meninos era um assunto muito mais difícil do que o aprendizado físico ou mental. Pouco usei livros religiosos para tanto. É claro que acreditava que cada estudante deveria se familiarizar com os elementos de sua própria religião, e ter um conhecimento geral de suas Escrituras. Portanto proporcionei esse conhecimento da melhor forma que pude. Mas isso para mim era parte da educação intelectual. Muito antes de empreender a educação dos jovens na Fazenda Tolstoi, eu me havia dado conta de que a formação do espírito é algo em si mesmo. Desenvolver a espiritualidade é construir o caráter e capacitar a pessoa a trabalhar para o conhecimento de Deus e pela autorrealização. E eu mantinha a opinião de que essa era uma parte essencial do treinamento dos jovens, e que a educação sem a cultura do espírito era inútil e podia ser até prejudicial.

Estou familiarizado com a tradição de que a autorrealização só é possível no quarto estágio da vida, isto é, no *sannyasa*[8] (renúncia). Mas sabe-se que aqueles que adiam os preparativos para essa inestimável experiência atingem não a autorrealização, e sim uma velhice que se equipara a uma segunda e lamentável infância, sendo-lhes a vida nesta terra um verdadeiro fardo. Lembro-me plenamente de que era dessa opinião mesmo quando estava ensinando, isto é, em 1911-12, embora na época eu não a expressasse com as mesmas palavras.

Como deveria então ser proporcionado esse treinamento espiritual? Eu fazia as crianças memorizar e recitar hinos, e lia para elas livros sobre formação moral. Mas isso estava longe de me satisfazer. À medida que tive um contato mais próximo com elas, vi que não é por meio de livros que se consegue formar o espírito. Assim como o treinamento físico era ministrado pelo exercício do corpo, e o intelectual pelo da mente, do mesmo modo a formação espiritual só era possível pelo exercício do espírito. E este depende inteiramente da vida e do caráter do professor, que deve estar atento para não agir com impropriedade, estando ou não na presença de seus alunos.

É possível que um instrutor, a quilômetros de distância, influencie por seu modo de vida o espírito dos alunos. Para mim seria inútil ensinar os meninos a dizer a verdade se eu fosse um mentiroso. Um professor covarde jamais conseguirá tornar valentes os seus discípulos, e um desconhecedor do autocontrole não passará para seus alunos o valor da autodisciplina. Vi, portanto, que precisaria ser um eterno objeto-lição para os meninos e meninas que viviam comigo. Dessa forma eles se tornaram meus professores, e assim aprendi que preciso ser bom e viver com retidão — se não por mim, pelo menos por eles. Posso dizer que a disciplina e o autocontrole cada vez maiores que me impus na Fazenda Tolstoi eram devidos principalmente a esses meu guardiães.

Um deles era insensato, indisciplinado, dado a mentir e briguento. Uma vez explodiu violentamente. Fiquei exasperado. Nunca puni meus discípulos, mas dessa vez fiquei muito bravo. Procurei raciocinar com ele. Mas estava irredutível, e até tentou gritar comigo. Finalmente peguei uma régua que estava à mão e bati-lhe no braço. Tremi quando fiz isso e ele percebeu. Era uma experiência inteiramente nova para todos. O menino gritou e pediu perdão. Gritou não por causa da dor; podia se quisesse pagar-me na mesma moeda, já que era um robusto jovem de 17 anos. Mas ele notou minha dor por ser levado a esse recurso violento. Depois desse incidente, nunca mais ele me desobedeceu. Mas ainda me arrependo da violência. Receio que naquele dia mostrei a ele não o espírito, mas o bruto que existe em mim.

Sempre fui contrário à punição corporal. Lembro-me somente de uma ocasião em que puni fisicamente um de meus filhos. Nunca fui capaz de decidir se estava certo ou errado ao usar a régua. Provavelmente foi impróprio, pois tudo foi desencadeado pela raiva e pelo desejo de castigar. Se fosse uma expressão de minha angústia eu consideraria justificado o meu gesto. Mas a motivação nesse caso era mista.

O incidente me pôs a pensar, e ensinou-me um método melhor de disciplinar os estudantes. Não sei se esse método teria sido útil naquela ocasião. Aquele adolescente logo esqueceu o ocorrido, e não creio que tenha jamais apresentado grande melhora. Mas o que se passou me fez entender melhor o dever do professor para com seus alunos.

Ocorreram com frequência outros casos de má conduta depois desse, mas nunca recorri ao castigo corporal. Assim, em minhas tentativas de ministrar formação espiritual aos meninos e meninas sob meus cuidados, vim a entender cada vez melhor o poder do espírito.

35. JOIO NO TRIGO

Foi na Fazenda Tolstoi que o Sr. Kallenbach chamou minha atenção para um problema que eu nunca havia percebido. Como já disse, alguns meninos da fazenda eram maus e desobedientes. Havia preguiçosos, também. Meus três filhos tinham contato diário com todos eles, e o mesmo acontecia com as demais crianças. Isso preocupava o Sr. Kallenbach, mas a atenção dele estava concentrada no fato de que era impróprio manter meus filhos em contato com esses jovens indisciplinados.

Um dia ele se manifestou:

— Sua atitude de misturar seus próprios filhos com os garotos maus não me agrada. Isso pode dar somente um resultado: eles vão se perder pela má companhia.

Não me lembro se a questão me intrigou naquele momento, mas recordo o que disse a ele:

— Como posso distinguir meus filhos dos vadios? Sou igualmente responsável por todos. Os jovens vieram porque os convidei. Se os mandasse embora com algum dinheiro, iriam correndo para Joanesburgo e cairiam na mesma vida que tinham. Para dizer a verdade, é bem provável que eles e seus responsáveis acreditem que, tendo vindo para aqui, impuseram a mim uma obrigação. Que eles têm de tolerar muito desconforto aqui, o senhor e eu sabemos muito bem. Mas meu dever é claro. Preciso ficar com eles, portanto meus filhos terão de viver na sua companhia. E o senhor certamente não quer que eu ensine a meus meninos, a partir de hoje, que são superiores a outros. Pôr na cabeça deles esse senso de superioridade seria desencaminhá-los. Essa relação com os outros será um bom teste. Por vontade própria, aprenderão a distinguir o bem do mal. Por que não haveríamos de acreditar que, se realmente há algo de bom em meus filhos, isso vai influir nos companheiros? Seja como for não posso evitar de tê-los aqui e, se isso significa um certo risco, então precisamos corrê-lo.

O Sr. Kallenbach meneou a cabeça.

Na minha opinião, não se pode dizer que o resultado foi ruim. Não acho que meus filhos pioraram de nenhuma forma por causa da experiência. Ao contrário, percebo que ganharam algo. Se havia o menor traço de superioridade neles, foi destruído e aprenderam a misturar-se com crianças de todos os tipos. Foram testados e disciplinados.

As crianças superprotegidas nem sempre terão resistência à tentação ou à contaminação. É verdade contudo que quando meninos de criação diferente convivem e estudam juntos, os pais e professores passam por uma prova rigorosa. Têm de estar constantemente alertas.

36. O JEJUM COMO PENITÊNCIA

A cada dia ficava mais claro para mim como era difícil educar corretamente meninos e meninas. Se eu fosse realmente ser mestre e orientador deveria tocar o coração deles. Precisaria repartir alegrias e tristezas, ajudá-los a resolver os problemas que enfrentavam, e canalizar corretamente aspirações de sua juventude.

Na ocasião em que alguns *satyagrahis* foram libertados da cadeia, a Fazenda Tolstoi estava praticamente privada de seus moradores. Os poucos que restaram pertenciam a Phoenix. Assim, mudamo-nos todos para lá. Tive de passar por uma prova de fogo.

Nesses dias eu tinha que me movimentar entre Joanesburgo e Phoenix. Uma vez quando estava em Joanesburgo recebi a notícia da desgraça moral de dois residentes do *ashram*. A notícia de um revés ou fracasso na campanha do *Satyagraha* não me teria chocado, mas essa informação caiu sobre mim como um raio. No mesmo dia tomei o trem para Phoenix. O Sr. Kallenbach insistiu em me acompanhar. Percebera em que estado eu me encontrava. Não tolerava a ideia de eu ir só, pois tinha sido o portador das novas que tanto me abalaram.

Durante a viagem, meu dever parecia claro. Sentia que o mestre ou professor era responsável, pelo menos em parte, por seu aluno ter incorrido em erro. Assim, minha responsabilidade com relação ao incidente ficou clara como o dia. Minha esposa já me havia prevenido sobre o assunto, mas sendo eu confiante por natureza, ignorara a sua advertência. Senti que a única forma de fazer a parte culpada perceber minha angústia, bem como o nível a que tinham descido, seria fazer alguma penitência. Então me impus um jejum de sete dias e um voto de fazer só uma refeição diária por um período de quatro meses e meio. O Sr. Kallenbach tentou me dissuadir, mas em vão. Finalmente admitiu que a penitência era apropriada e insistiu em me acompanhar. Sua transparente afeição era irresistível.

Senti um grande alívio, pois a decisão tirava um grande peso de minha mente. A raiva contra as partes culpadas abrandou-se, dando lugar à mais pura piedade. Dessa forma, consideravelmente aliviado cheguei a Phoenix, fiz mais investigações e me familiarizei com outros detalhes de que precisava saber.

Minha penitência foi dolorosa, mas desanuviou a atmosfera. Todos perceberam como era terrível ser pecador, e minha ligação com os meninos e meninas se tornou mais forte e verdadeira.

Uma circunstância surgida desse incidente me obrigou, pouco tempo depois, a fazer um jejum de 14 dias, cujos resultados foram além de minhas expectativas.

Não é minha intenção concluir desses eventos que é dever do professor jejuar sempre que surge alguma delinquência por parte de seus alunos. Sou contudo de opinião que algumas ocasiões demandam esse remédio drástico. Mas ele pressupõe clareza de visão e preparo espiritual. Quando não há verdadeiro amor entre professor e aluno, quando a delinquência deste não tocou o próprio ser do mestre, e quando o discípulo não lhe tem respeito, o jejum é inoportuno e pode ser até prejudicial. Embora haja motivo para duvidar que em tais casos a abstinência seja apropriada, é inquestionável a responsabilidade do professor pelo erro do aluno.

A primeira penitência não se revelou difícil para nenhum de nós. Não precisei suspender ou parar nenhuma das minhas atividades normais. Lembremos que durante todo esse período abstinente eu era um rigoroso frugívoro. A última parte do segundo jejum foi bastante difícil para mim. Eu não tinha, na ocasião, entendido completamente a maravilhosa eficácia do *Ramanama*, e minha capacidade de sofrimento se ressentia disso.

Não conhecia a técnica do jejum, especialmente a necessidade de beber bastante água, por mais enjoativa e repugnante que fosse. E o fato de que o primeiro jejum tinha sido fácil deixou-me um tanto descuidado quanto ao segundo. Assim, durante o primeiro, tomei os banhos de Kuhne diariamente, mas no segundo desisti deles depois de dois ou três dias e bebi muito pouca água, pois tinha gosto ruim e produzia náusea. A garganta ficou seca e fraca e durante os últimos dias eu só conseguia falar muito baixo. Apesar disso trabalhei ditando, quando foi necessário escrever. Ouvi regularmente a leitura do *Ramayana* e outros livros sagrados. Tinha também forças suficientes para discutir e fazer recomendações sobre todos os assuntos urgentes.

37. ENCONTRANDO GOKHALE

Preciso pular muitas lembranças da África do Sul.

Ao final da campanha do *Satyagraha,* em 1914, recebi instruções de Gokhale para voltar para casa via Londres. Assim, em julho, Kasturbai, Kallenbach e eu embarcamos para a Inglaterra.

Durante o *Satyagraha* eu havia começado a viajar de terceira classe. Assim, comprei passagens nessa acomodação. Mas havia uma grande diferença entre as instalações de terceira classe dessa rota e as oferecidas pelas embarcações costeiras ou pelos trens indianos. Quase não há onde sentar, e nem se fala em lugares para dormir, no serviço indiano. Há também pouca limpeza.

Durante a viagem para Londres, por outro lado, havia espaço e limpeza suficientes e a companhia de navegação havia providenciado instalações especiais para nós. Como éramos frugívoros, o camareiro tinha ordens de nos fornecer frutas e nozes. Em geral os passageiros de terceira classe recebem pouco desses alimentos. Esses confortos fizeram nossos 18 dias no navio bastante agradáveis.

Alguns incidentes merecem registro. O Sr. Kallenbach gostava muito de binóculos, e tinha um ou dois bem caros. Tivemos discussões diárias sobre um deles. Tentei convencê-lo de que tal posse não estava em harmonia com o ideal de simplicidade a que aspirávamos. Um dia, quando estávamos de pé perto da escotilha de nossa cabine, a discussão transformou-se em crise.

— Em vez de permitir que ele se torne o pomo da discórdia entre nós, porque não jogá-lo ao mar e acabar com isso? — disse eu, referindo-me ao binóculo.

— Com certeza. Vamos jogar fora essa coisa infeliz — disse o Sr. Kallenbach.

— Estou falando sério — retruquei.

— Eu também — foi a rápida resposta.

Joguei imediatamente o binóculo ao mar. Valia umas sete libras, mas seu valor estava menos no preço que na paixão do Sr. Kallenbach por ele. Entretanto, uma vez livre do objeto nunca se lamentou disso.

Esse é apenas um dos muitos incidentes que aconteceram entre nós. Todos os dias tínhamos de aprender algo novo dessa forma, pois ambos estávamos tentando seguir o caminho da Verdade. Nessa marcha a raiva, o egoísmo, o ódio etc. naturalmente cedem, caso contrário a Verdade seria inatingível. Uma pessoa que é arrastada pelas paixões pode ter boas intenções, pode ser verdadeira nas palavras, mas nunca encontrará a Verdade. Uma busca bem sucedida significa completa libertação dos pares de opostos, como amor e ódio, felicidade e infelicidade.

Não havia passado muito tempo desde meu jejum quando começamos a viagem. Eu não tinha recuperado minha força habitual. Costumava passear no convés para me exercitar um pouco, reanimar meu apetite e digerir o que tinha comido. Mas até esse exercício era demais para mim e causava dores na barriga da perna, tanto assim que ao chegar a Londres constatei que em vez de melhorar eu piorara. Lá fiquei conhecendo o Dr. Jivraj Mehta. Contei a história do meu jejum e da dor subsequente, e ele disse:

— Se não fizer repouso completo por alguns dias, pode ser que perca o uso das pernas.

Foi então que aprendi que uma pessoa que sai de um longo jejum não deve ter pressa de recuperar as forças perdidas, e também deve impor um limite ao seu apetite. É necessário mais cuidado e talvez mais autocontrole ao quebrar o jejum do que ao iniciá-lo.

Na Ilha da Madeira ouvimos que a Grande Guerra poderia irromper a qualquer momento. Quando entramos no Canal da Mancha recebemos a notícia de que ela havia de fato começado. Paramos por lá algum tempo. Era difícil rebocar o navio em meio às minas submersas que tinham sido espalhadas por todo o Canal, e foram necessários mais ou menos dois dias para chegarmos a Southampton.

A guerra foi declarada em 4 de agosto. Chegamos a Londres dia 6.

38. MINHA PARTICIPAÇÃO NA GUERRA

Ao chegar à Inglaterra fiquei sabendo que Gokhale ficara retido em Paris, para onde fora por motivo de saúde. Como a comunicação entre Paris e Londres tinha sido rompida, não havia como saber quando ele voltaria. Eu não queria ir para casa sem vê-lo, mas ninguém sabia dizer com certeza quando ele chegaria.

O que eu deveria fazer nesse meio tempo? Qual o meu dever com respeito à guerra? Sorabji Adajania, meu companheiro de cadeia e um *satyagrahi*, estavam na ocasião estudando advocacia em Londres. Na condição de um dos melhores *satyagrahis*, havia sido mandado para lá para tornar-se advogado, de modo a poder assumir meu lugar ao voltar para a África do Sul. O Dr. Pranjivandas Mehta vinha pagando suas despesas. Com ele e por seu intermédio, tive encontros com o Dr. Jivraj

Mehta e outros que prosseguiam seus estudos na Inglaterra. Em concordância com eles, foi convocada uma reunião dos indianos residentes na Grã-Bretanha e na Irlanda. Expus-lhes os meus pontos de vista.

Eu achava que os indianos residentes na Inglaterra deveriam participar da guerra. Os estudantes ingleses apresentavam-se como voluntários para servir ao exército, e os indianos não podiam fazer menos. Recebemos certo número de objeções a essa linha de argumentação. Havia, segundo disseram, um mundo de diferença entre uns e outros. Nós, indianos, éramos escravos e eles senhores. Como poderia um escravo cooperar com o senhor quando este estivesse em necessidade? Não era o dever do escravo que busca a liberdade transformar a necessidade do senhor em oportunidade para si?

Na ocasião esse argumento não me atraiu. Conhecia a diferença de *status* entre um indiano e um inglês, mas não acreditava que tivéssemos propriamente sido reduzidos à escravidão. Naquela época achava que o erro era mais de cada funcionário britânico do que do sistema inglês, e que poderíamos convertê-los pelo amor. Se melhorássemos nosso *status* com a ajuda e cooperação dos britânicos, era nosso dever conquistar a ajuda deles colocando-nos a seu lado na hora em que precisassem. Embora o sistema fosse falho, não me parecia intolerável, como me parece hoje. Mas se, tendo perdido a fé nesse sistema, eu me recuso a cooperar com o Governo Britânico hoje, como poderiam aqueles amigos fazê-lo, se tinham perdido a fé não só no sistema como também nos funcionários?

Os amigos que se opunham a mim achavam que era hora de fazer uma declaração ousada das reivindicações indianas, para melhorar o *status* de nossos compatriotas.

Eu achava que as dificuldades da Inglaterra não deveriam ser transformadas em nossa oportunidade, e que era mais adequado e estratégico não pressionar com nossas reivindicações enquanto durasse a Guerra. Assim, mantive meu conselho e convidei os que quisessem a se alistarem como voluntários. Houve uma boa reação, e praticamente todas as províncias e todas as religiões estavam representadas no voluntariado.

Escrevi uma carta a Lorde Crewe pondo-o a par desses fatos, e expressando nossa disponibilidade para ser treinados para o serviço de ambulâncias, desde que isso fosse considerado uma condição anterior à aceitação de nossa oferta.

Lorde Crewe aceitou a oferta depois de alguma hesitação, e nos agradeceu por oferecermos nossos serviços ao Império naquela hora crítica.

Os voluntários começaram o treinamento preliminar de primeiros socorros aos feridos com o bem conhecido Dr. Cantlie. Foi um curso breve, de seis semanas, mas cobriu todos os temas relativos a pronto atendimento.

Éramos uma classe de cerca de 80. Em seis semanas fomos examinados e todos passaram, menos um. Para os aprovados o Governo ofereceu instrução militar e outros treinamentos. O Coronel Baker foi encarregado desse trabalho.

Naqueles dias, valia a pena ver Londres. Não havia pânico e todos estavam ocupados, ajudando da melhor forma que podiam. Os adultos aptos começaram o treinamento de combate, mas o que fariam os idosos, enfermos e mulheres? Havia bastante trabalho para eles, se quisessem. Assim, aplicaram-se na confecção de roupas e curativos para os feridos.

O Lyceum, um clube feminino, propôs-se a fazer o máximo que conseguisse de roupas para os soldados. Shrimati Sarojini Naidu era membro desse clube e lançou-se de coração ao trabalho. Foi meu primeiro contato com ela. Pôs à minha frente um monte de roupas que tinham sido cortadas, e me pediu para costurá-las e devolvê-las. Aceitei o pedido e, com a ajuda de amigos, aprontei tantas roupas quanto me foi possível durante meu treinamento em primeiros socorros.

39. UM DILEMA ESPIRITUAL

Logo que chegou à África do Sul a notícia de que eu, juntamente com outros indianos, tinha oferecido meus serviços na guerra, recebi dois telegramas. Um era do Sr. Polak, que questionou a coerência de meu ato com o *ahimsa* que eu professava.

Até certo ponto esperava essa objeção, pois havia discutido a questão em meu *Hind Swaraj [Índia Autogovernada],* e costumava discuti-la o tempo todo com amigos na África do Sul. Reconhecíamos a imoralidade da guerra. Se eu não estava disposto a processar meu agressor, muito menos iria querer participar de uma guerra, sobretudo quando não sabia se era justa a causa dos combatentes. Os amigos naturalmente sabiam que anteriormente eu servira na guerra dos bôeres, mas presumiam que nesse meio tempo minhas opiniões houvessem mudado.

Na realidade a mesma linha de argumentação que me persuadira a participar da guerra dos bôeres pesava agora contra mim. Estava bastante claro que a participação em uma guerra jamais seria coerente com o *ahimsa*. Mas nem sempre nos é dado ter ideias igualmente claras sobre o nosso dever. Quem fez um voto de veracidade às vezes é obrigado a tatear no escuro.

O *ahimsa* é um princípio amplo. Somos mortais indefesos, apanhados na conflagração de *himsa*. O ditado de que a vida vive da vida contém uma profunda significação. O ser humano não pode viver um momento sequer sem cometer *himsa*, consciente ou inconscientemente. O próprio fato de estar vivo — comer, beber, movimentar-se — necessariamente envolve algum *himsa*, destruição de vida, ainda que minúscula. Portanto quem fez um voto de *ahimsa* ainda será fiel a seu credo se a mola propulsora de todas as suas ações for a compaixão, se evita tanto quanto pode a destruição da menor das criaturas, se tenta salvá-la, e assim busca incessantemente ficar livre da agitação mortal do *himsa*. Crescerá em seu autocontrole e compaixão, mas nunca conseguirá ficar inteiramente livre do *himsa* externo.

Além disso, como o que sustenta o *ahimsa* é a unidade de todas as vidas, o erro de um não pode deixar de afetar a todos e portanto o ser humano não pode ser totalmente livre do *himsa*. Enquanto continuar sendo um ser social não lhe resta alternativa senão participar do *himsa* que a própria existência da sociedade envolve. Quando duas nações estão lutando, o dever daquele que fez voto de *ahimsa* é parar a guerra. Aquele que não está à altura desse dever, que não tem poder para oferecer resistência à guerra, que não tem qualificação para isso, pode tomar parte na luta e mesmo assim tentar de coração libertar da contenda a si mesmo, sua nação e o mundo.

Eu esperava melhorar meu *status* e o de meu povo em todo o Império Britânico. Enquanto estava na Inglaterra desfrutava da proteção da Esquadra Britânica e abrigando-me, como fiz, sob a força de suas armas, participava diretamente de sua violência potencial. Assim, se desejava manter minha conexão com o Império e viver sob sua bandeira, tinha três caminhos: podia declarar abertamente minha resistência à guerra e, de acordo com a lei do *satyagraha*, boicotar o Império até que mudasse sua política militar; ou podia provocar minha detenção pela desobediência civil às leis que eram passíveis de ser desobedecidas; ou ainda podia participar da guerra do lado do Império, e assim adquirir a capacidade e o preparo para resistir à sua violência. Faltavam-me a capacidade e o preparo, então pensei que só me restava servir nos combates.

Não faço distinção, do ponto de vista do *ahimsa*, entre combatentes e não combatentes. Quem se apresenta voluntariamente para servir a uma quadrilha de bandidos na condição de carregador, ou de vigia, enquanto eles estão fazendo o seu serviço, ou de enfermeiro quando estão feridos, é tão culpado de banditismo quanto os próprios bandidos. Da mesma forma, os que se restringem a atender os feridos na batalha não podem ser absolvidos da culpa da guerra.

Eu havia argumentado tudo isso comigo mesmo antes de receber o telegrama de Polak. Logo que o recebi discuti esses pontos de vista com vários amigos e concluí que era meu dever oferecer-me para servir na guerra. Mesmo hoje não vejo falha nessa linha de raciocínio nem me arrependo de meu ato, e atualmente sustento, como fiz na época, um ponto de vista favorável à conexão britânica.

Sei que nem naquela ocasião consegui ser convincente junto a todos meus amigos quanto à correção de minha atitude. A questão é sutil. Admite diferenças de opinião e, sendo assim, apresentei meu argumento da forma mais clara possível a todos os que acreditam no *ahimsa,* e fazem um esforço sério para praticá-lo em todas as áreas da vida. Um devoto da Verdade não pode conceder nada às convenções. Precisa manter-se aberto à correção e, sempre que constatar que está errado, deve confessá-lo custe o que custar e afrontar as consequências.

40. *SATYAGRAHA* EM MINIATURA

Embora eu tenha participado da guerra por uma questão de dever, o acaso fez com que não pudesse intervir diretamente nela, e que fosse obrigado a oferecer o que poderíamos chamar de *satyagraha* em miniatura mesmo naquelas circunstâncias críticas.

Já disse que um oficial fora incumbido de nosso treinamento logo que nossos nomes foram aprovados e alistados. Tínhamos a impressão de que esse Oficial Comandante somente seria nosso chefe quanto a assuntos técnicos, e que em todos os outros casos eu chefiaria a nossa corporação, que respondia diretamente a mim em questões de disciplina interna. Ou seja, o Oficial Comandante tinha de lidar com a corporação por meu intermédio. Desde o início porém, ele se encarregou de desiludir-nos a esse respeito. O Sr. Sorabji Adajania era um homem astuto. Preveniu-me:

— Cuidado com esse homem. Ele parece inclinado a nos dominar. Não queremos saber de ordens suas. Estamos dispostos a considerá-lo nosso instrutor. Mas os jovens que ele nomeou para nos instruir também acham que vieram para ser nossos senhores.

Esses jovens eram estudantes de Oxford que tinham vindo para instruir-nos, e o Oficial Comandante os nomeara chefes de nossa seção. Também não me passou despercebida a atitude dominadora desse oficial. Pedi a Sorabji que não ficasse ansioso e tentei acalmá-lo. Mas ele não era homem de se deixar convencer facilmente.

— O senhor é muito confiante. Essa gente vai enganá-lo com suas malditas palavras, e quando finalmente as enxergar vai nos pedir que recorramos ao *satyagraha,* e dessa forma vai acabar dolorosamente e arrastar-nos a todos — disse ele, com um sorriso.

— O que mais além de sofrimento o senhor poderia esperar depois de ligar-se a mim? O *satyagrahi* nasceu para ser enganado. Que o Oficial Comandante nos engane. Não lhe disse incontáveis vezes que, em última instância, o enganador só engana a si mesmo?

Sorabji riu alto.

— Muito bem — disse —, continue a ser enganado. Qualquer dia vai encontrar a morte no *satyagraha* e arrastar atrás de si pobres mortais como eu.

Essas palavras me fizeram pensar sobre o que a falecida Srta. Emily Hobhouse me escrevera quanto à não cooperação: "Não me surpreenderia se qualquer dia o senhor tivesse de ir para a forca por causa da verdade. Que Deus lhe mostre o caminho certo e o proteja".

A conversa com Sorabji aconteceu logo depois da nomeação do Oficial Comandante. Em pouquíssimos dias nossas relações com ele atingiram o ponto de ruptura. Eu mal havia recuperado as forças depois do jejum de 14 dias quando comecei a participar do treinamento, e muitas vezes caminhava cerca de três quilômetros de casa até o local. Isso me causou pleurisia e me prostrou. Nesse estado, tinha de ir para o acampamento nos fins de semana. Enquanto os outros ficavam lá, eu voltava para casa. Foi então que surgiu uma oportunidade para o *satyagraha.*

O Oficial Comandante começou a exercer sua autoridade um tanto livremente. Deixou claro que era nosso chefe para todos os assuntos, militares ou não e, ao mesmo tempo, deu-nos uma amostra de seu autoritarismo. Sorabji veio ter comigo às pressas. Absolutamente não estava disposto a tolerar essa situação. Disse:

— Temos de receber todas as ordens por intermédio do senhor. Ainda estamos no campo de treinamento e já nos dão as diretivas mais absurdas. Fazem distinções injustas entre nós e aqueles jovens que foram nomeados para nos instruir. Precisamos resolver isso discutindo francamente com o Oficial Comandante, caso contrário não poderemos continuar. Os estudantes indianos e outros que aderiram à nossa corporação, não vão cumprir nenhuma ordem absurda. Em uma causa que foi assumida em função do autorrespeito é impensável tolerar a sua perda.

Abordei o Oficial Comandante e apontei as reclamações que havia recebido. Ele respondeu pedindo que as pusesse por escrito, e ao mesmo tempo pediu-me que lembrasse aos reclamantes que o canal correto para reclamar era por meio dos comandantes de seção que já haviam sido nomeados, que por sua vez o informariam por intermédio dos instrutores.

Respondi que não reclamava para mim nenhuma autoridade, e que no sentido militar eu não era mais que nenhum outro soldado raso, mas que acreditara que, como chefe do Corpo de Voluntários, teria permissão para atuar extraoficialmente como seu representante. Expliquei também as reclamações e pedidos que tinham sido trazidos à minha atenção, isto é, que uma penosa insatisfação havia sido causada pela nomeação de líderes de seção sem consulta aos sentimentos dos membros da corporação; que eles deveriam ser retirados, e que a corporação fosse convidada a eleger seus líderes, submetendo os nomes à aprovação do Comandante.

Nada disso era atraente para o Oficial Comandante. Ele manifestou que era repugnante a toda disciplina militar que os líderes de seção fossem eleitos pela corporação, e que a retirada de nomeações já feitas seria uma subversão de todo processo disciplinar.

Assim, fizemos uma reunião e nos decidimos pela retirada. Fiz notar aos membros as sérias consequências do *satyagraha*. Mas a grande maioria votou a favor da resolução de que, a menos que a nomeação de Cabos já feita fosse revogada, e que fosse dada aos membros da corporação a oportunidade de eleger seus próprios Cabos, eles seriam obrigados a se abster de novos treinos e acampamentos de fim de semana.

Endereçei então uma carta ao Oficial Comandante contando-lhe como tinha sido desapontadora a sua mensagem rejeitando minha sugestão. Assegurei-lhe que não gostava de autoritarismos e que estava extremamente ansioso para servir. Também lembrei-lhe um precedente. Disse que, embora não tivesse nenhuma patente oficial no Corpo Indiano de Ambulâncias Sul-Africano, no tempo da guerra dos bôeres nunca houvera dificuldade entre o Coronel Gallwey e essa corporação. Acrescentei que ele jamais tomara decisões sobre a corporação sem consultar-me. Incluí também uma cópia da nossa resolução da noite anterior.

Isso não teve um bom efeito sobre o Oficial, que achou que a reunião e a resolução haviam sido uma grave quebra de disciplina.

Escrevi então ao Secretário de Estado da Índia pondo-o a par de todos os fatos e incluindo uma cópia da resolução. Ele respondeu explicando que as condições na África do Sul eram diferentes, e chamando minha atenção para o fato de que, de acordo com as regras, os comandantes eram nomeados pelo Oficial Comandante, mas assegurando-me que no futuro, ao nomear chefes de seção, esse Oficial consideraria minhas recomendações.

Trocamos uma boa quantidade de correspondência depois disso, mas não quero prolongar esta amarga história. Basta dizer que minha experiência teve o mesmo caráter das que temos diariamente na Índia. Com ameaças e habilidade o Oficial Comandante conseguiu dividir nossa corporação. Alguns que haviam votado a favor da resolução cederam às ameaças ou à persuasão do Comandante, e descumpriram sua promessa.

Mais ou menos nessa época chegou ao Hospital Netley um contingente inesperadamente grande de soldados feridos, e os serviços de nossa corporação foram requisitados. Aqueles que o Oficial Comandante conseguira persuadir foram para Netley. Os outros se recusaram a ir. Eu estava de cama, mas em contato com os membros da corporação. O Sr. Roberts, Subsecretário de Estado, honrou-me com muitas visitas durante aqueles dias. Insistiu para que eu persuadisse os outros a servir. Sugeriu que formassem uma corporação separada, e que no Hospital Netley poderiam obedecer somente ao Oficial Comandante, de modo que ninguém se sentiria humilhado. O Governo seria aplacado e ao mesmo tempo seriam prestados serviços úteis ao grande número de feridos recebidos no hospital. Essa sugestão agradou a mim e a meus companheiros, e o resultado foi que os que tinham se afastado foram também para Netley.

Somente eu não fui. Fiquei de cama, fazendo o possível para remediar a situação.

41. A CARIDADE DE GOKHALE

Já me referi ao ataque de pleurisia que tive na Inglaterra. Gokhale retornou a Londres logo em seguida. Kallenbach e eu costumávamos visitá-lo regularmente. Nossas conversas eram principalmente sobre a guerra e, como Kallenbach conhecia a geografia da Alemanha como a palma da mão, e havia viajado muito pela Europa, costumava mostrar-nos no mapa os vários lugares relacionados ao conflito.

Quando peguei pleurisia, isso também se tornou assunto de discussão. Minha dieta consistia, entre outras coisas, de nozes raladas, bananas maduras e verdes, limão, óleo de oliva, tomates e uvas. Eu me abstinha completamente de leite, cereais, leguminosas e outras coisas.

O Dr. Jivraj Mehta tratou de mim. Pressionou-me bastante para voltar ao leite e cereais, mas fui pertinaz. O assunto chegou aos ouvidos de Gokhale. Ele não tinha muita consideração pelas minhas razões em favor de uma dieta frugívora, e queria que eu comesse tudo o que o médico prescrevesse.

Não foi fácil para mim resistir à pressão de Gokhale. Quando ele não aceitava minha recusa, eu pedia vinte e quatro horas para refletir. Quando Kallenbach e eu voltamos para casa naquela noite discutimos qual seria o meu dever. Ele tinha acompanhado a minha experiência. Concordava com ela mas percebi que gostaria que eu desistisse se minha saúde o exigisse. Então tive de decidir sozinho, de acordo com os ditames da voz interior.

Passei a noite toda refletindo sobre o assunto. Desistir da experiência significaria renunciar a todas as minhas ideias nessa área, e eu não encontrava falha nelas. A questão era até que ponto eu deveria ceder ante a amorosa pressão de Gokhale, e até onde poderia modificar meus experimentos, no assim chamado interesse da saúde. Finalmente decidi continuar experimentando, quando o motivo era basicamente religioso, e ceder aos conselhos do médico quando a razão era mista. As considerações religiosas foram predominantes nas ocasiões em que deixei o leite. Tinha diante dos meus olhos o cruel procedimento que os *govals*[9] de Calcutá adotavam para extrair a última gota de leite de suas vacas e búfalas. Tinha também o sentimento de que, assim como a carne não era alimento humano, da mesma forma o leite animal não poderia sê-lo. Então me levantei de manhã com a determinação de manter minha resolução de me abster desse alimento. Isso me aliviou muito. Eu temia encontrar Gokhale, mas confiava em que ele respeitaria minha decisão.

À noite Kallenbach e eu visitamos Gokhale no Clube Liberal Nacional. A primeira pergunta que ele me fez foi:

— Bem, decidiu aceitar os conselhos do médico?

Respondi gentil, mas firmemente:

— Estou disposto a ceder em todos, exceto em um sobre o qual peço que não me pressione. Não vou tomar leite, nem comer laticínios ou carne. Se isso significar minha morte, sinto que é melhor enfrentá-la.

— É sua decisão final? — perguntou ele.

— Creio que não posso tomar outra. Sei que sofrerá com minha determinação, mas peço-lhe perdão.

Com certa dor mas com profunda afeição, Gokhale disse:

— Não aprovo a sua escolha. Não vejo nenhum aspecto religioso nela. Mas não vou mais pressioná-lo.

Com essas palavras, voltou-se para o Dr. Jivraj Mehta e disse:

— Por favor, não o atormente mais. Prescreva-lhe o que quiser dentro dos limites que ele se impôs.

O médico expressou sua discordância, mas não tinha saída. Aconselhou-me a tomar sopa de *mung* com uma pitada de assa-fétida. Concordei. Tomei-a por um ou dois dias, mas minha dor aumentou. Como não a achei adequada, voltei às frutas e nozes. O médico naturalmente continuou com seu tratamento externo, que me aliviava um pouco, mas minhas restrições eram para ele uma amarga desvantagem.

Nesse meio tempo Gokhale voltou para casa, pois não conseguia suportar a neblina de outubro em Londres.

42. TRATAMENTO DE PLEURISIA

A persistência da pleurisia causou um pouco de ansiedade, mas eu sabia que a cura não estava em tomar remédios de uso interno, mas sim em mudanças dietéticas aliadas a tratamentos externos.

Visitei o Dr. Allinson, famoso pelo vegetarianismo, que tratava de doenças por mudanças dietéticas, a quem conhecera em 1890. Ele me examinou rigorosamente. Expliquei que havia prometido não tomar leite. Ele me animou e disse:

— Não precisa tomar leite. Quero inclusive que não coma nenhuma gordura por alguns dias.

Aconselhou-me então a viver de pão integral, legumes crus tais como beterraba, rabanete, cebola e outros tubérculos e folhas, e também frutas frescas, especialmente laranjas. Os legumes não deviam ser cozidos, mas simplesmente moídos finos, e eu não podia mastigá-los.

Adotei tudo isso por mais ou menos três dias, mas os legumes crus não serviram para mim. Meu corpo não estava em condições de fazer a experiência de forma a tirar as conclusões corretas. Eu estava nervoso por ter de comer legumes crus.

O Dr. Allinson também me aconselhou a deixar todas as janelas de meu quarto abertas vinte e quatro horas por dia, tomar banho em água morna, fazer massagem com óleo nas partes afetadas e caminhar ao ar livre por quinze a trinta minutos. Gostei de todas essas sugestões.

Meu quarto tinha janelas que, se ficassem abertas, deixariam a chuva entrar. A claraboia sobre a porta era fixa. Quebrei então os vidros para permitir a entrada de ar fresco, e abri parcialmente as janelas de forma a não deixar a chuva entrar.

Todas essas medidas melhoraram minha saúde, mas não me curaram completamente.

Lady Cecilia Roberts me visitava ocasionalmente. Ficamos amigos. Ela queria muito me persuadir a tomar leite. Mas como eu não cedia, foi à busca de um substituto. Alguns amigos lhe sugeriram leite maltado, assegurando, sem saber, que era absolutamente isento de leite e que consistia num preparado químico com todas as propriedades desse alimento. Eu sabia que Lady Cecilia tinha grande consideração por meus escrúpulos religiosos, e por isso implicitamente confiava nela. Dissolvi o pó na água e o tomei, logo descobrindo que tinha exatamente o gosto do leite. Li o rótulo na garrafa e descobri, tarde demais, que era um preparado de leite. Então abandonei-o.

Informei Lady Cecilia sobre a descoberta e pedi-lhe que não se preocupasse. Ela apressou-se a dizer que lamentava o fato. Sua amiga nem lera o rótulo. Pedi-lhe que não ficasse preocupada, e disse que lastimava não ter podido aproveitar as coisas que ela procurara com tanto empenho. Também lhe assegurei que não me sentia absolutamente perturbado ou culpado por ter tomado leite por engano.

Preciso saltar muitas outras doces reminiscências de meu contato com Lady Cecilia. Poderia mencionar muitos amigos que foram fonte de grande conforto para mim durante provações e desapontamentos. Aquele que tem fé enxerga neles a generosa providência de Deus, que dessa forma suaviza a própria dor.

Na consulta seguinte o Dr. Allinson levantou as restrições e me permitiu comer creme de nozes ou óleo de oliva como fontes de gordura, e legumes cozidos, se fosse meu desejo, com arroz. Essas mudanças foram bem-vindas, mas estavam longe de me curar por completo. Ainda precisava receber muitos cuidados, e fui obrigado a ficar de cama a maior parte do tempo.

O Dr. Mehta às vezes passava para me examinar e mantinha a sua promessa de me curar, desde que eu ouvisse seus conselhos.

Enquanto as coisas continuavam dessa forma, o Sr. Roberts veio me ver um dia e insistiu para que eu fosse para casa:

— Não pode ir para Netley nesse estado. O tempo vai esfriar ainda mais. Recomendo energicamente que volte para a Índia, pois somente lá pode curar-se de todo. Se depois de recuperado ainda estivermos em guerra terá muitas oportunidades de prestar serviço. Acho que já contribuiu bastante.

Aceitei o conselho e comecei os preparativos para voltar à Índia.

43. DE VOLTA A CASA

O Sr. Kallenbach me havia acompanhado à Inglaterra com a intenção de ir também à Índia. Vivíamos juntos e naturalmente queríamos ir no mesmo navio. Mas a vigilância alemã era tão rigorosa que duvidávamos que ele conseguisse passaporte. Fiz tudo o que pude, e o Sr. Roberts, que achava que Kallenbach deveria receber o passaporte, mandou um telegrama ao Vice-Rei em seu favor. Mas logo veio a resposta de Lord Hardinge: "Lamento. Governo da Índia não preparado para correr tal risco". Todos entendemos a força dessa réplica.

Para mim foi uma grande dor separar-me do Sr. Kallenbach, mas percebi que a dor dele era ainda maior. Se pudesse ter ido à Índia estaria levando hoje a vida simples e feliz de fazendeiro e tecelão. Agora ele está na África do Sul, em sua vida antiga e trabalhando ativamente como arquiteto.

Queríamos uma passagem de terceira classe, mas como não havia nenhuma em navios da P&O tivemos de ir de segunda.

Levamos conosco as frutas secas que tínhamos trazido da África do Sul, pois a maior parte não poderia ser obtida no navio, onde se conseguiam facilmente frutas frescas.

O Dr. Jivraj Mehta amarrou minhas costelas com o "Emplastro de Mede" e pediu para não tirá-lo até chegarmos ao Mar Vermelho. Por dois dias aguentei o desconforto, mas finalmente foi demais para mim. Com grande dificuldade consegui desfazer o penso e reconquistei a liberdade de lavar-me e banhar-me adequadamente.

Minha alimentação consistia em sua maior parte de nozes e frutas. Percebi que estava melhorando a cada dia e me sentia muito melhor quando entramos no Canal de Suez. Estava fraco, mas me percebia inteiramente fora de perigo e aumentei aos poucos meus exercícios. Atribuí a melhora em grande parte ao ar puro da zona temperada.

Se foi devido a tensões acumuladas ou a qualquer outra razão, não sei dizer. Mas o tipo de distanciamento que percebi entre os passageiros ingleses e indianos no navio foi algo que não observara nem em minha viagem à África do Sul. Cheguei a falar com alguns ingleses, mas a conversa era em sua maior parte formal. Quase não havia diálogos cordiais, como certamente teria ocorrido em navios sul-africanos. O motivo estava, penso eu, nos sentimentos conscientes e inconscientes, no fundo da mente dos ingleses, de que eles pertenciam aos dominadores, e à percepção, no fundo da mente dos indianos, de que eles eram os dominados.

Estava ansioso para chegar e libertar-me dessa atmosfera.

Chegando a Aden já começamos a nos sentir um pouco em casa. Conhecíamos muito bem os habitantes do local. Já havíamos encontrado o Sr. Kekobad Kavasji Dinshaw em Durban e travado um bom relacionamento com ele e sua esposa.

Mais alguns dias e chegamos a Mumbai. Foi uma grande alegria voltar à pátria depois de uma ausência de dez anos.

Gokhale havia preparado uma recepção para mim em Mumbai, para onde ele tinha vindo, apesar de sua saúde delicada. Eu me aproximara da Índia com a ardente esperança de mergulhar nela, e dessa forma sentir-me livre. Mas o destino quis que fosse diferente.

44. ALGUMAS REMINISCÊNCIAS DA ADVOCACIA

Antes de entrar na narrativa do rumo que minha vida tomou na Índia, parece-me necessário relembrar algumas experiências da África do Sul que deliberadamente excluí.

Alguns amigos advogados me pediram para falar de minhas lembranças da profissão. Seu número é tão grande que, se fosse descrever todas, ocupariam um volume inteiro e me desviariam de meu objetivo. Mas talvez não seja impróprio recordar algumas delas, ligadas à prática da verdade.

Pelo que me lembro, já disse que nunca recorri à inverdade em minha profissão, e que grande parte de minha atividade profissional foi no interesse público, e por ela não cobrava nada além das despesas, e mesmo essas às vezes eu próprio cobria. Achei que, tendo dito isso, dissera todo o necessário com relação à minha prática da advocacia. Mas os amigos querem que eu fale mais. Ao que parece, pensam que se eu abordar, ainda que superficialmente algumas ocasiões em que me recusei a desviar-me da verdade, a profissão seria beneficiada.

Quando estudante ouvi que a advocacia era uma profissão de mentirosos. Mas isso não me influenciou, pois não tinha intenção de ganhar nem posição nem dinheiro por meio da mentira.

Meus princípios foram postos à prova muitas vezes na África do Sul. Com frequência eu sabia que meus oponentes haviam instruído suas testemunhas, e se simplesmente encorajasse meu cliente ou a testemunha dele a mentir, poderíamos ganhar a causa. Mas sempre resisti à tentação. Lembro-me de apenas uma ocasião em que, depois de ter vencido uma causa, suspeitei que meu cliente me havia enganado. No fundo do coração sempre desejei ganhar apenas quando tivesse razão. Ao estipular meus honorários, não me lembro de jamais tê-los condicionado a vencer a questão. Quer o cliente ganhasse, quer perdesse, não esperava nada mais e nada menos que minha remuneração.

Prevenia cada novo cliente, desde o início, de que não deveria esperar que eu aceitasse uma causa falsa ou que induzisse as testemunhas, e o resultado foi que ganhei tal reputação que nenhuma questão falsa costumava vir a mim. Alguns clientes até deixavam para mim as causas limpas e levavam as duvidosas para outros.

Houve uma questão que se revelou uma grave provação. Foi-me trazida por um de meus melhores clientes. Referia-se a contabilidades confusas e vinha se arrastando. Fora apresentada, em partes, a vários tribunais. Ao final, a parte contábil foi confiada pelo tribunal à arbitragem de alguns contadores qualificados. A decisão foi inteiramente a favor de meu cliente, mas os árbitros haviam inadvertidamente cometido um erro de cálculo que, por pequeno que fosse era sério, no sentido em que um lançamento que deveria ser feito a débito foi feito a crédito.

Os oponentes protestaram contra a decisão por outros motivos. Eu era um advogado auxiliar do meu cliente. Quando o advogado principal tomou ciência do erro, opinou que nosso cliente não estava obrigado a admiti-lo. Tinha a firme opinião de que nenhum advogado era obrigado a admitir nada que fosse contra os interesses de seu constituinte. Eu disse que deveríamos admitir o erro.

Mas o advogado principal argumentou:

— Nesse caso, há toda probabilidade de que o tribunal cancele a decisão inteira e nenhum advogado, de sã consciência, poria em perigo a causa do cliente a esse ponto. Eu, pelo menos, seria o último a correr esse risco. Se o caso fosse reaberto ninguém saberia dizer quais as despesas que o cliente teria, nem qual o resultado final.

O cliente estava presente à conversa.

Eu disse:

— Acho que tanto nosso cliente como nós devemos correr o risco. Onde está a certeza de que o tribunal vai manter uma sentença errada, simplesmente porque não admitimos o erro? E supondo que a admissão levaria o cliente a acabar mal, qual seria o problema?

— Afinal de contas, por que haveríamos de admitir isso? — perguntou o advogado principal.

— E onde está a certeza de que o tribunal não vai detectar o erro, ou que nossos oponentes não vão descobri-lo? — questionei.

— Bem, então pode assumir a causa, pois não estou disposto a discuti-la nesses termos — respondeu o advogado principal com firmeza. Repliquei com humildade:

— Se o senhor não questionar estou disposto a fazê-lo, se nosso cliente desejar. Mas quero me afastar completamente da causa se o erro não for admitido.

Olhei para o cliente. Ele estava um pouco embaraçado. Eu estivera na causa desde o início. O cliente confiava plenamente em mim e me conhecia bastante. Disse:

— Muito bem, então discuta a causa e admita o erro. Percamos, se é isso o que nos cabe. Que Deus defenda quem está com a razão.

Fiquei encantado. Era o que eu esperava dele. O advogado principal novamente me preveniu e lamentou minha obstinação, mas de qualquer forma cumprimentou-me.

Veremos no próximo capítulo o que aconteceu no tribunal.

45. UMA FINA ARTIMANHA!

Eu não tinha dúvidas sobre a confiabilidade de meu conselho, mas tinha grandes dúvidas sobre minha capacidade de cuidar da causa como ela merece. Sentia que seria um empreendimento altamente arriscado defender uma causa tão difícil perante o Supremo Tribunal e me apresentei ante o estrado dos juízes tremendo de medo.

Logo que me referi ao erro nas contas, um deles disse:

— Isto não é uma artimanha, Sr. Gandhi?

Fervi por dentro ao ouvir aquilo. Era intolerável ser acusado de artimanha, quando não havia a menor intenção disso. "Com um juiz preconceituoso desde o começo, há poucas chances de sucesso", disse a mim mesmo. Mas ordenei meus pensamentos e respondi:

— Fico surpreso de ver que Vossa Excelência suspeita de uma artimanha sem me ouvir até o fim.

— Não se trata de uma acusação — disse o juiz. — É uma simples sugestão.

— A sugestão aqui me parece equivalente a uma acusação. Pediria a Vossa Excelência que me ouça até o fim e então me processe, se for o caso.

— Lamento tê-lo interrompido — respondeu ele. — Por favor, continue com sua explicação.

Eu tinha material suficiente para sustentar meus argumentos. Graças ao fato de que o juiz havia levantado a questão, pude prender a atenção do tribunal desde o início. Senti-me muito encorajado e aproveitei a oportunidade para entrar em detalhes. O tribunal me ouviu pacientemente e consegui convencer os juízes de que a discrepância era inteiramente inadvertida. Por isso eles não se inclinaram a cancelar toda a sentença, que havia requerido muito trabalho.

O advogado da outra parte parecia acreditar seguramente que não seriam necessários muitos argumentos, uma vez que o erro já tinha sido admitido. Mas os juízes continuaram a interrompê-lo, pois estavam convencidos de que o engano fora um lapso, que poderia ser facilmente retificado. Ele trabalhou duro para contestar o laudo dos peritos, mas o juiz, que havia originalmente começado a suspeitar de mim, viera decididamente para o meu lado.

— Supondo que o Sr. Gandhi não tivesse admitido o erro, o que o senhor teria feito? — perguntou ele ao advogado.

— Seria impossível contratarmos os serviços de um perito contador mais competente e honesto do que o que foi nomeado por nós — foi a resposta.

— O tribunal deve presumir que o senhor é quem melhor conhece a sua causa. Se não for capaz de apontar nada mais além de um deslize que qualquer perito contador está sujeito a cometer, o tribunal não deseja obrigar as partes a entrar em novo litígio e fazer novas despesas por causa de um erro patente. Não podemos ordenar uma nova audiência, se tal erro puder ser facilmente corrigido — continuou o juiz.

E assim a objeção foi recusada. O tribunal ou confirmou a sentença com o erro retificado, ou ordenou ao árbitro que o retificasse, não me lembro bem.

Fiquei encantado, e assim ficaram meu cliente e o advogado principal. E confirmou-se minha convicção de que era possível exercer a advocacia sem ferir a verdade.

Que o leitor se lembre, entretanto, de que mesmo a veracidade na prática da profissão não pode curá-la do defeito fundamental que a vicia.

46. CLIENTES TRANSFORMADOS EM COLABORADORES

A diferença entre a prática da advocacia em Natal e na Província do Transval era que na primeira havia um foro comum. Enquanto esperava o registro profissional um advogado podia exercer a profissão como procurador. Já na Província do Transval, assim como em Mumbai, as esferas de procurador e advogado eram distintas. Um advogado tinha o direito de escolher se iria exercer a profissão numa ou noutra condição. Assim, enquanto estava em Natal, fui admitido como advogado. Na Província do Transval, pleiteei admissão como procurador, pois como advogado não poderia entrar em contato direto com os indianos, e os procuradores brancos não me dariam informações.

Contudo mesmo na Província do Transval os procuradores podiam apresentar-se aos magistrados. Uma vez, quando acompanhava uma causa perante um juiz em Joanesburgo, descobri que meu cliente me havia enganado. Eu o vira entrar em colapso no banco das testemunhas. Então, sem qualquer discussão, pedi ao magistrado para encerrar o caso. O advogado da outra parte ficou perplexo, e o juiz mostrou-se satisfeito. Repreendi meu cliente por me trazer uma causa falsa. Ele sabia que eu nunca aceitava essa espécie de trabalho. Quando o fiz ver isso admitiu o seu erro, e tenho a impressão de que não estava irritado comigo por ter pedido ao juiz para decidir contra ele. De qualquer maneira, minha conduta nessa causa não me afetou profissionalmente de forma negativa, e até facilitou o meu trabalho. Também constatei que minha devoção à Verdade melhorou minha reputação entre os colegas e, apesar da desvantagem da cor pude, em alguns casos até conquistar sua afeição.

Durante minha atividade profissional também tinha o hábito de jamais ocultar minha ignorância diante de meus colegas ou clientes. Sempre que me sentia perdido recomendava a meu cliente que consultasse outro advogado ou, se ele preferisse ficar comigo, pedia-lhe permissão para obter ajuda de um profissional mais experimentado. Essa franqueza me valeu a afeição e a confiança ilimitada dos clientes. Eles sempre se dispuseram a pagar os honorários quando era necessário consultar outros. Essa afeição e confiança me serviram muito em meu trabalho público.

Mencionei nos capítulos anteriores que meu objetivo ao exercer a profissão na África do Sul era o serviço à comunidade. Mesmo com esse propósito era indispensável conquistar a confiança das pessoas. Os generosos indianos elevavam à categoria de serviço comunitário o trabalho profissional feito por dinheiro. Assim, quando os aconselhei a sofrer os rigores da prisão em benefício de seus direitos, muitos aceitaram de bom grado o conselho, não tanto porque tinham concluído racionalmente que esse era o caminho correto, mas pela confiança que sentiam por mim.

Ao escrever isto muitas doces reminiscências me vêm à mente. Centenas de clientes se tornaram amigos e verdadeiros colaboradores no serviço público, e o relacionamento com eles suavizou uma vida que, no mais, era cheia de dificuldades e perigos.

47. COMO UM CLIENTE FOI SALVO

A esta altura o leitor já estará bem familiarizado com o nome do parse Rustomji. Ele foi um dos que se tornaram simultaneamente clientes e colaboradores, ou talvez seja mais verdadeiro dizer que primeiro se tornou colaborador e depois cliente. Conquistei sua confiança a tal ponto que ele pedia e seguia meus conselhos também em assuntos privados. Mesmo quando estava doente solicitava a minha ajuda e, embora houvesse muita diferença entre sua forma de vida e a minha, não hesitava em aceitar meus tratamentos de curandeiro.

Esse amigo se meteu em uma situação altamente embaraçosa. Embora me informasse da maioria de seus assuntos, havia deliberadamente ocultado um. Era um grande importador de mercadorias de Mumbai e Calcutá, e não era incomum que recorresse ao contrabando. Mas, como tinha as melhores relações com os funcionários da alfândega, ninguém estava inclinado a suspeitar dele. Ao estipular as tarifas esses funcionários costumavam aceitar suas faturas em confiança. Alguns podem até ter sido coniventes com o contrabando.

Contudo, para usar a expressiva comparação do poeta gujarate Akho, o roubo, assim como o mercúrio, não se dilui no ar. E o parse Rustomji não foi exceção. O bom amigo veio a mim com muita pressa e, com lágrimas escorrendo, disse:

— *Bhai,* eu o enganei. Minha culpa foi descoberta hoje. Contrabandeei e estou fadado a ir para a cadeia e me arruinar. Só o senhor poderia ser capaz de me salvar deste apuro. Não lhe ocultei mais nada, mas achava que não deveria incomodá-lo com esses truques da minha profissão. Por isso nunca lhe falei do contrabando. Mas agora, como estou arrependido!

Eu o acalmei e disse:

— Salvá-lo ou não está nas mãos d'Ele. Quanto a mim, sabe como sou. Só posso tentar salvá-lo por meio da confissão.

O bom parse se sentiu profundamente mortificado.

— Mas não basta que eu confesse ao senhor?

— Prejudicou não a mim, e sim ao governo. Como a confissão feita a mim iria ajudá-lo? — indaguei suavemente.

— É claro que vou fazer exatamente o que o senhor recomendar. Mas não poderia consultar meu antigo advogado, o Sr. ***? Ele também é um amigo — disse o parse Rustomji.

O contrabando vinha acontecendo há muito tempo, mas a contravenção que havia sido descoberta envolvia uma soma insignificante. Fomos ao advogado, que leu cuidadosamente os papéis e disse:

— O caso vai ser julgado por um júri, e um júri de Natal seria o último a absolver um indiano. Mas não vou perder as esperanças.

Eu não conhecia bem esse advogado. O parse Rustomji interrompeu:

— Obrigado, mas eu gostaria de ser orientado pelos conselhos do Sr. Gandhi neste caso. Ele me conhece bem. É claro que o senhor o aconselhará, sempre que necessário.

Tendo assim arquivado a questão do advogado, fomos para a loja do parse Rustomji.

E então, explicando o meu ponto de vista eu disse a ele:

— Não acho que este caso deva ser levado ao tribunal. Cabe ao funcionário da alfândega processá-lo ou deixá-lo escapar, e ele por sua vez seguirá a orientação do Procurador Geral. Estou disposto a falar com ambos. Proponho que o senhor se ofereça para pagar a multa que fixarem, e provavelmente ficarão satisfeitos. Caso contrário precisa estar preparado para ir para a cadeia. Sou de opinião de que a vergonha está não tanto em ser preso, mas sim em cometer a transgressão. O ato vergonhoso já foi feito. A prisão deve ser considerada uma penitência. A penalidade real consiste em tomar a resolução de nunca mais contrabandear.

Não posso afirmar que o parse Rustomji aceitou tudo isso muito bem. Era um homem de coragem, mas esta lhe faltou momentaneamente. Seu nome e fama estavam em jogo, e onde estaria ele se o edifício que havia construído com tanto trabalho e cuidado desmoronasse?

— Bem, eu lhe disse que estou inteiramente em suas mãos — disse ele. — Faça como quiser.

Apliquei nessa causa todas as minhas forças de persuasão. Encontrei o funcionário da alfândega e destemidamente o pus a par de todo o caso. Também prometi colocar à sua disposição os livros contábeis, e contei-lhe o quanto o parse Rustomji estava sentindo remorsos. O funcionário disse:

— Gosto do velho parse. Lamento que ele tenha feito esse papel de tolo. O senhor sabe em que consiste meu dever. Preciso obedecer ao Procurador Geral e, portanto, recomendo que o senhor use toda a sua persuasão com ele.

— Ficarei grato — disse eu — se não insistir em arrastá-lo para o tribunal.

Tendo conseguido dele essa promessa, escrevi ao Procurador Geral e também fui vê-lo. É com prazer que digo que ele gostou de minha franqueza e ficou convencido de que eu não tinha ocultado nada.

Já não me lembro se foi em relação a essa causa ou a outra que minha persistência e franqueza o levaram a observar:

— Vejo que o senhor nunca aceita um "não" como resposta.

A causa contra o parse Rustomji foi resolvida fora dos tribunais. Ele teve que pagar uma multa igual ao dobro da quantia que confessou ter contrabandeado. Escreveu todos os fatos relativos ao caso, emoldurou o papel e o pendurou no seu escritório, como um lembrete perpétuo para seus herdeiros e colegas comerciantes.

Esses amigos de Rustomji me advertiram para que não me deixasse enganar por esse arrependimento transitório. Quando lhe contei isso, ele perguntou:

— Qual seria meu destino se eu o enganasse?

PARTE 5

1. A PRIMEIRA EXPERIÊNCIA

Antes que eu chegasse em casa, o grupo que havia saído de Phoenix já estava lá. De acordo com nosso plano original eu teria de precedê-los, mas minha preocupação na Inglaterra, com a guerra, perturbara os nossos cálculos. Quando percebi que teria de ficar naquele país por tempo indeterminado, enfrentei a questão de encontrar um lugar para acomodar o grupo de Phoenix.

Queria que todos eles ficassem juntos na Índia, se possível, levando a vida que levavam em Phoenix. Não conhecia nenhum *ashram* a que pudesse recomendar que fossem. Assim, telegrafei-lhes dizendo que procurassem o Sr. Andrews e fizessem o que ele aconselhasse.

Primeiramente eles se estabeleceram no Gurukul[1], Kangri, onde o falecido *Swami* Shraddhanandji tratou-os como seus próprios filhos. Depois disso foram para o *Ashram Shantiniketan,* onde o Poeta [Rabindranath Tagore] e seu povo lhes dispensaram o mesmo amor. As experiências por que passaram juntos, em ambos os lugares, os mantiveram otimistas sobre o futuro, e a mim também.

O Poeta, Shraddhanandji e o diretor Sushil Rudra, como eu costumava dizer a Andrews, compunham a sua trindade. Quando estávamos na África do Sul ele não se cansava de falar desses três, e muitas das minhas melhores memórias daquele país, nas longas conversas que mantivemos naqueles dias, estão entre as mais doces e mais vívidas. O Sr. Andrews, naturalmente, pôs o grupo de Phoenix em contato com Sushil Rudra. Ele não tinha um *ashram* mas possuía uma casa, que foi posta inteiramente à disposição dos membros da comunidade. Um dia depois de terem chegado, a família de Rudra os acolheu tão bem que não pareciam sentir falta de Phoenix.

Só quando cheguei a Mumbai foi que soube que o grupo de Phoenix estava em Shantiniketan. Por isso sentia-me impaciente para encontrá-los o mais breve possível depois de minha reunião com Gokhale.

As recepções em Mumbai deram-me a oportunidade de oferecer o que eu chamaria um pequeno *satyagraha*.

Na festa em minha homenagem, oferecida na residência do Sr. Jehangir Petit, não ousei falar em gujarate. Nos arredores palacianos daquele lugar deslumbrante eu, que vivera a maior parte da vida entre trabalhadores contratados, senti-me um completo rústico. Com meu manto ao estilo Kathiwadi, meu turbante e meu *dhoti,* parecia um tanto mais civilizado do que pareço agora, mas a pompa e o esplendor da mansão do Sr. Petit fizeram com que me sentisse completamente fora do meu elemento. Entretanto senti-me satisfeito por ter ficado sob a asa protetora de Sir Pherozeshah.

Então começou a ação gujarate. Os gujarates não me deixariam ir sem uma recepção, que foi organizada pelo falecido Uttamlal Trivedi. Tomei conhecimento do programa antecipadamente. O Sr. Jinnah estava presente por ser um gujarate, não me lembro se como presidente ou como orador principal. Fez um pequeno e singelo discurso em inglês. Pelo que me lembro, os outros discursos também foram nessa língua. Quando chegou a minha vez expressei minha gratidão em gujarate, falei de minha preferência pelo gujarate e pelo hindustâni, e manifestei minhas humildes reservas contra o uso do inglês em uma reunião gujarate.

Fiz isso não sem alguma hesitação, pois temia ser considerado pouco cortês para um homem inexperiente, que voltava para casa depois de uma longa ausência, protestar contra práticas estabelecidas. Mas ninguém pareceu compreender minha insistência em responder em gujarate. De fato, fiquei contente por notar que todos pareciam concordar com minha atitude.

Dessa forma a reunião encorajou-me a pensar que não deveria encontrar dificuldades para apresentar meus novos conceitos aos meus compatriotas.

Depois de uma breve estadia em Mumbai, repleto dessas experiências preliminares, fui a Pune, para onde Gokhale havia me convocado.

2. COM GOKHALE EM PUNE

Assim que cheguei a Mumbai, Gokhale me informou que o governador desejava ver-me, e que seria mais apropriado se eu respondesse antes de deixar Pune. Consequentemente, fui visitar Sua Excelência. Depois das saudações de praxe, ele disse:

— Peço uma coisa ao senhor. Gostaria que viesse falar comigo antes de dar qualquer passo no que diz respeito ao governo. Respondi:

— Posso facilmente fazer-lhe essa promessa, porque faz parte de meu dever de *satyagrahi* compreender o ponto de vista da parte com a qual pretendo lidar, e tentar concordar com ela tanto quanto for possível. Observei estritamente essa regra na África do Sul e quero fazer o mesmo aqui.

Lorde Willingdon agradeceu-me e disse:

— Pode vir a mim quando desejar, e verá que meu governo não faz nada de errado deliberadamente.

Ao que respondi:

— Essa é a fé que me sustenta.

Depois disso fui a Pune. É impossível para mim relatar todos os detalhes desse tempo maravilhoso. Gokhale e os Servidores da Sociedade Indiana me encheram de carinho. Pelo que me lembro, ele os havia reunido para que viessem ao meu encontro. Tive com eles uma conversa franca sobre os mais diversos assuntos.

Gokhale se mostrava muito entusiasmado para que me filiasse à Sociedade, e eu também. Mas os membros sentiam que, como havia uma grande diferença entre meus ideais e métodos de trabalho e os deles, talvez minha participação não fosse apropriada. Gokhale acreditava que, apesar de minha insistência em meus próprios princípios, eu estava pronto e seria capaz de tolerar os deles.

— Mas — disse —, os membros da Sociedade ainda não entenderam sua prontidão para comprometer-se. São tenazes em seus princípios e muito independentes. Tenho a esperança de que o aceitem. Caso contrário, nem por um momento pense que é por falta de respeito ou de amor pelo senhor. Eles hesitam em correr o risco de que a grande consideração que lhe dedicam possa ser ameaçada. Mas seja ou não formalmente admitido como membro, eu o verei como tal.

Informei a Gokhale de minhas intenções. Sendo admitido como membro ou não, queria ter um *ashram* onde pudesse me estabelecer junto à minha comunidade de Phoenix, de preferência em algum lugar do Gujarate, pois sendo oriundo de lá, pensei que me sentiria melhor servindo ao país por meio de meu Estado.

Gokhale gostou da ideia. Disse:

— O senhor certamente o fará. Seja qual for o resultado de suas conversas com os membros, deve dirigir-se a mim para as despesas do *ashram,* que considerarei como sendo meu.

Meu coração transbordou de alegria. Foi um prazer sentir-me livre da responsabilidade de levantar fundos e perceber que não seria obrigado a organizar todo o trabalho sozinho, mas que poderia contar com um guia seguro quando em dificuldade. Isso tirou um grande peso de minha cabeça.

Então o falecido Dr. Dev foi instruído para abrir uma conta em meu nome nos livros da Sociedade, e dar-me o necessário para o *ashram* e para os gastos públicos.

Preparei-me para ir a Shantiniketan. Na véspera da minha partida Gokhale organizou uma festa para amigos escolhidos, tomando o cuidado de preparar alimentos que fossem do meu agrado, como frutas e castanhas. A reunião ocorreu a pouca distância do seu quarto, e ainda assim ele mal estava em condições de atravessá-lo e participar. Contudo, em sua afeição por mim, deu o melhor de si e insistiu em vir. Mas desmaiou e teve de ser carregado. Tais desmaios não eram novidade para ele, por isso quando se recuperou avisou-nos de que deveríamos prosseguir com a reunião.

Esse encontro era, é claro, nada mais do que uma *conversazione* em um espaço aberto diante do edifício da Sociedade, durante o qual amigos conversaram de coração aberto enquanto consumiam alimentos leves como nozes, tâmaras e frutas frescas da estação.

Mas o desmaio não haveria de ser um simples acontecimento em minha vida.

3. SERIA ISSO UMA AMEAÇA?

De Pune fui para Rajkot e Porbandar, onde me encontrei com a viúva de meu irmão e outros parentes.

Durante o *satyagraha* na África do Sul eu tinha alterado minha forma de vestir de modo a torná-la mais próxima da dos trabalhadores contratados e, na Inglaterra, também aderira ao mesmo estilo quando em casa. Para desembarcar em Mumbai eu tinha um conjunto de roupas ao estilo Kathiwadi, que consistiam em uma camisa, um *dothi*, uma manta e uma echarpe branca, tudo produto da manufatura indiana. Mas como viajava de terceira classe, achei a echarpe e a manta muito luxuosas, então me dispensei de vesti-las e usei uma jaqueta ao estilo das do Kashmir, que me faziam parecer pobre.

Devido à peste que grassava na época, os passageiros da terceira classe eram inspecionados por médicos em Viramgam ou Wadhwan — esqueci-me do local exato. Eu estava levemente febril. Ao notar minha temperatura alterada o inspetor pediu para que eu me dirigisse ao médico oficial em Rajkot e anotou meu nome.

Talvez alguém tenha enviado a informação de que eu passaria por Wadhwan, porque o alfaiate Motilal, um conhecido trabalhador comunitário, veio encontrar-me na estação. Ele me contou sobre a alfândega de Viramgam e os inconvenientes que os passageiros dos trens tinham que sofrer por conta disso. Eu estava pouco inclinado a conversar por causa da febre, e tentei terminar com uma breve resposta que tomou a forma de pergunta:

— O senhor está preparado para ir preso?

Eu considerara Motilal um daqueles jovens impetuosos que não pensam antes de falar. Mas não era assim. Ele respondeu, com firmeza.

— Certamente iremos para prisão, e o senhor nos levará. Como Kathiwadis, somos os primeiros a ter direitos sobre o senhor. É claro que não temos a intenção de detê-lo agora, mas deve prometer parar aqui em seu retorno. Ficará encantado de ver o trabalho e o espírito de nossos jovens, e pode confiar que responderemos assim que o senhor nos convoque.

Motilal me cativou. Seu companheiro, elogiando-o, disse:

— Nosso amigo é um simples alfaiate. Mas é tão competente em sua profissão que ganha com facilidade 15 rúpias por mês, que é exatamente do que precisa. Trabalha uma hora por dia e dedica o resto do seu tempo à comunidade. Lidera a todos nós, e nos supera o tempo todo.

Mais tarde fiz um contato mais próximo com Motilal e vi que não havia nenhum exagero no elogio. Ele resolvera passar alguns dias no recém-aberto *ashram* todos os meses, para ensinar as crianças a costurar e também para executar alguns dos trabalhos de alfaiataria necessários. Conversava comigo todos os dias sobre Viramgam e sobre o incômodo dos passageiros, cuja situação se tornara insuportável. Ele foi ceifado em plena juventude por uma doença repentina, e a vida comunitária em Wadhwan sofreu muito por causa disso.

Ao chegar a Rajkot apresentei-me ao oficial médico na manhã seguinte. Eu não era desconhecido ali. O médico sentiu-se envergonhado e irritou-se com o inspetor. Isso era desnecessário, porque ele apenas cumprira o seu dever. Não me conhecia. E mesmo que me conhecesse, não poderia agir de outra maneira. Mas o médico não me permitiu voltar a ele. Em vez disso insistiu para que um inspetor viesse ver-me.

A inspeção em passageiros de terceira classe por motivos sanitários é essencial em tais ocasiões. Se pessoas importantes resolvem viajar em terceira classe, seja qual for sua posição na vida, devem voluntariamente submeter-se a todos os regulamentos a que os pobres estão sujeitos, e os funcionários devem ser imparciais. Minha experiência mostra que esses funcionários, em vez de ver os passageiros de terceira classe como companheiros, consideram-nos um bando de ovelhas. Dirigem-se a eles de forma insolente e não toleram respostas ou argumentos.

Esses passageiros têm de obedecer aos funcionários como se fossem seus servos, e eles podem roubá-los, chantageá-los impunemente e reter sua passagem depois de tê-los submetido aos maiores inconvenientes, inclusive a perda do trem. Tudo isso eu vi com meus próprios olhos. Nenhuma reforma é possível, a não ser que alguns dos ricos e educados aceitem voluntariamente o *status* dos pobres, viajando na terceira classe, recusando-se a usufruir das amenidades negadas aos menos favorecidos e, em vez de aceitar as opressões, descortesias e injustiças, lutar por sua abolição.

Sempre que fui a Kathiwad ouvi reclamações sobre os entraves na alfândega de Viramgam. Dessa forma decidi imediatamente fazer uso da oferta de Lorde Willingdon. Recolhi e li toda a literatura disponível sobre o assunto, constatei que as reclamações eram bem fundamentadas e iniciei correspondência com o Governo de Mumbai. Visitei o secretário particular de Lorde Willingdon e esperei também na antessala de Sua Excelência, que expressou sua solidariedade, mas transferiu a culpa para Délhi.

— Se estivesse em nossas mãos, teríamos eliminado a inspeção aduaneira há muito tempo. O senhor deve entrar em contato com o Governo da Índia — disse ele.

Fiz isso, mas não consegui resposta alguma além de uma notificação que acusava o recebimento de meu pedido. Foi somente quando tive ocasião de falar com Lorde Chelmsford, bem mais tarde, que a questão pôde ser abordada novamente. Quando lhe apresentei os fatos ele se mostrou perplexo. Nada sabia sobre o assunto. Ouviu-me pacientemente, telefonou no mesmo instante solicitando informações sobre Viramgam e prometeu remover as barreiras alfandegárias se as autoridades não fossem capazes de explicá-las. Poucos dias depois dessa entrevista, li nos jornais que a inspeção alfandegária em Viramgam havia sido abolida.

Considerei esse fato como o advento do *satyagraha* na Índia. Quando estive com o Secretário de Governo de Mumbai, ele manifestou sua desaprovação a uma referência ao *satyagraha* contida em um discurso meu, pronunciado em Bagasra (em Kathiwad).

— Foi uma ameaça? — perguntou ele. — Acha que um governo poderoso cederia a ameaças?

— Não foi uma ameaça — respondi. Trata-se de educar as pessoas. É meu dever proporcionar verdadeiros remédios para seus problemas. Uma nação que quer ser ela mesma deve conhecer todos os meios e maneiras de libertar-se. Eles normalmente apelam à violência como último recurso. O *satyagraha*, por outro lado, é uma arma absolutamente não violenta. Considero meu dever explicar sua prática e seus limites. Não tenho dúvida de que o Governo Britânico é poderoso, mas também não duvido de que o *satyagraha* é um excelente remédio.

O hábil secretário balançou a cabeça e disse:

— Veremos.

4. SHANTINIKETAN

De Rajkot fui para Shantiniketan. Os professores e alunos me receberam com carinho. Foi uma bela combinação de simplicidade, arte e amor. Foi lá que encontrei Kakasaheb Kalelkar pela primeira vez.

Até então eu não sabia por que ele era chamado "Kakasaheb". Mas soube depois que o *Sjt.* Keshavrao Deshpande, que fora meu contemporâneo e amigo próximo na Inglaterra, e que havia dirigido uma escola no Estado de Baroda chamada Ganganath Vidyalaya, dera nomes de família aos professores, com o intuito de criar uma atmosfera fraterna.

O *Sjt.* Kalelkar, que era professor nessa escola, passou a ser chamado de *kaka* (literalmente, tio paterno). Phadke era chamado *mama* (literalmente, tio materno), e Harihar Sharma recebeu o nome de *Anna* (literalmente, irmão). Outros também receberam nomes similares. Anandanand *(swami)*, como amigo de *kaka*, e Patwardhan *(appa)*, como amigo de *mama*, mais tarde juntaram-se à família e com o passar do tempo tornaram-se meus colaboradores. O próprio *Sjt.* Deshpande costuma ser chamado de *saheb*. Quando a escola Ganganath Vidyalaya teve de ser dissolvida, a família também se fragmentou, mas eles nunca desistiram do relacionamento espiritual ou dos nomes assumidos.

Kakasaheb saíra para estudar as experiências de diversas instituições. Na época em que estive em Shantiniketan, por acaso ele estava lá. Chintaman Shastri, que pertencia à mesma fraternidade, também estava lá. Ambos ajudavam no ensino do sânscrito.

A comunidade de Phoenix havia sido transferida para diferentes áreas de Shantiniketan. Maganlal Gandhi estava na direção, e se ocupava em cuidar para que todas as regras de Phoenix fossem escrupulosamente seguidas. Percebi que, por força de seu amor, conhecimento e perseverança, sua influência era sentida em toda Shantiniketan.

Andrews estava lá, e Pearson também. Entre os professores de Bengali com os quais mantive contato próximo estavam Jagadanandbabu, Nepalbabu, Santoshbabu, Kshitimohanbabu, Nagenbabu, Sharadbabu e Kalibabu.

Como é de meu feitio, misturei-me rapidamente aos professores e alunos e começamos uma discussão sobre autossuficiência. Disse aos professores que, se eles e os meninos dispensassem o serviço de cozinheiros pagos e preparassem seus alimentos, isso possibilitaria o controle da cozinha do ponto de vista da saúde física e moral dos meninos, e seria valioso como lição de autossuficiência. Um ou dois deles balançaram a cabeça. Outros concordaram energicamente com a proposta. Os alunos a receberam bem, talvez apenas pelo gosto instintivo pela novidade.

Então iniciamos o experimento. Quando convidei o Poeta a expressar sua opinião a respeito ele disse que não se importava, desde que os professores fossem favoráveis. Aos meninos, disse:

— Esta experiência contém a chave para o *Swaraj*.

Pearson começou a se empenhar para que o experimento fosse um sucesso. Pôs-se com afinco ao trabalho. Formou-se um grupo para cortar vegetais, outro para limpar os grãos e assim por diante. Nagenbabu e os outros assumiram a tarefa de observar a limpeza da cozinha e arredores. Para mim foi um prazer vê-los trabalhando com a pá na mão.

Mas seria muito esperar que os 125 meninos, com seus professores, exercessem essa atividade física como os patos gostam da água. Havia discussões diárias. Alguns logo começaram a mostrar fadiga. Mas Pearson não era homem de se deixar abater. As pessoas sempre o viam sorrindo, fazendo uma coisa ou outra na cozinha. Assumira a limpeza dos utensílios maiores. Um grupo de alunos tocava cítara diante de seus colegas da limpeza, para aliviar o tédio da atividade. Todos executavam seus afazeres com disposição, e Shantiniketan tornou-se uma laboriosa colmeia.

Mudanças desse tipo uma vez iniciadas sempre progridem. Não somente a cozinha do grupo de Phoenix era autoconduzida, mas a comida era das mais simples. Os condimentos eram evitados. Arroz, *dal*, vegetais e mesmo farinha de trigo eram todos cozidos de uma vez e ao mesmo tempo em uma grande panela. E os meninos de Shantiniketan começaram uma cozinha parecida, com o intuito de introduzir reformas na alimentação. Um ou dois professores e alguns alunos controlavam o trabalho.

Contudo o experimento foi abandonado depois de algum tempo. Sou de opinião que a famosa instituição não perdeu nada por tê-lo conduzido por esse breve período, e acho que algumas das conclusões a que se chegou foram valiosas para os professores.

Eu tinha a intenção de ficar em Shantiniketan por algum tempo, mas o destino quis de outra forma. Mal havia passado uma semana, quando recebi um telegrama de Pune anunciando a morte de Gokhale. Shantiniketan ficou imersa em sofrimento. Todos os membros vieram a mim expressar suas condolências. Houve uma reunião especial no templo do *ashram* para lamentar a perda nacional. Foi uma cerimônia solene. No mesmo dia parti para Pune com minha esposa e Maganlal. Os outros ficaram em Shantiniketan.

Andrews acompanhou-me até Burdwan.

— O senhor acha — perguntou ele — que chegará o dia para o *satyagraha* na Índia? Se acha que sim, tem alguma ideia de quando será?

— É difícil dizer — respondi. — Não farei nada durante um ano, pois Gokhale fez-me prometer que viajaria pela Índia para ganhar experiência, e não expressaria minha opinião sobre questões públicas até acabar esse período. Mesmo depois, não terei pressa em tornar públicas minhas ideias. Então, suponho que não haverá ocasião para o *satyagraha* até dentro de cinco ou mais anos.

Nesse contexto, observo que Gokhale costumava rir de algumas de minhas ideias expressas na obra *Hind Swaraj [Índia Autogovernada]* dizendo: "Depois de um ano na Índia, seus pontos de vista mudarão por si próprios".

5. AS AFLIÇÕES DOS PASSAGEIROS DE TERCEIRA CLASSE

Em Burdwan defrontamo-nos com os inconvenientes que um passageiro de terceira classe tem que enfrentar, mesmo com a sua passagem garantida. "Os bilhetes de terceira classe não são reservados com tanta antecedência", foi o que nos disseram. Fui ao chefe da estação, embora isso também fosse algo complicado. Alguém gentilmente me levou até ele, e expliquei-lhe as nossas dificuldades. Recebi a mesma resposta. Assim que o guichê de reservas abriu fui comprar as passagens. Mas não foi nada fácil consegui-las. Os passageiros que estavam à frente, indiferentes aos outros que chegavam sem parar, continuavam a empurrar-me para fora, e fui praticamente o último da multidão a conseguir a passagem.

O trem chegou, e entrar nele foi outra provação. Havia uma livre troca de abusos e empurrões entre os passageiros que já estavam embarcados e os que tentavam entrar. Corremos para cima e para baixo na plataforma, mas em todos os lugares encontramos a mesma reposta: "Aqui não há vagas". Fui até o guarda e ele me disse:

— Deve tentar entrar onde conseguir, ou tomar o próximo trem.

— Mas tenho negócios urgentes — respondi respeitosamente.

Ele não teve tempo para ouvir-me. Fiquei desconcertado. Disse a Maganlal que entrasse onde fosse possível, e fui para um compartimento de outra classe com minha esposa. O guarda nos viu entrar. Em Asansol, veio cobrar-nos a tarifa extra. Eu disse:

— Era seu dever encontrar um lugar para nós. Não conseguimos arranjar nenhum, então estamos sentados aqui. Se conseguir acomodar-nos na terceira classe, ficaremos contentes em ir para lá.

— Não pode discutir comigo — disse o guarda. Não posso acomodá-los. Pague a tarifa extra ou saia.

Eu queria chegar a Pune de alguma forma. Não estava, contudo, preparado para lutar com o guarda, então paguei a tarifa que ele exigiu, isto é, até Pune. Mas melindrei-me com a injustiça.

Pela manhã chegamos a Mogalsarai. Maganlal tinha conseguido um lugar na terceira classe, para o qual então me transferi. Pus o inspetor de passagens a par de todos os fatos e pedi para que me desse um certificado da minha transferência para o compartimento de terceira classe em Mogalsarai. Ele recusou-se. Recorri às autoridades da companhia de trem em busca de um reembolso e recebi a seguinte resposta: "Não costumamos reembolsar tarifas excedentes sem a apresentação de um certificado, mas no seu caso abriremos uma exceção. Não é possível entretanto restituir o custo de Burdwan a Mogalsarai".

Desde então tive experiências com viagens de terceira classe que, se fossem todas relatadas, facilmente preencheriam um volume. Mas só posso referi-las de passagem nestes capítulos. Vem sendo e sempre será motivo de tristeza que por questões de saúde eu tenha sido obrigado a desistir de viagens na terceira classe.

As aflições dos passageiros dessa classe são sem dúvida fruto da falta de atenção das autoridades ferroviárias. Mas a violência, os hábitos sujos, o egoísmo e a ignorância dos próprios passageiros não é menos culpada. É pena que eles não percebam que estão se comportando de forma doentia, descuidada e egoísta. Acreditam que tudo o que fazem é natural. Tudo isso pode ser atribuído à indiferença que nós, gente "educada", sentimos por eles.

Chegamos a Kalyan mortos de cansaço. Maganlal e eu pegamos um pouco de água na bomba da estação e tomamos o nosso banho. Enquanto eu buscava água para o banho de minha esposa, o *Sjt.* Kaul, membro dos Servidores da Sociedade Indiana, nos reconheceu e aproximou-se. Também estava indo para Pune. Ofereceu-se para levar minha esposa ao banheiro da segunda classe. Hesitei em aceitar a oferta. Sabia que ela não tinha direito de utilizar essa instalação, mas por fim fui conivente com a contravenção. Sei que não foi um ato comprometido com a verdade. Não que minha esposa estivesse ansiosa para usar o banheiro, mas a parcialidade de um marido por sua mulher retira o melhor de sua devoção pela verdade. A face da verdade está escondida atrás do véu dourado de *maya*, dizem os *Upanixades*.

6. CANDIDATURA

Ao chegar a Pune, e depois de realizadas as cerimônias de *shraddha*[2], vimo-nos discutindo o futuro da Sociedade e a questão de se eu deveria ou não filiar-me a ela. Essa questão mostrou-se um assunto muito delicado. Enquanto Gokhale estava lá, eu não precisaria buscar minha admissão. Tinha apenas de obedecer ao seu desejo, uma posição de que gostava. Navegando pelo mar revolto da vida pública da Índia, precisava de um piloto seguro. Gokhale era um, e eu me sentia seguro sob sua proteção. Agora que ele havia partido devia contar com meus próprios recursos, e senti que era meu dever procurar a admissão. Achei que isso agradaria ao espírito de Gokhale.

Então sem hesitação e com firmeza, comecei a dar os primeiros passos nesse sentido.

A maioria dos membros da Sociedade estava em Pune naquele momento. Discuti com eles e tentei dissipar os receios que havia a meu respeito. Mas percebi que estavam divididos. Uma parte era favorável à minha admissão, a outra era fortemente contra. Eu sabia que ambas tinham afeto por mim, mas possivelmente sua lealdade à Sociedade era maior, ou pelo menos não menor do que esse afeto. Dessa forma nossas discussões foram sem rancor, e estritamente ligadas a questões de princípios. A seção que se opunha a mim sustentava que eles e eu éramos como polos opostos em vários assuntos vitais, e consideravam que minha filiação poria em perigo os verdadeiros objetivos para os quais a Sociedade havia sido fundada. Naturalmente, era mais do que podiam suportar.

Dispersamo-nos depois de prolongadas discussões. A decisão final fora adiada.

Eu estava consideravelmente agitado quando voltei para casa. Seria correto ser admitido pela maioria dos votos? Estaria isso em harmonia com minha lealdade a Gokhale? Vi claramente que, havendo uma divisão tão profunda entre os membros da Sociedade em torno de minha admissão, de longe a melhor atitude a ser tomada seria retirar minha candidatura e poupar aos que se opunham a mim uma situação conflitante.

Dessa forma, pensei que manteria minha lealdade à Sociedade e a Gokhale. A decisão veio a mim como um raio, e imediatamente escrevi para o Sr. Shastri pedindo-lhe para cancelar a reunião que havia sido adiada. Os que se opunham à minha filiação muito apreciaram o desfecho. Ele os poupou de uma situação constrangedora e nos ligou por laços de amizade ainda mais fortes. A retirada de minha candidatura transformou-me em um verdadeiro membro da Sociedade.

A experiência agora me diz que fiz bem em não me haver tornado formalmente um membro, e que a oposição de alguns à minha admissão era justificável. A experiência me mostrou que, em matéria de princípios, nossos pontos de vista eram bastante divergentes. Mas o reconhecimento de nossas diferenças não significou nenhum estranhamento ou mágoa entre nós. Continuamos como irmãos, e a casa da Sociedade em Pune tem sido para mim sempre um lugar de peregrinação.

É verdade que não me tornei um membro formal da Sociedade, mas fui um participante em espírito. Relacionamentos espirituais são muito mais importantes do que os físicos. Relações físicas divorciadas do espiritual são como um corpo sem alma.

7. KUMBA MELA

Em seguida fui a Rangun para encontrar o Dr. Metha, e no caminho parei em Calcutá. Fui hóspede do falecido Babu Bhupendranath Basu. A hospitalidade bengali ali atingia o seu clímax. Naquela época me alimentava somente com frutas, e por isso todo tipo de frutas e castanhas disponíveis em Calcutá foram encomendadas para mim. As mulheres da casa passavam a noite acordadas, descascando nozes e amêndoas. Todo cuidado foi tomado para servir as frutas frescas ao estilo indiano. Numerosas iguarias foram preparadas para meus companheiros, entre os quais estava meu filho Ramdas. Por mais que eu apreciasse essa carinhosa hospitalidade, não podia aceitar a ideia de uma casa inteira estar ocupada em entreter dois ou três hóspedes. Mesmo assim não via como escapar dessas atenções constrangedoras.

No navio, a caminho de Rangun, eu era um passageiro de convés. Se o excesso de atenção nos embaraçou na casa do *Sjt*. Basu, a mais horrenda falta de atenção até mesmo de confortos elementares foi o nosso fardo no convés de passageiros desse barco. O banheiro era insuportavelmente sujo e as latrinas fétidas. Para usá-las era preciso pisar em urina e excrementos ou pular sobre eles.

Era mais do que a carne e o sangue podiam suportar. Dirigi-me ao capitão, mas sem resultados. Se algo faltava para completar esse quadro de fedor e imundície, os passageiros o forneciam pelos seus hábitos descuidados. Cuspiam onde estavam sentados, sujavam o chão à sua volta com restos de comida, pontas de cigarro e folhas de bétele. Não havia fim para o barulho e todos tentavam ocupar o maior espaço possível. As bagagens tomavam mais lugar do que eles próprios. Vivemos então dois dias de verdadeira calamidade.

Ao chegar a Rangun escrevi ao agente da companhia de navegação informando-o de tudo. Graças à carta e aos esforços do Dr. Metha, a viagem de volta, embora no convés, foi menos insuportável.

Em Rangun minha dieta de frutas foi novamente uma fonte adicional de trabalho para o anfitrião. Contudo, visto que a casa do Dr. Metha era como se fosse a minha própria, pude controlar um pouco a profusão do cardápio.

Entretanto, como não havia posto nenhum limite ao número de artigos que podia comer, o paladar e os olhos se recusaram a colocar um cadeado na variedade do que me serviam. Não havia horários definidos para as refeições. Pessoalmente, preferia fazer minha última refeição antes do cair da noite. Contudo não havia como fazê-la antes das oito ou nove da noite.

Aquele ano — 1915 — era o do festival de Kumbha, que acontece em Haridvar a cada doze anos. Eu não estava de modo nenhum ávido para ir ao festival, mas estava ansioso para encontrar o *Mahatma* Munshiramji, que estava em seu *gurukul*. A Sociedade tinha enviado um grande número de voluntários para trabalhar na festividade. O pândita Hridayanath Kunzru dirigia os trabalhos, e o falecido Dr. Dev era o médico oficial. Fui convidado a enviar o grupo de Phoenix para ajudá-los, e por isso Maganlal Gandhi já se havia antecipado a mim. No meu retorno de Rangun juntei-me ao grupo.

A viagem de Calcutá a Haridvar foi um desafio particularmente duro. Às vezes os vagões não tinham luz. A partir de Saharanpur fomos depositados em vagões de carga ou de gado. Estes não tinham teto. Por isso, com o sol ardente do meio-dia sobre nossas cabeças e o chão de ferro escaldante embaixo, ficamos torrados. As dores da sede causadas por viagens como essa não conseguiam persuadir os hindus ortodoxos a beber água, se ela fosse *musalmani* (muçulmana). Esperavam até conseguir água "hindu". Esses mesmos hindus, diga-se de passagem, não hesitavam nem questionavam, quando estavam doentes e os médicos lhes prescreviam ou administravam caldo de carne ou quando um muçulmano ou cristão presente lhes dava água.

Nossa estadia em Shantiniketan havia nos ensinado que coletar o lixo seria nossa função especial na Índia. Para os voluntários, levantaram-se barracas em uma *dharmashala*, e o Dr. Dev mandara cavar algumas fossas para serem usadas como latrinas. Ele teve que recorrer a lixeiros assalariados para mantê-las em ordem. Aqui estava um trabalho para o grupo de Phoenix. Oferecemo-nos para cobrir os excrementos com terra e cuidar para que o lugar estivesse sempre limpo. O Dr. Dev, encantado, aceitou. A oferta foi feita, naturalmente, por mim, mas foi Maganlal Gandhi que teve de executá-la. Na maior parte do tempo minha ocupação era ficar na tenda dando *darshan* e mantendo discussões religiosas e outras com os diversos peregrinos que me procuravam. Isso não deixou um só minuto para mim mesmo. Era seguido até mesmo ao *ghat*[3] do banho por esses buscadores de *darshan*, que não me deixavam a sós sequer para fazer as refeições. Foi assim que percebi a profunda impressão que meus humildes serviços na África do Sul haviam deixado em toda a Índia.

Essa não era uma posição invejável. Contudo sentia-me como se estivesse entre o diabo e o mar profundo. Onde ninguém me reconhecia, tive que suportar os constrangimentos a que estão sujeitos os milhões que povoam esta terra, como por exemplo nas viagens ferroviárias. Onde era rodeado por pessoas que tinham ouvido falar de mim, tornava-me vítima da loucura pelo *darshan*. Qual das duas situações é a pior, eis algo que não sei dizer. Mas pelo menos sei que o amor cego dos *darshanvalas* frequentemente me deixou irritado e, mais frequentemente ainda comovido. Mas viajar, por mais duro que seja, me tem enriquecido e dificilmente me levou à irritação ou ao desgosto.

Naquela época era forte o bastante para vagabundear por todo lado. Felizmente não era tão conhecido e assim podia sair à rua sem criar tanta confusão. Durante essas caminhadas pude observar melhor o descuido, a hipocrisia e a falta de asseio dos peregrinos, que era maior do que sua devoção. A multidão de *sadhus* que ali chegara parecia ter nascido para apreciar as boas coisas da vida.

Lá, eu vi uma vaca de cinco pés! Fiquei espantado, mas conhecendo a condição humana, logo me desiludi. O pobre animal era um sacrifício à ganância dos perversos. Soube que o quinto pé não era nada além de um membro cortado de um bezerro vivo e enxertado sob o ombro da vaca! O resultado daquela dupla crueldade era explorado para tirar dinheiro dos ignorantes.

Não havia hindu que não se sentisse atraído por uma vaca de cinco pés, e nenhum que deixasse de esbanjar sua caridade com um animal tão miraculoso.

O dia do festival chegara. Mostrou-se uma provação para mim. Eu não tinha ido a Haridvar com os sentimentos de um peregrino. Nunca pensara em frequentar locais de peregrinação em busca de piedade religiosa. Mas o milhão e setecentas mil pessoas que estavam lá não poderiam ser todas hipócritas, ou meros turistas. Não tenho dúvida de que muitas delas tinham ido até lá para ganhar méritos e para se autopurificar. É difícil, senão impossível, dizer até que ponto esse tipo de fé eleva a alma.

Entretanto passei a noite toda imerso em profundos pensamentos.

Havia almas piedosas em meio à hipocrisia reinante. Estavam livres de culpa perante o Criador. Se a própria visita a Haridvar era um pecado, eu deveria protestar publicamente contra ela e deixar o local no dia da Kumba. Se a peregrinação a Haridvar e ao festival Kumba não era pecaminosa, eu devia impor-me alguma penitência pela iniquidade que ali prevalecia e assim purificar-me. Isso me parecia bastante natural. Minha vida está baseada em resoluções disciplinares.

Pensei nos problemas desnecessários que causara a meus anfitriões em Calcutá e Rangun, que com tanta fartura me tinham recebido. Assim, decidi limitar os artigos de minha alimentação diária e fazer minha última refeição antes do pôr do sol. Estava convencido de que se não me impusesse essas restrições colocaria meus futuros anfitriões em situações inconvenientes, comprometendo-os a servir-me em vez do contrário. Fiz então a promessa de que enquanto estivesse na Índia não comeria mais do que cinco alimentos diferentes no curso de vinte e quatro horas, e nunca me alimentaria depois do anoitecer.

Pensei bastante em todas as dificuldades que isso poderia implicar. Mas não queria deixar escapatórias. Imaginei o que poderia acontecer em caso de doença, se pusesse os medicamentos entre esses cinco artigos, e se não abrisse nenhuma exceção em favor de itens especiais em minha dieta. Finalmente decidi que não haveria nenhuma exceção.

Tenho estado sob esses votos durante os últimos treze anos. Eles têm me colocado sob severas provações, mas posso dar o testemunho de que também me serviram de escudo. Sou de opinião que eles somaram alguns anos à minha vida e me pouparam de muitas doenças.

8. LAKSHMAN JHULA

Foi um grande alívio chegar ao *gurukul* e encontrar o *Mahatma* Munshiramji, com sua enorme fama. Logo senti o maravilhoso contraste entre a paz do *gurukul* e o barulho e agitação de Haridvar.

O *Mahatma* encheu-me de afeto. Os *brahmacharis* estavam todos atentos. Foi lá que fui apresentado pela primeira vez ao *Acharya* Ramadevji, e de imediato percebi sua força e poder. Tínhamos pontos de vista diferentes em muitos assuntos, mas logo depois que nos conhecemos surgiu uma amizade.

Discutia longamente com o *Acharya* e outros professores sobre a necessidade de introduzir um treinamento industrial no sistema de ensino. Quando chegou a hora de ir, foi um esforço deixar aquele lugar.

Ouvira muitos elogios à Lakshman Jhula (uma ponte sobre o rio Ganges), a pouca distância de Rishikesh, e muitos amigos insistiram para que eu não saísse de Haridvar sem ter ido vê-la. Eu queria fazer essa peregrinação a pé e a fiz em duas etapas.

Muitos *sannyasins* visitaram-me em Rishikesh. Um deles se sentia particularmente atraído por mim. O grupo de Phoenix estava lá e sua presença determinou muitas perguntas do *swami*. Discutimos religião e ele percebeu o quão profundamente me preocupava com essas questões. Viu-me de cabeça raspada e sem camisa quando eu voltava de meu banho no Ganges. Condoeu-se por eu não ter o *shikha* (tufo de cabelo) na minha cabeça e não trazer o cordão sagrado ao pescoço. Disse:

— Dói-me ver o senhor, um hindu, saindo sem o cordão sagrado e sem o *shikha*. São os dois símbolos externos do hinduísmo e todo verdadeiro devoto deveria usá-los.

Eis a história de como dispensei ambos. Quando era um garoto de dez anos, invejava os meninos brâmanes que andavam com molhos de chaves pendurados em seus cordões sagrados. Queria fazer o mesmo. A prática de usar o cordão sagrado não era comum na época, entre as famílias *vaishya* [comerciantes] de Kathiwad. Mas começara um movimento tornando obrigatório usá-lo entre os três primeiros *varnas* [castas]. Como resultado vários membros do clã Gandhi adotaram o cordão sagrado. O brâmane que estava ensinando o *Ramaraksha* a dois ou três de nós, meninos, colocou-nos o cordão.

Embora na ocasião não possuísse um molho de chaves, ganhei um cordão e comecei a usá-lo. Mais tarde, quando o cordão se foi, não me lembro de ter sentido muito a sua falta. Mas lembro-me de não ter ido procurar outro.

Enquanto crescia houve muitas tentativas bem intencionadas de me investirem com cordão sagrado, mas com pouco sucesso. Se os sudras não podem usá-lo, argumentei, que direito as outras castas têm de fazê-lo? Não vi razão adequada para adotar o que para mim era um costume desnecessário. Não tinha nenhuma objeção ao uso do tal cordão, mas as razões para usá-lo também me faltavam.

Como um *vaishnava*, tinha naturalmente usado um *kanthi*[4] em volta do pescoço, e o *shikha* era considerado obrigatório pelos mais velhos. Na véspera da minha viagem à Inglaterra entretanto, livrei-me do *shikha* para não parecer um bárbaro aos olhos dos ingleses quando estivesse com a cabeça descoberta.

De fato esse sentimento de covardia me levou tão longe, que na África do Sul consegui que meu primo Chhaganlal Gandhi, que religiosamente usava o *shikha*, o retirasse. Receei que pudesse afetar o seu trabalho público, e mesmo sob o risco de magoá-lo fiz com que ele o dispensasse.

E assim, de peito aberto expus o assunto ao *swami*. E disse:

— Não usarei o cordão sagrado. Não vejo necessidade disso, pois inúmeros hindus ficam sem ele e nem por isso são menos hindus. Além do mais o cordão deveria ser um símbolo de regeneração espiritual, pressupondo uma tentativa deliberada da parte do que o usa, de alcançar uma vida mais elevada e pura. Duvido que no atual estado do hinduísmo e da Índia os hindus possam reivindicar o direito de usar um símbolo tão carregado de significados. Esse direito virá somente depois que o hinduísmo estiver livre do preconceito da intocabilidade, que tenha removido todas as distinções de superioridade e inferioridade e expurgado os males e vergonhas que nele se tornaram opressivos. Por essa razão minha mente faz restrições à ideia de usar o cordão sagrado. Mas tenho certeza de que sua sugestão a respeito do *shikha* merece ser considerada. Eu costumava usá-lo e descartei a ideia por um falso senso de vergonha. Sinto que deveria deixá-lo crescer novamente. Devo discutir este assunto com meus colaboradores.

O *swami* não apreciou minha posição a respeito do cordão sagrado. As mesmas razões que pareciam me sugerir não usá-lo pareciam indicar o oposto para ele. Mesmo hoje minha posição permanece a mesma que era em Rishikesh. Enquanto houver religiões diferentes, todas elas precisarão de algum tipo de distintivo exterior para simbolizá-las. Entretanto, quando o símbolo se torna um fetiche e um instrumento que prova a superioridade de uma religião sobre outra merece ser ignorado. O cordão sagrado não me parece hoje ser um meio de elevar o hinduísmo. Sendo assim sou indiferente a ele.

Quanto ao *shikha*, a covardia havia sido minha razão para dispensá-lo. Depois de consultar meus amigos decidi deixá-lo crescer novamente.

Mas voltando ao tema da ponte Lakshman Jhula, fiquei encantado com o cenário natural e curvei a cabeça em reverência aos nossos ancestrais por seu senso de beleza na Natureza, e por sua sabedoria de ter investido em lindas manifestações naturais com significado religioso.

Porém o modo como as pessoas estavam usando esses lugares encantadores estava bem longe de trazer-me a paz. Tanto em Haridvar quanto em Rishikesh as pessoas sujavam as ruas e as belas margens do Ganges. Nem mesmo hesitavam em defecar nas águas sagradas. Ficava angustiado ao ver as pessoas fazendo suas necessidades à vista de todos nas margens do rio, quando poderiam facilmente encontrar lugares afastados do público.

Lakshman Jhula era, eu vi, nada além de uma ponte de ferro suspensa sobre o Ganges. Contaram-me que originalmente havia sido uma bela ponte de corda. Mas um filantropo de Marwadi meteu na cabeça a ideia de destruí-la e construir uma de ferro a alto custo, e então confiou as chaves ao governo! Não posso dizer nada sobre a ponte de corda, pois nunca a vi, mas a de ferro está completamente fora de lugar naquele cenário e violenta a sua beleza. Contudo entregar as chaves de uma ponte de peregrinos ao governo foi demais, mesmo para minha lealdade daqueles tempos.

O *svargashram*[5] a que as pessoas chegam depois de cruzar a ponte é um lugar miserável, nada além de algumas folhas de ferro galvanizado com aparência gasta. Contaram-me que tinha sido construído por *sadhakas* (neófitos). Naquele momento não havia quase nenhum morador. Os que estavam no edifício principal deixavam uma impressão desagradável.

Mas as experiências de Haridvar provaram ser de valor inestimável. Foram de grande ajuda para que eu decidisse onde deveria viver e o que deveria fazer.

9. A FUNDAÇÃO DO *ASHRAM*

A peregrinação ao festival de Kumba foi minha segunda visita a Haridvar.

O *Ashram Satyagraha* foi fundado no dia 25 de maio de 1915. Shraddhanandji queria que eu me estabelecesse em Haridvar. Alguns de meus amigos de Calcutá recomendaram a cidade de Vaidyanathadham. Outros insistiam muito para que escolhesse Rajkot. Entretanto quando passei por Ahmedabad muitos amigos me pressionaram para que ficasse lá, e se propuseram a levantar fundos para as despesas do ashram e também para uma casa onde minha família e eu iríamos morar.

Eu tinha predileção por Ahmedabad. Sendo um gurajate, pensei que seria capaz de prestar melhores serviços ao país por meio dessa língua.

E assim, como Ahmedabad era o antigo centro de tecelagem manual, seria o campo mais favorável para reavivar a indústria têxtil de algodão com esse tipo de tear. Havia também a esperança de que, sendo a cidade a capital do Estado, a ajuda monetária de cidadãos ricos estaria mais disponível aqui do que em outro lugar.

A questão da intocabilidade estava naturalmente entre os assuntos discutidos com os amigos de Ahmedabad. Deixei claro a eles que aproveitaria a primeira oportunidade para admitir no *ashram* um candidato intocável, caso ele merecesse.

— Onde está o intocável que satisfará suas condições? — perguntou altivamente um amigo *vaishnava*.

Finalmente decidi fundar o *ashram* em Ahmedabad.

No que diz respeito às acomodações, o *Sjt.* Jivanlal Desai, advogado em Ahmedabad, foi a pessoa que mais me ajudou. Ofereceu seu bangalô e decidimos alugá-lo. A primeira coisa que tivemos de escolher foi o nome do *ashram*. Consultei amigos. Entre os nomes sugeridos estavam *Sevashram* (A Morada do Serviço), *Tapovan* (A Mansão das Austeridades) etc. Gostei do nome *Sevashram,* exceto pela falta de ênfase nos métodos de serviço. *Tapovan* parecia ser um título pretensioso, porque embora *tapas* (austeridades) fosse algo muito apreciado por nós, não poderíamos presumir que já fôssemos *tapasvins* (homens austeros). Nosso credo era a devoção pela Verdade e nossa tarefa era buscá-la e perseverar nela.

Queria familiarizar a Índia com o método que havia tentado na África do Sul, e desejava testar em terras indianas até onde seria possível a sua aplicação. Então meus companheiros e eu escolhemos o nome *Ashram Satyagraha,* que reunia tanto nosso objetivo quanto nosso método de serviço.

Para conduzir o *ashram* era necessário um código de princípios e observâncias. Preparou-se um e amigos foram convidados a opinar. Entre muitas das sugestões que recebemos, a do Sir Gurudas Banerji ainda está em minha memória. Ele gostou dos princípios mas sugeriu que a humildade deveria ser somada às observâncias, pois acreditava que as gerações mais jovens careciam dela.

Embora percebesse essa falha, temia que a humildade deixasse de existir no momento que se tornasse uma questão de devoção. O verdadeiro sentido da humildade é o autodesapego. Autodesapego é *moksha* (liberação). Sendo assim ele próprio não pode ser uma observância. Deve haver observâncias para atingi-lo. Se as ações de um neófito em busca do *moksha* não forem humildes e desprendidas, não haverá verdadeira aspiração por ele. Servir sem humildade é apego e egoísmo.

Nessa época havia cerca de treze tâmeis em nosso grupo. Cinco jovens tâmeis tinham me acompanhado desde a África do Sul e o restante viera de diferentes partes do país. Éramos mais ou menos vinte e cinco homens e mulheres.

Foi assim que o *ashram* começou. Todos faziam suas refeições em uma cozinha comum e empenhavam-se em viver como uma família.

10. NA BIGORNA

O *ashram* existia há apenas alguns meses quando fomos submetidos a provações que eu não esperava. Recebi uma carta de Amritlal Thakkar com esta pergunta: "Uma família de intocáveis, humilde e honesta, deseja juntar-se ao seu *ashram*. O senhor a aceitaria?"

Fiquei perturbado. Não esperava que uma família de intocáveis, apresentada por um homem como Thakkar, já estivesse procurando admissão ao *ashram*. Mostrei a carta a meus companheiros e eles foram receptivos. Escrevi a Amritlal Thakkar expressando nossa disposição de acolher a família, desde que todos os seus membros estivessem dispostos a aceitar as regras do *ashram*.

A família consistia em Dudabhai, sua esposa Danibehn e sua filha Lakshmi, na época um bebê de colo. Dudabhai tinha sido instrutor em Mumbai. Todos concordaram em seguir as regras e foram aceitos.

Essa admissão agitou o *ashram*. A primeira dificuldade dizia respeito ao uso do poço, que era parcialmente controlado pelo dono do bangalô. O responsável pela retirada da água objetou que gotas de nosso balde iriam contaminar o poço. Começou a xingar-nos e a molestar Dudabhai. Eu disse a todos que aguentassem os abusos e continuassem insistindo em retirar a água. Quando percebeu que não devolvíamos os insultos o homem ficou envergonhado e parou de nos perturbar.

Toda ajuda monetária entretanto foi interrompida. O amigo que havia perguntado se admitiríamos os intocáveis em nosso *ashram*, jamais imaginou que algo assim pudesse de fato acontecer.

Com a interrupção da ajuda financeira surgiram rumores de uma proposta social de boicote. Estávamos preparados para tudo isso. Havia dito a meus companheiros que, se fôssemos boicotados e nos negassem as facilidades habituais, não deixaríamos Ahmedabad. Em vez disso iríamos morar no bairro dos intocáveis e viveríamos do que conseguíssemos com nosso trabalho manual.

As coisas chegaram a tal ponto que um dia Maganlal Gandhi me avisou:

— Estamos sem dinheiro. Nada teremos para o próximo mês.

Respondi tranquilamente:

— Então devemos ir para o bairro dos intocáveis.

Não era a primeira vez que enfrentava uma provação assim. Em todas as outras situações Deus mandou ajuda no último momento. Uma manhã, logo depois de Maganlal ter me avisado sobre nossa situação financeira, uma das crianças veio e disse que um *Sheth,* que estava esperando num carro lá fora, queria me ver. Fui até ele.

— Quero ajudar o *ashram* de alguma maneira. O senhor aceitaria? perguntou ele.

— Certamente que sim — eu disse. — E confesso que estou neste momento praticamente sem recursos.

— Virei amanhã a esta hora — disse ele. — O senhor estará aqui?

— Sim — respondi.

E ele se foi.

No dia seguinte, exatamente na hora combinada o carro apareceu em nossa área e buzinou. As crianças trouxeram a notícia. O *Sheth* não entrou. Saí para vê-lo. Ele pôs em minhas mãos notas no valor de 13.000 rúpias e foi embora.

Jamais esperara essa ajuda. E que forma original de proporcioná-la! O cavalheiro nunca havia visitado o *ashram* antes. E pelo que posso lembrar-me, o encontrara apenas uma vez. Sem visitas, sem perguntas, simplesmente ofereceu ajuda e partiu. Foi uma experiência única para mim. A ajuda prorrogou a mudança para o bairro dos intocáveis. Agora sentíamo-nos seguros por um ano.

Se havia uma tempestade lá fora existia outra no seio do *ashram.* Embora na África do Sul os amigos intocáveis costumassem vir à minha casa e viver e comer comigo, minha esposa e as outras mulheres não pareciam satisfeitas com a admissão de intocáveis no *ashram.* Meus olhos e ouvidos facilmente detectavam a indiferença, quando não o descaso para com Danibehn.

As dificuldades financeiras não haviam me causado ansiedade, mas essa tempestade interna era mais do que podia aceitar. Danibehn era uma mulher como as outras. Dudabhai era um homem de pouca educação, mas de bom entendimento. Gostava de sua paciência. Às vezes ele se exaltava, mas no geral eu estava bem impressionado por sua indulgência. Pedia-lhe que tolerasse os pequenos insultos. Ele não somente concordava mas pedia à sua esposa que fizesse o mesmo.

A admissão dessa família revelou-se uma lição valiosa para o *ashram.* Logo no início proclamamos ao mundo que o *ashram* não aceitaria a intocabilidade. Os que quisessem ajudar sabiam ao que ater-se, e o trabalho foi nesse sentido consideravelmente simplificado. O fato de que na maioria das vezes foram os hindus ortodoxos que supriram as crescentes despesas diárias do *ashram* talvez seja uma indicação clara de que a intocabilidade está estremecida em suas bases. Há na verdade muitas outras provas disso.

Mas o fato de os bons hindus não hesitarem em ajudar um *ashram* onde íamos ao ponto de fazer as refeições com os intocáveis, não é uma prova insignificante.

Sinto muito que devo excluir um grande número de experiências relativas a esse assunto. Por exemplo: como discutimos temas delicados que emergiram da questão principal; como tivemos de superar algumas dificuldades inesperadas, e outros inconvenientes resultantes do nosso compromisso com a Verdade. Os capítulos que se seguem também sofrerão da mesma desvantagem. Terei de omitir detalhes importantes, porque a maioria dos personagens do drama ainda está viva, e não é certo usar seus nomes sem permissão, ligados a eventos nos quais estão envolvidos. É praticamente impossível obter esse consentimento, ou conseguir que eles revisem os capítulos nos quais são mencionados. Além disso tal procedimento está fora dos limites de uma autobiografia. Assim, sinto que o restante da história, que em minha opinião é valiosa para os que buscam a Verdade será contada com inevitáveis omissões. Todavia é meu desejo e esperança, se Deus quiser, trazer a narrativa até os dias da Não cooperação.

11. A ABOLIÇÃO DA IMIGRAÇÃO CONTRATADA

Deixemos por um momento o *ashram*, que logo no início teve que suportar tempestades internas e externas, e consideremos brevemente um assunto que chamou minha atenção.

Operários contratados eram os que tinham emigrado da Índia para trabalhar sob um contrato de cinco anos ou mais. Segundo o acordo Smuts-Gandhi, de 1914, o imposto de 3 libras cobrado aos imigrantes contratados de Natal tinha sido abolido, mas a imigração geral da Índia ainda precisava de estudos.

Em março de 1916 o pândita Madan Malaviyaji apresentou uma moção à Assembleia Legislativa Imperial pedindo a abolição do sistema de trabalhos contratados. Ao aceitar a moção, Lorde Hardinge anunciou que "obtivera do Governo de Sua Majestade a promessa da abolição desse sistema". Senti entretanto que a Índia não poderia ficar satisfeita com uma afirmação tão vaga, mas deveria agir em busca da abolição imediata do tributo. A Índia havia tolerado o sistema devido à sua negligência, e eu achava que havia chegado a hora de as pessoas se mobilizarem em busca dessa mudança. Encontrei-me com alguns dos líderes, escrevi à imprensa, e percebi que a opinião pública estava solidamente a favor da abolição imediata.

Seria esse um assunto adequado para o *Satyagraha?* Eu não tinha dúvida de que sim, mas não sabia como poderia ser o *modus operandi*.

Enquanto isso o Vice-rei não havia feito segredo do significado da "eventual abolição" que, como disse, era a extinção "dentro de um prazo razoável que permitisse a introdução de medidas alternativas".

Então, em fevereiro 1917 o pândita Malaviyaji pediu permissão para introduzir uma lei de abolição imediata do sistema. Lorde Chelmsford negou-a. Chegara o momento de viajar para levantar toda a Índia.

Antes de iniciar a agitação, pensei que seria melhor esperar pelo Vice-rei. Pedi uma audiência. Ele imediatamente a concedeu. O Sr. Maffey, agora Sir John Maffey, era seu secretário particular. Eu chegara a conhecê-lo de perto. Tive uma conversa satisfatória com Lorde Chelmsford que, sem ser definitivo, prometeu ajudar.

Comecei minha excursão por Mumbai. O Sr. Jehangir Petit incumbiu-se de convocar uma reunião sob os auspícios da Associação Imperial de Cidadãos. O comitê executivo reuniu-se primeiro para redigir as moções a serem apresentadas.

O Dr. Stanley Reed, o *Sjt.* (agora Sir) Lallubhai Samaldas, o *Sjt.* Natarajan e Sr. Petit estavam presentes a essa reunião. A discussão girou em torno do período que seria concedido ao governo para que abolisse o sistema. Houve três propostas: a abolição seria feita "o mais breve possível; abolição a partir de 31 de julho, e abolição imediata". Eu era a favor de uma data definida. Assim poderíamos decidir o que fazer se o governo não concordasse com o nosso prazo. O *Sjt.* Lallubhai era a favor da abolição "imediata". Disse que "imediata" indicava um período anterior a 31 de julho. Expliquei que as pessoas não entenderiam a palavra "imediata". Se quisermos que eles façam alguma coisa, precisam de um termo mais claro. Todos interpretariam "imediato" à sua maneira — o governo de uma forma, o povo de outra.

Não havia como entender mal "dia 31 de julho" e, se nada fosse feito até essa data, poderíamos proceder de acordo. O Dr. Reed percebeu a força desse argumento, e finalmente o *Sjt.* Lallubhai também concordou. Adotamos 31 de julho como a data-limite para que a abolição fosse anunciada. Uma resolução para esse efeito foi comunicada na reunião pública, e outros encontros através da Índia chegaram à mesma conclusão. A Sra. Jaiji Petit pôs toda a sua energia na organização de uma delegação de senhoras junto ao Vice-rei. Entre as senhoras de Mumbai que a compunham, lembro-me dos nomes de Lady Tata e a falecida Dilshad Begam. A delegação produziu um grande efeito. O Vice-rei respondeu de modo encorajador.

Visitei Karachi, Calcutá e vários outros lugares. Houve ótimas reuniões em todos eles, com grande entusiasmo. Eu não esperara nada assim, quando a agitação foi iniciada. Naquela época costumava viajar sozinho, e dessa forma tive experiências maravilhosas. Os homens do C.I.D. estavam sempre atrás de mim. Entretanto, como não tinha nada a esconder eles não me perturbavam, nem lhes causei qualquer tipo de problema. Felizmente ainda não recebera o título de *Mahatma,* apesar de ouvi-lo com grande frequência nos lugares onde era conhecido.

Certa vez detetives me interpelaram em várias estações, pedindo minha passagem e anotando o seu número. Eu, é claro, respondia prontamente a todas as perguntas. Os passageiros do trem tomavam-me por um *sadhu* ou faquir. Ao ver que estava sendo molestado em toda estação, exasperavam-se e xingavam os detetives.

— Por que estão incomodando o pobre *sadhu* por nada? — protestavam.

— Não mostre sua passagem a esses canalhas — diziam-me. Eu respondia gentilmente:

— Não há problema em mostrar-lhes o meu bilhete. Estão cumprindo o seu dever.

Os passageiros não ficavam satisfeitos, manifestavam mais e mais a sua solidariedade, e negavam-se energicamente a concordar com esses maus-tratos a um homem inocente.

Mas os detetives não eram nada, a verdadeira amolação era a viagem na terceira classe. Minha experiência mais amarga ocorreu de Lahore a Délhi. Seguia para Calcutá, vindo de Karachi via Lahore, onde tive de mudar de trem. Foi impossível encontrar lugar. O trem estava cheio e os que conseguiram entrar o fizeram usando a força, frequentemente entrando pelas janelas se as portas estivessem fechadas. Eu tinha de chegar a Calcutá na data fixada para o comício, e se perdesse esse trem não conseguiria chegar a tempo. Quase desistira de conseguir entrar. Ninguém estava disposto a me aceitar, quando um porteiro vendo o meu apuro veio a mim e disse:

— Dê-me doze centavos e lhe arranjarei um lugar.

— Sim — respondi —, receberá doze centavos se realmente achar um lugar para mim.

O carregador saiu de vagão em vagão, mas ninguém lhe dava atenção. Quando o trem estava para sair, alguns passageiros disseram:

— Não há espaço, mas pode espremê-lo aqui se você quiser. Ele terá de ficar em pé.

— Está bem? — perguntou o carregador.

Concordei prontamente e ele me empurrou para dentro através da janela. Dessa forma tomei o trem e ele ganhou seus doze centavos.

Aquela noite foi uma provação. Os demais passageiros estavam sentados, de alguma forma. Fiquei em pé por duas horas, segurando a corrente de um beliche.

Enquanto isso alguns dos passageiros continuaram a se preocupar comigo incessantemente.

— Por que não se senta? — perguntavam. Tentei argumentar com eles dizendo que não havia espaço, mas não conseguiam tolerar que eu ficasse em pé, embora estivessem estirados confortavelmente nos beliches suspensos.

Não cansavam de preocupar-se comigo, nem eu de responder-lhes. Isso finalmente os amoleceu. Alguns perguntaram o meu nome e, quando o disse, foram tomados pela vergonha. Pediram-me desculpas e me conseguiram um espaço. Minha paciência foi recompensada. Estava morto de cansaço e minha cabeça rodava. Deus mandou ajuda quando ela era mais necessária.

Assim acabei chegando a Délhi e daí a Calcutá. O Marajá de Cassimbazaar, presidente da reunião de Calcutá, era meu anfitrião. Assim como em Karachi, lá também reinava um enorme entusiasmo. O comício foi assistido por vários ingleses.

Antes de 31 de julho o governo anunciou que as emigrações da Índia sob contrato estavam suspensas. Em 1894 eu redigira a primeira petição protestando contra o sistema, e desde então havia esperado que essa "semiescravidão", como Sir W.W. Hunter costumava chamá-lo, um dia chegasse ao fim.

Muitos apoiaram o movimento iniciado em 1894, mas não posso deixar de dizer que o poder do *Satyagraha* apressou esse fim.

Para maiores detalhes sobre esse movimento e sobre os que tomaram parte nele, indico ao leitor o meu livro *Satyagraha na África do Sul*.

12. A MANCHA DE ANIL

Champaran é a terra do Rei Janaka. Do mesmo modo que lá são abundantes as alamedas de mangueiras, também havia muitas plantações de anil até o ano de 1917. O camponês arrendatário era forçado por lei a plantar três de cada vinte partes de sua gleba com anil para o dono da terra. Esse sistema era conhecido como *tinkathia*, pois três *kathas* de cada vinte (que formam um acre) tinham de ser plantadas com anil.

Devo confessar que até então não conhecia nem mesmo o nome, muito menos a posição geográfica de Champaran, e não tinha praticamente nenhuma noção sobre plantações de anil. Vira fardos de anil, mas nem sonhava que era cultivado e manufaturado em Champaran ao custo de grande trabalho para milhares de agricultores.

Rajkumar Shukla foi um dos camponeses que tinham vivido sob esse sistema, e estava consumido pela paixão de lavar essa mancha de anil, sob a qual milhares de compatriotas ainda sofriam como ele sofrera.

Esse homem me apanhou em Lucknow, para onde eu fora participar do Congresso de 1916.

— O *vakil* Babu lhe contará tudo sobre o nosso sofrimento — disse ele, e me pediu para ir a Champaran. O *"vakil* Babu" era ninguém menos que Babu Brajkishore Prasad, que haveria de se tornar meu estimado colaborador em Champaran, e que hoje é a alma das ações comunitárias em Bihar. Rajkumar Shukla trouxe-o à minha tenda. Estava vestido em um *achkan* [jaqueta] de alpaca preta e calças.

Babu Brajkishore não me causou nenhuma impressão e achei que deveria ser algum *vakil* explorando agricultores simples. Depois de ouvir dele algo sobre Champaran, respondi diretamente:

— Não posso opinar sem ver as condições com meus próprios olhos. Por favor apresente a moção ao Congresso, mas deixe-me livre por enquanto.

Rajkumar Shukla, é claro, queria alguma ajuda do Congresso. Babu Brajkishore Prasad apresentou a moção expressando sua simpatia pelo povo de Champaran, e ela passou por unanimidade.

Rajkumar Shukla ficou contente, mas nem de longe satisfeito. Queria que eu visitasse pessoalmente Champaran e testemunhasse as misérias e abusos que lá ocorriam. Eu lhe disse que incluiria Champaran na viagem que havia planejado e lhe dedicaria um dia ou dois.

— Um dia seria o suficiente — disse ele. — E o senhor verá as coisas com seus próprios olhos.

De Lucknow fui para Cawnpore. Rajkumar Shukla me acompanhou até lá.

— Champaran é muito perto daqui. Por favor conceda-nos o dia, insistiu ele.

— Peço desculpas por esta vez, mas prometo que irei — eu disse, comprometendo-me. Voltei para o *ashram*. Lá estava o onipresente Rajkumar.

— Peço-lhe que fixe a data agora — insistiu ele.

— Bem — respondi —, tenho de estar em Calcutá em tais e tais dias. Então venha encontrar-me e leve-me a partir de lá. — Eu não sabia para onde deveria ir, o que fazer, que coisas ver.

Antes de chegar à casa de Bhupen Babu em Calcutá, Rajkumar Shukla já seguira para lá, onde se havia estabelecido. E assim esse agricultor ignorante, não sofisticado mas decidido cativou-me por completo.

No começo de 1917 deixamos Calcutá rumo a Champaran. Parecíamos apenas rústicos companheiros. Eu não conhecia nem o trem. Ele levou-me até ele e viajamos juntos chegando a Patna pela manhã.

Foi minha primeira visita a essa cidade. Não tinha amigos ou conhecidos com quem pudesse pensar em ficar. Achava que Rajkumar Shukla, mesmo sendo um simples camponês deveria ter alguma influência por lá. Conheci-o um pouco mais durante a viagem e ao chegar a Patna não tinha mais ilusões a seu respeito: era perfeitamente inocente de tudo. Os *vakils* que ele considerava amigos na realidade não o eram. O pobre Rajkumar havia sido mais ou menos um serviçal deles. Entre os camponeses e seus *vakils* há um abismo tão largo quanto o Ganges durante as enchentes.

Rajkumar Shukla levou-me à casa de Rajendra Babu.

Ele tinha viajado para Puri, ou para algum outro lugar, do qual não me lembro agora. Havia um ou dois empregados no bangalô, que não nos deram atenção. Eu trouxera algo para comer. Queria tâmaras, que meu companheiro trouxe do bazar. Em Bihar a intocabilidade era rigorosa. Como os empregados de Babu não sabiam a que casta eu pertencia, não permitiam que tirasse água do poço enquanto eles o estavam usando, porque umas poucas gotas do meu balde poderiam poluí-lo. Rajkumar levou-me à latrina interna, mas um dos empregados rapidamente me reconduziu à externa. Tudo isso estava longe de ser surpresa ou fonte de irritação para mim. Já estava acostumado. Os empregados apenas cumpriam o seu dever e agiam do modo como pensavam que Rajendra Babu gostaria que agissem.

Essas experiências aumentaram minha consideração por Rajkumar Shukla e também fizeram com que ele me conhecesse melhor. Agora percebia que ele não poderia orientar-me e que devia tomar as rédeas em minhas próprias mãos.

13. O AMÁVEL HOMEM DE BIHAR

Conheci Maulana Mazharul Haq em Londres, quando ele estava estudando Direito e o encontrei novamente no Congresso de Mumbai em 1915 — ano no qual ele foi presidente da Liga Muçulmana. Renovamos a amizade e ele me convidou a ficar em sua casa quando tivesse de ir a Patna. Relembrei o convite e mandei-lhe um recado explicando o propósito de minha visita. Ele veio imediatamente em seu carro e insistiu para que aceitasse a sua hospitalidade. Agradeci e pedi-lhe que me orientasse sobre o primeiro trem disponível para o meu destino. O guia ferroviário era inútil para um completo estranho como eu. Ele conversou com Rajkumar Shukla e sugeriu que eu deveria ir primeiro a Muzaffarpur. Havia um trem para aquele lugar na mesma noite, e ele me orientou para que o tomasse.

O professor Kripalani estava em Muzaffarpur. Eu o conhecia desde minha visita a Hyderabad. O Dr. Choithram havia me falado de seu grande sacrifício, de sua vida simples, e que o *ashram* que dirigia funcionava com fundos provenientes do professor Kripalani. Este havia sido docente de uma faculdade do governo em Muzaffarpur e acabara de deixar o posto quando cheguei. Eu enviara um telegrama informando-o de minha chegada, e ele me recebeu na estação com uma multidão de alunos, embora fosse meia-noite. Não tinha espaço próprio, estava hospedado com o professor Malkani, que assim tornou-se virtualmente meu anfitrião.

Era extraordinário naquela época que um professor do governo hospedasse um homem como eu.

O professor Kripalani falou-me da condição desesperadora de Bihar, particularmente a divisão de Tirhut, e deu-me uma ideia das dificuldades de minha tarefa. Estabelecera contatos próximos com os biharis [pessoas oriundas de Bihar], e já tinha falado a eles sobre a missão que me levara a essa localidade.

Pela manhã fui visitado por um pequeno grupo de *vakils*. Ainda me lembro de que entre eles estava Ramnavmi Prasad, cuja determinação me chamou a atenção.

— Não é possível — disse ele — fazer o trabalho para qual o senhor veio, se ficar hospedado aqui (referia-se ao bairro do professor Malkani). Tem de ficar com um de nós. Gaya Babu é um *vakil* bem conhecido aqui. Eu vim da parte dele, que deseja hospedá-lo. Confesso que todos receamos o governo, mas desejamos oferecer-lhe toda a ajuda que pudermos.

A maior parte do que Rajkumar Shukla lhe contou é verdade. É uma pena que nossos líderes não estejam aqui hoje. Entretanto telegrafei a ambos, Babu Brajkishore Prasad e Babu Rajendra Prasad. Espero que cheguem em breve, e certamente lhe darão todas as informações que quiser e o ajudarão bastante. Por favor aceite o convite de Gaya Babu.

Não pude resistir a esse pedido, embora hesitasse, com receio de criar uma situação delicada para Gaya Babu. Mas ele me pôs à vontade e então fui. Tanto ele quanto a sua gente demonstraram afeição por mim.

A essa altura Brajkishore Babu chegara de Darbhanga e Rajendra Babu, de Puri. Brajkshore Babu não era o Babu Brajkshore Prasad que eu conhecera em Lucknow. Dessa vez me impressionou por sua humildade, simplicidade, bondade e fé extraordinárias, tão características dos biharis, e meu coração ficou em júbilo. A consideração dos *vakils* de Bihar para com ele foi uma surpresa agradável para mim.

Logo senti-me ligado a esse círculo de amigos unidos pela camaradagem de uma vida inteira. Brajkishore Babu me informava sobre as características da situação. Costumava defender as causas dos arrendatários pobres. Havia duas delas em pendência, quando cheguei. Quando ganhava qualquer causa consolava-se dizendo que pelo menos estava fazendo alguma coisa por aquelas pobres pessoas. Não que dispensasse os seus honorários desses camponeses simples. Os advogados achavam que se não cobrassem honorários não teriam recursos para sustentar-se, e assim não seriam capazes de ajudar efetivamente os necessitados.

As quantias que cobravam e o seu padrão de vida em Bengala e Bihar me deixaram atordoado.

— Pagamos 10.000 rúpias a Fulano de Tal por um parecer — contaram-me.

Nada menos que honorários de quatro zeros em cada caso!

Esses amigos ouviram minhas pequenas censuras e não me entenderam mal.

— Tendo estudado essas causas — eu disse —, tenho de concluir que devemos parar de levá-las ao tribunal. Isso não traz nenhum benefício. Num lugar em que as manifestações são reprimidas e o medo reina, os tribunais são inúteis. Para os arrendatários o verdadeiro alívio seria libertar-se do medo. Não podemos descansar até livrar Bihar do *tinkathia*. Achei que poderia sair daqui em dois dias, mas agora percebo que o trabalho tomará quase dois anos. Estou disposto a oferecer esse tempo, se necessário. Agora sei onde estou pisando, mas preciso de sua ajuda.

Brajkishore Babu estava excepcionalmente calmo:

— Nós lhe daremos toda ajuda que pudermos. Mas peço-lhe que nos diga que tipo de auxílio precisará.

E assim sentamo-nos e conversamos até meia-noite.

— Precisarei muito pouco de seus conhecimentos legais — disse-lhes. — Mas necessito da ajuda de escreventes e intérpretes. Talvez seja necessário enfrentar a prisão. Contudo, por mais que eu quisesse que os senhores corressem esse risco, devem ir apenas até onde se acharem capazes. Transformá-los em empregados e fazê-los deixar sua profissão por tempo indeterminado tampouco é pouca coisa. Acho difícil o hindi local, e não seria capaz de ler documentos escritos em *kaithi*[6] ou urdu. Precisarei que os traduzam para mim. Não podemos pagar por esse trabalho. Tudo deve ser feito por amor e com o espírito de servir.

Brajkishore Babu entendeu imediatamente e agora olhava para mim e para seus companheiros em volta. Tentou assegurar-se das implicações de tudo o que eu havia dito — por quanto tempo o serviço deles seria necessário; quantos seriam precisos; se poderiam ajudar em turnos; e assim por diante. Depois perguntou aos *vakils* sobre sua capacidade de sacrifício.

Ao final asseguraram-me:

— Certo número de nós fará o que o senhor pedir. Alguns o acompanharão pelo tempo que precisar. A ideia de poder ser preso é nova para nós. Tentaremos assimilá-la.

14. FRENTE A FRENTE COM *AHIMSA*

Meu objetivo era investigar as condições dos camponeses de Champaran e entender suas demandas contra os plantadores de anil. Para esse propósito foi necessário que me encontrasse com centenas desses agricultores. Mas imaginava que seria essencial antes de começar conhecer as razões dos plantadores e falar com o Comissário da Divisão. Procurei-os e consegui entrevistas com ambos.

O secretário da Associação dos Plantadores disse-me claramente que eu era um forasteiro e que não tinha por que me imiscuir entre os plantadores e os arrendatários. Se tivesse alguma reivindicação a fazer deveria apresentá-la por escrito. Educadamente respondi que não me considerava um forasteiro e que tinha todo o direito de perguntar sobre a condição dos arrendatários se eles assim o desejassem.

O Comissário a quem visitei procurou intimidar-me e me aconselhou a deixar imediatamente Tirhut.

Informei meus companheiros de trabalho sobre tudo isso, e disse-lhes que havia uma probabilidade de que o governo me impedisse de seguir adiante, e que poderia ter de ir para a prisão antes do que esperava, e que se fosse preso seria melhor que a prisão ocorresse em Motihari, ou então em Bettiah. Assim era aconselhável que eu fosse para um desses lugares o quanto antes.

Champaran é um distrito da divisão de Tirhut, e Motihari sua Capital. A casa de Rajkumar Shukla ficava na estrada vicinal de Bettiah, e os arrendatários que pertenciam aos *kothis*[7] da vizinhança eram os mais pobres do distrito.

Rajkumar Shukla queria que eu os visse, e eu estava igualmente ansioso por fazê-lo.

Portanto parti com meus colaboradores para Motihari nesse mesmo dia. Babu Gorakh Prasad acolheu-nos em sua casa, que assim se transformou em um verdadeiro acampamento. Mal podia acomodar a todos. Ainda nesse mesmo dia soubemos que a umas cinco milhas dali um arrendatário havia sido maltratado. Decidiu-se que, em companhia de Babu Dharanidhar Prasad, eu deveria ir vê-lo na manhã seguinte, e então partimos para o local montados em elefantes. O elefante aliás é tão comum em Champaran como um carro de boi em Gujarate.

Mal tínhamos percorrido metade do caminho, quando um mensageiro do Superintendente de Polícia nos alcançou e disse que este nos mandava seus cumprimentos. Entendi o que ele queria dizer. Ao sair de Dharanidharbabu rumo ao destino original deparei de novo com a carroça que trazia esse mensageiro e embarquei nela. Ele então me passou um recado para que deixasse Champaran e levou-me até onde eu estava hospedado. Quando me pediu para assinar o protocolo da mensagem, escrevi que não concordava e que não estava disposto a sair de Champaran até que minhas investigações tivessem terminado. Em consequência recebi uma intimação para ser julgado no dia seguinte, por desobedecer a ordem de deixar Champaran.

Fiquei acordado a noite toda escrevendo cartas e dando as instruções necessárias a Babu Brajkishore Prasad.

A notícia da intimação espalhou-se como um fogo selvagem e contaram-me que Motihari testemunhou naquele dia cenas sem precedentes. A casa de Gorakhbabu e a sala do tribunal foram tomadas pela multidão.

Felizmente eu terminara todo o trabalho durante a noite e podia lidar com tanta gente. Meus companheiros provaram ser de grande ajuda.

Ocuparam-se em conservar a disciplina pois a multidão me seguia aonde quer que eu fosse.

Uma espécie de simpatia surgiu entre os funcionários — o fiscal, o magistrado, o Superintendente de Polícia — e eu. Poderia ter resistido legalmente às notificações, mas em vez disso aceitei-as todas e minha conduta perante os funcionários era correta. Eles entenderam que eu não queria ofendê-los pessoalmente, mas que desejava opor uma resistência civil às suas ordens. Por isso se acalmaram e em vez de me importunar, ofereceram-se amavelmente a mim e a meus colaboradores para cooperar no controle das multidões. Mas ficou evidente que sua autoridade estava estremecida. Naquele momento as pessoas haviam perdido completamente o medo de ser punidas e entregavam-se ao poder do amor que seu novo amigo exerce.

Devo lembrar que ninguém me conhecia em Champaran.

Os camponeses eram todos ignorantes. Situada bem longe, ao norte do Ganges e bem aos pés dos Himalaias, bastante perto do Nepal, Champaran estava isolada do resto da Índia. O Congresso era praticamente desconhecido nessas áreas. Mesmo os que tinham ouvido falar dele abstinham-se de aderir ou até mesmo de mencioná-lo. E agora era o próprio Congresso e seus membros que chegavam à região, embora não em nome do Congresso em si, mas num sentido bem mais concreto.

Depois de ter consultado meus colaboradores decidi que nada deveria ser feito em nome do Congresso. O que queríamos era trabalho e não nome, substância e não sombra, pois o nome do Congresso era a *bête noire* do governo e seus controladores — os plantadores. Para eles o Congresso era uma associação de advogados rebeldes, a evasão da lei por meio de artimanhas legais, um eufemismo para bombas e crimes anárquicos e para diplomacia e hipocrisia. Nós tivemos que desiludir ambos, governo e plantadores.

Por isso decidimos não mencionar o nome do Congresso nem familiarizar os camponeses com essa organização. Era suficiente, achávamos, que compreendessem e seguissem o espírito do Congresso, em vez de sua letra.

Nenhum emissário do Congresso fora mandado para lá antes, abertamente ou de modo secreto, para preparar a nossa chegada.

Rajkumar Shukla era incapaz de se dirigir aos milhares de camponeses. Nenhum trabalho político havia sido feito entre eles.

O mundo fora de Champaran lhes era desconhecido. Ainda assim eles me receberam como se fôssemos amigos de longa data. Não é exagero, mas uma verdade factual, dizer que nesse encontro com os camponeses fiquei face a face com Deus, *Ahimsa* e a Verdade.

Quando examino o título que dei a essa experiência, não encontro nada além do meu amor pelas pessoas. E isso por sua vez não é senão a expressão de minha inabalável fé em *Ahimsa*.

Aquele dia em Champaran foi um evento inesquecível em minha vida, e um dia de carta vermelha para os camponeses e para mim.

De acordo com a lei era para eu estar em julgamento, mas para falar a verdade o governo estava no seu julgamento. O Comissário só teve sucesso em pôr o governo na rede que tinha armado para mim.

15. ACUSAÇÃO RETIRADA

O julgamento começou. O promotor, o magistrado e outros funcionários estavam entre a cruz e a espada. Não sabiam o que fazer. O promotor pressionava o magistrado para adiar o caso, mas interferi e pedi ao magistrado para que isso não acontecesse, pois queria confessar-me culpado por ter desobedecido a ordem de deixar Champaran. A seguir li esta breve declaração:

> Com permissão da corte, eu gostaria de fazer uma declaração sumária, mostrando por que assumi a responsabilidade da aparente desobediência à ordem dada em cumprimento ao artigo 144 do Código de Processo Criminal. Em minha humilde opinião trata-se de uma questão de diferença de pontos de vista entre a Administração local e a minha pessoa. Cheguei a este lugar com a motivação de oferecer serviços humanitários e nacionais. Fiz isso em resposta à pressão de um convite para ajudar os arrendatários, que alegam não estar sendo tratados com justiça pelos plantadores de anil. Não poderia oferecer nenhuma ajuda sem antes estudar o problema. Tenho dessa forma de analisá-lo com a ajuda, se possível, da Administração local e dos plantadores. Não tenho outra razão e não posso acreditar que minha vinda provoque de algum modo perturbações à paz pública nem perda de vidas. Declaro ter uma experiência considerável em tais questões. A Administração contudo tem pensado de modo diferente. Compreendo totalmente a sua dificuldade, e admito também que só podem proceder de acordo com as informações que recebem. Como cidadão cumpridor da lei, meu primeiro instinto seria, como foi, obedecer à intimação que me foi entregue. Mas não

poderia fazê-lo sem violentar meu senso de dever para com aqueles por cuja causa vim para cá. No momento sinto que poderia servi-los apenas permanecendo entre eles. Não poderia assim retirar-me voluntariamente. Em meio a esse conflito de deveres apenas poderia atribuir a responsabilidade de minha remoção de perto deles à Administração. Estou plenamente cônscio do fato de que uma pessoa que ocupa, na vida pública da Índia, uma posição como a minha, tem de ser muito cuidadoso ao dar um exemplo. É minha firme crença que nessa constituição complexa sob a qual vivemos o único caminho seguro e honrado para um homem que se autorrespeita, em circunstâncias como as que enfrento, é fazer o que decidi fazer, isto é, submeter-me sem protestar à acusação de desobediência.

Ousei fazer esta declaração não para atenuar a pena que pode ser pronunciada contra mim, mas para mostrar que desconsiderei a ordem que me foi apresentada, não por querer desrespeitar a autoridade legal, mas em obediência a uma lei superior de nosso ser, a voz da consciência.

Não havia como adiar a audiência, mas tanto o promotor quanto o magistrado foram tomados de surpresa e este adiou o julgamento. Enquanto isso eu havia telegrafado todos os detalhes do caso ao Vice-rei, aos amigos em Patna, ao pândita Madan Mohan Malaviya e outros.

Antes que pudesse aparecer diante da corte para receber a sentença o magistrado enviou-me uma mensagem escrita, dizendo que o Tenente Governador ordenara que a acusação contra mim fosse retirada, e o fiscal escreveu-me dizendo que eu estava livre para levar adiante o inquérito proposto e que podia contar com qualquer ajuda necessária por parte de seus funcionários. Nenhum de nós estava preparado para essa resolução tão rápida e feliz.

Visitei o fiscal, o Sr. Heycock. Pareceu-me um bom homem, ansioso por fazer justiça. Ele me disse que eu poderia pedir qualquer documento que desejasse, e que estava livre para procurá-lo quando quisesse.

Assim o país teve a sua primeira lição prática em matéria de Desobediência Civil. O caso foi discutido tanto no plano local quanto na imprensa e minha investigação obteve uma publicidade inesperada.

Era necessário, para meu inquérito, que o governo permanecesse neutro, mas a investigação não necessitava do apoio de reportagens ou de editoriais na imprensa. Na verdade a situação em Champaran era tão delicada e difícil que críticas muito enérgicas, ou reportagens apaixonadas demais, poderiam facilmente danificar a causa que eu buscava defender. Então escrevi aos editores dos principais jornais pedindo que não se dessem ao trabalho de enviar correspondentes, pois eu lhes mandaria tudo o que merecesse publicação e os manteria informados.

Sabia que a atitude do governo, permitindo a minha presença, desagradara aos plantadores de anil de Champaran. Sabia também que mesmo os funcionários, embora não pudessem falar com franqueza, dificilmente poderiam ter gostado dessa situação.

Entretanto informações incorretas ou mal orientadas que fossem publicadas na imprensa acabariam por irritá-los ainda mais. Em vez de descontar sua ira em mim, iriam certamente descontá-la nos pobres e temerosos arrendatários, o que comprometeria a minha busca da verdade no caso.

Apesar dessas precauções os plantadores maquinaram contra mim venenosas intrigas. Todo tipo de falsidade apareceu na imprensa sobre meus colaboradores e sobre mim. Contudo, meu extremo cuidado e insistência na verdade, até nos menores detalhes, viraram o fio de sua espada.

Os plantadores não deixaram pedra sobre pedra. Quanto a Babu Brajkishore Prasad, quanto mais o caluniavam mais ele crescia na estima do povo.

Numa situação difícil como essa, não achei apropriado convidar qualquer líder de outras regiões. O pândita Malaviya confirmara que estava à minha inteira disposição, mas não o perturbei. Evitei assim que a luta assumisse um caráter político. Entretanto enviei relatos ocasionais aos líderes e aos principais jornais, não para publicação e sim com o intuito de informá-los. Constatara que, mesmo onde o fim pudesse ser político, mas onde a causa era não política, alguém poderia prejudicá-la dando-lhe uma feição política. Poderia também ajudá-la mantendo-a dentro de limites não políticos. A luta de Champaran era uma prova de que serviços desinteressados prestados ao povo, em qualquer esfera, acabavam ajudando politicamente o país.

16. MÉTODOS DE TRABALHO

Para dar todos os detalhes do inquérito em Champaran seria preciso narrar a história dos camponeses desse lugar naquela época, mais isso foge ao objetivo destes capítulos. A investigação em Champaran foi uma experiência ousada com a Verdade e com o *Ahimsa*, e estou contando, semana por semana, somente o que julgo ser relevante desse ponto de vista. Para mais detalhes o leitor deve procurar a história do *Satyagraha* em Champaran, escrita em hindi pelo *Sjt*. Rajendra Prasad que, segundo soube, está sendo agora impressa em inglês[8].

Retornando ao tema, a investigação não poderia ser conduzida na casa de Gorakhbabu sem pedir a ele que a desocupasse. As pessoas de Motihari ainda não haviam perdido o medo a ponto de alugar-nos uma casa. Todavia Brajkishorebabu, com tato, garantiu-nos um considerável espaço livre e então nós nos mudamos para lá.

Era praticamente impossível continuar o trabalho sem dinheiro. Até aquele momento não se tinha recorrido ao público a fim de conseguir fundos para atividades desse tipo. Brajkishorebabu e seus amigos eram os principais *vakils* que, ou contribuíam com dinheiro ou o conseguiam com amigos quando havia oportunidade. Como poderiam pedir às pessoas que pagassem, quando eles e os seus pares eram capazes de fazê-lo tão bem? Esse parecia ser o argumento. Eu decidira não aceitar nada dos camponeses de Champaran. Poderia haver más interpretações. Contudo estava igualmente determinado a não apelar ao país a fim de arrecadar fundos para conduzir o inquérito. Isso seria como envolver a Índia inteira em uma questão política.

Amigos de Mumbai ofereceram 15.000 rúpias, mas declinei da oferta e agradeci. Decidi conseguir o máximo que pudesse com a ajuda de Brajkishorebabu e com os benfeitores oriundos de Bihar que moravam fora de Champaran.

Se fosse necessário mais recorreria ao meu amigo, o Dr. P. J. Metha, de Rangun. Ele concordou imediatamente em me enviar o necessário. Estávamos pois livres de ansiedade nesse ponto. Não iríamos precisar de grandes fundos pois estávamos inclinados a fazer a maior economia possível, em concordância com a pobreza de Champaran. Na verdade acabamos percebendo que não precisaríamos de grandes quantias. Tenho a impressão de que gastamos ao todo não mais do que 3.000 rúpias, e pelo que me lembro economizamos algumas centenas de rúpias do que havíamos coletado.

O curioso modo de vida de meus colaboradores foi, no início, um motivo de sátira constante em relação às despesas. Cada *vakil* tinha um empregado e um cozinheiro, e assim uma cozinha separada, e frequentemente faziam suas refeições perto da meia-noite. Embora pagassem suas próprias despesas, suas irregularidades me preocupavam. Entretanto como nos tornamos amigos próximos não havia possibilidades de mal-entendidos entre nós, e assim eles recebiam minhas zombarias de modo positivo.

Finalmente concordaram que os empregados deveriam ser dispensados, que todos se acomodassem em uma única cozinha e que fossem observados os horários. Como nem todos eram vegetarianos e como seriam dispendiosas duas cozinhas, decidimos optar por uma alimentação vegetariana comum. Tornou-se necessário insistir em refeições simples.

Esses arranjos reduziram consideravelmente os gastos e nos pouparam muito tempo e energia — ambas as coisas eram extremamente necessárias. Multidões de camponeses chegavam para prestar suas declarações e eram seguidos por um exército de acompanhantes, que enchiam o recinto e se espalhavam pelo jardim afora. Os esforços de meus companheiros para poupar-me dos buscadores de *darshan* frequentemente não eram suficientes, e eu tinha que ser exibido para o *darshan* em horas determinadas. Pelo menos cinco ou sete voluntários eram necessários para anotar as declarações, e mesmo assim algumas pessoas tinham de ir embora ao anoitecer sem prestá-las.

Nem todos esses depoimentos eram essenciais. A maioria consistia em repetições, mas as pessoas não ficavam satisfeitas de outro modo e eu compreendia perfeitamente os seus sentimentos. Aqueles que anotavam as declarações tinham de observar certas regras. Cada camponês deveria ser cuidadosamente interrogado, e quem não cumprisse essa norma a contento era dispensado. Tudo isso demandou muito tempo extra, mas a maioria das declarações era, desse modo, incontestável.

Um funcionário do C.I.D. deveria estar sempre presente quando as declarações fossem registradas. Poderíamos ter evitado isso, mas desde o começo decidimos não só não nos importarmos com sua presença, mas tratá-lo com cortesia e dar-lhe todas as informações possíveis.

Tudo isso estava longe de nos fazer mal. Pelo contrário o fato de as declarações serem tomadas na presença de funcionários do C.I.D. deixou os camponeses menos receosos. Por um lado isso fez com que o medo excessivo do C.I.D. fosse afastado da mente dos camponeses, por outro, a presença deles exerce uma restrição natural aos exageros. A tarefa dos "amigos" do C.I.D. era armar ciladas para as pessoas, por isso os camponeses tinham de ser cuidadosos.

Como não queria irritar os plantadores mas sim conquistá-los pela gentileza, escrevi-lhes e marquei uma reunião com alguns deles, contra os quais haviam sido feitas sérias alegações. Reuni-me também com membros da Associação dos Plantadores, relatei as demandas dos arrendatários e me familiarizei com seus pontos de vista. Alguns me odiavam, outros eram indiferentes e poucos me tratavam com cortesia.

17. COMPANHEIROS

Brajkishore Babu e Rajendrababu eram um par inseparável.

Tal era a sua devoção, que se tornou impossível para mim dar um só passo sem a ajuda deles. Seus discípulos, ou companheiros — Shambhubabu, Anugrahababu, Dharanibabu, Ramnavmibabu e outros *vakils* — estavam sempre conosco. Todos eram oriundos de Bihar. Sua principal função era anotar as declarações dos camponeses.

O professor Kripalani nada podia fazer além de participar do nosso grupo. Embora fosse sindi, ele mais parecia originário de Bihar do que os nascidos lá. Vi poucos trabalhadores integrados na província que adotaram. Kripalani era um desses poucos. Era impossível perceber que ele não era da região. Chefiava a guarda do meu portão. Durante esse tempo transformou a tarefa de livrar-me dos buscadores de *darshan* na meta de sua vida. Conquistava as pessoas e conseguia a sua ajuda com humor inabalável e grande cordialidade. Quando a noite caía, retomava sua ocupação como professor e regalava seus companheiros com seus estudos históricos e observações. Tinha o dom de encorajar os visitantes mais tímidos.

Maulana Mazharul Haq havia registrado o seu nome na lista de auxiliares para que pudéssemos contar com ele quando necessário, e costumava visitar-nos uma ou duas vezes por mês. A pompa e o esplendor em que antes ele vivia contrastavam bastante com a simplicidade de sua vida atual. O modo como se associou a nós fez com que sentíssemos que era um dos nossos, embora a sua forma de vestir desse a um estranho uma impressão diferente.

À medida que conhecia Bihar convencia-me de que um trabalho de natureza permanente seria impossível sem uma educação adequada naquela aldeia. A ignorância dos camponeses era patética. Ou deixavam suas crianças vagabundear à solta, ou as faziam trabalhar de sol a sol nas plantações de anil por apenas umas poucas moedas. Naqueles dias o salário masculino não passava de dez centavos, o feminino não passava de seis, e o infantil, de três. Os que conseguiam ganhar um pouco mais podiam considerar-se com muita sorte.

Consultando meus amigos decidi abrir escolas primárias em seis aldeias. Uma das condições que impúnhamos aos moradores era que deveriam dar aos professores salas de aula e hospedagem, enquanto nós cuidaríamos das outras despesas. Os habitantes das vilas não tinham praticamente dinheiro nenhum, mas poderiam fornecer gêneros alimentícios.

Na verdade já haviam mostrado disposição para contribuir com grãos e outros alimentos crus.

Onde buscar os professores foi um grande problema. Foi difícil encontrar mestres locais que se dispusessem a trabalhar por muito pouco dinheiro, ou mesmo sem remuneração. Minha ideia nunca fora confiar as crianças a professores comuns. Suas qualificações literárias não eram tão essenciais quanto a sua fibra moral.

Fiz então um apelo público por professores voluntários. Logo recebemos resposta. O *Sjt*. Gangadharrao Deshpande enviou Babasaheb Soman e Pundalik. Shrimati Avantikabai Gokhale veio de Mumbai e a Sra. Anandibai Vaishampayan, de Pune. Mandei buscar no *ashram* Chhotalal, Surendranath e meu filho Devdas. Mahadev Desai e Narahari Parikh, com suas esposas, juntaram-se a nós.

Kasturbai também foi convocada para o trabalho. Era um contingente bastante forte. Shrimati Avantikabai e Shrimati Anandibai eram suficientemente educadas, mas Shrimati Durga Desai e Shrimati Manibehn Parikh não tinham mais do que parcos conhecimento de gujarate, e Kasturbai nem mesmo isso. Como essas senhoras iriam instruir as crianças em hindi?

Expliquei-lhes que não teriam de ensinar gramática nem os três R's, mas principalmente higiene e boas maneiras. Em seguida mostrei que, em termos de alfabeto, não havia tanta diferença como elas imaginavam entre o gujarate, o hindi e o marata, e que em classes primárias, de qualquer modo, o ensino rudimentar do alfabeto e dos numerais não era difícil. O resultado foi que as classes assumidas por essas senhoras provaram ser as mais bem-sucedidas.

A experiência inspirou-lhes confiança e interesse pelo trabalho. A escola dirigida por Avantikabai tornou-se um modelo. Ela se atirou de corpo e alma ao trabalho. Por meio dessas senhoras podíamos, até certo ponto, chegar às mulheres da aldeia.

Mas eu não queria que o ensino se limitasse à educação primária. A vila não tinha saneamento, as ruelas eram imundas e os poços pestilentos. Os mais velhos necessitavam muito de higiene. Todos sofriam de várias doenças de pele. Decidimos então fazer o máximo em termos de trabalhos de saneamento e penetrar em todas as áreas de suas vidas.

Eram necessários médicos para esse trabalho. Pedi aos Servidores da Sociedade Indiana que nos emprestassem os serviços do falecido Dr. Dev. Éramos muito amigos e ele se ofereceu prontamente para colaborar por seis meses. Os professores — homens e mulheres — trabalhariam sob sua orientação.

Todos tinham ordens expressas para não se imiscuir nas lutas contra os plantadores ou em questões políticas. Quem tivesse alguma reclamação deveria encaminhá-la a mim. Ninguém deveria aventurar-se nesses pontos. Os amigos seguiram essas instruções com maravilhosa fidelidade. Não consigo me lembrar de uma única indisciplina.

18. PENETRANDO NAS VILAS

Na medida do possível, pusemos cada escola sob a orientação de um homem e uma mulher. Esses voluntários tinham de dar assistência médica e sanitária. As mulheres das vilas deveriam ser cuidadas por essas voluntárias.

Os medicamentos eram simples. Óleo de rícino, quinino e pomada de enxofre eram os únicos ministrados pelos voluntários. Se o paciente tivesse a língua saburrosa ou se queixasse de obstipação, administrava-se óleo de rícino; em caso de febre dava-se quinino, depois de uma dose inicial desse mesmo óleo; aplicava-se pomada de enxofre nos casos de bolhas e prurido, depois de bem lavada a área afetada. Ninguém tinha permissão de levar qualquer medicamento para casa. Em caso de complicações o Dr. Dev era consultado. Ele costumava visitar cada centro de cuidados de saúde em dias fixos na semana. Muitas pessoas se beneficiaram com esses tratamentos simples. Esse plano de trabalho não parecerá estranho, se lembrarmos que as doenças prevalentes eram poucas e amenizáveis com cuidados primários, sem que fosse necessária ajuda especializada. Além disso a aceitação pelos camponeses era excelente.

A questão sanitária era algo muito complexo. As pessoas não estavam preparadas para fazer nada sozinhas. Mesmo os trabalhadores do campo não estavam prontos para tomar conta de sua própria higiene. Mas o Dr. Dev não era homem de desistir facilmente. Ele e os voluntários concentraram suas energias em limpar totalmente as aldeias e deixá-las em condições ideais. Depois disso persuadiam os aldeãos a buscar voluntários em suas próprias famílias. Em algumas vilas envergonhavam as pessoas realizando todo o serviço. Em outras, elas se entusiasmavam tanto que até preparavam os caminhos para que minha carroça pudesse passar. Essas doces experiências não deixaram de se misturar a outras, de amarga apatia. Lembro-me de que alguns dos moradores expressaram francamente seu desgosto por essas tarefas.

Talvez não seja impróprio narrar aqui uma experiência que já descrevi em vários comícios. Bhitiharva era uma pequena vila, onde se localizava uma de nossas escolas. Aconteceu que visitei uma aldeia ainda menor em seus arredores e lá encontrei algumas das mulheres com as roupas muito sujas. Pedi a minha esposa que lhes perguntasse por que elas não lavavam as suas vestes. Depois de conversarem, uma das mulheres levou-a à sua choça:

— Veja, aqui não há caixas nem armários com outras roupas. O sári que estou usando é o único que tenho. Como posso lavá-lo? Diga ao *Mahatmaji* para me dar outro, e prometo tomar banho e trocar de roupa todos os dias.

Aquela choça não era exceção, mas uma espécie encontrada em muitas aldeias indianas. Em inúmeros casebres da Índia as pessoas vivem sem quaisquer móveis e sem uma troca de roupa, com apenas trapos para cobrir sua nudez.

Relatarei mais uma experiência. Em Champaran não falta bambu nem capim. A choupana da escola de Bhitiharva tinha sido feita com esses materiais. Alguém — possivelmente homens contratados pelos plantadores vizinhos — a incendiara certa noite. Não era aconselhável construir outra choupana de bambu e palha. A escola estava sob os cuidados do *Sjt*. Soman e de Kasturbai. O *Sjt*. Soman decidiu construir uma casa mais sólida. Muitos cooperaram e foi rapidamente erguida uma escola de tijolos. Não havia mais perigo de que ela pudesse ser incendiada.

Dessa forma os voluntários com suas escolas, o trabalho sanitário e a assistência médica conquistaram a confiança e o respeito dos aldeãos, influenciando-os positivamente.

Mas devo confessar com tristeza que minhas esperanças de tornar permanentes esses benefícios não se concretizaram. Os voluntários tinham vindo por períodos determinados de tempo, eu não poderia contar com ajuda externa e era impossível contratar trabalhadores de Bihar. Assim que minha missão em Champaran terminou, compromissos externos que haviam surgido nesse ínterim levaram-me de lá. Contudo os poucos meses de trabalho nesse lugar enraizaram-se de tal forma que até hoje, de um modo ou de outro podemos sentir sua influência.

19. QUANDO UM GOVERNADOR É BOM

Enquanto de um lado o trabalho social que descrevi nos capítulos anteriores estava sendo executado, do outro o registro das queixas dos camponeses progredia com rapidez. Milhares dessas declarações foram tomadas, e não podiam deixar de ter seu efeito. O número cada vez maior de arrendatários que prestava depoimento aumentava a ira dos plantadores, que moviam céus e terras para conter o inquérito.

Um dia recebi uma carta das autoridades de Bihar dizendo o seguinte: "Seu inquérito já foi suficientemente prolongado; o senhor não deveria concluí-lo e deixar Bihar?" A carta estava escrita de forma educada, mas seu significado era óbvio.

Escrevi em resposta que a investigação devia prolongar-se e, a menos que seu resultado implicasse melhorias concretas para o povo, eu não tinha intenção nenhuma de deixar Bihar. Destaquei que dependia do governo terminar o meu inquérito, aceitando as queixas dos camponeses como legítimas, fazendo justiça, ou reconhecendo que os arrendatários tinham tornado clara a necessidade de um inquérito oficial, que deveria ser instituído imediatamente.

Sir Edward Gait, o Tenente Governador, pediu-me para ir vê-lo, expressou sua boa vontade em abrir esse inquérito e convidou-me para ser um dos membros da Comissão. Estudei os nomes dos outros membros e, depois de consulta a meus colaboradores, concordei em participar dessa Comissão, com a condição de que fosse livre para aconselhar-me com meus assistentes durante o processo de inquérito, e que o governo reconhecesse que, por ser um membro da Comissão, eu não deixaria de ser advogado dos camponeses. Além disso, caso o resultado não me satisfizesse, eu estaria livre para orientar e aconselhar os arrendatários sobre que linha de ação deveriam seguir.

Sir Gait aceitou as condições como justas e apropriadas e anunciou o inquérito. O falecido Sir Frank Sly foi designado presidente da Comissão.

Esta era favorável aos camponeses e recomendou que os plantadores deveriam ressarcir parte dos impostos cobrados deles, e achados ilegais pela Comissão. Além disso o sistema *tinkathia* deveria ser abolido por lei.

O Tenente Governador colaborou bastante para fazer com que a Comissão elaborasse um relatório unânime, e assim conseguisse que o projeto de lei agrária passasse segundo as suas recomendações. Se ele não tivesse adotado uma atitude firme, se não usasse de todo o seu tato para tratar do assunto, esse relatório não teria sido unânime e o Ato

Agrário não teria passado. Os plantadores tinham um poder extraordinário. Opuseram-se energicamente ao projeto de lei, apesar do relatório, mas Sir Edward Gait permaneceu firme até o fim e cumpriu todas as recomendações da Comissão.

O sistema *tinkathia,* que tinha existido por mais de um século, foi assim abolido, e com isso o reinado dos plantadores chegou ao fim. Os camponeses que haviam sido tão oprimidos agora estavam livres, e a superstição de que a mancha de anil nunca pudesse ser lavada desapareceu.

Era meu desejo continuar o trabalho construtivo por alguns anos, estabelecendo mais escolas e penetrando mais efetivamente nas vilas. O solo fora preparado, mas não foi do agrado de Deus, como ocorrera antes com frequência, permitir que meus planos fossem realizados. O destino decidiu dessa forma e levou-me ao cumprimento de tarefas em outros lugares.

20. EM CONTATO COM OPERÁRIOS

Enquanto ainda estava trabalhando na Comissão, recebi uma carta dos *Sjts.* Mohanlal Pandya e Shankarlal Parikh falando das perdas das colheitas no distrito de Kheda, e pedindo-me que orientasse os camponeses que estavam impossibilitados de pagar os impostos. Eu não tinha a inclinação, a habilidade ou a coragem de aconselhá-los sem um estudo local dos fatos.

Na mesma hora chegou uma carta de Shrimati Anasuyabai sobre as condições de trabalho em Ahmedabad. Os salários eram baixos, os trabalhadores pediam aumento há bastante tempo e eu desejava orientá-los, se possível. Mas não tinha segurança para acompanhar uma causa, mesmo comparativamente pequena, de uma distância tão grande. Aproveitei então a primeira oportunidade para ir a Ahmedabad. Tinha esperanças de poder terminar com ambos os assuntos rapidamente e voltar a Champaran para supervisionar o trabalho comunitário que havia iniciado lá.

Mas as coisas não caminharam com a facilidade desejada. Fiquei impossibilitado de voltar a Champaran e o resultado foi que as escolas fecharam uma atrás da outra. Meus colaboradores e eu tínhamos construído castelos no ar, e todos eles se foram desvanecendo com o tempo.

Um desses castelos era o trabalho de proteção às vacas em Champaran, além da educação e do saneamento rural. Eu percebera, durante as minhas viagens, que a proteção às vacas e a propaganda hindi se tinham tornado uma preocupação exclusiva dos marwadis [pessoas oriundas de Marwadi]. Um amigo marwadi me hospedara em sua pousada em Bettiah. Outros marwadis do lugar tinham me chamado a atenção para os seus estábulos de ordenha. Minhas ideias sobre proteção às vacas definiram-se a partir de então, e as sustento até hoje. Essa proteção, em minha opinião, incluía a ordenha, a melhoria do rebanho, o bom tratamento aos animais, a formação de estábulos-modelo etc.

Os amigos marwadis tinham prometido cooperação total nesse trabalho mas, como eu não podia me fixar em Champaran, o plano não pôde ser levado a cabo. O estábulo de ordenha em Bettiah ainda está lá, mas não se tornou uma instalação modelo. Os bois de Champaran ainda são forçados a trabalhar além de sua capacidade, e o chamado hinduísta ainda explora cruelmente o pobre animal e desgraça a sua religião.

Que esse trabalho tenha ficado sem realizar tem sido para mim uma lástima contínua e, sempre que vou a Champaran e reencontro amigos de Marwadi e Bihar, lembro-me com um profundo suspiro de todos aqueles planos que tiveram de ser interrompidos tão abruptamente. O trabalho educacional, de um modo ou de outro, continua em muitos lugares. Mas a atividade de proteção às vacas não tinha se enraizado e não teve, dessa forma, o desenvolvimento desejado.

Enquanto a questão dos camponeses em Kheda ainda estava sendo discutida eu já havia assumido a causa dos tecelões em Ahmedabad.

Era uma situação muito delicada. A causa dos operários era pesada. Shrimati Anasuyabai teve de lutar contra o seu próprio irmão, o *Sjt.* Ambalal Sarabhai, que estava ao lado dos proprietários das fábricas. Minhas relações com eles eram amigáveis, o que dificultava brigas. Eu os consultava e pedia-lhes que submetessem as disputas à arbitragem, mas eles se recusavam.

Tive que aconselhar os operários a entrar em greve. Antes disso tive contatos estreitos com eles e seus líderes, e expliquei-lhes as condições de uma greve bem-sucedida:

1. nunca recorrer à violência;
2. nunca molestar os que querem trabalhar;
3. nunca depender de doações;
4. permanecer firme, não importando quanto tempo dure a paralisação e ganhar o pão, durante esta, por meio de qualquer outro trabalho honesto.

Os líderes da greve entenderam e aceitaram as condições. Os trabalhadores se reuniram em assembleia geral e decidiram não voltar ao trabalho até que suas condições fossem aceitas, ou os proprietários das fábricas concordassem em submeter a disputa à arbitragem.

Foi durante essa greve que fiquei conhecendo os *Sjts*. Vallabhbhai Patel e Shankarlal Banker. Quanto a Shrimati Anasuyabai, eu a conhecia desde bem antes disso.

Tínhamos encontros diários com os grevistas à sombra de uma árvore nas margens do rio Sabarmati. Eles compareciam aos milhares e eu lhes lembrava em meus discursos de sua promessa e do dever de manter a paz e o autorrespeito. Diariamente iam paras as ruas da cidade em procissão pacífica, carregando bandeiras com a inscrição *Ek-Tek* (mantenham a demanda).

A greve continuou por vinte e um dias. Ao longo de seu curso eu consultava com regularidade os donos das fábricas e rogava-lhes que fizessem justiça aos trabalhadores.

— Também temos nossa demanda — eles costumavam dizer. — Nossa relação com os trabalhadores é como de pais para filhos... Como poderíamos tolerar a ingerência de terceiros? Como pode haver lugar para a arbitragem?

21. UMA OLHADELA NO *ASHRAM*

Antes de continuar descrevendo o progresso da disputa trabalhista é essencial dar uma olhada no *ashram*. Durante todo o tempo que estive em Champaran ele nunca saiu de minha cabeça e, ocasionalmente, eu fazia-lhe visitas rápidas.

Naquela época o *ashram* ficava em Kochrab, uma pequena vila perto de Ahmedabad. A peste a atacou e percebi o perigo que corriam as crianças do *ashram*. Era impossível manter-nos imunes aos efeitos da falta de saneamento que reinava nas vizinhanças, embora observássemos escrupulosamente as regras de limpeza dentro do *ashram*. Não conseguíamos nem fazer com que o povo de Kochrab observasse essas regras, nem ajudar a aldeia de outras formas.

Nosso ideal era manter o *ashram* a uma distância segura tanto da cidade quanto da aldeia, e assim preservar uma distância administrável entre as duas.

Estávamos determinados a algum dia estabelecermo-nos em nosso próprio terreno.

Compreendi que a peste era uma causa suficiente para que o *ashram* deixasse Kochrab. O *Sjt*. Punjabhai Hirachand, comerciante em Ahmedabad, estabelecera relações estreitas com o *ashram* e costumava ser-nos útil em numerosos assuntos, com espírito puro e desprendido. Tinha larga experiência com as coisas em Ahmedabad, e voluntariamente procurou um terreno apropriado para nós.

Fui com ele ao norte e para o sul de Kochrab à procura de terras, e sugeri-lhe uma área situada a seis ou oito quilômetros ao norte. Ele encontrou o lugar que ocupamos agora. Sua proximidade com o Presídio Central de Sabarmati tinha para mim uma atração especial. Como ir para a cadeia era visto como algo normal para os *satyagrahis*, gostei dessa localização. Sabia que os lugares escolhidos para as prisões eram geralmente limpos em sua redondeza.

Em cerca de oito dias a venda foi concretizada. Não havia casas no terreno e nenhuma árvore. Mas sua localização à margem do rio e seu isolamento, eram grandes vantagens. Decidimos começar a viver em tendas, com uma pequena cobertura para a cozinha, até que fossem construídas as casas permanentes.

O *ashram* crescia aos poucos. Éramos agora mais de quarenta almas, homens, mulheres e crianças, fazendo nossas refeições em uma cozinha comum. Toda a concepção da mudança havia sido minha. A execução, como sempre, era delegada a Maganlal.

Antes de termos acomodações permanentes nossas dificuldades eram grandes. As chuvas eram ameaçadoras e as provisões tinham de ser trazidas da cidade, a oito quilômetros de distância. A região, que era inóspita, estava infestada de cobras, e não era um risco pequeno viver com crianças nessas condições. A regra geral era não matar as cobras, embora confesse que nenhum de nós tinha se livrado do medo desses répteis, como até hoje.

A regra de não matar répteis venenosos vinha sendo observada pela maior parte de nós, tanto em Phoenix, na fazenda Tolstoi, como em Sabarmati. Em cada um desses lugares tivemos de estabelecer-nos em terras inóspitas. Não perdemos entretanto nenhuma vida por picada de cobra. Vejo nessa circunstância, com o olhar da fé, a mão da misericórdia divina.

Ninguém pode duvidar disso dizendo que Deus não pode ser parcial, e que Ele não tem tempo para atender aos pequenos problemas humanos. Não tenho outra língua para expressar o que ocorre, para descrever essa constante experiência em minha vida. A língua humana pode expressar apenas imperfeitamente os caminhos de Deus. Sou sensível ao fato de que eles são indescritíveis e inescrutáveis. Mas se um mortal ousar descrevê-los não terá melhor meio que seu próprio discurso desarticulado. Mesmo se for uma superstição crer que a completa imunidade a danos por vinte e cinco anos, apesar da prática regular de não matar, não é um acidente fortuito mas uma graça de Deus, devo ainda abraçar essa superstição.

Durante a greve dos operários em Ahmedabad criaram-se as bases para trabalhos de tecelagem no *ashram*. Pois essa era então a sua principal atividade. Fiar não havia sido possível para nós até o momento.

22. O JEJUM

Nas primeiras duas semanas os operários têxteis exibiram grande coragem e autocontrole e faziam diariamente imensas reuniões. Nessas ocasiões costumava lembrá-los de suas promessas, e eles me gritavam de volta, assegurando que prefeririam morrer a quebrar a palavra.

Mas finalmente começaram a mostrar sinais de afrouxamento. Assim como a fraqueza física nos homens se manifesta em irritabilidade, a atitude com relação aos fura-greve tornara-se mais e mais ameaçadora, na medida em que a greve parecia correr o perigo de fracassar. Comecei então a temer a explosão de atentados e provocações. A frequência dos encontros começou a minguar e o desânimo e desespero eram evidentes nos rostos daqueles que participavam das reuniões. Finalmente chegou-me a informação de que os grevistas começaram a desertar.

Fiquei muito perturbado e me pus a pensar sobre qual era o meu dever nessa circunstância. Tivera a experiência de uma greve gigante na África do Sul, mas a situação que enfrentava aqui era diferente. Os grevistas tinha feito a promessa por sugestão minha. Haviam-na repetido em minha frente dia após dia, e a própria ideia de que voltassem atrás agora era para mim inconcebível.

Seria orgulho meu amor pelos trabalhadores ou minha apaixonada busca pela verdade que estava por trás desse sentimento? Quem pode dizer?

Uma manhã — durante uma reunião de operários têxteis, enquanto eu ainda era incapaz de enxergar um caminho claro — uma luz veio até mim. Espontaneamente, e uma a uma, as palavras vieram aos meus lábios:

— A menos que os grevistas se mantenham unidos — declarei na assembleia — e continuem a greve até que um acordo seja alcançado, ou até que todos deixem as fábricas, não tocarei em alimento nenhum.

Os trabalhadores ficaram chocados. Lágrimas começaram a rolar na face de Anasuyabehn. Os trabalhadores gritaram:

— Não é o senhor, e sim nós que vamos jejuar. Seria monstruoso que o senhor jejuasse. Por favor perdoe-nos por nosso lapso. Permaneceremos fiéis à nossa demanda até o final.

— Não há necessidade de jejuarem — respondi. — Bastaria que pudessem permanecer fiéis à sua causa. Como sabem estamos sem fundos e não queremos continuar a greve vivendo da caridade pública. Vocês deveriam subsistir com algum tipo de trabalho. Isso lhes dará suficiente autonomia, não importa o quanto se prolongue a paralisação. Quanto ao meu jejum, ele só será quebrado depois que tudo estiver resolvido.

Enquanto isso Vallabhbhai tentava encontrar empregos para os grevistas na municipalidade, mas sem muita esperança de sucesso. Maganlal Gandhi sugeriu que, como precisávamos de areia para preencher as fundações de nossa escola de tecelagem no *ashram,* um certo número deles poderia ser empregado para esse propósito. Os operários receberam bem a proposta. Anasuyabehn liderava o caminho com uma cesta na cabeça, e em pouco tempo uma corrente interminável de operários carregando cestas de areia podia ser vista saindo da margem do leito do rio. Era algo digno de ser visto. Os trabalhadores sentiam-se reanimados por uma nova força, e foi difícil cumprir a promessa de pagar seus salários.

Meu jejum não estava livre de um grave defeito. Como já mencionei anteriormente, eu mantinha relações próximas e cordiais com os proprietários das fábricas e o fato de estar jejuando não poderia deixar de afetar suas decisões. Como um *satyagrahi* sabia que não poderia jejuar contra eles, mas deveria deixá-los livres para ser influenciados apenas pela greve dos operários. Meu jejum não foi devido ao lapso dos proprietários das fábricas, mas por causa dos próprios operários. Como seu representante senti que deveria participar. Diante dos proprietários podia somente advogar; jejuar contra eles seria considerado coerção. Embora sabendo que meu jejum poderia colocá-los sob pressão, como de fato ocorreu, senti que nada poderia fazer. O dever de mantê-lo me parecia claro.

Tentei deixar os proprietários à vontade.

—Não há necessidade de vocês modificarem a sua posição — disse-lhes. Mas eles receberam minhas palavras friamente e com certo sarcasmo afirmaram que tinham o direito de conservá-la.

O principal homem por trás das posições inflexíveis com relação à greve era o *Sheth* Ambalal. Sua determinação e sinceridade transparente eram maravilhosas e cativaram-me o coração. Era um prazer confrontá-lo. A aflição causada pelo meu jejum entre os proprietários de tecelagens era imensa. Sarladevi, esposa de Ambalal, aproximou-se de mim com um sentimento de irmã e não pude deixar de perceber a dor provocada por minha atitude.

Anasuyabehn e um número de outros amigos e trabalhadores compartilharam o jejum no primeiro dia. Mas depois de algumas dificuldades pude persuadi-los a não ir além.

O resultado foi que se criou uma atmosfera de boa-vontade. O coração dos proprietários das fábricas foi atingido e se dispuseram a tentar descobrir um modo de chegar a um acordo. A casa de Anasuyabehn tornou-se o local das discussões. O *Sjt.* Anandshankar Dhruva interveio e foi, no final, designado árbitro, e assim a greve terminou, depois de eu ter jejuado apenas três dias. Os proprietários comemoraram distribuindo doces entre os trabalhadores e chegou-se a um acordo depois de vinte e um dias de paralisação.

Na reunião comemorativa desse acordo os proprietários e o Comissário de Polícia estavam presentes. O conselho que ele deu aos operários na ocasião foi:

— Os senhores devem agir sempre como o Sr. Gandhi aconselhar.

Quase imediatamente depois desses acontecimentos tive que me engajar em uma disputa com esse mesmo cavalheiro. Mas as circunstâncias haviam mudado e ele mudara com elas. Então incitou os pequenos proprietários de terras de Kheda para que não seguissem os meus conselhos!

Não posso fechar este capítulo sem lembrar um incidente, que resultou tão divertido quanto patético. Aconteceu quando da distribuição dos doces. Os proprietários tinham encomendado uma quantidade muito grande de guloseimas e foi um problema reparti-las entre os milhares de trabalhadores. Decidiu-se que o mais certo seria distribuí-los ao ar livre, embaixo da mesma árvore onde haviam sido feitas as reivindicações, especialmente porque teria sido extremamente difícil reuni-los em qualquer outro lugar.

Eu achava que homens que tinham observado uma disciplina rígida por vinte um dias completos não teriam nenhuma dificuldade de permanecer em pé de maneira ordenada enquanto os doces fossem distribuídos, em vez de disputá-los impacientemente. Porém quando chegou a hora do teste, todos os métodos tentados para levar a contento a distribuição fracassaram.

Vezes e mais vezes as filas acabaram se desfazendo depois de alguns minutos. Os líderes dos operários tentaram o melhor que puderam para restabelecer a ordem, mas em vão. A confusão, a bagunça e as disputas finalmente se tornaram tão grandes que uma grande parte dos doces foi pisoteada e a tentativa de distribuí-los ao ar livre teve que ser abandonada. Com muita dificuldade conseguimos levar os doces que sobraram para o bangalô do *Sheth* Ambalal, em Mirzapur. Foram repartidos sem problemas no dia seguinte, em área coberta.

O aspecto cômico desse incidente é óbvio, mas o lado patético merece ser mencionado. Uma investigação posterior revelou que os mendigos de Ahmedabad ficaram sabendo que doces seriam distribuídos embaixo da árvore *Ek-Tek,* portanto tinham ido em grande número para lá e foi sua disposição faminta que criou toda a confusão e desordem.

A pobreza e a fome que afligem o nosso país são de tal modo que degradam a cada ano mais e mais pessoas à categoria de mendigos. Estes, em sua luta desesperada por pão, tornam-se insensíveis a todos os sentimentos de decência e respeito mútuo.

Nossos filantropos, em vez de dar-lhes trabalho e insistir para que labutem por seu pão, dão-lhes esmolas.

23. O *SATYAGRAHA* DE KHEDA

Não tive porém tempo para respirar. Mal acabara a greve dos operários de Ahmedabad vi-me envolvido na campanha do *Satyagraha* em Kheda.

A fome irrompera no distrito de Kheda devido à perda geral das lavouras, e os proprietários de terra desse lugar estavam considerando a possibilidade de suspender o pagamento de impostos naquele ano.

O *Sjt*. Amritlal Thakkar já havia investigado e relatado a situação. Também a discutira pessoalmente com o funcionário encarregado da arrecadação, antes que eu pudesse aconselhar definitivamente os plantadores. Os *Sjts*. Mohanlal Pandya e Shankarlal Parikh também haviam se envolvido na disputa e tinham organizado uma manifestação na Assembleia Legislativa de Mumbai, por meio do *Sjt*. Vithalbhai Patel e do falecido Sir Gokuldas Kahandas Parekh. Mais de uma delegação havia procurado o Governador com a mesma finalidade.

Nessa época eu era presidente do *Sabha* de Gurajate, que enviou petições e telegramas às autoridades e pacientemente suportou até os insultos e ameaças dos arrecadadores de impostos. A conduta dos funcionários nessa ocasião foi tão ridícula e indigna que até hoje parece quase inacreditável.

As exigências dos plantadores eram claras como o dia e moderadas a ponto de tornar imperiosa a sua aceitação. Sob as normas do Imposto da Terra, se a colheita fosse de sessenta centavos ou menos, os plantadores poderiam exigir a suspensão completa dos impostos para aquele ano. Segundo os números oficiais esse valor havia sido maior. Os plantadores alegavam o contrário. Mas o governo não estava disposto a ouvi-los e considerou a demanda popular uma arbitrariedade do tipo lesa-majestade. Finalmente depois de todas as petições e preces haverem falhado, e depois de ter-me aconselhado com meus colaboradores, sugeri aos proprietários de terras que recorressem ao *satyagraha*.

Além dos voluntários de Kheda, meus principais companheiros nessa luta foram os *Sjts*. Vallabhbhai Patel, Shankalal Banker, Shrimati Anasuyabehn, Indulal Yajnik, Mahadev Desai e outros. Ao juntar-se a nós, o primeiro deles teve de interromper uma esplêndida e crescente carreira de advogado que, por outros motivos práticos, jamais retomou.

Centralizamos nossas atividades no Nadiad Anathashram. Nenhum outro lugar disponível teria sido suficientemente grande para acomodar todos nós.

A seguinte promessa foi assinada pelos *satyagrahis:*

> Sabendo que as colheitas de nossas vilas valem menos de sessenta centavos, pedimos que o Governo suspendesse os respectivos impostos até o próximo ano, mas ele não concordou. Dessa forma, nós, abaixo assinados, declaramos solenemente ter feito o acordo de não pagar nem a totalidade nem o remanescente desse imposto anual.
>
> Deixaremos que o Governo tome quaisquer medidas legais que possa achar cabíveis e sofreremos de bom grado as consequências desse não pagamento. Preferimos perder nossas terras do que, ao pagar voluntariamente, dar margem a que nossa causa seja considerada falsa, ou comprometer o respeito que devemos a nós mesmos. Caso o Governo entretanto concorde em suspender a cobrança da segunda parcela dos impostos em todo o distrito, os que entre nós estiverem em condições pagarão o total ou o saldo devido.

A razão pela qual os que podem pagar ainda não o fizeram, é que se eles pagarem os agricultores mais pobres podem, em pânico, vender mal suas propriedades ou contrair débitos para saldar seus impostos, o que lhes trará sofrimento. Nessa circunstância consideramos que, pelo bem dos pobres, é dever de todos, inclusive dos que podem, sustar o pagamento desses tributos.

Não posso devotar muitos capítulos a essa luta. Por isso várias das doces lembranças a ela relacionadas terão de ser deixadas de fora. Os que quiserem fazer um estudo mais completo e profundo dessa importante demanda poderão fazê-lo lendo a história completa e autêntica do *Satyagraha em Kheda,* escrita pelo *Sjt.* Shankarlal Parikh, de Kathlal, Kheda.

24. "O LADRÃO DE CEBOLAS"

Por ser Champaran uma região distante na Índia, e pelo fato de a imprensa ter sido mantida fora da campanha, ela não atraiu visitantes de outros lugares. Não foi como a campanha de Kheda, na qual os acontecimentos eram divulgados pela imprensa diária.

Os gujarates estavam profundamente interessados na disputa, que para eles era uma experiência nova. Estavam prontos a desfazer-se de suas riquezas pelo sucesso da causa. Era difícil para eles entender que a realização do *satyagraha* não se resumia em dinheiro. Este era a coisa menos necessária. Apesar de minha insistência a esse respeito os comerciantes de Mumbai nos enviavam mais dinheiro do que o necessário. Por isso tínhamos uma sobra ao fim da campanha.

Ao mesmo tempo os voluntários que se envolviam com o *satyagraha* tinham de aprender novas lições de simplicidade.

Não posso dizer se eles as absorveram por completo, mas o fato é que mudaram consideravelmente seus modos de vida.

Também para os proprietários de terras a campanha era algo bastante novo. Assim tivemos de ir de aldeia em aldeia explicando os princípios do *satyagraha.*

O principal era fazer com que os agricultores se livrassem do medo, mostrando-lhes que os fiscais não eram seus patrões, mas sim servidores do povo pois recebiam seus salários dos impostos pagos pelos contribuintes. Parecia impossível fazê-los perceber a obrigação de combinar civilidade com ausência de medo.

Uma vez que o medo aos funcionários fosse eliminado, como impedi-los de responder a insultos com insultos? O recurso à incivilidade estragaria o *satyagraha,* como uma gota de arsênico no leite. Percebi mais tarde que haviam aprendido a lição de civilidade num grau menor do que eu imaginara. A experiência me ensinou que civilidade é a parte mais difícil do *satyagraha*. Civilidade aqui não significa mera gentileza e fala cortês, mas a amabilidade intrínseca e o desejo sincero de fazer bem ao oponente. Tudo isso deveria transparecer nos atos de um *satyagrahi*.

A princípio, embora as pessoas mostrassem muita coragem, o governo não parecia inclinado a agir de modo enérgico. Entretanto, na medida em que a firmeza do povo não mostrava sinais de abater-se, ele começou a coagi-lo. Os fiscais vendiam o gado das pessoas e confiscavam qualquer coisa em que pudessem pôr as mãos. Foram expedidas notificações de multa e em alguns casos as próprias plantações foram tomadas. Tudo isso deixou os agricultores nervosos. Alguns deles pagaram os impostos, enquanto outros procuraram pôr seus bens a salvo para que não fossem apreendidos e seu valor deduzido dos tributos. Outros ainda estavam preparados para lutar até o amargo fim.

Enquanto isso, um dos arrendatários do *Sjt.* Shankarlal Parikh pagou os tributos relativos às suas terras, o que causou perplexidade geral. O *Sjt.* Shankarlal Parikh corrigiu de imediato o engano de seu arrendatário doando para caridade a terra pela qual fora pago o tributo. Preservou assim a sua honra e deu um bom exemplo.

Com o objetivo de fortalecer o ânimo dos que estavam atemorizados, aconselhei as pessoas, sob a liderança do *Sjt.* Mohanlal Pandya, a colher a cebola em uma área que havia sido, em minha opinião, erroneamente tomada. Não considerava essa atitude uma desobediência civil. Porém, mesmo que o fosse, o confisco dessas colheitas já em andamento era moralmente errado embora legal. Portanto, era nada menos que uma espoliação. Desse modo o povo tinha o direito de colher a cebola apesar da ordem de confisco.

Foi uma boa oportunidade para que as pessoas aprendessem sobre multas e aprisionamento, que seriam a consequência necessária de tal desobediência. Era o que o *Sjt.* Mohanlal Pandya mais esperava. Ele não gostaria que a campanha terminasse sem que alguém fosse preso por algo feito de acordo com os princípios do *satyagraha*. Por isso ofereceu-se como voluntário para colher a cebola, e sete ou oito amigos o acompanharam.

Para o governo, era impossível deixá-los livres. A prisão do *Sjt.* Mohanlal e seus companheiros aumentou a entusiasmo do povo. Quando o medo ao cárcere desapareceu, a repressão encorajou os manifestantes. Multidões assediaram o tribunal no dia da audiência. Pandya e seus companheiros foram condenados e sentenciados a um breve período de reclusão. Eu era de opinião que a condenação estava errada, porque o ato de colher a cebola não poderia ser definido como "roubo" no Código Penal. Mas nenhuma apelação foi feita, porque a política era evitar recorrer aos tribunais.

Uma procissão acompanhou os "condenados" à prisão. Naquele dia, o *Stj.* Mohanlal Pandya foi honrado pelo povo com o título de *dungli chor* (ladrão de cebolas), que ostenta até hoje.

Deixarei a conclusão do *Satyagraha* em Kheda para o próximo capítulo.

25. O TÉRMINO DO *SATYAGRAHA* DE KHEDA

A campanha chegara a um fim inesperado. Tornara-se claro que as pessoas estavam exaustas, e hesitei em permitir que chegassem à ruína completa. Eu estava procurando pôr fim à luta de um modo que fosse satisfatório para um *satyagrahi*. Esse modo surgiu inesperadamente. O funcionário da Fazenda Nacional em Nadiad mandou avisar-me que os proprietários de terras que pudessem, pagassem, e os mais pobres teriam a suspensão de impostos garantida.

Pedi-lhe uma declaração por escrito para esse efeito, que me foi dada. Mas como esse funcionário era responsável apenas por sua área, perguntei-lhe se estava autorizado a tomar medidas semelhantes para toda a região. Respondeu que já haviam sido emitidas ordens suspendendo o pagamento de tributos nos termos do documento que me havia sido entregue. Eu não sabia disso, mas se era fato, a promessa feita ao povo havia sido cumprida. Devo lembrar que a reivindicação girava em torno das mesmas questões, e assim devíamos nos sentir satisfeitos com tais ordens.

Contudo o fim estava longe de me deixar feliz, visto que faltava a graça que deve acompanhar toda campanha de *satyagraha*. Os fiscais continuaram a trabalhar como se não houvesse sido assinado nenhum compromisso. Os pobres tinham garantida a suspensão dos pagamentos, mas quase nenhum deles foi beneficiado com essa medida. As pessoas tinham o direito de determinar quem era pobre, mas não conseguiam exercê-lo.

Era algo triste de ver. Embora o término da campanha fosse celebrado como um triunfo do *satyagraha,* não pude me sentir entusiasmado, pois faltavam os elementos essenciais para uma vitória completa.

O final da campanha do *satyagraha* só pode ser descrito como tendo valido a pena quando os *satyagrahis* terminaram mais fortes e corajosos do que estavam no começo.

A campanha entretanto deixou resultados indiretos que constituem verdadeiros benefícios, inclusive até nossos dias.

O *Satyagraha* em Kheda marcou o início de um despertar entre os camponeses de Gujarate, o começo de sua verdadeira educação política.

A brilhante agitação feita pela Dra. Besant havia certamente tocado os camponeses, mas foi a campanha de Kheda que compeliu os bem treinados ativistas a conhecer a verdadeira vida dos camponeses. Aprenderam a identificar-se com eles. Encontraram uma esfera adequada de trabalho, e sua capacidade de sacrifício aumentou. O fato de Vallabhbhai ter encontrado a si mesmo durante essa campanha não é uma conquista pequena. Pudemos medir sua extensão pelas operações de ajuda nas enchentes no último ano e pelo *Satyagraha* em Bardholi este ano. A vida pública em Gujarate passou a ter uma nova energia e um novo vigor. Os camponeses agora reconheciam a sua força. A lição indelevelmente impressa na mente do público foi que a salvação do povo dependia dele mesmo, e de sua capacidade de suportar o sofrimento e o sacrifício. Por meio da campanha de Kheda o *satyagraha* fincou fortes raízes no solo de Gujarate.

Embora não tivesse encontrado nada que me entusiasmasse nesse término, os camponeses de Kheda estavam exultantes, pois sabiam que o que haviam conquistado podia ser medido pelo esforço, e eles tinham encontrado um método infalível e verdadeiro para lutar por suas aspirações. Esse conhecimento justificava o seu júbilo.

Todavia os camponeses de Kheda não haviam compreendido completamente o significado interior do *satyagraha.* Mas perceberam isso às suas próprias custas, como veremos nos capítulos seguintes.

26. PAIXÃO PELA UNIDADE

A campanha de Kheda foi lançada enquanto a guerra continuava na Europa. Havia-se chegado a uma crise, e o Vice-rei convidara vários líderes para uma conferência de guerra em Délhi, da qual eu deveria participar. Já mencionei minhas boas relações com Lorde Chelmsford, o Vice-rei.

Em resposta ao convite, fui a Délhi. Entretanto eu fazia objeções a tomar parte na conferência. A principal era a exclusão de líderes como os irmãos Ali, que na época estavam presos. Encontrei-os apenas uma ou duas vezes, embora tenha ouvido muito a seu respeito. Todos falavam muito bem de seus feitos e de sua coragem. Eu não tinha ainda relações próximas com o *Saheb* Hakim, mas o Diretor Rudra e Dinabandhu Andrews haviam me falado muito bem dele.

Conhecera os Srs. Shuaib Qureshi e Khwaja na Liga Muçulmana de Calcutá. Também fizera contato com os Drs. Ansari e Abdur Rahman. Buscava a amizade dos bons muçulmanos e estava ansioso para entender a mentalidade desse povo, pelo contato com seus representantes mais puros e patrióticos. Sendo assim não foi necessário que me pressionassem para acompanhá-los aonde quer fossem, pois tinha o propósito de estreitar relações com eles.

Fazia tempo que compreendera, na África do Sul, que não havia amizade verdadeira entre hindus e muçulmanos. Nunca perdi uma única oportunidade de remover obstáculos ao caminho da unidade. Não era de meu feitio aplacar as pessoas pela adulação ou ao custo do autorrespeito. Porém minhas experiências na África do Sul me convenceram de que seria na questão da unidade hindu-muçulmana que minha *ahimsa* enfrentaria a sua prova mais difícil. A questão proporcionou o mais amplo campo para minhas experiências no *ahimsa*.

A convicção ainda é essa. A todo momento ao longo de minha vida sinto que Deus está me pondo à prova.

Por ter convicções tão fortes sobre essa questão, ao voltar da África do Sul dava muito valor ao contato com os irmãos Ali.

Porém antes que um contato mais próximo pudesse ser estabelecido, eles foram para a cadeia. Maulana Mahomed Ali costumava escrever-me longas cartas de Betul e Chhindwada, sempre que os carcereiros permitiam. Pedi permissão para ir visitá-los, mas não a obtive.

Foi depois da prisão dos irmãos Ali que me convidaram a participar da Liga Muçulmana em Calcutá. Ao me ser dada a palavra, falei que o dever dos muçulmanos era assegurar a libertação dos irmãos. Pouco tempo depois fui levado por esses amigos ao Colégio Muçulmano de Aligarh. Lá chegando convidei os jovens a fazer sacrifícios por sua mãe-pátria.

Comecei uma correspondência com o governo pela libertação dos irmãos Ali. A par disso estudei os pontos de vista e as atividades deles em relação ao Khilafat[9]. Discuti com amigos muçulmanos. Percebi que se quisesse me tornar um verdadeiro amigo deles, deveria oferecer o máximo de ajuda para libertar os irmãos e conseguir um acordo justo para a questão do Khilafat.

Eu não deveria entrar no mérito da questão, pois não havia nada de imoral em suas reivindicações. Em matéria religiosa as crenças diferem, e cada uma é a suprema para quem nela crê. Se todos tivessem a mesma crença religiosa, existiria uma religião única. Com o passar do tempo, descobri que as reivindicações dos muçulmanos sobre o Khilafat não se opunham a nenhum princípio ético. Além disso o Primeiro-ministro britânico havia admitido a justiça das demandas muçulmanas.

Percebi desse modo que me inclinava a oferecer toda ajuda que pudesse para assegurar o devido cumprimento da garantia do Primeiro-ministro. Ela tinha sido dada em termos tão claros, que a verificação de seu mérito só era necessária para satisfazer à minha própria consciência.

Amigos e críticos fizeram observações às minhas atitudes no que diz respeito ao Khilafat. Apesar das críticas sinto que não tenho razões para reconsiderar ou arrepender-me de minha cooperação com os muçulmanos. Adotaria a mesma posição caso surgissem situações similares.

Quando portanto fui a Délhi tinha a total intenção de submeter ao Vice-rei a questão mulçumana. O caso do Khilafat não havia ainda assumido as proporções que tomaria mais tarde.

No entanto ao chegar a Délhi apresentou-se uma outra dificuldade para que participasse da conferência. Dinabandhu Andrews levantou a questão da coerência moral de minha participação em uma conferência de guerra. Falou-me sobre a controvérsia, na imprensa britânica, a respeito de acordos secretos entre a Inglaterra e a Itália. Como poderia eu participar da conferência se a Inglaterra mantinha negociações dessa natureza com outra potência europeia? Foi o que perguntou o Sr. Andrews.

Eu nada sabia desses tratados. A palavra de Dinabandhu Andrews foi o bastante para mim. Portanto enviei uma carta a Lorde Chelmsford explicando minha hesitação. Ele me convidou para discutir o assunto pessoalmente. Tive uma longa discussão com ele e com seu secretário particular, o Sr. Maffey. Como resultado concordei em tomar parte na conferência. Na verdade este foi o argumento do Vice-rei:

— Certamente o senhor não acredita que o Vice-rei sabe tudo o que acontece no Gabinete Inglês. Não digo, nem ninguém diz, que o Governo Britânico é infalível. Mas se concorda que o Império tem sido em seu todo um poder voltado para o bem; se acredita que a Índia tem, em sua totalidade, se beneficiado do vínculo com a Inglaterra; não admitiria que o dever de todo cidadão indiano é ajudar o Império na hora da necessidade? Também li o que os jornais ingleses publicaram sobre os tratados secretos, sobre os quais não sei absolutamente nada além do que eles próprios dizem. E o senhor bem sabe que os jornalistas são mestres em levantar boatos. Como pode o senhor, baseando-se apenas em informações jornalísticas, recusar-se a ajudar o Império num momento tão crítico? Pode levantar todas as questões morais e desafiar-nos o quanto quiser quando terminar a guerra, mas não hoje.

O argumento não era novo. Pareceu-me novo pela maneira e no momento em que me foi apresentado, e por isso concordei em participar da conferência. Quanto às demandas dos muçulmanos, mandei uma carta ao Vice-rei.

27. CAMPANHA DE RECRUTAMENTO

Então participei da conferência. O Vice-rei estava muito ansioso para que eu apoiasse a resolução de recrutamento. Pedi permissão para falar em hindi-hindustâni. O Vice-rei concordou, mas pediu-me que falasse também em inglês. Eu não tinha muito o que dizer. Falei apenas: "Com plena consciência das responsabilidades envolvidas, rogo que apoiem a moção".

Muitos me cumprimentaram por eu ter falado em hindustâni.

Aquela foi, disseram, a primeira vez que se lembravam de alguém ter falado hindustâni em tais reuniões. Os cumprimentos e a descoberta de que eu tinha sido o primeiro a falar nessa língua em uma reunião convocada e presidida pelo Vice-rei feriu meu orgulho nacional. Senti-me como se estivesse encolhendo. Que tragédia uma língua nacional ser tabu em reuniões em seu próprio país, onde se discutem assuntos relacionados a esse país! E que tragédia o fato de que um discurso em hindustâni, feito por um simples indivíduo como eu, seja motivo para cumprimentos! Incidentes assim lembram-me do baixo estado a que fomos reduzidos.

A única sentença que eu havia proferido na conferência teve para mim um significado considerável. Era-me impossível esquecer a conferência ou a resolução que apoiara. Havia ainda uma tarefa a ser cumprida durante minha permanência em Délhi.

Eu tinha de escrever uma carta ao Vice-rei. Não foi fácil. Sentia-me no dever de atender tanto aos interesses do povo quanto aos do governo, explicar como e por que havia participado da conferência, e deixar claro o que o povo esperava do governo.

Na carta expressei meu pesar por estarem excluídos da conferência líderes como Lokamanya Tilak e os irmãos Ali. Expressei as demandas políticas mínimas do povo, e também as dos muçulmanos, na situação criada pela guerra. Pedi permissão para publicar a carta e o Vice-rei felizmente concordou.

A carta tinha de ser enviada a Simla, para onde o Vice-rei havia ido logo depois da conferência. Esse documento tinha para mim uma importância considerável, e mandá-lo pelo correio implicaria demora. Queria economizar tempo, mas não desejava enviá-la por mensageiro. Queria que um homem digno a levasse e a entregasse pessoalmente na residência do Vice-rei. Dinabandhu Andrews e o Diretor Rudra sugeriram o nome de um reverendo irlandês da Missão de Cambridge. Ele concordou em levar a carta, desde que a lesse e ela lhe parecesse adequada. Eu não tinha objeções, pois não se tratava de um documento particular. Ofereci-lhe passagem na segunda classe, mas ele recusou, dizendo que estava acostumado a viajar na terceira. E fez isso, embora se tratasse de uma viagem noturna. Sua simplicidade, postura e franqueza ao falar me cativaram. A carta, entregue pelas mãos de um homem probo, como imaginei, deu o resultado desejado. Acalmou minha mente e clareou minha estrada.

A outra parte de meu dever consistia em recrutar voluntários. Onde poderia começar senão em Kheda? E quem poderia convocar senão meus próprios colaboradores? Então assim que cheguei a Nadiad conversei com Vallabhbhai e outros amigos. Alguns deles não aceitaram facilmente a proposta. Os que gostavam dela tinham dúvidas quanto ao seu sucesso. As amargas experiências vividas com os funcionários governamentais ainda estavam frescas em sua memória.

Apesar disso eram favoráveis ao início do trabalho. Assim que organizei minha tarefa fiquei de olhos bem abertos. Meu otimismo sofreu um grande choque. Durante a campanha de arrecadação as pessoas prontamente ofereciam suas carroças de graça, e vinham dois voluntários quando só um era necessário. Mas agora era difícil conseguir carroças, mesmo pagando, isso para não falar em voluntários. Mas não desanimamos. Decidimos dispensar as carroças e fazer nossa jornada a pé. Nesse ritmo teríamos de percorrer mais ou menos trinta quilômetros por dia. Se não estávamos conseguindo carroças, seria muito esperar das pessoas que nos oferecessem alimento. Não seria apropriado pedir comida. Então decidiu-se que cada voluntário deveria carregar seus próprios alimentos em uma sacola. Não havia necessidade de cobertores ou lençóis, pois era verão.

Tivemos reuniões em todos os lugares a que fomos. As pessoas compareciam, mas dificilmente uma ou duas delas se ofereciam como recrutas.

— O senhor é um adepto do *ahimsa,* como pode pedir que usemos armas? Que bem o governo fez à Índia para merecer nossa cooperação?

Eram essas e outras as perguntas que costumavam fazer-nos.

Contudo nosso trabalho começou a dar resultados. Um grande número de nomes foi registrado e esperávamos poder continuar a fornecê-los regularmente assim que o primeiro grupo fosse enviado. Já havia começado a conferir com o Comissário de Recrutamento os locais onde os recrutas seriam acomodados.

Em todas as divisões esses oficiais estavam fazendo conferências similares à de Délhi. Uma delas realizou-se na região de Gujarate. Meus colaboradores e eu fomos convidados. Comparecemos, mas senti que lá havia ainda menos espaço para mim do que em Délhi. A atmosfera de servil submissão logo fez com que eu me sentisse mal. De alguma forma acabei falando. Nada podia dizer que agradasse aos oficiais, e certamente tinha uma ou duas coisas duras para expressar.

Costumava entregar panfletos pedindo que as pessoas se alistassem como recrutas. Um dos argumentos que usava era desagradável ao Comissário de Recrutamento:

— Entre os muitos desmandos do Governo Britânico na Índia, a história verá o ato de privar uma nação inteira de seu exército como o mais catastrófico. Se queremos que a lei das armas seja revogada, se desejamos aprender a usar armas, aqui está uma oportunidade de ouro. Se as classes médias oferecerem ajuda voluntária ao governo nesta hora de provação, a falta de confiança desaparecerá e o banimento da posse de armas será revogado.

O Comissário referiu-se a essa fala minha e disse que apreciava minha presença na conferência apesar das diferenças entre nós. Tive que justificar meu ponto de vista o mais cortesmente possível.

Aqui está a carta ao Vice-rei, a que me referi acima:

> Como V. Excia. bem sabe, depois de cuidadosa reflexão senti-me obrigado a comunicar-lhe que não poderia participar da Conferência pelas razões que declarei na carta do dia 26 do corrente (abril). Contudo depois de nossa conversa, V. Excia. teve a habilidade de convencer-me; eu me persuadi a participar, se não por outro motivo certamente devido à grande consideração que lhe tenho. Uma

das razões para minha desistência, talvez a mais forte, foi o fato de Lokamanya Tilak, a Sra. Besant e os irmãos Ali, que considero entre outros os líderes mais poderosos da opinião pública, não terem sido convidados. Ainda acho que isso foi um grave erro. Respeitosamente sugiro que ele seja corrigido, convidando essas lideranças a ajudar o Governo com o benefício de seus conselhos nas Conferências Provinciais que, segundo entendo, logo começarão. Arrisco-me a dizer que nenhum Governo pode desconsiderar líderes como esses, que representam as grandes massas populares, mesmo que seus pontos de vista sejam fundamentalmente diferentes.

Ao mesmo tempo fico contente em poder dizer que a posição de todos os partidos pôde ser livremente expressa nas comissões da Conferência. De minha parte abstive-me propositadamente de expressar meus pontos de vista na que tive a honra de integrar, ou ainda na própria Conferência.

Achei que poderia servir melhor aos objetivos da Conferência simplesmente dispondo-me a apoiar as moções a ela submetidas, o que fiz sem quaisquer reservas. Espero traduzir minhas palavras em ações tão logo o Governo veja algum modo de aceitar a minha oferta, que agora apresento em carta separada.

Reconheço que na hora do perigo devemos, como ficou decidido, apoiar sem rancor e de modo inequívoco o Império, do qual aspiramos num futuro próximo ser parceiros no mesmo sentido que o são os Domínios de além-mar. Mas é uma verdade simples que nossa resposta se deve à expectativa de que nosso objetivo seja alcançado o mais rápido possível. Assim sendo, o cumprimento do dever confere automaticamente um direito correspondente, e as pessoas são levadas a acreditar que as reformas iminentes referidas no discurso de V. Excia. incorporarão os princípios gerais do Projeto tanto da Liga quanto do Congresso. Estou certo de que essa fé fez com que muitos dos membros da Conferência se sensibilizassem para oferecer ao Governo a sua sincera cooperação.

Se pudesse fazer meus compatriotas voltar sobre seus passos, faria com que retirassem todas as resoluções do Congresso, e que não sussurrassem palavras de ordem como "Autonomia" e "Responsabilidade Governamental" durante a guerra. Faria a Índia oferecer todos os seus filhos capazes como um sacrifício ao Império neste momento crítico. Sei que ela, por meio desse mesmo ato, se tornaria a parceira mais favorecida do Império e que as distinções raciais se tornariam algo do passado. No entanto praticamente toda a Índia educada decidiu adotar um curso menos efetivo. Não é mais possível dizer-lhe que não exerça influência alguma sobre as massas. Tenho mantido contatos estreitos com os camponeses desde que retornei da África do Sul, e asseguro que o desejo de uma pátria autônoma tem larga penetração entre eles. Estava presente às sessões do último Congresso, e fui partidário da resolução de que uma responsabilidade governamental deveria ser concedida à Índia Britânica, em um prazo a ser definido por um Estatuto Parlamentar.

Admito que esse foi um passo ousado, mas estou certo de que nada menos que uma visão definitiva de Autonomia, que possa ser levada à prática no menor espaço de tempo possível, satisfará ao povo indiano. Sei que na Índia há muitos que não consideram nenhum sacrifício grande demais para atingir a sua meta, e que eles estão suficientemente cônscios para perceber que devem estar preparados para se sacrificar pelo Império, do qual esperam e desejam alcançar seu *status* final. Segue-se daí que podemos acelerar nossa jornada na direção do objetivo se, de modo silencioso e simples, nos devotarmos de coração e alma a livrar o Império da ameaça e do perigo. Seria um suicídio nacional não reconhecer essa verdade elementar. Devemos compreender que, se servirmos para salvar o Império teremos, por meio desse mesmo ato, assegurada a Autonomia. Portanto neste caso está claro para mim que devemos dar ao Império todos os homens aptos a defendê-lo, e sinto não poder dizer o mesmo quanto à ajuda financeira.

Meu íntimo convívio com as massas convenceu-me de que a Índia já doou ao Tesouro Imperial muito além de sua capacidade. Sei que ao fazer esta declaração expresso a opinião da maioria de meus compatriotas.

A Conferência significa para mim, e acredito que para muitos de nós, um passo definitivo na consagração de nossas vidas a uma causa comum. Mas nossa posição é peculiar. Estamos, no momento, fora da parceria. Nossa dedicação baseia-se na esperança de um futuro melhor. Não estaria sendo sincero a V. Excia. e a meus compatriotas se não deixasse claro e fora de dúvidas no que consiste a nossa esperança. Não barganho com sua concretização, mas V. Excia. deve saber que decepção com a esperança significa desilusão.

Há algo que não posso omitir. V. Excia. nos pediu para que não nos apegássemos às diferenças domésticas. Se o pedido envolve tolerância para com a tirania e os desmandos dos funcionários do Governo, sinto-me incapaz de responder. Devo resistir ao máximo à tirania organizada. Esse pedido deve ser feito aos funcionários, para que eles não maltratem uma única alma, e para que consultem e respeitem a opinião popular como nunca fizeram antes. Em Champaran, por resistir a um longo período de tirania, mostrei o que há de mais soberano na justiça britânica. Em Kheda, a população que amaldiçoava o Governo sente agora que ela, e não o Governo, é o poder, por estar preparada para sofrer pela verdade que representa. Portanto ao perder o rancor e dizer para si mesma que o Governo deve ser um Governo para o povo, tolera ordeiramente e desobedece de modo respeitoso sempre que percebe a presença da injustiça. Assim, as situações de Champaran e Kheda são minha direta, definitiva e especial contribuição para a guerra. Peçam-me para suspender minhas atividades nessa direção e estarão pedindo para que eu suspenda a minha vida. Se pudesse popularizar o uso da força da alma — que é apenas outro nome para a força do amor — no lugar da força bruta, sei que poderia apresentar-lhes uma Índia capaz de desafiar o mundo inteiro. A qualquer momento portanto devo disciplinar-me para aplicar à minha vida essa eterna lei de sofrimento, e apresentá-la a quem mais possa interessar. Além disso, se tomo parte em qualquer outra atividade, minha motivação é mostrar a infinita superioridade dessa lei.

Por último gostaria de pedir aos ministros de Sua Majestade uma garantia definitiva aos Estados Muçulmanos. Tenho certeza que todo muçulmano está profundamente interessado neles. Como hindu, não posso ser indiferente à sua causa. Seu sofrimento deve ser o nosso sofrimento. A segurança do Império reside no mais profundo respeito pelos direitos dos muçulmanos em seus Estados. Está também no respeito aos seus sentimentos em relação aos lugares de culto. Consiste ainda no justo e oportuno tratamento da reivindicação da Índia quanto à Autonomia. Escrevo tudo isto porque amo a Nação inglesa, e desejo despertar em cada indiano a lealdade de um inglês.

28. ÀS PORTAS DA MORTE

Quase arruinei minha saúde durante a campanha de recrutamento. Naqueles dias minha alimentação consistia principalmente em pasta de oleaginosas e limões. Sabia que comer em excesso esse tipo de pasta podia ser prejudicial à saúde. Mesmo assim, permiti-me fazer isso. O resultado foi uma leve crise de disenteria. Não lhe dei maior importância e fui aquela mesma noite para o *ashram,* como gostava de fazer sempre que podia. Raramente tomava remédios naquela época. Achava que melhoraria se suprimisse uma refeição. Na verdade senti-me recuperado depois que suspendi o café da manhã do dia seguinte. Sabia entretanto que para me curar de todo deveria prolongar o jejum, e por isso não deveria tomar nada a não ser suco de frutas.

Era um dia de festa e, embora eu tivesse dito a Kasturbai que não almoçaria, ela me tentou e sucumbi. Eu estava sob o voto de não tomar leite ou derivados, e ela havia preparado especialmente para mim um mingau de trigo com azeite, em vez de manteiga clarificada. Reservara-me também uma tigela de *mung.* Eu gostava dessas coisas e prontamente as comi, esperando fazê-lo apenas o bastante para agradar a Kasturbai e satisfazer meu paladar. Mas o diabo só estava à espera de uma oportunidade. Em vez de comer um pouquinho devorei o prato inteiro. Foi como convidar o anjo da morte. Em uma hora a diarreia surgiu de forma aguda.

Na mesma noite tinha de voltar para Nadiad. Caminhei com grande dificuldade até a estação de Sabarmati, a pouco mais de um quilômetro e meio de distância. O *Sjt.* Vallabhbhai, que se juntara a mim em Ahmedabad, percebeu que eu não estava bem, mas não lhe permiti que desconfiasse o quanto a dor me era insuportável.

Chegamos a Nadiad por volta das 10 horas. O *Hindu Anathashram,* onde tínhamos centralizado as nossas atividades, ficava a apenas um quilômetro da estação; mas para mim era como se fossem dez. De algum modo consegui chegar até lá, mas as dores seguiam aumentando.

Em vez da latrina comum, que era distante, pedi para que um urinol fosse colocado no quarto junto ao meu. Senti-me envergonhado por ter de fazer esse pedido, mas não tive escapatória. O *Sjt.* Fulchand imediatamente procurou um urinol. Todos os amigos me cercaram com profunda preocupação, mas não podiam aliviar minhas dores. E minha obstinação somou-se à sua impotência. Recusei qualquer ajuda médica. Não tomaria remédios, e preferi sofrer a pena por minha tolice. Eles cuidaram de mim com franco desânimo. Devo ter evacuado trinta ou quarenta vezes em vinte e quatro horas. No começo, jejuei sem tomar nem mesmo suco de frutas. O apetite tinha desaparecido completamente. Até então eu imaginara ter uma saúde de ferro, mas agora percebia que meu corpo tinha se transformado em um torrão de argila. Perdera toda a resistência. O Dr. Kanuga veio me ver e pediu para que eu tomasse medicamentos. Neguei-me. Ele se ofereceu para aplicar-me uma injeção.

Recusei isso também. Naquela época minha ignorância a respeito de injeções beirava o ridículo. Acreditava que se tratava de algum tipo de soro. Mais tarde descobri que a injeção que o médico sugerira era de uma substância vegetal.

As evacuações continuavam, deixando-me completamente exausto. A exaustão trouxe consigo febre e delírios. Os amigos ficaram ainda mais nervosos e chamaram mais médicos. Mas o que poderiam eles fazer com um paciente que não lhes dava ouvidos?

O *Sheth* Ambalal e sua boa esposa vieram para Nadiad, conferenciaram com meus colaboradores e me removeram com o maior cuidado para seu bangalô de Mirzapur, em Ahmedabad. Seria impossível alguém receber mais amor e cuidados desinteressados do que tive o privilégio de ter durante essa doença. Mas uma febre baixa continuava, consumindo meu corpo a cada dia. Senti que a doença poderia ser longa e possivelmente fatal. Embora estivesse cercado de amor e atenção sob o teto do *Sheth* Ambalal, comecei a ficar inquieto e pedi-lhe que me levasse para o *ashram*. Relutante, ele acabou por ceder ao meu pedido.

Enquanto me contorcia em dores na cama do *ashram,* o *Sjt.* Vallabhbhai me trouxe a notícia de que a Alemanha tinha sido derrotada e que o Comissário avisara que o recrutamento de voluntários não mais seria necessário. A notícia de que não tinha mais de me preocupar com isso trouxe-me um grande alívio.

Tentava agora a hidroterapia, que me deu algum conforto, mas recuperar a saúde era uma tarefa difícil. Os médicos me enchiam de conselhos, mas não conseguiam persuadir-me a tomar nada. Dois ou três sugeriram que ingerisse caldo de carne como uma alternativa ao voto relativo ao leite, e citaram autoridades aiurvédicas para dar apoio a seus conselhos. Um deles me recomendou energicamente que comesse ovos. Mas para todos só tinha uma resposta: não.

Para mim a questão da alimentação não devia ser entregue à autoridade dos *Shastras*. Estava ligada ao próprio curso de minha vida e não dependia mais de autoridades externas. Eu não queria viver às suas custas. Como poderia renunciar a meus próprios princípios, se não o fizera em relação à minha esposa, filhos e amigos?

Esta primeira longa doença em minha vida deu-me uma oportunidade única de examinar meus princípios e testá-los.

Uma noite entreguei-me ao desespero. Senti que estava às portas da morte. Mandei chamar Anasuyabehn. Ela correu até o *ashram*. Vallabhbhai veio com o Dr. Kanuga, que tomou meu pulso e disse:

— Seu pulso está bom. Não vejo nenhum perigo. Isso é um colapso nervoso, devido à extrema fraqueza.

Mas estava longe de acreditar nele. Passei a noite sem dormir.

A manhã chegou sem a vinda da morte. Mas não conseguia me livrar da sensação de que o fim estava próximo. Por isso comecei a dedicar todas as minhas horas despertas a ouvir a *Gita,* que era lida para mim pelos companheiros do *ashram.* Não conseguia ler. Não tinha nenhuma vontade de falar. A menor conversa era um grande esforço para meu cérebro. Cessara todo o interesse pela vida, pois jamais gostara de viver só para continuar vivo. Foi uma grande agonia continuar naquele estado de incapacidade, sem fazer nada, servido pelos amigos e colaboradores e vendo meu corpo consumir-se aos poucos.

Enquanto esperava deitado pela chegada da morte, o Dr. Talvalkar apareceu um dia com uma estranha criatura, que mandara vir de Maharashtra. Ainda não era conhecido, mas assim que o vi soube que era um louco como eu. Viera tentar seu tratamento em mim. Tinha quase terminado seus estudos no Grant Medical College, mas não se formara. Mais tarde fiquei sabendo que era membro do Bramo Samaj. O *Sjt.* Kelkar — esse era o seu nome — era um homem obstinado e de temperamento independente. Usava um tratamento à base de gelo, que queria tentar em mim. Desse modo demos-lhe o nome de "Dr. Gelo". Acreditava que tinha descoberto certas coisas que escapavam aos médicos qualificados. Foi uma pena, para mim e para ele, que não tenha conseguido me converter à sua terapia. Acreditei em seu sistema até certo ponto, mas temo que ele tenha sido apressado ao chegar a certas conclusões.

No entanto, sejam quais forem os méritos de suas descobertas, permiti que as experimentasse em meu corpo. Não me importava com tratamentos externos. A terapia consistia em aplicações de gelo em todo o corpo. Apesar de não poder endossar suas alegações sobre o efeito que o tratamento teve em mim, ele certamente me encheu com uma nova esperança. E a mente, como é natural, agiu sobre o corpo. Comecei a ter apetite e a fazer leves caminhadas de cinco a dez minutos.

Ele então sugeriu modificações em minha dieta. Disse:

— Garanto-lhe que terá mais energia e recuperará sua força mais rápido se comer ovos crus. Os ovos são tão inofensivos quanto o leite. Não podem certamente, ser classificados como carne. O senhor sabe que há ovos que não são fertilizados? Há ovos assim no mercado.

Entretanto não estava preparado para comer nem mesmo ovos não fecundados. Mas minha melhora foi o bastante para que me interessasse de novo em atividades públicas.

29. OS PROJETOS DE LEI ROWLATT[10] E MEU DILEMA

Amigos e médicos me asseguraram que me recuperaria mais rápido com uma mudança para Matheran, então fui para lá. Mas a água em Matheran era um tanto salobra, o que tornou minha estadia extremamente difícil. Como resultado de minha doença, meu canal reto tinha se tornado muito sensível, e por causa de fissuras sentia dores insuportáveis quando evacuava. Por isso a própria ideia de comer me aterrorizava. Antes da semana terminar tive que deixar Matheran. Shankarlal Banker, que agora era o anjo da guarda de minha saúde, me pressionou a consultar o Dr. Dalal, que foi imediatamente chamado. Sua capacidade em tomar decisões súbitas me cativou.

Ele disse:

— Não posso reconstituir seu organismo a não ser que beba leite. Se ao mesmo tempo o senhor tomar injeções de ferro e arsênico, posso garantir um completo restabelecimento.

— O senhor pode me dar as injeções — respondi. — Mas o leite é uma questão diferente; fiz um voto contra ele.

— Qual exatamente é a natureza do seu voto? — perguntou o médico.

Contei-lhe toda a história e as razões do meu voto, e como, desde que soubera que a vaca e a búfala passam pelo processo de *phooka*[11], desenvolvera um verdadeiro nojo por leite. Mais ainda, sempre havia sustentado que o leite não é um alimento natural para o ser humano. Assim, abdicara totalmente do seu uso. Kasturbai estava em pé perto de minha cama, ouvindo o tempo todo a conversa.

— Mas então certamente você não fará objeção alguma a tomar leite de cabra — interpôs-se ela.

O médico também aproveitou a deixa:

— Se você tomar leite de cabra será o bastante para mim.

Sucumbi. Minha intensa vontade de retomar a campanha do *Satyagraha* criara em mim um forte desejo de viver. Por isso contentei-me em manter-me fiel apenas à letra do meu voto e a sacrificar-lhe o espírito, pois tinha em mente apenas o leite de vaca e de búfala quando fizera o voto. Por implicação natural porém, ele abrangia o leite de todos os animais. Não seria correto então que usasse leite de forma alguma, enquanto o considerasse algo não natural para a alimentação humana. Embora sabendo de tudo isso concordei em tomá-lo. A vontade de viver mostrou-se mais forte que a devoção à verdade. Por um momento o compromisso com a verdade empalideceu diante do sagrado ideal de recomeçar a luta do *Satyagraha*. Essa lembrança até hoje dói em meu peito e me enche de remorso, e estou sempre pensando em como deixar de tomar leite de cabra. Mas ainda não me livrei da mais sutil das tentações: o desejo de servir, que sempre me domina.

Meus experimentos dietéticos me são caros como parte de minhas pesquisas em *ahimsa*. Eles me distraem e alegram. Mas o uso do leite de cabra hoje me perturba, não do ponto de vista dietético do *ahimsa*, mas da verdade, e é nada menos que uma quebra de promessa. Parece-me que entendo o ideal da verdade melhor que o do *ahimsa*. Minha experiência me diz que, se abrir mão da verdade que me sustenta, nunca poderei desvendar o enigma do *ahimsa*.

O ideal da verdade requer que o voto feito seja satisfeito tanto em espírito quanto na letra. No presente caso matei o espírito — a alma do meu voto — e aderi apenas à sua forma externa, e é isso que me amargura. Contudo, apesar desse conhecimento tão claro, não consigo enxergar direito o caminho à minha frente. Em outras palavras, talvez não tenha coragem de seguir o curso correto. No fundo é a mesma coisa: a dúvida é invariavelmente o resultado de um desejo ou da fraqueza da fé. "Senhor, dai-me fé" é, dessa forma, minha prece dia e noite.

Logo depois de ter começado a tomar leite de cabra, o Dr. Dalal me operou com sucesso para corrigir as fissuras retais. Enquanto me recuperava meu desejo de viver renasceu, especialmente porque Deus tinha continuado a trabalhar por minha conta.

Mal começara a me sentir no caminho do restabelecimento, aconteceu que li nos jornais uma reportagem recém-publicada sobre o Comitê Rowlatt. Suas recomendações me espantaram. Shankarlal Banker e Umar Sobani vieram a mim com a sugestão de que eu deveria tomar alguma atitude imediata sobre o assunto. Cerca de um mês depois fui para Ahmedabad. Mencionei minhas apreensões a Vallabhbhai, que costumava visitar-me quase que diariamente.

— Algo deve ser feito — disse-lhe.

— Mas o que podemos fazer, nestas circunstâncias? — retrucou ele. Respondi:

— Mesmo que seja possível encontrar um punhado de homens que assine um manifesto de resistência, se a proposta ainda assim se transformar em lei, devemos recorrer imediatamente ao *satyagraha*. Se não estivesse de cama lutaria nesta batalha sozinho e esperaria que outros me seguissem. Porém na minha atual falta de condições sinto que estou completamente impossibilitado para a tarefa.

Como resultado dessa conversa, ficou decidido que faríamos uma pequena reunião com as pessoas que mantinham contato comigo. As recomendações do Comitê Rowlatt pareciam-me injustificadas pelas evidências tornadas públicas, e segundo senti ninguém que se autor-respeitasse poderia submeter-se a elas.

A reunião proposta finalmente aconteceu no *ashram*. Um pequeno número de pessoas foi convidado. Até onde me lembro, entre os que compareceram estavam, além de Vallabhbhai, Shrimati Saronjini Naidu, o Sr. Horniman e o falecido Sr. Umar Sobani, o *Sjt.* Shankarlal Banker e Shrimati Anasuyabehn. A proclamação do *Satyagraha* foi esboçada nessa reunião, e tanto quanto posso me lembrar foi assinada por todos os presentes. Eu não editava nenhum jornal naquele momento, mas costumava expressar minhas opiniões pela imprensa diária. Segui essa prática na ocasião. Shankarlal Banker assumiu com empenho a responsabilidade da agitação. Pela primeira vez tive uma ideia de sua extraordinária capacidade de organização e trabalho continuado.

Como não havia esperança de que nenhuma das instituições já existentes adotasse uma arma nova como o *Satyagraha,* criou-se a meu pedido uma entidade separada com o nome de Satyagraha Sabha. Seus principais membros moravam em Mumbai onde, assim, fixou-se a sua sede. Os simpatizantes começaram a assinar, em grande número, a proclamação do *Satyagraha*. Fizeram-se boletins e começaram a ser organizados comícios populares, muito semelhantes aos da campanha de Kheda.

Tornei-me presidente do Satyagraha Sabha. Logo descobri que não haveria muitas oportunidades de concordância entre mim e a intelectualidade que compunha a organização. Minha insistência no uso do gurajate e também alguns de meus outros métodos de trabalho, que pareciam peculiares, causavam preocupações e embaraços nada pequenos. Devo dar-lhes crédito, contudo, pois a maioria deles tolerou generosamente minhas peculiaridades.

Desde o início porém ficou claro para mim que o *Sathyagraha Sabha* não duraria muito. Já percebia que minha ênfase na verdade e no *ahimsa* tinham criado desconforto em alguns de seus membros. No entanto, em sua fase inicial, nossa nova atividade andou a todo vapor e o movimento rapidamente tomou corpo.

30. QUE ESPETÁCULO MARAVILHOSO!

Assim, enquanto por um lado a agitação contra o relatório do Comitê Rowlatt ganhava volume e intensidade, por outro o governo se tornava mais e mais determinado a pôr em prática as suas recomendações, e a lei Rowlatt foi sancionada.

Participei de sessões da Assembleia Legislativa da Índia apenas uma vez na minha vida — e foi justamente por ocasião do debate desse projeto. Shastriji pronunciou um discurso apaixonado, com o qual fez uma solene advertência ao governo. O Vice-rei parecia enfeitiçado. Seus olhos estavam cravados em Shastriji, enquanto este derramava a sua ardente eloquência. Naquele momento parecia-me que o Vice-rei não poderia estar mais do que profundamente tocado pelo discurso, de tão verdadeiro e tão cheio de sentimento era ele.

Mas só se pode acordar um homem se ele estiver realmente dormindo. Nenhum esforço que se possa fazer produzirá qualquer efeito se ele estiver apenas fingindo que dorme. Essa era exatamente a posição do governo: estava ansioso para terminar com a farsa da formalidade legal. Sua decisão já havia sido tomada. A solene advertência de Shastriji caiu totalmente no vazio.

Naquelas circunstâncias, tudo o que eu podia fazer era gritar a esmo. Discuti seriamente com o Vice-rei. Dirigi-lhe cartas particulares e públicas, nas quais dizia claramente que a atitude do governo não me deixava outra alternativa exceto recorrer ao *satyagraha*. Mas foi tudo em vão.

A lei ainda não havia sido publicada. Eu estava muito fraco, mas quando recebi um convite da cidade de Madras decidi arriscar-me em uma longa viagem. Naquele momento não tinha forças para fazer-me ouvir em grandes assembleias. A incapacidade de participar delas em pé continua até hoje. Meu corpo todo tremeria e fortes palpitações começariam, à primeira tentativa de falar em pé por qualquer período de tempo.

Sempre me senti em casa no sul. Graças ao meu trabalho na África do Sul, sentia-me com certos direitos sobre os tâmeis e telugus, e a boa gente do sul nunca me contradisse. O convite havia sido assinado pelo falecido *Sjt*. Kasturi Ranga Iyengar. Porém, o homem por trás do chamado, como soube depois a caminho de Madras, era Rajagopalachari. Pode-se dizer que essa foi a primeira oportunidade em que tomei conhecimento dele; de qualquer forma, foi a primeira vez que nos encontramos pessoalmente.

Rajagopalachari havia deixado recentemente Salem para estabelecer-se como advogado em Madras, atendendo a insistentes convites de amigos como o *Sjt.* Kasturi Ranga Iyengar, que queriam vê-lo envolvido na vida pública. Era com ele que teríamos que lidar em Madras. Fiz essa descoberta em apenas poucos dias de convívio. Pois sendo o bangalô onde nos hospedávamos de propriedade do *Sjt.* Kasturi Ranga Iyengar, tive a impressão de que éramos seus hóspedes.

Mahadev Desai, contudo, me corrigiu. Promoveu rapidamente um contato próximo com Rajagopalachari que, por uma timidez natural mantinha-se constantemente em segundo plano. Contudo Mahadev abriu meus olhos.

— O senhor deveria aproximar-se desse homem — disse-me ele um dia.

E foi o que fiz. Discutíamos diariamente planos para a campanha, mas além de fazer comícios eu não conseguia, naquele momento, pensar em outro tipo de programa. Senti-me perdido ao tentar descobrir como propor a desobediência civil ao Projeto Rowlatt, se ele fosse finalmente transformado em lei. A desobediência só seria possível se o governo desse a oportunidade. Se tal não acontecesse, poderíamos nós desobedecer civilmente a outras leis? E, se assim fosse, onde deveríamos colocar nosso limite? Essas e muitas outras questões parecidas eram os temas de nossas discussões.

O *Sjt.* Kasturi Ranga Iyengar convocou uma pequena conferência de líderes para debater o assunto. Entre os que tomaram parte importante estava o *Sjt.* Vijayaraghavachari. Ele sugeriu que eu deveria elaborar um pequeno manual da ciência do *Satyagraha,* que contivesse também os detalhes. Senti que a tarefa estava além de minha capacidade, e confessei-lhe isso.

Enquanto essas cogitações estavam acontecendo, recebemos a notícia de que a lei Rowlatt havia sido publicada. Naquela noite adormeci pensando no assunto. Acordei um pouco mais cedo que o habitual. Ainda estava naquela condição crepuscular entre o sono e a vigília, quando de repente a ideia veio até mim — como se fosse num sonho. Naquela manhã, logo cedo, relatei a história toda a Rajagopalachari.

— A ideia me veio na noite passada, em um sonho, no qual deveríamos convocar o país para entrar em um *hartal* [greve] geral. O *satyagraha é* um processo de autopurificação, nossa luta é sagrada, e parece-me que em conformidade com as coisas deveríamos começar com um ato purificador. Que todas as pessoas da Índia, portanto, suspendam os seus negócios por um dia e o passem em jejum e oração. Os muçulmanos não podem jejuar por mais que vinte e quatro horas; por isso a duração do jejum deverá ser essa. É muito difícil dizer se todas as províncias responderão ou não ao nosso apelo, mas tenho praticamente certeza de que Mumbai, Madras, Bihar e Sindh o farão. Acho que temos todas as razões para ficar satisfeitos se todas essas cidades observarem apropriadamente o *hartal*.

Rajagopalachari aceitou imediatamente a minha sugestão. Outros amigos também a acolheram quando foram comunicados. Rascunhei um breve apelo. A data *do hartal* foi então fixada para o dia 30 de março 1919, mas foi depois transferida para 6 de abril. Desse modo as pessoas tomaram um breve conhecimento do *hartal*. Como o trabalho tinha de ser iniciado imediatamente, não seria possível dar um aviso mais longo.

Mas quem poderia prever o que realmente aconteceu? A Índia inteira, de ponta a ponta, cidades e vilas, observaram um *hartal* completo naquele dia. Que espetáculo maravilhoso!

31. AQUELA SEMANA MEMORÁVEL! – I

Após um curto giro pelo sul da Índia cheguei a Mumbai, creio que no dia 4 de abril. Recebera um telegrama do *Sjt.* Shankarlal Banker, pedindo-me que lá comparecesse para as celebrações do dia 6.

Enquanto isso, Délhi observara o *hartal* de 30 de março. A palavra do falecido *Swami* Shraddhanandji e a do *Saheb* Hakim Ajmal Khan, eram lei por lá. O telegrama comunicando o adiamento do *hartal* para 6 de abril chegara tarde demais. Délhi nunca testemunhara um *hartal* como aquele. Hindus e muçulmanos pareciam unidos como se fossem uma só pessoa. O *Swami* Shraddhanandji foi convidado a fazer um discurso na Jumma Masjid[12], e o fez. Tudo isso era mais do que as autoridades podiam tolerar. A polícia atacou a procissão do *hartal* quando ela se dirigia para a estação ferroviária e abriu fogo, causando um número considerável de vítimas, e o reinado da repressão começou em Délhi. O *Swami* Shraddhanandji me chamou urgentemente para lá. Telegrafei de volta dizendo que iria para Délhi imediatamente após o término das celebrações do 6 de abril em Mumbai.

Os acontecimentos de Délhi se repetiram, com variações, em Lahore e Amritsar. Desta última, os Drs. Satyapal e Kitchlu tinham me enviado um convite instando-me para que fosse até lá, mas comuniquei-lhes minha intenção de visitar Amritsar depois de Délhi.

Na manhã de 6 de abril os cidadãos de Mumbai se dirigiram aos milhares a Chowpati para um banho de mar. Depois seguiram em procissão até Thakurdvar.

A procissão incluía boa quantidade de mulheres e crianças, e os muçulmanos aderiram em grande número. A partir de Thakurdvar, alguns dos que estávamos na procissão fomos levados pelos amigos muçulmanos a uma mesquita próxima, onde a Sra. Naidu e eu fomos persuadidos a discursar. O *Sjt.* Vithaldas Jerajani propôs que, naquele lugar e momento, manifestássemos ao povo o *Swadeshi*[13] e a unidade das reivindicações hindu-muçulmanas. Mas resisti à proposta, argumentando que as demandas não deveriam ser expressas nem feitas de modo precipitado e que deveríamos nos dar por satisfeitos com o que já estava sendo realizado pelo povo. Uma vez tomada — argumentei —, uma resolução não deve ser quebrada. Portanto era necessário que as implicações da demanda do *Swadeshi* fossem inteiramente compreendidas, e a grave responsabilidade implicada no compromisso da unidade hindu-muçulmana claramente entendida por todos. No final sugeri que os que quisessem reivindicar deveriam reunir-se de novo na manhã seguinte com esse propósito específico.

É desnecessário dizer que o *hartal* em Mumbai foi um completo sucesso.

Todos os preparativos foram feitos para o começo da desobediência civil. Duas ou três coisas tinham sido discutidas a esse respeito. Decidiu-se que a desobediência civil deveria ser posta em prática em relação a leis que fossem mais facilmente desobedecidas pelas massas. A taxa do sal era extremamente impopular, e um poderoso movimento já estava crescendo há algum tempo para repeli-la. Portanto sugeri que as pessoas poderiam obter sal a partir da água do mar em suas próprias casas, desobedecendo a essa taxa. Minha outra sugestão foi sobre a venda de literatura proibida. Dois dos meus livros, *Hind Swaraj* e *Sarvodaya,* que haviam sido proscritos, foram relançados com esse propósito. Imprimi-los e vendê-los abertamente parecia ser a forma mais fácil de exercer a desobediência civil. Um número suficiente de exemplares foi então impresso e providenciou-se para que a venda ocorresse no final de um grande comício, que deveria acontecer naquela noite, depois da quebra do jejum.

Na noite do dia 6, um exército de voluntários foi em frente e misturou-se com o povo para vender os livros proibidos. Shrimati Sarojini Devi e eu fomos de carro. Todos os livros foram vendidos. O produto da venda deveria ser usado na continuação da campanha de desobediência civil. Os títulos custavam quatro centavos cada, mas não me lembro de ninguém que os tenha comprado de mim e pago apenas o preço de capa. Um grande número de pessoas simplesmente tirava todo o dinheiro do bolso para adquiri-los. Notas de cinco e dez rúpias voavam para cobrir o preço de um único exemplar. Em um caso, lembro-me de ter vendido um deles por cinquenta rúpias! Explicou-se insistentemente às pessoas que elas poderiam ser presas por comprar literatura proibida. Contudo, naquele momento, qualquer medo de ir para a cadeia tinha desaparecido.

Soube depois que o governo havia, convenientemente, considerado que na verdade não haviam sido vendidos livros proibidos, e que os que tínhamos vendido não eram definidos como literatura proscrita. A reimpressão foi considerada uma nova edição dessas obras e portanto vendê-las não constituía ofensa à lei. Esta notícia causou desapontamento geral.

Na manhã seguinte houve outra reunião para tratar das demandas relativas ao *Swadeshi* e à unidade hindu-muçulmana. Pela primeira vez, Vithaldas Jerajani percebeu que não é todo ouro que brilha. Só um punhado de pessoas compareceu. Lembro-me distintamente de que algumas mulheres estavam presentes.

Os homens eram muito poucos. Eu já esboçara a reivindicação e a trazia comigo. Expliquei minuciosamente o seu significado aos presentes antes de entregá-la. A escassa audiência não me magoou ou surpreendeu, pois eu percebera essa peculiaridade na atitude popular: atração por ações excitantes e aversão a esforços construtivos e sistemáticos. O que continua até hoje.

No entanto, devo dedicar um capítulo especial a esse assunto. Voltemos à história. Na noite do dia 7 parti de Délhi para Amritsar. Ao chegar a Mathura, no dia 8, ouvi os primeiros rumores sobre minha provável prisão. Na parada seguinte, Acharya Gidvani veio receber-me e confirmou essas notícias, oferecendo seus serviços para o que fosse preciso. Agradeci a oferta, assegurando-lhe que não deixaria de utilizá-la se e quando sentisse necessidade.

Antes do trem chegar à estação de Palwal, recebi uma ordem escrita que dizia que eu estava proibido de atravessar a fronteira do Punjab, e que minha presença lá perturbaria a paz. A polícia me pediu para descer do trem. Recusei-me e disse:

— Quero ir ao Punjab em atendimento a um convite insistente, não para provocar distúrbios, mas sim para pacificar. Sinto muito não poder cumprir essa ordem.

Por fim o trem chegou a Palwal. Mahadev estava comigo. Pedi-lhe que prosseguisse até Délhi para transmitir as notícias ao *Swami* Shraddhanandji sobre o que acontecera e solicitar calma ao povo. Ele deveria explicar por que eu havia decidido desobedecer à ordem que me tinha sido dada, e correr o risco de ser punido por isso. Teria também de explicar por que essa desobediência poderia representar uma vitória para nós, caso conseguíssemos manter a paz, a despeito de qualquer punição que eu pudesse sofrer.

Na estação de Palwal fui retirado do trem e posto sob custódia policial. Logo chegou outro trem, vindo de Délhi. Fizeram-me entrar num vagão de terceira classe. Um grupo de policiais me escoltava. Ao chegar a Mathura fui levado ao quartel da polícia, mas nenhum oficial foi capaz de me dizer o que pretendiam fazer comigo ou para onde seria levado a seguir.

Às 4 horas da manhã seguinte fui acordado e posto em um trem de carga que se dirigia a Mumbai. Ao meio-dia fizeram-me descer, dessa vez em Sawai Madhopur. O Sr. Bowring, inspetor de polícia que chegara no trem postal de Lahore, tomou-me a seu cargo. Fui colocado junto com ele em um vagão de primeira classe. De prisioneiro comum passei a ser um preso "cavalheiro". O inspetor começou então uma longa apologia a respeito de Sir Michael O'Dwyer. Este não tinha nada de pessoal contra mim — continuou ele —, apenas receava que a paz pudesse ser perturbada se eu entrasse no Punjab. E assim por diante. No final pediu que eu retornasse a Mumbai por vontade própria e concordasse em não atravessar a fronteira do Punjab. Respondi que possivelmente não poderia cumprir a ordem e que não estava disposto a voltar por espontânea vontade. Não vendo outra alternativa ele disse que teria de aplicar-me as penas da lei.

— Mas o que quer fazer comigo? — perguntei a ele.

Ele respondeu que não sabia o que deveria fazer. Aguardava novas ordens.

— No momento — disse ele — eu estou levando-o para Mumbai.

Chegamos a Surat, onde fui transferido aos cuidados de outro oficial da polícia.

— O senhor está livre agora — disse-me ele, quando chegamos a Mumbai. Seria melhor, entretanto — acrescentou —, que descesse do trem perto da Marine Lines. Farei com que o trem pare ali. É provável que em Colaba haja uma multidão.

Disse-lhe que teria prazer em atender ao seu pedido. Ele se mostrou satisfeito e me agradeceu. Assim, desci perto da Marine Lines. Aconteceu que o carro de um amigo passava pelo local e fui levado até a casa de Revashankar Jhaveri. Esse amigo me contou que a notícia de minha prisão tinha enfurecido o povo e o levou a campo em grande agitação.

— A cada minuto, uma revolta é contida perto de Pydhuni. O juiz e a polícia já estão lá — disse ele.

Mal chegara ao meu destino, Umar Sobani e Anasuyuabehn vieram pedir-me para ir imediatamente a Pydhuni.

— O povo está impaciente. As pessoas estão muito agitadas — disseram eles. — Não conseguimos acalmá-las. Somente a sua presença poderá consegui-lo.

Entrei no carro. Perto de Pydhuni vi que uma enorme multidão se reunira. Ao me ver, as pessoas ficaram loucas de alegria. Formou-se imediatamente uma passeata, e o céu se encheu de gritos de *Vande mataram*[14] e *Allaho akbar*.

Em Pydhuni, vimos uma tropa de policiais montados. Choviam pedras de todos os lados. Clamei para que a multidão se acalmasse, mas não parecia possível fugir a essa chuva. Enquanto a passeata saía da Rua Abdur Rahman e estava prestes a prosseguir pela Crawford Market, foi repentinamente detida por mais uma tropa de policiais montados, que aparecera para evitar que o povo seguisse em direção ao Forte. A multidão foi densamente comprimida e quase rompeu o cordão de isolamento da polícia. Havia pouquíssima chance de minha voz ser ouvida naquela grande confusão.

Só então o oficial no comando deu ordem de dispersar. A tropa investiu de imediato contra o povo, brandindo suas lanças. Por um momento, pensei que seria atingido. No entanto, minha apreensão foi infundada. As lanças só rasparam de passagem o carro. A passeata foi desarticulada e as pessoas logo debandaram em confusão. Alguns foram pisoteados, outros bastante machucados ou esmagados. Naquela massa humana, não havia praticamente nenhum espaço para os cavalos passarem, nem qualquer escapatória. Os cavaleiros cortavam caminho cegamente por entre a multidão. Não acredito que soubessem o que estavam fazendo. A coisa toda era um horrível espetáculo. Cavaleiros e pessoas se misturavam em uma confusão insana.

A multidão foi dispersada e seu avanço interrompido. Permitiram que nosso carro passasse. Pedi que parassem em frente ao escritório do comissário e desci para fazer uma reclamação contra a conduta dos policiais.

32. AQUELA SEMANA MEMORÁVEL! – II

Fui então ao gabinete do comissário, o Sr. Griffith. Em toda a extensão da escada que levava até lá, vi soldados armados dos pés à cabeça, como se fossem seguir para uma ação militar. A varanda estava inteiramente tomada. Ao entrar, vi o Sr. Bowring sentado junto ao Sr. Griffith.

Descrevi ao comissário as cenas que havia testemunhado. Ele respondeu, lacônico:

— Eu não queria que a passeata seguisse até o Forte, pois um distúrbio maior seria inevitável. Como percebi que o povo não daria ouvidos à persuasão, não pude fazer outra coisa a não ser ordenar que a polícia montada dispersasse a multidão.

— Mas — eu disse — o senhor sabia das consequências. Sabia que os cavalos pisoteariam as pessoas. Acho que foi desnecessário o envio daquele contingente.

— O senhor não está em condições de fazer juízo sobre isso — disse o Sr. Griffith. — Nós, da polícia, conhecemos melhor do que o senhor próprio os efeitos de sua pregação sobre as pessoas. Se não começássemos com medidas drásticas, a situação sairia de nossas mãos. Digo-lhe que o povo certamente escaparia ao seu controle. A desobediência à lei o atrairia rapidamente; está além da compreensão deles entender o dever de manter a paz. Não tenho dúvidas quanto às suas intenções, mas o povo não teria condições de entendê-las. Seguiria o seu instinto natural.

— É aqui que discordo do senhor, respondi. As pessoas não são violentas por natureza, mas sim pacíficas. E assim seguiu a discussão. Finalmente o Sr. Griffith disse:

Mas suponha que o senhor se convencesse de que sua pregação se perde ao chegar às pessoas. O que o senhor faria?

— Suspenderia a desobediência civil.

— O que quer dizer com isso? O senhor disse ao Sr. Bowring que se dirigiria ao Punjab assim que fosse libertado.

— Sim, queria fazer isso tomando o próximo trem. Mas hoje está fora de questão.

— Se tiver paciência, acabará se convencendo de que sua pregação pode diluir-se antes de chegar ao povo. Sabe o que está acontecendo em Ahmedabad? E o que aconteceu em Amritsar? Em todos esses lugares, o povo quase enlouqueceu. Ainda não disponho de todos os fatos. Em alguns lugares, os fios do telégrafo foram cortados. Responsabilizo-o por todos esses distúrbios.

— Asseguro-lhe que em momento algum fugirei à responsabilidade. Mas ficaria profundamente magoado e surpreso se descobrisse que houve distúrbios em Ahmedabad. Não posso responder por Amritsar. Nunca estive lá. Ninguém me conhece naquela área. Mesmo sobre o Punjab estou convencido de que, se o governo local não tivesse impedido a minha entrada, eu poderia ter ajudado na manutenção da paz. Ao proibir que eu entrasse provocaram desnecessariamente a população.

E então discutimos e discutimos. Foi impossível chegarmos a um acordo. Disse a ele que tinha a intenção de fazer uma reunião em Chowpati e pedir às pessoas que conservassem a calma. E saí do escritório. A reunião ocorreu nas areias de Chowpati. Falei sobre o dever da não violência e das limitações que acarreta o *satyagraha*. Disse:

— O *satyagrahi* é essencialmente um instrumento da verdade. Um *satyagrahi* está comprometido com a não violência e, a menos que as pessoas observem isso em pensamentos, palavras e ações, não posso propor um *satyagraha* das massas.

Anasuyabehn também recebera notícias de distúrbios ocorridos em Ahmedabad. Espalhara-se o boato de que ela também havia sido presa. Os operários das fábricas têxteis tinham ficado ensandecidos com os rumores de sua prisão, interromperam o trabalho e se envolveram em atos de violência. Um sargento fora morto.

Prossegui até Ahmedabad. Soube que haviam feito uma tentativa de arrancar os trilhos perto da estação de Nadiad; que um funcionário do governo havia sido assassinado em Viramgam, e que Ahmedabad estava sob lei marcial. As pessoas estavam paralisadas de terror. Haviam cometido atos de violência e viam-se forçadas a pagar com altos juros.

Um policial me esperava na estação para escoltar-me até o Sr. Pratt, o comissário. Encontrei-o furioso. Polidamente, expressei-lhe minha tristeza pelos distúrbios. Sugeri que a lei marcial era desnecessária, e declarei que estava pronto para cooperar com todos os esforços para restaurar a paz. Pedi permissão para fazer um comício na área do *Ashram* Sabarmati. A proposta agradou-o e a reunião foi feita, acredito que no domingo, 13 de abril. A lei marcial foi suspensa no mesmo dia, ou no dia seguinte. Durante a reunião, tentei fazer com que as pessoas percebessem os seus erros. Declarei que faria um jejum de penitência por três dias e pedi que as pessoas fizessem o mesmo por um dia. Sugeri também que os responsáveis por atos de violência confessassem sua culpa.

Via meu dever tão claramente quanto a luz do dia. Para mim, foi insuportável saber que trabalhadores, entre os quais eu passara grande parte do meu tempo, a quem tinha servido, e de quem esperara coisas melhores, haviam tomado parte em tumultos. Senti que eu próprio tinha uma parcela dessa culpa.

Do mesmo modo que sugerira que as pessoas confessassem suas culpas, propus ao governo que as condenasse por seus crimes. Nenhum dos lados aceitou minha sugestão.

O falecido Sir Ramanbhai e outros cidadãos de Ahmedabad vieram a mim com um apelo para a suspensão do *Satyagraha*. O pedido era desnecessário, pois já havia decidido sustá-lo, enquanto as pessoas não aprendessem a lição da paz. Meus amigos se retiraram felizes.

Havia entretanto outros que ficaram descontentes com a decisão. Acharam que, se eu esperava a paz em toda parte e a considerava condição *essencial* para o lançamento do *Satyagraha*, este seria inviável para as massas. Senti muito em discordar deles. Se aqueles entre os quais trabalhei e esperava que estivessem preparados para a não violência e para o autossacrifício, não puderam deixar de ser violentos, o *Satyagraha* era certamente impossível. Eu tinha a firme convicção de que os que queriam levar o povo ao *Satyagraha* deveriam ser capazes de manter as pessoas nos limites da não violência que se esperava deles próprios. Mantenho a mesma opinião até hoje.

33. UM ERRO DO TAMANHO DO HIMALAIA

Quase imediatamente depois da reunião em Ahmedabad, fui para Nadiad. Foi lá que usei pela primeira vez a expressão "um erro de cálculo do tamanho do Himalaia", que mais tarde se tornou muito popular.

Ainda em Ahmedabad eu começara a perceber meu engano. Porém, quando cheguei a Nadiad vi o estado das coisas e ouvi relatos de que um grande número de pessoas do distrito de Kheda tinha sido presa. De repente, tive a sensação de que cometera um grave erro em convocar as pessoas daquele distrito e de outros lugares para se lançar à desobediência civil de modo prematuro, como agora me parecia.

Eu estava participando de um comício. Tornei públicos esses pensamentos, o que me fez sentir não poucamente ridículo. Entretanto nunca me arrependi de ter feito aquela confissão. Pois sempre sustentei que só quando alguém percebe os seus próprios erros com uma lente convexa, e procede de forma oposta em relação aos outros, adquire a capacidade de chegar a uma estimativa relativamente justa dos dois. Acredito assim que uma observação escrupulosa e consciente dessa regra é imprescindível para quem quiser ser um *satyagrahi*.

Vejamos agora qual foi esse Himalaia de erro. Antes que alguém possa adequar-se à prática da desobediência civil, deve estar completamente disposto a obedecer respeitosamente às leis do Estado. Pois a maior parte de nós obedece a elas por medo da pena que sofreria ao violá-las, e isso não envolve um princípio moral.

Por exemplo, um homem honesto e respeitado não começará de repente a roubar, haja ou não uma lei contra o roubo. Mas esse mesmo homem não sentirá nenhum remorso em não observar a regra de acender as luzes de sua bicicleta depois do escurecer. Na verdade, é duvidoso que ele até mesmo aceite um amável chamado de atenção a esse respeito. No entanto, cumpriria qualquer norma desse tipo, se assim pudesse escapar ao inconveniente de enfrentar um processo por quebrá-la. Tal submissão não é entretanto o desejo espontâneo de obediência que se requer de um *satyagrahi*. Um *satyagrahi* obedece às leis da sociedade de forma inteligente e por livre e espontânea vontade, porque considera isso um dever sagrado. É apenas quando uma pessoa obedece escrupulosamente às leis, que está em posição de julgar quais delas são boas e justas, e quais são injustas e perversas.

Só então seu direito se amplia na desobediência civil de certas leis, em circunstâncias bem definidas. Meu erro residiu em não ter ponderado sobre essas limitações necessárias. Convoquei o povo à desobediência civil antes de ele estar qualificado para isso, e esse erro me pareceu da grandeza de um Himalaia. Assim que entrei no distrito de Kheda, todas as lembranças do *Satyagraha* naquele lugar me vieram à mente, espantei-me ao perceber como falhara em ver algo tão óbvio. Percebi que antes que as pessoas possam participar na desobediência civil, deveriam compreender completamente as suas implicações mais profundas.

Sendo assim, antes de reiniciar um processo desses em grande escala, seria necessário criar um núcleo de voluntários bem treinados, de coração puro e que houvessem compreendido todas as estritas condições

401

do *Satyagraha*. Eles poderiam explicá-las às pessoas e, mantendo uma incansável vigilância, as conservariam no caminho certo.

Com esses pensamentos cheguei a Mumbai, onde formei um corpo de *satyagrahis* voluntários por intermédio da instituição Satyagraha Sabha de lá. Com a ajuda deles começamos o trabalho de educar o povo sobre o sentido e o significado profundo do *Satyagraha*. Tudo isso se fez principalmente pela distribuição de panfletos de caráter educativo.

Contudo, enquanto o trabalho se desenvolvia, pude perceber que despertar o interesse das pessoas para o lado pacífico do *Satyagraha* era uma tarefa difícil. Os voluntários também não se alistaram em grande número. Nem os que se inscreveram frequentavam os treinamentos com regularidade. Com o passar dos dias, o número de recrutas novos começou gradualmente a diminuir em vez de crescer. Percebi que o progresso da educação em desobediência civil não seria tão rápido quanto havia imaginado.

34. *NAVAJIVAN* E *YOUNG INDIA*

Assim, enquanto por um lado o movimento pela preservação da não violência progredia lentamente, por outro a política de repressão ilegal do governo estava a todo vapor, e se manifestava abertamente no Punjab. Líderes eram presos, fora proclamada a lei marcial — o que em outras palavras significava nenhuma lei — e instalavam-se tribunais de exceção. Esses tribunais não eram cortes de justiça, mas instrumentos para executar o desejo arbitrário de um autocrata. As sentenças eram proclamadas sem base em provas e em flagrante violação da justiça.

Em Amritsar, homens e mulheres inocentes foram obrigados a rastejar como vermes. Diante desse ultraje, a tragédia de Jalianwala Bagh perdeu sua importância a meus olhos, embora esse massacre tivesse atraído a atenção de todo o mundo para o povo da Índia. Fui pressionado a seguir de imediato para o Punjab, sem considerar as consequências. Escrevi e telegrafei ao Vice-rei pedindo permissão para ir até lá, mas em vão. Se eu prosseguisse sem a devida autorização não me deixariam cruzar a fronteira do Punjab, mas devia pensar nos benefícios que obteria por essa desobediência civil.

Dessa maneira enfrentei um sério dilema. Do modo com estavam as coisas, violar a ordem contra minha entrada no Punjab dificilmente poderia ser considerado desobediência civil, pois eu não sentia, ao meu redor, a atmosfera pacífica que desejava. Além disso a repressão desenfreada no Punjab servira para agravar e aprofundar os ressentimentos.

Assim sendo, considerei que engajar-me na desobediência civil, ainda que possível, teria sido pôr lenha na fogueira. Decidi então não viajar para o Punjab, apesar das sugestões de amigos. Foi uma pílula amarga que tive de engolir. Notícias de terríveis injustiças e opressões chegavam diariamente de lá, mas tudo o que eu podia fazer era esperar, impotente, e ranger os dentes.

Nesse momento o Sr. Horniman, em cujas mãos o *The Bombay Chronicle* tinha se transformado numa potência formidável, foi subitamente afastado pelas autoridades. Esse ato do governo me pareceu envolto em uma sujeira que ainda me causa desgosto. Sei que o Sr. Horniman nunca desejou a ilegalidade. Ele não concordara com o fato de eu ter violado a ordem de proibição do Governo do Punjab sem a permissão do Comitê do *Satyagraha*, e havia endossado a decisão de suspender a desobediência civil.

Cheguei a receber uma carta do Sr. Horniman, na qual me aconselhava deter a desobediência civil antes de eu mesmo ter anunciado minha decisão a esse respeito. Apenas por causa da distância entre Mumbai e Ahmedabad recebi a carta depois do anúncio. A repentina deportação do Sr. Horniman, contudo, me causou tanta dor como surpresa. Como resultado desses acontecimentos recebi um pedido dos diretores do *The Bombay Chronicle* para dirigir aquele jornal. O Sr. Brelvi já estava na equipe, então não sobrava muito trabalho para mim. Mas, como é natural em minha pessoa, a responsabilidade se tornou um encargo a mais.

Entretanto o governo veio como se em meu socorro, pois sob suas ordens a publicação do jornal foi suspensa. Amigos que o dirigiam, como os Srs. Umar Sobani e Shankarlal Banker, estavam naquela época administrando também o *Young India*. Sugeriram que, tendo em vista a suspensão do *The Bombay Chronicle*, eu deveria assumir a editoria do *Young India* e, para preencher a lacuna deixada pelo outro periódico, este deixaria de ser semanal e passaria a sair duas vezes por semana.

Era o que eu também achava. Estava ansioso para expor ao público o significado profundo do *Satyagraha* e tinha também a esperança de, por meio desse esforço, tornar-me pelo menos capaz de fazer justiça à situação no Punjab. Pois, por trás de tudo o que escrevia, estava o potencial do *Satyagraha* e o governo sabia disso. Assim sendo aceitei de imediato a sugestão de meus amigos. Mas como o grande público poderia ser educado no *Satyagraha* por meio de um órgão escrito em inglês? Meu principal campo de ação era em língua gujarate.

O *Sjt.* Indulal Yajnik era, na época, ligado ao grupo dos Srs. Sobani e Banker. Dirigia o periódico mensal *Navajivan,* editado em gujarate, que era mantido financeiramente por esses amigos. Eles puseram o jornal à minha disposição, e mais tarde o *Sjt.* Indulal se ofereceu para trabalhar nele. O periódico passou então de mensal a semanal.

Enquanto isso o *The Bombay Chronicle* foi ressuscitado. O *Young India* retornou então à sua condição de semanário. Manter a publicação de dois semanários em duas cidades diferentes teria sido muito inconveniente para mim e envolveria mais custos. Como o *Navajivan* já estava sendo publicado em Ahmedabad, o *Young India* foi transferido para lá por sugestão minha.

Havia outras razões para essa mudança. Eu aprendera, em minha experiência com o *Indian Opinion,* que jornais assim precisavam ter sua própria gráfica. Além disso as leis de imprensa na Índia da época eram de tal modo que, se eu quisesse expressar livremente minhas opiniões, os órgãos de imprensa existentes — que naturalmente eram conduzidos de modo comercial — hesitariam em publicá-las.

A necessidade de termos nossa própria imprensa, portanto, tornou-se imperativa. Dado que isso só seria convenientemente feito em Ahmedabad, o *Young India* também teve que ser levado para lá. Por meio desses jornais eu agora poderia começar, no melhor de minha capacidade, a educação do público leitor no *Satyagraha.* Ambos tinham alcançado grande circulação, que chegou perto de quarenta mil exemplares para cada. Mas enquanto a circulação do *Navajivan* crescia rapidamente, a do *Young India* aumentava pouco a pouco. Depois de minha prisão a circulação de ambos refluiu, e hoje permanece abaixo de oito mil.

Desde o início minha postura foi contra fazer propaganda nos jornais. Não acho que eles tenham perdido nada com isso. Pelo contrário, creio que essa atitude acabou por contribuir para que mantivessem a sua independência. Por fim, esses periódicos também me ajudaram, até certo ponto, a estar em paz comigo mesmo, pois enquanto o recurso imediato à desobediência civil esteve fora de questão, eles possibilitaram que expusesse livremente minhas opiniões e abrisse o meu coração ao povo. Assim, sinto que esses dois órgãos prestaram bons serviços às pessoas nas horas de provação, e deram sua humilde contribuição à luta contra a tirania da lei marcial.

35. NO PUNJAB

Sir Michael O'Dwyer me considerava responsável por tudo o que havia acontecido no Punjab, e alguns punjabis mais irados me responsabilizavam pela lei marcial. Afirmavam que, se eu não houvesse suspenso a desobediência civil, não teria ocorrido o massacre de Jalianwala Bagh. Alguns chegaram a me ameaçar de morte, caso eu fosse para o Punjab. Mas eu sentia que minha posição era correta, e que nenhuma pessoa inteligente poderia compreendê-la mal.

Estava impaciente para viajar para o Punjab. Jamais havia estado lá antes, e isso me tornava ainda mais ansioso para ver as coisas por mim mesmo. Os Drs. Satyapal e Kitchlu, e o pândita Rambhaj Dutt Chowdhari, que me haviam convidado, estavam presos. Mas eu tinha certeza de que o governo não ousaria mantê-los, e a outros prisioneiros, por muito tempo na cadeia. Um grande número de punjabis costumava vir ver-me cada vez que eu ia a Mumbai. Tentava animá-los nessas ocasiões, e isso os confortava. Naquela época minha autoconfiança era contagiosa.

No entanto minha ida ao Punjab teve de ser adiada mais e mais. O Vice-rei dizia "ainda não", todas as vezes que eu pedia permissão para ir até lá, e as coisas se arrastavam.

Enquanto isso a Comissão Hunter anunciou que seria aberto um inquérito em relação ao que o Governo do Punjab estava fazendo sob a lei marcial. O Sr. C.F. Andrews já tinha chegado ao local. Suas cartas descreviam em profundidade o estado das coisas por lá, e tive a impressão de que as atrocidades da lei marcial eram piores do que a imprensa mostrava. O Sr. Andrews insistia em que me juntasse urgentemente a ele. Ao mesmo tempo Malaviyaji telegrafou repetidas vezes, pedindo que eu seguisse logo para o Punjab. Mais uma vez, telegrafei ao Vice-rei perguntando se poderia ir. Ele respondeu que eu poderia viajar depois de uma determinada data. Não consigo me lembrar agora, mas acho que era 17 de outubro.

A cena que testemunhei ao chegar a Lahore jamais se apagará de minha memória. A estação do trem era, do começo ao fim, uma massa única, e fervia de humanidade. A população inteira havia esperado ansiosamente, como se fosse receber um parente querido depois de um longo período de separação, e delirava de alegria. Fui instalado no bangalô do falecido pândita Rambhaj Dutt, e o encargo de entreter-me ficou sobre os ombros de Shrimati Sarala Devi. Foi realmente um peso, pois desde então os lugares onde me hospedo têm se transformado em agitados caravançarais.

Devido ao fato de os principais líderes do Punjab estarem na cadeia, o lugar deles, segundo entendi, tinha sido apropriadamente ocupado pelos pânditas Malaviyaji e Motilalji e pelo falecido *Swami* Shraddhanandji. O *Swami* e o primeiro dos pânditas já eram íntimos conhecidos meus, mas era a primeira vez que eu entrava em contato pessoal com Motilalji. Todos esses líderes, assim como outras personalidades locais que haviam escapado do privilégio de ir para a cadeia, imediatamente fizeram com que me sentisse em casa, de modo que nunca me vi como um estranho entre eles.

O modo como decidimos unanimemente não prestar declarações à Comissão Hunter é hoje uma questão histórica. As razões para aquela decisão foram publicadas na época e não precisam ser recapituladas aqui. Basta dizer que, relembrando esses acontecimentos na perspectiva do tempo já transcorrido, ainda sinto que nossa decisão de boicotar a Comissão foi absolutamente correta e a mais apropriada. Como consequência lógica do boicote, decidiu-se instalar uma comissão de inquérito não oficial para realizar investigações paralelas em nome do Congresso. O pândita Motilal Nehru, o falecido Deshbandhu C.R. Das, o *Sjt.* Abbas Tyabji, o *Sjt.* M.R. Jayakar e eu, fomos designados para compor essa comissão, pelo pândita Malaviyaji.

Distribuímo-nos por vários lugares com o objetivo de realizar a investigação. A responsabilidade pela organização dos trabalhos foi entregue a mim e, como tive o privilégio de conduzir o inquérito na maior parte dos locais, desfrutei da rara oportunidade de observar de perto o povo e as aldeias do Punjab.

No curso de meu inquérito acabei conhecendo as mulheres punjabis. Parecia que já nos conhecíamos há séculos. Onde quer que eu fosse elas vinham em bando, e punham à minha frente montanhas de fios para tecer. O trabalho do inquérito me revelou que o Punjab poderia tornar-se um grande campo para o projeto do *khadi*. À medida que prosseguia em minhas investigações sobre as atrocidades cometidas contra o povo, ouvia relatos de tirania e despotismo dos funcionários do governo, para os quais não estava preparado e que me encheram de dor. O que me surpreendeu então, e ainda continua a me surpreender, foi o fato de que justamente a província que tinha fornecido o maior número de soldados ao Governo Britânico durante a guerra estava sofrendo todos esses excessos de brutalidade.

A tarefa de fazer o relatório da Comissão também me havia sido confiada.

A qualquer um que esteja interessado em ter uma ideia do tipo de atrocidades que foram cometidas contra o povo do Punjab, recomendo o exame atento desses relatórios. Tudo o que desejo dizer aqui é que neles não há um único exagero consciente, e que todas as afirmações que eles contêm foram baseadas em provas. Além disso as informações publicadas eram apenas uma fração das provas em poder da Comissão. Não se permitiu que nenhuma declaração sobre a qual houvesse qualquer dúvida constasse do informe. Este, preparado sem outro objetivo senão veicular a verdade, nada mais que a verdade, permitirá que o leitor perceba até onde o Governo Britânico é capaz de chegar, e que tipo de desumanidades e barbaridades pode perpetrar com o intuito de manter o poder. Até onde sei nenhum depoimento contido nesse informe foi jamais refutado.

36. O KHILAFAT CONTRA A PROTEÇÃO DAS VACAS?

Deixemos por enquanto esses sombrios acontecimentos no Punjab. O inquérito do Congresso em Dyerism, no Punjab, mal começara, quando recebi uma carta convidando-me para participar de uma conferência hindu-muçulmana que se realizaria em Délhi, para deliberar sobre a questão do Khilafat. Entre os que participariam estavam o falecido *Saheb* Hakim Ajmal Khan e o Sr. Asaf Ali. O *Swami* Shraddhanadji também estaria presente e, se bem me lembro, ocuparia a vice-presidência do encontro que seria inaugurado em novembro daquele mesmo ano e deveria discutir a situação criada pela traição contra o Khilafat, e também se os hindus e muçulmanos deveriam tomar parte nas celebrações da paz.

A carta-convite dizia ainda entre outras coisas que não só a questão do Khilafat, mas a da proteção às vacas também faria parte da pauta da conferência. Assim, seria uma oportunidade de ouro para um acordo sobre este último e delicado assunto. Não gostei da referência à questão das vacas. Em minha carta de resposta ao convite prometi que faria o possível para participar e sugeri que os dois assuntos não fossem misturados ou considerados conjuntamente com espírito de barganha, mas que deveriam ser decididos por seus próprios méritos e tratados em separado.

Com esses pensamentos fui à conferência. Foi um encontro muito concorrido, embora não mostrasse o espetáculo dos posteriores, que teriam um público de dezenas de milhares. Discuti a questão acima com o *Swami* Shraddhanandji. Ele gostou de meus argumentos e preferiu que os apresentasse antes da conferência. Do mesmo modo, conversei com o *Saheb* Hakim.

Antes da conferência afirmei que se a questão do Khilafat tivesse uma base justa e legítima como eu acreditava, e se o governo houvesse realmente cometido uma grande injustiça, os hindus deveriam ficar ao lado dos muçulmanos em sua demanda e exigir uma retratação. Seria negativo trazer a questão das vacas para esse contexto, ou usá-la para negociar com os muçulmanos. Do mesmo modo não seria recomendável que eles oferecessem a suspensão da matança desses animais como um preço pelo apoio hindu na questão do Khilafat. Mas seria diferente — e muito elegante — por parte dos muçulmanos, se decidissem de livre e espontânea vontade parar com essa matança em respeito aos sentimentos religiosos dos hindus, e por senso de dever para com seus vizinhos, como filhos do mesmo solo.

A meu ver essa atitude independente era dever deles, e aumentaria a dignidade de sua conduta. No entanto, se os muçulmanos consideravam seus deveres como vizinhos parar de matar as vacas, deveriam fazer isso sem levar em conta se os hindus os ajudariam ou não na questão do Khilafat. "Sendo assim", argumentei, "os dois temas deveriam ser discutidos separadamente e as deliberações da conferência limitar-se à questão do Khilafat". Meu apelo chegou aos que estavam presentes e, como resultado, a questão da proteção às vacas não foi discutida nessa conferência.

Entretanto, apesar de meu aviso, o *Saheb* Maulana Abdul Bari disse:

— Não importa se os hindus nos ajudarão ou não. Os muçulmanos devem, como compatriotas deles e sem considerar as últimas susceptibilidades, abrir mão da matança de vacas.

Naquele momento parecia que eles iriam realmente colocar um ponto final no assunto.

Houve uma sugestão, vinda de alguns setores, de que a questão do Punjab poderia alinhar-se ao tema do equívoco do Khilafat. Opus-me à proposta. O problema do Punjab — argumentei — tinha um caráter local e não poderia, assim, pesar em nossa decisão em participar ou não das celebrações da paz. Se misturássemos questões locais com a do Khilafat, que surgira diretamente das conversações de paz, seríamos culpados de uma séria indiscrição. Meu argumento os convenceu facilmente.

Maulana Hasrat Mohani estava presente. Já o conhecera antes, mas foi só então que descobri o lutador que ele era. Divergimos desde o início, e em várias questões as diferenças persistiam. Entre as inúmeras moções aprovadas na conferência, uma conclamava hindus e muçulmanos a fazerem o voto do *Swadeshi* e, como um corolário natural, boicotar produtos estrangeiros. O projeto *kadhi* ainda não encontrara seu próprio espaço. Porém esta não era uma resolução que o *Saheb* Hasrat aceitaria. Seu objetivo era vingar-se do Império Britânico, caso não se fizesse justiça às reivindicações do Khilafat.

Em consequência, ele contrapôs que o boicote se restringisse tanto quanto possível aos produtos britânicos. Opus-me primeiro por uma questão de princípios e depois por motivos práticos, apresentando argumentos que hoje são de conhecimento público. Também apresentei meu ponto de vista sobre a não violência. Percebi que minhas ponderações causaram uma profunda impressão na audiência. Antes de mim, o discurso de Hasrat Mohani tinha sido recebido com grande aclamação, e tive medo que o meu fosse apenas um grito a esmo. Só tive coragem de falar porque senti que não me expressar seria fugir ao dever. Mas para minha agradável surpresa meu discurso foi acompanhado com grande atenção pelos presentes e encontrou grande apoio entre os delegados. Orador após orador, todos expressaram sua aprovação às minhas opiniões. Os líderes compreenderam que o boicote aos produtos britânicos não apenas seria impraticável, mas iria, se adotado, levá-los ao ridículo.

Dificilmente haveria alguém na assembleia que não trouxesse consigo algum artigo de fabricação britânica. Na plateia muitos perceberam que nada poderia resultar da adoção de uma resolução que eles próprios não teriam condições de cumprir.

Maulana Hasrat Mohani tomou a palavra:

— O mero boicote a tecidos estrangeiros não pode nos satisfazer. Pois quem sabe quanto tempo será necessário para que a produção *Swadeshi* seja suficiente para suprir nossas necessidades, antes que possamos estabelecer um boicote eficaz aos tecidos de fora? Queremos algo que produza um efeito imediato sobre os britânicos. Não nos opomos a esse boicote, mas queremos que algo mais rápido e mais concreto se some a ele.

Enquanto o ouvia, compreendi que seria necessário propor algo de novo, que estivesse além, acima do boicote aos tecidos estrangeiros. Um boicote imediato me parecia claramente impossível naquele momento. Na época eu não sabia que poderíamos, se quiséssemos, produzir suficiente *khadi* para todas as nossas roupas. Descobri isso mais tarde. Por outro lado, tinha conhecimento de que mesmo então, se dependêssemos unicamente das tecelagens para bloquear a entrada aos tecidos de fora seríamos traídos. Lidava ainda com esse dilema, quando Maulana concluiu seu discurso.

Para mim, era difícil encontrar palavras apropriadas em hindi ou urdu. Aquela era a primeira ocasião em que discursaria para uma plateia composta especialmente de muçulmanos do Norte. Eu havia falado em urdu na Liga Muçulmana de Calcutá, mas fora apenas por alguns minutos e o discurso pretendia ser somente um apelo sentimental à plateia. Aqui, pelo contrário, enfrentava uma audiência crítica, senão hostil, à qual teria que explicar meus pontos de vista.

Mas tive de deixar de lado a timidez. Não estava ali para fazer um discurso sem falhas, no urdu polido dos muçulmanos de Délhi, mas para pôr diante das pessoas minhas opiniões no hindi macarrônico que era capaz de falar.

Fui bem-sucedido. A reunião me deu uma prova direta de que o hindi-urdu poderia tornar-se a *língua franca* da Índia. Se eu tivesse falado em inglês não teria provocado o impacto que provoquei sobre a plateia, e Maulana não teria se sentido chamado a expressar o seu desafio. Nem se ele o tivesse expressado, poderia ter-me situado eficazmente em relação às suas ideias. Não conseguia encontrar uma palavra apropriada em hindi ou urdu para a nova ideia, e isso de alguma forma me deixou em compasso de espera. Por fim preferi descrevê-la pela expressão "não cooperação", que usei pela primeira vez naquele encontro.

Enquanto Maulana discursava, parecia-me absurdo que ele falasse de resistência eficaz a um governo com o qual ele cooperava em mais de um sentido, e se o recurso às armas era impossível ou indesejável. A única resistência verdadeira ao governo, achava eu, era cessar de cooperar com ele. Assim cheguei à expressão não cooperação. Na época não tinha uma ideia clara de todas as suas implicações, portanto não entrei em detalhes. Simplesmente disse:

— Os muçulmanos adotaram uma resolução muito importante. Se os termos da paz não lhes são favoráveis — que Deus não o permita — cessarão de cooperar com o governo. Negar-se a cooperar é um direito inalienável do povo. Não nos devemos curvar diante do governo para manter títulos e honrarias ou continuar a servi-lo. Se ele vier a nos trair em uma grande causa como a do Khilafat, não poderemos agir de outra forma a não ser negando-nos a cooperar. Estamos, portanto, no direito de não cooperar com o governo em caso de traição.

Todavia meses se passaram até que a expressão "não cooperação" se tornasse moeda corrente. Naquele momento ela se perdeu em meio aos trabalhos da conferência. Na verdade, quando apoiei a moção de não cooperação no Congresso de Amritsar, um mês depois, eu o fiz na esperança de que nunca ocorresse a traição ao Khilafat.

37. O CONGRESSO DE AMRITSAR

O Governo do Punjab não poderia manter presas as centenas de punjabis que, sob o regime de lei marcial, tinham sido detidos com base em provas ínfimas por tribunais que o eram apenas no nome. Houve tantos protestos contra essa flagrante injustiça, que outras prisões se tornaram inviáveis. A maior parte dos presos foi libertada antes da abertura do Congresso. Lala Harkishanlal e outros líderes foram soltos enquanto as sessões ainda estavam em andamento. Os irmãos Ali também chegaram, direto da prisão. A alegria das pessoas não tinha limites. O pândita Motilal Nehru, que sacrificando sua esplêndida carreira fizera do Punjab seu quartel-general prestando grandes serviços, era o presidente do Congresso. O falecido *Swami* Shraddhanandji presidia o Comitê de Recepção.

Até aquele momento minha participação nos trabalhos anuais do Congresso se restringira à defesa do hindi, fazendo meus discursos na língua nacional, e a defender as causas dos indianos que estavam no estrangeiro. Assim, não esperava ser convocado para fazer algo diferente naquele ano. Mas como já acontecera muitas vezes antes, encargos de responsabilidade vieram a mim de súbito.

A proclamação de novas reformas acabara de ser feita pelo Rei, e não fora inteiramente satisfatória, nem para mim nem para mais ninguém. Contudo senti que naquele momento as reformas, embora imperfeitas, ainda poderiam ser aceitas. Percebi na proclamação do Rei e em sua linguagem, a mão do Lorde Sinha, e isso me deu um certo alento. Mas homens corajosos e experientes como Lokamanya e o Deshabandhu Chittaranjan Das, balançaram suas cabeças.

O pândita Malaviyaji ficou neutro. Havia me instalado em seu próprio quarto. Percebera de relance a simplicidade de sua vida, por ocasião da cerimônia de fundação da Universidade Hindu. Mas agora, hospedado no mesmo quarto que ele, pude observar de perto a sua rotina diária e o que eu vi foi uma grata surpresa. O quarto parecia o de hospedaria gratuita para os pobres. Mal podíamos andar em seu interior, de lotado que estava. Os visitantes podiam chegar nas horas mais estranhas e permanecer quanto tempo quisessem com Malaviyaji. Em um canto desse "berço" ficava, com toda a sua dignidade, o meu catre indiano.

Mas não devo ocupar este capítulo com a descrição do modo de vida de Malaviyaji. Volto ao meu assunto. Estava impossibilitado de manter discussões diárias com Malaviyaji, que costumava amavelmente explicar-me, como um irmão mais velho, os vários pontos de vista dos diferentes partidos. Percebi que minha participação nas deliberações das propostas de reformas era inevitável. Tendo participado na formulação dos relatórios ao Congresso sobre desmandos no Punjab, senti que tudo aquilo que ainda ficara por ser feito reclamava a minha atenção. Deveriam realizar-se negociações com o governo sobre o assunto. Do mesmo modo, havia a questão do Khilafat. Naquela época acreditava que o Sr. Montagu não trairia nem permitiria que a causa da Índia fosse traída. A libertação dos irmãos Ali e de outros prisioneiros também parecia um sinal auspicioso. Nessas circunstâncias senti que uma resolução para aceitar as reformas era a coisa correta.

Por outro lado, o Deshabandhu Chittaranjan Das afirmava de maneira categórica que as reformas deveriam ser rejeitadas como completamente inadequadas e insatisfatórias. O falecido Lokamanya permaneceu mais ou menos neutro, mas estava decidido a pôr o peso de sua opinião ao lado de qualquer resolução que o Deshabandhu aprovasse. A ideia de ter de polemizar com líderes capazes, bem treinados e universalmente reconhecidos era insuportável para mim. Mas por outro lado a voz da consciência era clara.

Tentei escapar do Congresso e sugeri aos pânditas Malaviyaji e Motilalji que seria de interesse geral se eu não participasse do resto das sessões. Seria poupado de ter de exibir minhas divergências com líderes tão estimados. Mas minha sugestão não teve o apoio desses dois senhores. De alguma forma a notícia de minha proposta chegou a Lala Harkishanlal.

— Não pode ser. Feriria muito os sentimentos dos punjabis — disse ele.

Discuti o assunto com Lokamanya, o Deshabandhu e o Sr. Jinnah, mas não encontramos um meio. Finalmente revelei minha angústia a Malaviyaji.

— Não vejo perspectivas de chegar a um acordo — disse-lhe. E se tenho de mudar minha resolução, deve-se recorrer a uma votação. Mas não vejo facilidades aqui para isso. Nas sessões abertas do Congresso, a praxe tem sido contar os votos pelas mãos levantadas, o que resultou na perda da distinção entre visitantes e delegados. No entanto não temos meios de contar os votos em assembleias tão grandes quanto esta. Portanto se eu quisesse submeter a questão à votação, não teria como fazê-lo, nem haveria significado nisso.

Mas Lala Harkishanlal veio em minha ajuda e começou a fazer os arranjos necessários.

— Não permitiremos visitantes no plenário no dia da votação. Quanto à contagem dos votos, bem, veremos. Mas o senhor não deve se ausentar do Congresso — disse ele.

Capitulei. Preparei minha moção e com o coração trêmulo apresentei-a. O pândita Malaviyaji e o Sr. Jinnah estavam dispostos a apoiá-la. Pude perceber que, apesar de nossas diferenças de opinião, eu estava livre de rancor e, embora nossos discursos também não contivessem nada além de raciocínios frios, as pessoas não toleravam o próprio fato da divisão. Isso as magoava. Queriam unanimidade.

Mesmo enquanto os discursos estavam sendo pronunciados, esforços para assentar as diferenças estavam em curso no estrado dos líderes, e bilhetes eram livremente trocados entre eles com esse propósito. Malaviyaji não deixava pedra sobre pedra para superar as divergências. Só então Jeramdas entregou-me a sua emenda e pediu, com o seu modo doce de ser, que eu poupasse os delegados do dilema da divisão. O pedido me comoveu. Os olhos de Malaviyaji buscavam um raio de esperança. Eu lhe disse que a emenda de Jeramdas me parecia bastante aceitável para ambos os partidos.

Lokamanya, que foi o próximo a ver a emenda, disse:

— Se C. R. Das a aprovar, não farei objeção.

O Deshanbadhu finalmente abrandou-se e olhou em direção ao *Sjt*. Bepin Chandra Pal para endossá-la. Malaviyaji ficou cheio de esperança. Tirou um pedaço de papel contendo a emenda e antes que o Deshabandhu pronunciasse um "sim" definitivo, gritou:

— Irmãos delegados, vocês ficarão felizes em saber que chegamos a um acordo.

O que seguiu não necessita de descrição. O plenário foi invadido por aplausos, e os rostos até então tristes da plateia encheram-se de alegria. Não vejo necessidade de falar do texto da emenda. Meu objetivo aqui é apenas descrever a forma pela qual a resolução foi tomada, como parte das experiências que exponho nestes capítulos.

O acordo aumentou ainda mais as minhas responsabilidades.

38. A ENTRADA NO CONGRESSO

Devo considerar a participação nos trabalhos do Congresso de Amritsar minha verdadeira entrada na vida parlamentar. Minhas experiências anteriores como congressista nada mais foram do que renovações de lealdade ao Congresso. Nessas ocasiões, jamais me senti outra coisa que não um colaborador como os outros, nem desejava mais.

Minha experiência em Amritsar mostrou que havia uma ou duas coisas para as quais eu tinha alguma aptidão, e que elas poderiam ser úteis no Congresso. Já percebera que Lokamanya, o Deshabandhu, o pândita Motilalji e outros líderes estavam satisfeitos com meu trabalho no inquérito do Punjab. Eles costumavam convidar-me para suas reuniões informais onde, como descobri, eram concebidas as moções para a Comissão de Assuntos. Para essas reuniões só eram convidadas as pessoas que privavam da especial confiança dos líderes e aos quais seus serviços eram necessários.

Às vezes algum intruso conseguia entrar nesses encontros. Havia para o ano seguinte duas coisas que me interessavam, pois eu tinha algum talento para elas. Uma era o memorial do massacre de Jalianwala Bagh. O Congresso, com grande entusiasmo, aprovara uma moção nesse sentido. Havia sido aprovado um fundo de aproximadamente cem mil rúpias. Fui designado um dos tesoureiros. O pândita Malaviyaji tinha a reputação de ser um príncipe entre mendigos para causas públicas.

Mas eu sabia que não ficava muito atrás a esse respeito. Descobrira essa minha capacidade na África do Sul. Não tinha a magia ímpar de Malaviyaji para pedir doações principescas aos poderosos da Índia, mas sabia que não haveria problemas em buscar o apoio de rajás e marajás para o memorial de Jalianwala Bagh. Como esperava, a principal responsabilidade pela coleta desses fundos caiu sobre meus ombros. Os cidadãos de Mumbai colaboraram generosamente, e o fundo para o memorial, no momento, tem um belo depósito bancário.

Mas o problema que enfrentamos atualmente no país é descobrir que tipo de memorial erguer na terra, para santificar aquilo pelo qual hindus, muçulmanos e sikhs derramaram o seu sangue. As três comunidades, em vez de estar vinculadas por laços de amizade e amor, estão, ao que tudo indica, em guerra umas com as outras, e a nação não sabe como utilizar o dinheiro reunido para o memorial.

Minha outra aptidão que o Congresso poderia utilizar era a de redator. Os líderes do Congresso já tinham percebido minha facilidade para condensar expressões gerais, coisa que adquirira depois de uma longa prática. Os estatutos do Congresso eram um legado de Gokhale. Ele delineara algumas das normas básicas que moviam a máquina da instituição. Ficara sabendo da interessante história da formulação dessas regras por sua própria boca. Mas agora todos sentiam que elas não eram mais adequadas, dado o constante aumento do volume dos trabalhos.

A questão era levantada ano após ano. Naquela época o Congresso praticamente não dispunha de mecanismos para funcionar no intervalo entre as sessões, ou para lidar com novas situações que pudessem surgir no correr do ano. As normas existentes contemplavam a atuação de três secretários. Mas apenas um atuava, e mesmo assim não em período integral. Como poderia ele, sozinho, controlar o escritório, pensar no futuro ou cumprir as obrigações do ano em curso anteriormente contraídas pelo Congresso? Durante aquele ano, portanto, todos sentiram que a questão assumira uma grande importância.

O Congresso era um corpo demasiadamente grande para discutir certos assuntos. Não havia um limite para o número de delegados que cada província podia enviar, ou em relação ao número de delegados que cada província podia repor. Melhorias nessa caótica situação eram sentidas por todos como uma necessidade imperiosa. Assumi a responsabilidade de reformular os estatutos, com uma condição. Percebera que havia dois líderes, Lokamanya e o Deshabandhu, que tinham maior domínio sobre o público.

Como eles eram representantes do povo, pedi-lhes que se juntassem a mim na Comissão de Redação dos novos estatutos. Mas como era óbvio que não teriam tempo de participar pessoalmente nos trabalhos, sugeri que duas pessoas de sua confiança fossem apontadas junto comigo, e que o número dos participantes deveria ser limitado a três. Essa sugestão foi aceita por ambos, que apontaram os nomes dos *Sjts*. Kelkar e I. B. Sen como seus procuradores. A Comissão Estatutária não pôde se reunir com todos os seus membros nenhuma vez, mas conseguíamos consultar-nos por correspondência e, no final apresentamos um relatório unânime. Ainda contemplo com certo orgulho esse trabalho. Acredito que, se pudéssemos desenvolver totalmente esses estatutos, só o fato de os estarmos formulando nos conduziria ao *Swaraj*. Ao assumir essa responsabilidade posso dizer que entrei verdadeiramente na política do Congresso.

39. O NASCIMENTO DO *KHADI*

Não me lembro de ter visto antes um tear manual ou uma roca de fiar, quando, em 1908, as descrevi no *Hind Swaraj* como uma solução para a crescente pauperização da Índia. Naquele livro tomei como entendido que qualquer coisa que ajudasse a Índia a livrar as massas da pobreza estabeleceria, no mesmo processo, o *Swaraj*. Mesmo em 1915, quando retornei para a Índia vindo da África do Sul, não tinha realmente visto uma roca de fiar. Quando o *Ashram Satyagraha* foi fundado, em Sabarmati, introduzimos lá alguns teares.

Mas assim que o fizemos vimo-nos em dificuldade. Todos pertencíamos ou a profissões liberais ou ao comércio. Nenhum de nós era artesão. Precisávamos de um tecelão hábil que nos ensinasse a trabalhar nos teares. Alguém foi finalmente trazido de Palanpur, mas não nos transmitiu toda a sua arte. No entanto Maganlal Gandhi não se deixava derrotar facilmente. Tinha um talento natural para a mecânica, e assim aprendeu essa arte em pouco tempo. Em seguida, um depois do outro, foram treinados novos tecelões em nosso *ashram*.

O objetivo a que nos propusemos foi produzir o tecido de nossas roupas com nossas próprias mãos. Assim, acabamos por descartar o uso de tecidos industrializados, e todos os membros do *ashram* resolveram vestir trajes feitos a mão, a partir de fios indianos. A adoção dessa prática nos trouxe um mundo de experiências. Possibilitou-nos conhecer, por contato direto, as condições de vida entre os tecelões; a extensão de sua produção; suas dificuldades na obtenção de matéria prima; o modo com que eram fraudados e, por último, o crescimento constante de suas dívidas.

Não estávamos em condições de manufaturar todo o tecido de que necessitávamos. A alternativa portanto foi conseguir nossos suprimentos de roupa com tecelões manuais. Mas roupas feitas com fios indianos não eram fáceis de conseguir, nem com os comerciantes nem com os próprios tecelões.

Todos os tecidos finos produzidos pelos tecelões eram de fios estrangeiros, pois os teares da Índia não eram adequados para tramas finas. Mesmo hoje a fabricação de produtos melhores pelas fábricas indianas é muito limitada, e os mais caros não podem ser produzidos de forma alguma. Só depois de um grande esforço conseguimos finalmente encontrar alguns tecelões que concordaram em trabalhar com fios *swadeshi*, e apenas sob a condição de que o *ashram* ficasse com toda a sua produção.

Pela adoção de tecidos feitos com esses fios em nossas roupas, e propagando-as entre os nossos amigos, tornamo-nos agentes voluntários das tecelagens da Índia. Isso nos levou a um contato próximo com as fábricas e pudemos conhecer algo de sua administração e de seus problemas. Percebemos que o objetivo delas era tecer mais e mais com os seus próprios fios. A cooperação com os tecelões artesanais não era desejável, mas inevitável e temporária. Ficamos impacientes para preparar nossos próprios fios.

Estava claro que até sermos capazes de fazer isso continuaríamos a depender das fábricas. Não sentíamos que poderíamos prestar algum serviço ao país atuando como agentes das fábricas de fiações indianas. No final enfrentamos novamente dificuldades: não conseguíamos rocas de fiar nem fiandeiros que nos ensinassem a lidar com elas. Usávamos algumas rocas para encher carretéis e bobinas para tecer no *ashram*. Mas não sabíamos que o mesmo procedimento poderia ser utilizado para fiar. Uma vez Kalidas Jhaveri descobriu uma mulher que, segundo disse, nos mostraria como era feita a fiação. Mandamos até ela um membro do *ashram* que era conhecido por sua grande versatilidade para aprender coisas novas.

Mas até mesmo ele voltou sem ter arrancado o segredo da arte. O tempo passava e minha impaciência crescia. Inquiria todo visitante do *ashram* que pudesse ter alguma informação sobre fiação manual. Mas a arte era restrita às mulheres e tinha sido praticamente exterminada. Se ainda existisse alguma fiandeira perdida, sobrevivendo em algum canto escuro, só um membro daquele sexo poderia encontrar o seu paradeiro.

No ano de 1917 fui convocado por meus amigos gurajates para presidir a Conferência Educacional de Broach. E foi lá que descobri essa magnífica senhora Gangabehn Majmundar. Era viúva, mas seu espírito empreendedor não conhecia limites. Sua educação, no sentido aceito do termo, não era grande, mas sua coragem e senso comum ultrapassavam facilmente a média geral de nossas mulheres educadas. Ela já se livrara da maldição da intocabilidade e se movimentava destemidamente em meio às classes oprimidas. Dispunha de seus próprios meios e tinha poucas necessidades. Possuía excelente constituição e ia a qualquer lugar sem escolta. Sentia-se muito à vontade no lombo de um cavalo, e passei a conhecê-la mais de perto na Conferência de Godhra, onde lhe falei de minhas preocupações com a roca. Ela aliviou o meu fardo, com a promessa de fazer uma busca cuidadosa e incessante para adquiri-la.

40. FINALMENTE ENCONTRADA!

Depois de perambular incessantemente em Gujarate, Gangabehn encontrou a roca em Vijapur, no Estado de Baroda. Lá um grande número de pessoas tinha rocas em suas casas, mas há muito tempo as tinham guardado como trastes inúteis. Essas pessoas mostraram-se dispostas a voltar a fiar, caso lhes prometessem uma remessa regular de meadas de algodão e comprassem os tecidos produzidos por elas. Gangabehn comunicou-me a boa notícia. Descobrimos que fornecer a matéria prima era uma tarefa difícil. Ao mencionar isso ao falecido Umar Sobani ele imediatamente resolveu a dificuldade, comprometendo-se a enviá-la de sua própria fábrica. Mandei para Gangabehn as meadas que recebi de Umar Sobani. Em pouco tempo os tecidos começaram a chegar em tal quantidade, que lidar com eles tornou-se um outro problema.

A generosidade do Sr. Sobani era imensa, mas ainda assim não poderíamos contar com ela para sempre. Eu me sentia desconfortável ao receber de maneira sistemática as meadas mandadas por ele. Entretanto me parecia errado usar meadas de fábrica. Se alguém podia usar meadas de fábrica, por que não usar também tecidos industrializados? Certamente nenhuma fábrica fornecia meadas aos antigos artesãos. Como eles as faziam, então?

Com esses pensamentos em minha mente sugeri a Gangabehn encontrar cardadores que pudessem fornecer as meadas. Ela se comprometeu de bom grado a fazer isso. Conseguiu um cardador que estava disposto a descaroçar o algodão por trinta e cinco rúpias, se não mais, por mês. Achei que nenhum preço era alto demais naquela época. Ela treinou alguns jovens para fazer meadas a partir do algodão descaroçado. Implorei por essa matéria prima em Mumbai. O *Sjt.* Yashvantprasad Desai respondeu imediatamente. Assim a empreitada de Gangabehn prosperou além da expectativa. Ela conseguiu tecelões para preparar os tecidos fiados em Vijapur, e em pouco tempo o *khadi* de Vijapur ganhou fama.

Enquanto tudo isso acontecia em Vijapur, as rocas prosseguiam a passos largos em nosso *ashram*. Maganlal Gandhi, ao aplicar todo o seu esplêndido talento mecânico às rocas, fez nelas muitos melhoramentos e assim rocas e seus acessórios começaram a ser fabricadas no próprio *ashram*. A primeira peça manufaturada produzida no *ashram* custou dezessete centavos por jarda. Não hesitei em recomendar aos amigos aquele *khadi* cru por esse preço, e eles pagaram de bom grado.

Fiquei de cama em Mumbai, mas estava em forma o suficiente para procurar rocas por lá. Por fim encontrei dois tecelões. Cobravam uma rúpia por uma medida de tecido, isto é, 28 *tolas,* ou quase três quartos de libra (326g aproximadamente). Na época eu não conhecia a economia do *khadi*. Não considerava nenhum preço alto demais para conseguir um tecido de produção manual. Mas ao comparar os preços pagos por mim aos pagos em Vijapur, percebi que estava sendo enganado. Os tecelões se recusaram a concordar com qualquer redução nos valores que cobravam. Por isso tive de dispensar seus serviços. Mas eles serviram ao objetivo. Ensinaram tecelagem às Shrimatis Avantikabai, Ramibai Kamdar, a mãe viúva do *Sjt.* Shankarlal Banker e Shrimati Vasumatibehn. A roca começou a zunir alegremente em meu quarto e posso dizer sem exagero que esse zunido contribuiu significativamente para a restauração da minha saúde. Estou disposto a admitir que o efeito foi mais psicológico do que físico. Mas isso apenas mostra o quão poderosamente o físico reage ao psicológico no ser humano. Também pus minhas mãos na roca, mas não pude contudo fazer muito nessa época.

Em Mumbai surgiu de novo o velho problema de obter meadas feitas a mão. Um cardador costumava passar diariamente pela residência do *Sjt*. Revashankar. Mandei buscá-lo e soube que ele descaroçava algodão para encher colchões. Concordou em cardar algodão para meadas, mas pediu um alto preço por isso, que entretanto paguei.

Uma vez pronto o tecido, dispus de parte dele para amigos *vaishnavas* para que fizessem guirlandas para o *pavitra ekadashi*[15]. O *Sjt*. Shivji começou a dar aulas de tear em Mumbai. Todos esses experimentos envolviam despesas consideráveis.

Mas estas eram cobertas de bom grado por amigos patrióticos, amantes da terra-mãe e confiantes no sucesso do projeto do *khadi*. O dinheiro gasto, em minha humilde opinião, não foi desperdiçado. Trouxe-nos uma preciosa gama de experiências. E revelou-nos as possibilidades da roca de fiar.

Agora crescia a minha impaciência pela adoção exclusiva do *khadi* na confecção dos meus trajes. Meu *dothi* ainda era de tecido indiano industrializado. O *khadi* cru, manufaturado em nosso *ashram* e em Vijapur, tinha somente setenta centímetros de largura.

Avisei a Gangabehn que, a menos que ela me fornecesse um *dhoti* de *kadhi* de um metro e quinze centímetros de largura dentro de um mês, eu me veria obrigado a usar um *dothi* curto. O ultimato alcançou-a como um choque, mas ela provou estar à altura do pedido. Cumprido o prazo, mandou-me um par de *dhotis* na medida solicitada, livrando-me assim de uma situação embaraçosa.

Mais ou menos ao mesmo tempo o *Sjt.* Lakshmidas trouxe o tecelão *Sjt.* Ramji, com sua esposa, de Lathi para o *ashram*. Lá adquiriram *dhotis khadi* da nossa produção. O papel desse casal na divulgação do *khadi* foi bastante significativo.

Eles iniciaram muitas pessoas na arte da tecelagem manual, no Gujarate e outras localidades. Ver Gangabehn em seu tear era comovente. Quando essa irmã iletrada mas senhora de si, põe-se em seu tear, fica tão concentrada nele que é difícil distrair sua atenção, e muito mais difícil é tirar seus olhos de seu amado trabalho.

41. UM DIÁLOGO INSTRUTIVO

Desde o início da concepção do movimento *khadi*, o *swadeshi*, como foi então chamado, provocou muitas críticas dos donos de tecelagem. O falecido Umar Sobani, ele próprio um desses proprietários, não apenas me deu o benefício de seu próprio conhecimento e experiência, mas também me manteve em contato com a opinião de seus pares. O argumento de um deles impressionou-o profundamente, e ele insistiu para que eu fosse vê-lo. Concordei. O Sr. Sobani marcou a entrevista. O dono da tecelagem abriu a conversa.

— O senhor sabe que já houve outras agitações *swadeshi* antes desta?

— Sim, sei — respondi.

— O senhor também sabe que nos dias da Secessão nós, donos de tecelagem, exploramos completamente o movimento *swadeshi*. Quando ele estava no auge, aumentamos os preços das roupas e fizemos coisas ainda piores.

— Sim, fiquei sabendo de algumas dessas coisas, e isso me deixou consternado.

— Posso entender seu sofrimento, mas não vejo base para isso. Não estamos trabalhando por filantropia. Trabalhamos para lucrar. Temos que satisfazer aos acionistas. O preço de um artigo é regulado por sua procura. Quem pode contestar a lei da oferta e da procura? Os bengalis deveriam saber que sua agitação acabaria aumentando o preço do tecido *swadeshi* por estimular sua demanda.

Interrompi:

— Os bengalis como eu éramos confiantes por natureza. Acreditavam, em sua boa fé, que os donos de tecelagem não seriam tão egoístas e impatrióticos a ponto de trair o seu país na hora da necessidade, e chegar até, como fizeram, a vender fraudulentamente tecidos estrangeiros como se fossem *swadeshi*.

— Conheço a sua natureza crédula — disse ele. — Foi por isso que fiz com que se desse ao trabalho de me procurar, para poder avisá-lo antes que cometa o mesmo erro que esses ingênuos bengalis.

Com essas palavras o dono da tecelagem acenou para um empregado que estava ao lado, para que trouxesse amostras de sua produção. Apontando para elas, disse:

— Veja esses tecidos. São a última variedade feita em nossa fábrica. Vêm sendo muito procurados. Nós os produzimos a partir de refugos. Por isso são baratos. Nós os mandamos tanto para o Norte quanto para os vales do Himalaia. Temos agências por todo o país, mesmo em lugares onde sua voz, ou a de seus colaboradores, nunca chegarão. Assim o senhor pode ver que não estamos precisando de novas frentes. Além do mais, deve saber que a produção de roupas na Índia fica aquém das necessidades. A questão do *swadeshi,* portanto, é uma questão de produção. No momento, se pudermos aumentar nossa produção o suficiente e melhorar sua qualidade até o ponto necessário, a importação de tecidos estrangeiros automaticamente cessará. Aconselho-o a não continuar com sua campanha tal como vem sendo conduzida e a voltar sua atenção para a criação de novas indústrias têxteis. O que nós precisamos não é de propaganda para inflar a demanda por nossos produtos, mas de uma produção maior.

— Então, sem dúvida, o senhor abençoará meus esforços, se eu já estiver comprometido com essa mesma causa? — perguntei.

— Como pode ser isso? — exclamou ele, um pouco intrigado. — Talvez o senhor esteja pensando em promover o estabelecimento de novas fábricas. Nesse caso certamente merece congratulações.

— Não é exatamente isso que estou fazendo — expliquei. — Estou empenhado na readoção da roca de fiar.

— O que é isso? — perguntou ele, sentindo-se ainda mais perdido.

Contei-lhe tudo sobre a roca de fiar e a história de minha longa busca por ela, e acrescentei:

— Concordo plenamente. Não é necessário que eu me torne um agente das tecelagens. Isso faria mais mal do que bem ao país. Nossas tecelagens não precisarão de alfândega ainda por um longo tempo. Meu trabalho deveria ser, e é, organizar a produção de roupas tecidas a mão e encontrar meios para escoar a produção *khadi*. Estou, portanto, concentrando minha atenção nessa produção. Inclino-me a essa forma de *swadeshi,* pois por meio dela poderemos dar trabalho às mulheres semifamintas e semiempregadas da Índia. Minha ideia é ocupar essas mulheres com a tecelagem e vestir o povo da Índia com tecidos *khadi.* Não sei o quão longe esse movimento pode ir. No momento, está apenas começando. Mas tenho completa fé nele. De qualquer forma, não pode ser prejudicial. Pelo contrário: devido à sua extensão, pode incrementar a produção de roupas no país. Se ela é tão pequena, esse esforço representará um ganho significativo. E o senhor então perceberá que meu movimento está livre dos perigos que mencionou.

Ele respondeu:

— Se o senhor tem em vista um aumento da produção por meio da organização de seu movimento, nada contra. Se a roca de fiar pode trazer progressos, nesta era de máquinas poderosas, é outra questão. Mas de minha parte desejo-lhe o maior dos sucessos.

42. A SUBIDA DA MARÉ

Não dedicarei mais nenhum capítulo à evolução do *khadi*. Estaria fora do âmbito deste texto contar a história de minhas várias atividades depois de elas terem vindo a público. Não devo tentá-lo, porque para fazê-lo seria necessário um outro tipo de abordagem. Meu objetivo ao escrever estas linhas é simplesmente relatar como certas coisas foram consideradas por mim no curso de minhas experiências com a verdade.

Resumamos então a história do movimento de *não cooperação.* Enquanto a poderosa agitação do Khilafat organizada pelos irmãos Ali estava em franco desenvolvimento, tive longas discussões sobre o assunto com o falecido Maulana Abdul Bari e outros ulemás, considerando especialmente até que ponto um muçulmano pode observar a regra da não violência. No final, todos concordaram que o Islã não proibia seus fiéis seguir a não violência como política. Eles estavam fervorosamente inclinados a adotá-la.

Por fim a moção da não cooperação foi apresentada na conferência do Khilafat, e provocou longas deliberações. Tenho lembranças vívidas de como uma vez, em Allahabad, o comitê deliberou uma noite inteira sobre esse assunto. No começo, o falecido *Saheb* Hakim era cético quanto à praticabilidade da não cooperação não violenta. Entretanto, depois que seu ceticismo foi superado ele entregou-se de coração e alma, e sua ajuda se mostrou inestimável ao movimento.

Em seguida, a moção de não cooperação foi apresentada por mim em uma conferência política em Gujarate, que aconteceu logo depois. A contestação preliminar, levantada pela oposição, foi de que não era da competência de uma assembleia provincial adotar resoluções antes do Congresso. Para rebater esse argumento eu disse que uma atitude como essa não correspondia a um movimento que planejava suas ações para o futuro. Em movimentos em progresso, as organizações subordinadas não apenas estavam em condições de apresentar esse tipo de problemas, mas era seu dever fazê-lo, porque se tratava de resoluções que se aplicavam ao país inteiro. Argumentei que nenhuma permissão era necessária para tentar aumentar o prestígio da instituição matriz, desde que houvesse disposição de correr o risco.

Discutiu-se então o mérito da questão. O debate foi marcado por um entusiasmo não menor do que a atmosfera "razoavelmente doce" na qual foi conduzido. A moção foi votada e apoiada por esmagadora maioria. Isso se deveu à contribuição nada pequena das personalidades do *Sjt.* Vallabhbhai e de Abbas Tyabji. Este último era o presidente, e suas inclinações eram todas a favor da moção de não cooperação. O Comitê do Congresso da Índia Inteira resolveu fazer uma sessão especial em setembro de 1920, em Calcutá, para deliberar sobre essa questão. Fizeram-se grandes preparativos. Lala Lajpat Rai foi eleito presidente. Reuniões especiais tanto do Congresso quanto do Khilafat estavam acontecendo de Calcutá a Mumbai. Em Calcutá, houve um encontro gigantesco de delegados e visitantes.

A pedido de Maulana Shaukat Ali preparei no trem um rascunho da moção de não cooperação. Até aquele momento tinha procurado evitar a expressão "não violência" em meus escritos. Mas usei-a invariavelmente em meus discursos. Meu vocabulário em relação a esse assunto ainda estava em formação. Percebi que não conseguiria exprimir meus sentimentos para audiências puramente muçulmanas com a ajuda do equivalente sânscrito para não violência. Portanto pedi a Maulana Abul Kalam Azad que me desse algum outro equivalente para isso. Ele sugeriu a palavra *ba-aman*. Para não cooperação, propôs a frase *tark-imavalat*. Assim, enquanto me ocupava em encontrar uma fraseologia compatível com não cooperação em hindi, gurajate e urdu, fui chamado a formular a moção de não cooperação para o Congresso.

No rascunho original deixei de usar a expressão "não violência". Entregara o esboço original a Maulana Shaukat Ali, que estava viajando no mesmo compartimento, sem perceber essa omissão. Durante a noite descobri o erro. Na manhã seguinte enviei uma mensagem a Mahadev, dizendo que a omissão deveria ser corrigida antes de o documento ser divulgado pela imprensa. Mas tenho a impressão de que ele foi impresso antes da inserção ter sido feita. O Comitê de Assuntos deveria reunir-se naquela mesma noite. Eu tinha portanto de fazer a correção necessária nas cópias já impressas. Depois, percebi que teria tido muita dificuldade, se eu não tivesse aprontado o meu próprio rascunho.

No entanto estava em apuros. Não tinha a mínima ideia de quem apoiaria ou se oporia à moção. Nem imaginava que atitude Lalaji adotaria. Só vi um imponente palanque de guerreiros veteranos, reunidos para a batalha de Calcutá: a Dra. Besant, o pândita Malaviyaji, o *Sjt.* Vijayaraghavachari, o pândita Motilalji e o Deshabandhu eram alguns deles.

A moção de não cooperação buscava a reparação das injustiças cometidas no Punjab e com o Khilafat. Isso, entretanto, não agradou ao *Sjt.* Vijayaraghavachari.

— Se a não cooperação está prestes a ser declarada, por que deveria referir-se a erros específicos? A ausência de *Swaraj* é a maior injustiça sofrida pelo país. A não cooperação deveria ser dirigida contra isso — argumentou ele.

O pândita Motilalji queria também que a exigência do *Swaraj* fosse incorporada à moção. Aceitei e a proposta passou depois de uma séria, exaustiva e tormentosa discussão.

Motilalji foi o primeiro a juntar-se ao movimento. Ainda me lembro da doce discussão que tivemos sobre a moção. Ele sugeriu algumas mudanças na fraseologia que eu adotara. Comprometeu-se a trazer o Deshabandhu para o movimento. O coração deste último estava inclinado a isso, mas ele se sentia cético quanto à capacidade do povo levar adiante o programa. Foi somente no Congresso de Nagpur que ele e Lalaji o aceitaram de coração.

Senti profundamente a falta do falecido Lokamanya naquela sessão especial. Até aquele dia, acreditara firmemente que se ele estivesse vivo teria dado suas bênçãos ao meu projeto. Mesmo que manifestasse a sua oposição, eu ainda deveria vê-la como um privilégio e um ensino para mim mesmo. Tínhamos sempre diferenças de opinião, mas elas nunca levaram a mágoas. Ele sempre permitiu crer que os laços entre nós eram os mais próximos. Mesmo ao escrever estas linhas, as circunstâncias de sua morte estão vivas diante dos meus olhos. Era por volta de meia-noite quando Patwardhan, que então trabalhava comigo, comunicou-me por telefone a notícia do seu falecimento. Naquele momento, eu estava rodeado por meus colaboradores. Espontaneamente a exclamação escapou de meus lábios: "Foi-se o meu mais poderoso refúgio". Naquela época, o movimento de não cooperação estava em pleno andamento, e ansiava pelo encorajamento e inspiração dele. Qual teria sido sua atitude a respeito da fase final da não cooperação? Jamais saberemos. Mas uma coisa é certa: o profundo vácuo deixado por sua morte caiu pesadamente sobre todos os presentes em Calcutá. Todos sentiram a falta de seus conselhos nos momentos de crise da história nacional.

43. EM NAGPUR

As resoluções adotadas na sessão especial do Congresso em Calcutá foram confirmadas na sessão anual em Nagpur. Como em Calcutá, houve uma grande movimentação de visitantes e delegados. O número de delegados ao Congresso ainda não tinha sido limitado. Como resultado, até onde me lembro, naquela ocasião alcançou quatorze mil. Lalaji insistiu em uma emenda à cláusula sobre o boicote às escolas, que aceitei. Do mesmo modo outras emendas foram feitas a pedido do Deshabandhu, depois das quais a moção de não cooperação foi aprovada por unanimidade.

A moção que contemplava a revisão da constituição do Congresso também foi considerada naquela sessão. O rascunho do subcomitê foi apresentado na sessão especial em Calcutá. O assunto havia sido profundamente discutido e analisado. Na sessão em Nagpur, que devia legislar em última instância, o *Sjt.* C. Vijayaraghavacharia era o presidente. O Comitê dos Assuntos passou o rascunho com apenas uma mudança importante. No meu esboço, o número de delegados tinha sido fixado creio que em 1.500. O Comitê dos Assuntos aumentou esse número para 6.000. Na minha opinião esse aumento foi o resultado de um julgamento apressado, e as experiências de todos estes anos somente veio confirmá-la.

Penso que é um equívoco acreditar que um grande número de delegados possa ajudar melhor na condução de um assunto, ou que isso salvaguarde os princípios da democracia. Mil e quinhentos delegados, ciosos dos interesses do povo e de mente aberta, serão em qualquer tempo uma salvaguarda melhor para a democracia do que seis mil homens irresponsáveis escolhidos de qualquer modo. Para garantir a democracia as pessoas devem ter um agudo senso de independência, autorrespeito e unidade, e deveriam insistir em escolher como seus representantes apenas indivíduos bons e verdadeiros. No entanto, como o Comitê dos Assuntos era obcecado com relação aos números, preferia ir além de seis mil. Esse limite, portanto, fixou uma espécie de compromisso.

A questão dos objetivos do Congresso constituiu-se em um tema de profunda discussão. Nos estatutos que apresentei o objetivo fundamental era atingir o *Swaraj* dentro do Império Britânico, se possível, e fora dele, se necessário. Um dos partidos queria limitar a proposta do *Swaraj* ao Império Britânico. Esse ponto de vista foi apresentado pelo pândita Malaviyaji e pelo Sr. Jinnah. No entanto não conseguiram muitos votos. Além disso o esboço dos estatutos propunha que os meios para atingir a independência fossem pacíficos e legítimos. Essa proposta também despertou oposição. Argumentou-se que não deveria haver nenhum tipo de restrição aos meios a serem adotados.

Contudo o Congresso adotou a redação original depois de uma instrutiva e franca discussão. Em minha opinião, se os estatutos tivessem sido trabalhados de modo honesto, inteligente e zeloso pelas pessoas, teria se tornado um forte instrumento de educação das massas, e sua própria execução nos teria conduzido ao *Swaraj*. Mas seria irrelevante discutir esse aspecto aqui.

As moções sobre a unidade hindu-muçulmana, a abolição da intocabilidade e o apoio ao movimento *khadi* também passaram nesse Congresso. Desde então os congressistas hindus tomaram a responsabilidade de livrar o hinduísmo da maldição da intocabilidade, e o Congresso estabeleceu uma ligação viva com as primícias da Índia por meio do *khadi*. A adoção da não cooperação para o bem do Khilafat foi ela própria uma grande tentativa prática, feita pelo Congresso, para promover a unidade hindu-muçulmana.

ADEUS

Chegou a hora de encerrar estes capítulos. A partir deste ponto, minha vida tem sido tão pública que dificilmente há alguma coisa que as pessoas não saibam. Além disso, desde 1921 tenho trabalhado de forma tão próxima com os líderes do Congresso que dificilmente poderia descrever qualquer episódio da minha experiência pessoal sem me referir à deles. Embora Shraddhanandji, o Deshabandhu, o *Saheb* Hakim e Lalaji não mais estejam entre nós, temos a sorte de contar com um grande número de líderes veteranos no Congresso ainda vivendo e trabalhando em nosso meio. A história do Congresso, desde as grandes mudanças que descrevi acima, ainda está sendo construída. E minhas principais experiências durante os últimos sete anos, têm sido vividas no Congresso. Por isso seria inevitável a referência a meus vínculos com seus líderes, caso resolvesse descrever estes anos no futuro. Não devo de forma nenhuma fazer isso neste momento.

Por fim, considerando as atuais experiências, minhas conclusões dificilmente poderiam ser vistas como definitivas. Portanto parece claro que é meu dever encerrá-las aqui. Com efeito, a pena instintivamente se recusa a prosseguir. Não é sem esforço que tenho de deixar o leitor. Dou muito valor às minhas experiências. Não sei se fui capaz de fazer jus a elas. Só posso dizer que não poupei sofrimentos para ser fiel aos fatos. Tem sido um esforço incessante descrever a verdade como ela se apresentou a mim e o exato modo como a alcancei. Esse exercício me tem proporcionado uma inefável paz mental, pois minha profunda esperança sempre consistiu em levar aos hesitantes a fé na Verdade e no *ahimsa*.

Minha experiência convenceu-me de que não há outro Deus senão a Verdade. E se todas as páginas deste capítulo não proclamarem ao leitor que o único meio para a realização da Verdade é o *ahimsa,* devo concluir que todo meu trabalho de escrever estas páginas foi em vão. E, mesmo que meus esforços nesse sentido sejam infrutíferos, quero que os leitores saibam que foi o veículo, e não o grande princípio, que falhou. Depois de tudo, por mais sinceras que tenham sido minhas buscas do *ahimsa,* elas não deixaram de ser imperfeitas e inadequadas. Os pequenos vislumbres que eu possa ter tido da Verdade dificilmente podem exprimir o seu brilho indescritível, que é um milhão de vezes mais intenso que o do sol que vemos diariamente com nossos olhos.

Com efeito, o que consegui perceber foi apenas o que há de mais fraco e trêmulo nessa poderosa fulgurância. Mas posso assegurar que, como resultado de minhas experiências, uma perfeita compreensão da Verdade só pode resultar da completa percepção do *ahimsa*.

Para ver face a face o Espírito da Verdade universal, que tudo permeia, o indivíduo deve amar a mais insignificante criatura como a si próprio. E um ser humano que quer chegar a isso não pode permanecer fora de nenhum campo da vida. É por isso que minha devoção à Verdade me levou ao campo da política. E posso afirmar, sem a menor hesitação e ainda assim humildemente, que aqueles que dizem que religião não tem nada a ver com política não sabem o que significa religião.

A identificação com tudo o que vive é impossível sem uma autopurificação. Sem ela, a observância da lei do *ahimsa* permanecerá um sonho vazio. Deus jamais será realizado por alguém que não tenha o coração puro. A autopurificação, portanto, deve implicar a ascese em todos os aspectos da vida. Por ser contagiosa, a purificação de nós mesmos leva à purificação dos que nos rodeiam. Mas o caminho para a autopurificação é árduo e íngreme. Para atingi-la o indivíduo tem de se tornar absolutamente livre de paixões em pensamentos, palavras e ações. Precisa elevar-se acima das correntes opostas de apego e ódio, atração e repulsa. Sei que ainda não tenho dentro de mim essa tríplice pureza, apesar de minha constante e incessante luta por ela. É por isso que os elogios do mundo não me comovem, na verdade com muita frequência me doem.

Conquistar essas paixões sutis me parece mais difícil que a conquista física do mundo pela força dos braços. Desde meu retorno à Índia tenho tido experiências com paixões latentes, escondidas em meu interior. O conhecimento delas fez com que me sentisse humilhado, mas não vencido. As experiências e os experimentos me têm sustentado, proporcionando-me grande alegria. Mas sei que ainda tenho um caminho difícil a transpor. Devo reduzir-me ao zero. Enquanto o ser humano não se colocar por livre e espontânea vontade como a última de todas as criaturas, não há salvação para ele. O *ahimsa* é o limite máximo da humildade.

Ao me despedir do leitor, pelo menos por enquanto, peço-lhe que se una a mim em oração ao Deus da Verdade, para que Ele possa conceder-me o benefício do *ahimsa* em mente, palavra e ação.

NOTAS

INTRODUÇÃO

1. *Sjt.:* forma abreviada da expressão inglesa *Serjeant-at-law*. Membro de um antigo grupo de advogados ingleses altamente conceituados, que tinham certos privilégios na Corte Britânica durante a época de Gandhi. (Também *Sergeant-at-law.)*

2. *Satyagraha*: expressão criada por Gandhi e seus colaboradores a partir dos termos sânscritos *agraha* (firmeza, constância) e *satya* (verdade). Na Parte 4 há uma ampla descrição da mesma.

3. *Mahatma*: termo sânscrito (*mahant* = grande + *atman* = alma, espírito) que literalmente significa "magnânimo". Título conferido na Índia a grandes sábios ou santos.

4. *Moksha*: termo sânscrito, literalmente "liberação". Última das quatro metas ou finalidades da vida humana: 1º artha refere-se às posses materiais; 2º *kama* é a busca do prazer e do amor; 3º *dharma* abrange todo o contexto dos deveres religiosos e morais; 4º *moksha* é a redenção ou liberação espiritual — o bem humano definitivo.

PARTE 1

1. *Diwan* ou *dewan*: na Índia, funcionário do governo, ministro a cargo das finanças e da receita pública.

2. *Nawab*: título honorífico dado na Índia especialmente aos príncipes muçulmanos.

3. *Saheb* ou *sahib*: lorde, mestre, senhor, amo. Título usado pelos indianos durante a colonização britânica para se referir ou falar com os europeus.

4. *Bhagavad-Gita*: literalmente "Canção do Mestre" ou "Canto Celestial". É o livro mais importante do hinduísmo. Faz parte do *Mahabharata* que é a grande epopeia nacional da Índia.

5. *Haveli*: termo persa cujo significado primitivo é "casa", "habitação"; entretanto, em gujarate e marata, o sentido é de "templo". Santuário dos devotos do deus Vishnu.

6. *Chaturmas*: literalmente "período de quatro (*chatur*) meses (*masa*)". Práticas devocionais ou de purificação, que se realizam a cada quatro meses.

7. *Chandrayana*: do sânscrito *chandra* = lua, e *ayana* = percurso. Jejum de purificação regulado pelas fases da lua.

8. *Saptapadi*: na cerimônia hinduísta de casamento os noivos dão sete passos juntos, prometendo-se mutuamente fidelidade e devoção. Uma vez finalizado esse ato, o casamento torna-se irrevogável.

9. *Kansar*: bolo doce de farinha, que os noivos partilham uma vez acabada a cerimônia.

10. *Purdah*: termo de origem persa que, literalmente, significa "véu, cortina". Na Índia, e em alguns países muçulmanos, há nas casas uma cortina que separa os cômodos usados pelas mulheres, com o fim de isolá-las.

11. *Vaishnava*: vishnuíta, devoto do deus Vishnu.

12. *Swaraj*: literalmente "autogoverno, autonomia, governo por si mesmo". Durante a ocupação britânica da Índia, esse foi o nome do partido político que lutou pela independência.

13. *Ahimsa*: termo sânscrito (a = não + himsa = dano ou injúria) que significa "não violência" em qualquer das esferas da ação humana, ou seja, física, verbal e mental.

14. *Brahmacharya*: termo sânscrito, literalmente "conduta divina", "amigo de Brahma". Aqui tem o sentido de "continência, celibato", voto que Gandhi tomou junto com sua esposa quando ele tinha 38 anos.

15. *Ramanama*: "nome de Rama". A repetição do nome do deus Rama de forma incessante (mantra). Para Gandhi essa repetição era um ato de purificação e comunhão beatífica.

16. *Ramayana*: poema épico cuja versão original em sânscrito, datada entre 400 a.C. e 400 d.C., atribui-se a Valmiki. O herói da epopeia é Rama, avatar de Vishnu e símbolo de nobreza espiritual. A versão que Gandhi costumava ler era a de Tulsidas, em hindi, hoje o texto mais popular do hinduísmo moderno.

17. *Rama Raksha*: literalmente "proteção de Rama", texto de invocação a esse deus pedindo as suas bênçãos.

18. *Bilva* ou *bael*: marmeleiro de Bengala, cujo fruto tem propriedades terapêuticas.

19. *Ekadashi*: o décimo primeiro dia após a lua nova ou lua cheia, observado pelos hindus ortodoxos como dia de orações, meditação e jejum.

20. *Manusmriti*: "Leis de Manu", código religioso e moral do bramanismo. Nesse texto estão descritos os deveres particulares de cada uma das castas.

21. *Shastras*: os livros sagrados ortodoxos da Índia, que são classificados em quatro categorias. Aqui, Gandhi refere-se muito provavelmente aos que tratam das cerimônias domésticas e da vida privada.

22. *Modh bania*: nome de uma subcasta da casta dos comerciantes.

23. *Vakil* ou *vakeel*: termo anglo-indiano para designar, na Índia, um advogado nativo e também um embaixador ou agente com funções jurídicas.

24. *Brahmachari*: aquele que fez os votos de *brahmacharya*, ou seja, observa uma vida celibatária e disciplinada.

25. *Nirbal ke bala Rama*: "Rama é o amparo dos desamparados, a força dos fracos". Refrão do célebre hino do poeta e místico indiano Surdas.

26. *Dhoti*: tecido de algodão, geralmente branco, que os homens indianos enrolam na cintura formando uma espécie de calção.

PARTE 2

1. *Gnani*: termo de origem sânscrita, "aquele que conhece", o possuidor de *gnana* (conhecimento).

2. *Sandhya* ou *samdhya*: orações diárias, matutinas e vespertinas.

3. *Sahib*: o mesmo que *saheb*.

4. *Sowar*: termo de origem persa, "cavaleiro", mensageiro a cavalo.

5. *Shirastedar*: termo de origem persa que designa um auxiliar nas cortes de justiça. Ele tem o encargo de apresentar ao magistrado as moções e requerimentos.

6. *Meman*: comerciantes da região do Gujarate.

7. *Sheth*: uma pessoa importante na área dos negócios. Comerciante bem-sucedido.

8. *Pugree*: turbante masculino.

9. *Adamji*: proprietário de fábrica de algodão cru.

10. *Smriti*: termo sânscrito, literalmente "memória, lembrança". Aqui se refere ao conjunto dos ensinamentos dos santos e sábios antigos, que constituem parte dos livros sagrados ortodoxos da Índia védica.

11. *Khadi*: "tecido de algodão rústico" feito em teares manuais.

12. *Sabha*: "assembleia, conferência", também designa partidos políticos.

PARTE 3

1. *Maya*: termo sânscrito de amplos significados. Aqui se refere a "ilusão sobreposta à realidade; incapacidade de perceber a realidade por trás das aparências". Algumas escolas filosóficas da Índia descrevem o universo visível como sendo *maya*.

2. *Namaz*: termo persa (*nä mäz*) que significa "prece". Oração principal dos muçulmanos, recitada cinco vezes ao dia.

3. *Brahman*: deus supremo no hinduísmo. Mônada vital, Poder sagrado, Uno-sem-segundo.

4. *Darbar*: audiência ou sala onde ela se realiza; corte real; parada; cerimônia de corte. Aqui, Gandhi faz referência ao fato de Tilak sempre estar rodeado por auxiliares e colegas.

5. *Varnadharma*: termo composto sânscrito (*varna* = casta + *dharma* = lei) que designa o conjunto de obrigações religiosas e sociais particulares de cada casta.

6. *Achkan*: sobrecasaca, geralmente negra, bem ajustada e abotoada até o queixo.

7. Volátil: com referência ao uso deste termo, ver artigo "Justiça à sua memória", publicado no jornal *Young India*, em 30 de junho de 1927. [Nota da edição original em inglês.]

8. Rangun: capital de *Burma*, ou Birmânia atualmente Myanmar; não confundir com a cidade homônima da Índia.

9. *Puris*: torta frita.

10. Chhaya: localidade no Estado de Porbandar, muito conhecida pela produção de tecidos de lã rústicos. [Nota da edição original em inglês.]

11. *Dharmashala*: "casa de religião". Espécie de albergue ou caravançarai onde os peregrinos ou necessitados podem hospedar-se por curto tempo.

12. *Dakshina*: donativo que recebe um brâmane para realizar as cerimônias solicitadas.

PARTE 4

1. *Vaidya*: médico aiurvédico que pratica a ciência de cura hindu tradicional.

2. *Hakim*: médico muçulmano, na Índia.

3. *Mowhra*: *bassia latifolia*, árvore de cujos frutos se extraem um óleo comestível.

4. *Panchama*: palavra sânscrita que literalmente significa "a quinta parte". A sociedade indiana estava constituída por quatro castas, consequentemente "a quinta parte" seria a dos "sem casta", os intocáveis ou párias.

5. *Janmashtami*: festividade muito popular no norte da Índia, quando se celebra o nascimento de Krishna, um dos avatares do deus Vishnu.

6. *Ramzan*: ramadão, mês de jejum entre os muçulmanos.

7. *Pradosha*: termo sânscrito, literalmente "primeira parte da noite". Jejum e práticas de purificação que se realizam após o entardecer.

8. *Sannyasa*: voto dentro do hinduísmo, de total renúncia ao mundo e às coisas materiais.

9. *Goval*: criador de gado vacum, leiteiro, aquele que ordenha.

PARTE 5

1. *Gurukul*: instituição de ensino tradicional hindu. Espécie de universidade ou *ashram*.

2. *Shraddha*: rito que se realiza após a cerimônia funerária de um ente querido ou familiar. Literalmente significa "últimos deveres".

3. *Ghat*: escadaria que leva às margens do rio.

4. *Kanthi*: terço, geralmente de 108 contas, que os vishnuítas trazem ao pescoço.

5. *Svargashram*: equivalente ao paraíso, morada celestial.

6. *Kaithi:* escrita usada na região de Bihar.

7. *Kothi:* estabelecimento comercial, também plantação.

8. A edição inglesa foi publicada por S. Ganesan, Triplicane, Madras.

9. Khilafat: movimento dos muçulmanos, efetuado na Índia, para restabelecer o sultão da Turquia no seu cargo.

10. O relatório da comissão Rowlatt foi conhecido desde julho de 1918. Ele revela a existência de conspirações subversivas e de uma agitação terrorista, particularmente em Bengala; enumera atentados com bombas, assassinatos, assaltos a mão armada. Conclui dizendo que a legislação ordinária é insuficiente e preconiza medidas especiais de repressão.
A discussão das medidas a tomar só começou perante o Conselho Legislativo em fevereiro de 1919. Embora a cronologia da narração seja aqui bastante vaga, parece que Gandhi teve conhecimento do relatório bastante tarde, sem dúvida em virtude de sua doença. Tomados isoladamente, os fatos mencionados no relatório não parecem ter sido contestados. É inegável que existia uma atividade clandestina, cujos próprios heróis nos deixaram testemunhos: ver, por exemplo, Dhan Copal Mukerjee, *My Brother's Face* e outras obras; e Swami Satyadev Paribrâjak. Mas, como se verá adiante, o que Gandhi e seus compatriotas temiam era que o governo tomasse essas investigações policiais como pretexto para adotar medidas discricionárias visando suprimir as liberdades políticas. De fato, é singular que as medidas excepcionais tenham sido discutidas somente em fevereiro de 1919, depois de celebrada a paz, ao passo que, durante as hostilidades, a legislação existente bastara para manter a ordem nas Índias. (nota de Pierre Meile, 1971)

11. *Phooka:* tubo de bambu que é introduzido nas tetas das vacas e búfalas para extrair, por pressão, todo o leite possível.

12. Jumma Masjid — a maior mesquita da Índia localizada na parte antiga de Délhi com capacidade para 25.000 pessoas. Foi construída entre 1644 e 1658 por Shan Jahan, o mesmo que construiu o Taj Mahal em Agra.

13. *Swadeshi:* compromisso nacional, durante a ação de Gandhi pela independência da Índia, para não comprar produtos estrangeiros.

14. *Vande mataram:* expressão usada pelos hindus que significa "Saúdo a mãe", e que era respondida pelos muçulmanos com: *Allaho akbar* — "Alá é grande".

15. *Pavitra ekadashi:* o décimo primeiro dia sagrado após a lua nova ou lua cheia.

OBRAS DA PALAS ATHENA EDITORA
COMPLEMENTARES À AUTOBIOGRAFIA DE GANDHI

A ROCA E O CALMO PENSAR *Mohandas K. Gandhi*
Coletânea de textos publicados em jornais e livros, de discursos e cartas pessoais de Gandhi, focalizando o tema da prece e da meditação.

GANDHI - PODER, PARCERIA E RESISTÊNCIA *Ravindra Varma*
A cultura de paz estimula e propõe a resolução de problemas por meio do diálogo, da negociação e da mediação, de modo a tornar a guerra, os conflitos e a violência inviáveis.

O CAMINHO É A META - GANDHI HOJE *Johan Galtung*
O autor apresenta Gandhi como político, teórico e, principalmente, como solucionador de conflitos. A partir dessa reflexão, procura extrair da vida e obra de Gandhi uma verdadeira metodologia para a solução de conflitos.

TRANSCENDER E TRANSFORMAR *Johan Galtung*
Revela a interligação entre o conflito, a cultura profunda e os estratos sociais; mostrando que uma grande variedade de soluções está disponível para nós – se estivermos dispostos a explorá-las com empatia, criatividade e não violência.

O PRINCÍPIO DA NÃO VIOLÊNCIA *Jean-Marie Muller*
Baseado nas ações de Gandhi o autor esclarece conceitos tradicionalmente nebulosos e aponta as razões filosóficas para a recusa da ideologia da violência necessária, legítima e honrosa.

NÃO VIOLÊNCIA NA EDUCAÇÃO *Jean-Marie Muller*
O autor sugere uma abordagem muito prática de como resolver os confrontos e violências nas escolas, reforçados pelas mídias, e que geram uma escalada de conflitos cada vez maior.

EDUCAR PARA PAZ EM TEMPOS DIFÍCEIS *Xesus R. Jares*
A obra mostra-se um excelente mapa da situação prática e cotidiana enfrentada por educadores e dos caminhos possíveis para implementar uma pedagogia fundada no respeito à vida.

PEDAGOGIA DA CONVIVÊNCIA *Xesus R. Jares*
Na perspectiva do autor, as famílias têm de ser o primeiro laboratório de resolução não violenta de conflitos, para o qual é necessário qualificar a capacidade de escuta e percepção de uma situação por diferentes ângulos, seu contexto, os protagonistas e os valores envolvidos.

DIÁLOGO - COMUNICAÇÃO E REDES DE CONVIVÊNCIA *David Bohm*
O propósito deste método é investigar o pensamento não só depois de estruturado, mas também como se forma, como são seus mecanismos e a sua dinâmica.

TROCANDO AS LENTES *Howard Zehr*
Abordagem com foco nas necessidades emergentes do conflito e seus determinantes, que promove a aproximação de todos os envolvidos em torno de um plano de ações que visa a restaurar laços sociais, compensar danos sofridos e gerar compromissos futuros.

JUSTIÇA RESTAURATIVA *Howard Zehr*
Justiça Restaurativa vê os crimes como violações de pessoas e relacionamentos interpessoais, que acarretam a obrigação de reparar os danos e males que afetam não apenas a vítima, ofensor e seus grupos de pertença, mas toda a sociedade.

DISCIPLINA RESTAURATIVA PARA ESCOLAS *Judy H. Mullet & Lorraine S. Amstutz*
Obra de grande aplicação prática e clareza conceitual das ferramentas da Justiça Restaurativa, de experiências bem sucedidas das Escolas Pacificadoras e metodologias aplicadas em várias partes do mundo para enfrentarmos com eficácia os conflitos do ambiente escolar.

PROCESSOS CIRCULARES *Kay Pranis*
Metodologia de diálogo com qualificação da escuta e formação de consenso aplicada em várias partes do mundo e diferentes contextos para lidar com conflitos e desenvolver sistemas de apoio mais orgânicos e eficientes.

TRANSFORMAÇÃO DE CONFLITOS *John Paul Lederach*
Sem se deixar levar por idealismos não aplicáveis no mundo real, Lederach descortina as amplas possibilidades da transformação de conflitos e mostra que sua aplicação prática requer tanto soluções imediatas quanto mudanças sociais.

A IMAGINAÇÃO MORAL *John Paul Lederach*
Em meio à complexidade do mundo o autor nos oferece um centro e um norte: imaginar o que parece impossível, construir redes com perícia e flexibilidade, examinar as questões com visão 360°, chegar aos objetivos por caminhos laterais, discernir e potencializar as oportunidades.

O CÁLICE E A ESPADA e **O PODER DA PARCERIA** *Riane Eisler*
Um convite audacioso para deixarmos de ser vítimas impotentes e começarmos a mudar o mundo, entendendo o que está acontecendo e fazendo todas as nossas relações se aproximarem cada vez mais do modelo de parceria.

FONTES COMPLEMENTARES

- **CARTILHAS PARA DOWNLOAD**

    www.palasathena.org.br (ver em Conteúdos Pedagógicos)
    Uma trilogia fundamental para o aprendizado e a disseminação de conceitos e de práticas, criando e potencializando espaços e ações para o benefício de pessoas e comunidades.

CARTILHA PAZ, COMO SE FAZ? SEMEANDO CULTURA DE PAZ NAS ESCOLAS
Lia Diskin e Laura Gorrezio Roizman - Publicação UNESCO

CARTILHA VAMOS UBUNTAR? UM CONVITE PARA CULTIVAR A PAZ
Lia Diskin - Publicação UNESCO

CARTILHA CULTURA DE PAZ – REDES DE CONVIVÊNCIA
LIA DISKIN - PUBLICAÇÃO SENAC

- **SITE DO COMITÊ DA CULTURA DE PAZ CRIADO PELA PALAS ATHENA, PARA ÁUDIO DE FÓRUNS, ARTIGOS, TEXTOS E MATERIAIS DIVERSOS:** www.comitepaz.org.br
- **SITE DA PALAS ATHENA PARA ARTIGOS, TEXTOS, CARTILHAS E MATERIAL PARA DOWNLOAD:** www.palasathena.org.br (ver em Conteúdos Pedagógicos)
- **FACEBOOK PALAS ATHENA:**
  Gandhi Inspira e Cultura de Paz

Texto composto na fonte ITC Garamond.
Impresso em papel Avena 80gr pela Paym Gráfica.